¡Ponte al día!
al día!
Segunda edición

Alana

Mike Thacker
Mónica Morcillo Laiz

DYNAMIC LEARNING
Innovate · Motivate · Personalise
CD-ROM INSIDE

HODDER EDUCATION
PART OF HACHETTE LIVRE UK

Although every effort has been made to ensure that website addresses are correct at time of going to press, Hodder Education cannot be held responsible for the content of any website mentioned in this book. It is sometimes possible to find a relocated web page by typing in the address of the home page for a website in the URL window of your browser.

Hachette Livre UK's policy is to use papers that are natural, renewable and recyclable products and made from wood grown in sustainable forests. The logging and manufacturing processes are expected to conform to the environmental regulations of the country of origin.

Orders: please contact Bookpoint Ltd, 130 Milton Park, Abingdon, Oxon OX14 4SB.
Telephone: (44) 01235 827720. Fax: (44) 01235 400454. Lines are open 9.00–5.00, Monday to Saturday, with a 24-hour message answering service. Visit our website at www.hoddereducation.co.uk

© **Mike Thacker, Mónica Morcillo Laiz & Fernando Pérez Cos, 2003**
First published in 2003 by
Hodder Education,
Part of Hachette Livre UK
338 Euston Road
London NW1 3BH

This second edition first published 2008

Impression number   5 4 3 2 1
Year   2012 2011 2010 2009 2008

Cover photo Luis Castaneda Inc/Getty Images
Illustrations by Ian Foulis
Typeset in 12/14pt Bembo by Julie Martin
Printed in Italy

A catalogue record for this title is available from the British Library

ISBN: 978 0340 96861 1

Contents

Transition chapter

AS

A2

Introduction

¡Ponte al día! Segunda edición is an advanced course in Spanish which will:

- add to your enjoyment of Spanish
- boost your knowledge of the Hispanic world
- give you a rigorous preparation for A level

There are 13 *unidades*, which take you through the Spanish A level course from beginning to end: *Unidad 1* is transitional, bridging the gap between GCSE and advanced work, *Unidades 2–7* correspond to AS and *Unidades 8–13* to A2. The book is written in Spanish, with the exceptions of explanation of grammar and other language points, called *¡Fíjate!,* to ensure that you are working in the language as much as possible.

¡Ponte al día! Segunda edición covers systematically all the areas you require in order to succeed at A level: each of the *unidades* is based on a topic offered by the examination boards, and contains a range of tasks which will help you acquire the knowledge, structure and vocabulary that you need for the examination. Regular grammar explanations and practice are provided, linking the grammar points to reading passages to put them into context. Your knowledge of Spain and Latin America will increase progressively, since you will always be working on extracts related to Hispanic countries. In addition, each of *Unidades 2–13* highlights the society and culture of either a Spanish *comunidad autónoma* or a Latin-American country.

To reap the maximum benefit from the course, you need to be strongly motivated, to learn to study independently and to work up your skills. *¡Ponte al día! Segunda edición* provides a platform for this process.

Finally, remember that:
- The best way to learn is to explore the language and discover it for yourself.
- Higher level study requires advanced strategies for learning. Be prepared to acquire them!
- Don't be afraid to make mistakes. The essential thing is to become confident in the language.
- Get into the habit of learning vocabulary every week.
- Improve your skills by reading and listening to Spanish regularly, even for a short while.
- Communicating with others in Spanish is fundamental to the process of learning.

¡Ánimo y adelante!

You will see the following symbols throughout *¡Ponte al día! Segunda edición*:

 reading exercise

 speaking exercise

 listening exercise

 writing exercise

Asuntos familiares

Entrando en materia...

La primera unidad tratará del tema de la familia en relación con muchos aspectos: las relaciones familiares, la manera de celebrar acontecimientos familiares en España e Hispanoamérica y la familia real española. A continuación, abordamos algunas cuestiones laborales y económicas relacionadas con la vida familiar. Finalmente, introducimos unos asuntos que anticipan algunos de los temas más destacados del resto del libro: el medio ambiente, los viajes, la tecnología y la educación.

Los puntos gramaticales que se tratarán son:

- ★ **el presente del indicativo (cambios de ortografía)**
- ★ **los adjetivos**
- ★ **el futuro**

Reflexiona:

- ★ ¿Cuántas palabras relacionadas con la familia puedes recordar? Haz una lista, trabajando con tu compañero/a.
- ★ ¿Cómo es tu relación con tus padres, tu(s) hermano(s)/a(s)? ¿Buena? ¿Mala? ¿Regular? ¿Por qué?
- ★ ¿Qué relación tienes con tus abuelos/as, con tus primos/as…?
- ★ ¿Cuáles son los mayores problemas de la familia hoy en día? Haz una lista de dos o tres problemas y coméntalos en grupos.

Cada familia, un mundo

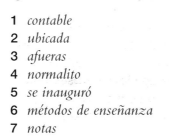

1 La familia de Iñaki

A **Antes de leer el artículo, intenta emparejar las palabras siguientes con sus equivalentes en inglés:**

1 *contable*	**8** *echar la culpa*	**a** blame	**h** we drew strength
2 *ubicada*	**9** *discutimos*	**b** marks	**i** nothing special
3 *afueras*	**10** *"pelota"*	**c** depressed	**j** outskirts
4 *normalito*	**11** *abatido*	**d** situated	**k** support
5 *se inauguró*	**12** *apoyo*	**e** we argue	**l** accountant
6 *métodos de enseñanza*	**13** *sacamos fuerzas*	**f** we realised	**m** opened
7 *notas*	**14** *nos dimos cuenta*	**g** creep	**n** teaching methods

Soy Iñaki. Mi familia vive en un barrio céntrico de la ciudad y los tres hermanos vamos al Instituto Teresa Berganza, que está cerca de nuestra casa. Mi padre es contable, en una empresa ubicada en las afueras, y mi madre es policía. El barrio es normalito, ni rico ni pobre.

Nuestro instituto es muy nuevo – se inauguró hace dos años – y mucha gente critica los métodos de enseñanza de los profesores. Sin embargo, mi madre dice que si no obtenemos buenas notas somos nosotros los responsables, y no hay que echar la culpa al instituto. Mis hermanos, Silvia y Vicente, no están de acuerdo con ella pero yo sí; Vicente es listo pero no trabaja bastante y Silvia piensa que la escuela es muy aburrida. A veces discutimos sobre quién tiene razón; si no me pongo de su lado me llaman "pelota".

Tenemos relaciones buenas entre nosotros. Cuando mi padre perdió su empleo el año pasado estaba muy abatido; pasaba mucho tiempo en casa viendo la tele, sin querer hablar con nadie. Mis hermanos y mi madre le dimos un apoyo fuerte durante los seis meses en que buscaba otro empleo, y al final consiguió un trabajo mejor que el anterior. De esta experiencia negativa sacamos fuerzas y nos dimos cuenta de que como familia estábamos más unidos que antes.

B **Lee el artículo y da la información que falta.**

1 parte de la ciudad en la que vive Iñaki:
2 profesión de su padre:
3 parte de la ciudad en la que trabaja su padre:
4 cuándo abrió el instituto:
5 cómo llaman los hermanos a Iñaki:
6 cómo se siente el padre tras perder su empleo:
7 lo que hizo el padre mientras buscaba otro empleo:
8 el tiempo que estuvo parado:

C **Contesta en inglés las preguntas siguientes:**

1 What kind of district does Iñaki live in?
2 What do a lot of people dislike about the school?
3 What does Iñaki's mother say when her children do badly at school?
4 What does Iñaki quarrel about with his brother and sister?
5 What did the family do when their father lost his job?
6 What effect did the experience have on the family?

La familia de Eva

A 🔊 **Escucha el audio e indica cuáles de las palabras siguientes oyes.**

1 sueña/suena
2 bebimos/vivimos
3 afuera/fuera

4 jerga/juerga
5 dice/dicen
6 soltura/altura

7 actuó/actúo
8 hecha/echar

B 🔊 **Escucha otra vez las declaraciones de Eva e indica con una cruz (✕) las cuatro frases que son verdaderas.**

1 Se llama Eva porque así se llamaba su madre.
2 Sus padres no tienen más hijos aparte de Eva.
3 Eva vive en el sur de España.
4 Sus padres nunca se quejan de ella.
5 Según Eva, sus padres hicieron lo mismo que ella cuando tenían la misma edad.
6 Eva acusa a su padre de no respetar las costumbres españolas.
7 La madre de Eva siempre apoya a su marido.
8 Los padres de Eva hablan con ella sólo en español.
9 Eva ayuda a su madre cuando les visitan amigos ingleses.
10 Eva no tiene muchas ganas de estudiar en Inglaterra.

C 💬 **Compara tus respuestas del ejercicio B con las de tu compañero/a, y explica por qué crees que ciertas frases son falsas. Luego verifica las respuestas con tu profesor.**

Una familia madrileña

Lucía habla de su familia

Javier y yo nos casamos a los 28 años, bastante pronto, teniendo en cuenta que hoy en día la gente se casa tarde… o no se casa. Tenemos dos niños. Mi hija, Paula, tiene dos añitos y es una preciosidad. ¿Qué os voy a contar? Mi hijo Jaime tiene seis meses y es un niño muy agradecido. Con cualquier gesto de cariño te regala una sonrisa encantadora.

Yo trabajo en un colegio ayudando a niños que tienen problemas para adaptarse al sistema educativo en España. A menudo son niños de otros países como Rumanía, Marruecos o Perú, que necesitan más apoyo o que aún no saben bien el castellano. Es un trabajo bonito, pero cansado. Mi marido tiene un puesto de responsabilidad en una empresa y cuenta con menos tiempo para la familia. A veces llega tarde y otras está de viaje. No obstante, siempre trata de pasar con nosotros el fin de semana para poder estar todos juntos.

Vivimos en un piso de dos habitaciones a 12 kilómetros del centro. Hace poco nos han puesto el metro cerca de casa, lo cual resulta muy cómodo. No obstante, la vida en Madrid es demasiado rápida (el ruido, el tráfico, las prisas…) y los que se lo pueden permitir se escapan a la casa del campo en busca de un poco de paz y sosiego…

¡Fíjate!

El castellano

The term used officially in Spain to refer to the Spanish language is *el castellano* (from *Castilla* = Castile, the central region of Spain). In both Spain and Spanish-America, you are more likely to hear *el castellano* rather than *el español* for "Spanish".

💬 **¿Lo has entendido?**

Con tu compañero/a contesta las preguntas siguientes:

● ¿Cuántas lenguas oficiales hay en España?
● ¿Cuáles son?
● ¿Dónde se hablan?

Busca en el texto las palabras en español que tienen el mismo sentido que las palabras siguientes:

1 taking into account
2 she's adorable
3 appreciative, grateful
4 affection
5 to adjust to
6 often
7 support
8 company
9 has less time
10 convenient
11 the rush
12 calm

B 📖 **Lee el texto otra vez e indica cuáles de las declaraciones siguientes son correctas:**

1 Según Lucía, hoy en día la gente suele casarse
   a) a los 28 años.
   b) después de los 28 años.
   c) antes de los 28 años.
2 Jaime es
   a) mayor que Paula.
   b) más joven que Paula.
   c) de la misma edad que Paula.
3 Lucía trabaja sólo con
   a) alumnos.
   b) peruanos.
   c) castellanos.
4 A los niños extranjeros les falta muchas veces
   a) el respaldo de sus profesores.
   b) el conocimiento lingüístico.
   c) el apoyo de sus padres.

5 Javier pasa menos tiempo con la familia porque
   a) siempre llega tarde a casa.
   b) su trabajo no le deja volver temprano.
   c) está ocupado los fines de semana.
6 Terminaron de construir el metro
   a) recientemente.
   b) hace mucho tiempo.
   c) rápidamente.
7 A menudo se escapan al campo para buscar una vida
   a) ruidosa.
   b) cosmopolita.
   c) tranquila.

 Ahora compara tu familia con la de Lucía. ¿En qué se parecen y en qué se diferencian? Escribe un pequeño párrafo, exponiendo las semejanzas y las diferencias más destacadas.

4 ¡Qué suerte la mía!

A 🔊 **Escucha el audio e indica cuáles de las palabras siguientes oyes.**

1 recuerdo/acuerdo
2 habría/había
3 mejor/mayor
4 podía/podría
5 dejaban/dejaba
6 grande/gran
7 presentara/presentará
8 su risa/su sonrisa
9 el otro/al otro

B 🔊 **Escucha el audio otra vez e indica las cuatro frases verdaderas.**

1 Todas las amigas de Lucía tienen un hermano mayor.
2 Jorge es mayor que su hermana.
3 Ella se quedaba en casa por la noche hasta los diecisiete años.
4 Gastaba el dinero que le daba Jorge en ver películas y tomar golosinas.
5 Jorge se entiende muy bien con su hermana.
6 Jorge sonríe cuando sus amigos le dicen que Lucía es guapa.
7 La relación entre Jorge y su hermana les ayudó a superar la muerte de su padre.
8 Su madre se recuperó rápidamente de la muerte de su marido.

5 Los domingos con el abuelo

A **Escucha el audio y termina las frases siguientes utilizando palabras sacadas del texto, según el sentido:**

1 Íbamos a casa del abuelo todos los _____.
2 Era una gran **(1)** _____ si nos encontrábamos allí con uno de los primos de nuestra **(2)** _____.
3 Cuando el abuelo preparaba la comida, la asistenta le _____.
4 Les gustaban todos los aperitivos que preparaba, por ejemplo
   (1) _____, **(2)** _____ y **(3)** _____.
5 Mis hermanos y yo podíamos tomar _____.
6 De postre había **(1)** _____ o **(2)** _____.

B **Empareja las dos columnas para formar frases verdaderas, según lo que has escuchado en el audio:**

1 El abuelo	a tomar su bebida favorita.
2 No sabían si	b eran deliciosos.
3 Fue una sorpresa muy agradable	c hizo una pregunta ingenua.
4 Los aperitivos del abuelo	d otros miembros de la familia estaban allí.
5 Permitían a todos los hermanos	e encontrarnos con uno de nuestros primos.
6 Su hermano pequeño	f se ha muerto.

6 Una conexión generacional

En el siguiente texto Sebastián cuenta cuál es su relación con sus abuelos y quién ha marcado su vida.

La verdad es que mi familia siempre estuvo muy unida. Yo ya soy de la segunda generación que nació acá, en Argentina, y mis abuelos venían de Italia, como la mitad de los argentinos, es sabido.

Yo siempre sentí una conexión muy especial con mi abuela. Lo curioso es que no la conocí en persona. Ella venía del sur de Italia, y su padre, mi bisabuelo, había venido a Argentina porque quería tener campos y vivir tranquilo con su familia. Bueno, resulta que él vino primero, pero dejó a sus cuatro hijos varones y una hija, o sea mi abuela, allá. Entonces mi abuelita soñaba con volver a ver a su padre. Y después de nueve largos años ellos se prepararon para venir, pero sólo querían traer a los hombres, y casarla con un primo lejano. Y ella, que tenía mucho carácter, lo dejó plantado en el altar ... ¡pobre! y se vino con su madre y sus hermanos. Tenía un espíritu muy independiente. Podría decir que era hasta feminista, la "tana"*.

Lo más gracioso es que mi mamá y yo heredamos no sólo su carácter fuerte. A mi abuela le gustaba escribir, y nos dejó unos diarios inestimables; a mi mamá también siempre le gusta escribir y contar historias ... ¡y yo me dedico a la literatura!

tano/a (Argentina, coloquial) = *italiano/a* (de "napolitano/a", porque muchos partían de Nápoles)

A **Busca en el texto las palabras que tengan el mismo sentido que las siguientes:**

1 vínculo
2 raro
3 el padre de mi abuelo
4 hombres
5 fantaseaba
6 abandonó
7 divertido
8 rebelde

B Contesta en inglés las preguntas siguientes:

1 What proportion of the population of Argentina is of Italian origin?
2 Why is it odd that Sebastian feels such a strong link with his grandmother?
3 Why did Sebastian's great-grandfather emigrate to Argentina?
4 What was his grandmother's dream?

5 Why was it difficult for her to leave Italy?
6 Why was her distant cousin made a fool of?
7 What characteristics did his grandmother hand down?
8 What other connection is there between Sebastian, his mother and his grandmother?

7 Un domingo en familia

Hugo cuenta cómo es un almuerzo familiar. Escucha el audio y haz los ejercicios a continuación.

A Escucha el texto y rellena los espacios en blanco con las palabras adecuadas.

Bueno, este … Si soy 1 _____, el día que más me gusta de la semana es el domingo, porque para nosotros los argentinos es sinónimo de 2 _____ familiar, ¿no? ¡Claro que siempre alrededor de la comida!
En mi casa, todos los domingos papá prepara un 3 _____, con carne, chorizos, 4 _____, ¡casi una vaca entera! y nos reunimos todos para almorzar. Vienen mis tíos y sus hijos … ¡y algunos ya tienen hasta 5 _____! Y … comemos todos juntos (bueno, hay una mesa "para los chicos" y otra "para los grandes") y 6 _____ horas y horas. La sobremesa 7 _____ dura hasta cuatro horas, ¿viste*?
Ahora que ya estoy en edad de 8 _____, y que

mi hermano está casado, siempre que 9 _____ alguien me pregunta "nene, ¿y cuándo te vas a casar vos**?" y yo nunca sé qué decir.
Lo más divertido de los almuerzos con mi familia es que no hablamos, ¡todos 10 _____ y gesticulamos mucho! Y hay que participar, y hablar de todo, de 11 _____ y de fútbol los hombres, claro, y de 12 _____ las chicas. Y aunque nos veamos casi todos los domingos, siempre hay alguien que tiene algo nuevo que contarte. ¡Ojalá siempre sea así!

* *viste* (Argentina) = see?/right?
** *vos* (Argentina) = *tú* (Spain). For Latin-American usage of personal pronouns, see the Grammar Summary on page 000.

B Contesta las preguntas siguientes en español.

1 ¿Por qué es tan importante el domingo en Argentina?
2 ¿En qué consiste la comida?
3 ¿Cuánto tiempo puede durar la sobremesa?
4 ¿Por qué hay dos mesas?
5 Aparte de comer, ¿qué hace la familia?
6 ¿Qué pregunta le hacen sus parientes?
7 ¿De qué asuntos hablan?

C Comenta con tu compañero/a las diferencias entre el almuerzo del domingo en Argentina y el de tu país. Haz notas sobre las diferencias, centrándote en:

● la comida
● la sobremesa
● la manera de charlar
● los asuntos de los que habla la familia

D Escribe 100 palabras en español describiendo las diferencias entre la comida del domingo en tu país y la de Argentina.

Grammar

Radical-changing verbs in the present tense

● Radical-changing verbs are verbs in which the spelling of the stem varies in certain circumstances, i.e. is not "regular". The stem is the verb without the ending *-ar*, *-er*, or *-ir*, e.g. *pens-* in the verb *pensar*, *entend-* in *entender* and *volv-* in *volver*. The last vowel in the stem is always the part affected.

Radical changes affect *-ar*, *-er* and *-ir* verbs. It is not easy to predict whether a given verb undergoes a radical change or not.

● *e > ie*
The *e* of the stem changes into *ie* in all persons except *nosotros* and *vosotros*.
For example: *querer: quiero, quieres, quiere, queremos, queréis, quieren*

● *o > ue*
The *o* of the stem changes into *ue* in all persons except *nosotros* and *vosotros*.
For example: *poder: puedo, puedes, puede, podemos, podéis, pueden*

● *e > i*
The *e* of the stem changes into *i* in all persons except *nosotros* and *vosotros*.
For example: *pedir: pido, pides, pide, pedimos, pedís, piden*

● *-g-*
A number of verbs insert *g* into the stem of the first person. For example: *tener: tengo, tienes, tiene, tenemos, tenéis, tienen; hacer: hago, haces, hace, hacemos, hacéis, hacen*

For more information on radical-changing verbs, see the Grammar Summary on page 291.

Ejercicios

1   Saca de los textos 1, 3 y 6 los verbos irregulares y ponlos en su columna respectiva:
   e > ie   *o > ue*

2   Completa las frases con la forma más adecuada del presente del verbo entre paréntesis:
   Yo **1** _____ (tener) dos hermanos: uno mayor y otro más joven. Vamos todos al mismo colegio. **2** _____ (hacer) mis deberes todas las noches, pero a veces no los **3** _____ (entender). Mi hermano mayor nunca **4** _____ (querer) ayudarme. Cuando le **5** _____ (pedir) ayuda me dice que él también los **6** _____ (encontrar) difíciles. Yo le digo que **7** _____ (mentir). Luego él **8** _____ (soler) enfadarse, me grita mucho y me **9** _____ (repetir) que no **10** _____ (tener) tiempo para esas tonterías. Depués sale a la calle y no **11** _____ (volver) hasta medianoche. Yo le **12** _____ (contar) todo a mi hermano menor.

(8) Una familia real

> **Los dos textos que siguen tratan de la familia real española, en especial de Felipe de Borbón, heredero del trono de España. Los dos textos cuentan dos nacimientos: el primero de Felipe mismo en 1968 y el segundo, el de su hija, 39 años después (29 abril de 2007).**

Un príncipe nacido en otra época

Sofía ya tenía dos niñas y estaba embarazada de nuevo. Como en aquella época no había posibilidad de un diagnóstico prenatal del sexo de un niño, se ignoraba que era niño. La madre sólo lo sabría cuando naciera y pudiera comprobar su sexo.

"A la tercera, tiene que ser". Eso decía Don Juan Carlos cuando Doña Sofía comenzó, realmente, a sufrir ante la duda de si sería niño u otra niña: "No te preocupes. A la tercera tiene que ser". Doña Sofía quería un hijo que pudiera convertirla en la madre del futuro rey. Don Juan, el abuelo paterno, quería un heredero para su hijo, como éste lo era de su padre. El 30 de enero de 1968, nació el príncipe Felipe.

¿Y para el general Franco, el jefe de Estado*? Tan importante fue el nacimiento de Felipe para él, que ese día 30 de enero de 1968, excepcionalmente, indultó de la pena de muerte que le había impuesto a un muchacho, condenado por el delito de robo con homicidio. Vicente R.M., nunca ha olvidado que a Felipe le debe la vida...

* *El general Franco fue dictador de España de 1939 a 1975. Era monarquista y quería que el padre de Felipe, el rey Juan Carlos, le sucediera como jefe de Estado.*

A 📖 **Busca en el texto las palabras que tengan el mismo sentido que las siguientes:**

1 encinta
2 de antes del nacimiento
3 del padre
4 futuro rey
5 dejó vivir
6 crimen

B 📖 **Contesta en inglés las preguntas siguientes:**

1 Why exactly was Sofía unaware of the sex of her child?
2 What sex did Juan Carlos think the child would be? Why?
3 Why did Sofía want the child to be male?
4 What did Felipe's grandfather want?
5 What did Franco do when he heard the news?
6 What was Vicente's crime?

b El Rey ya conoce a su nieta Sofía

Sofía cumplió ayer 48 horas de vida y recibió las dos visitas más esperadas, la de su hermana Leonor y la de su abuelo el Rey.

Sin duda, la estrella de ayer por la mañana en la clínica Ruber fue Leonor, convertida en hermana mayor de Sofía. Don Felipe, que también pasó la segunda noche acompañando a su esposa y a la recién nacida, salió a primera hora de la mañana para recoger a Leonor y llevarla a conocer a su hermana.

La hija mayor de los príncipes de Asturias ya sabe saludar con la mano. Lo demostró al ver a los fotógrafos a lo lejos y al escuchar cómo desde las terrazas de la clínica la gente gritaba su nombre. "Todo ha ido bien. Le ha dado muchos besos", contó el Príncipe, algo preocupado por los posibles celos. Leonor salió de ver a su hermana con un pato en la mano y con pocas ganas de meterse en el coche de su padre para volver a casa. Tanto, que al ver a los periodistas se lanzó en una carrera hacia el puesto de la prensa y su padre tuvo que detenerla.

Según explicó la infanta Cristina, Sofía es "una preciosidad" y le encontró parecido con Leonor, pero no tanto como otros miembros de la familia.

¡Fíjate!

recién

recién meaning "recently", a shortened form of *recientemente,* is used before the past participle of certain verbs. For example:

recién nacido newborn
recién llegado just arrived
los recién casados newly-weds
recién pintado freshly painted
recién salido just out from (e.g. university)

✏️ **¿Lo has entendido?**

Escribe tres frases en español en que utilices expresiones con *recién*.

Empareja las palabras siguientes con sus equivalentes en inglés:

1	*estrella*	7	*meterse en*	a	worried	g	star
2	*recoger*	8	*carrera*	b	to get into	h	in the distance
3	*saludar*	9	*la prensa*	c	race	i	to collect
4	*a lo lejos*	10	*fotógrafos*	d	photographers	j	princess
5	*preocupado*	11	*detener*	e	jealousy	k	to greet
6	*celos*	12	*infanta*	f	to stop	l	the press

 Contesta las preguntas siguientes:

1 ¿Quién es la hermana de Leonor?
2 ¿Cuándo nació Sofía?
3 ¿Dónde pasó la noche Felipe?
4 ¿Qué hizo Leonor al ver a los fotógrafos?
5 ¿Qué temía Felipe?
6 ¿Qué llevaba Leonor en la mano?
7 ¿Qué hicieron Felipe y Leonor después de ver a Sofía?
8 ¿Por qué tuvo Felipe que detener a Leonor?

E **Habla con tu compañero/a de los nacimientos reales. ¿Por qué se interesa la gente en ellos? ¿Cómo se diferencian de los nacimientos de personas normales?**

9 Nicolás era mi hijo

A **Escucha el audio y busca las expresiones españolas que tienen el mismo sentido que las siguientes:**

1 hairdresser's shops
2 she gets goose pimples
3 the orphanage page
4 I went onto the internet
5 they were all wrong
6 I'm not afraid

B **Escucha el audio otra vez e indica cuáles de las declaraciones siguientes son correctas.**

1 Cristina vive con
   a) su marido.
   b) su hijo.
   c) su pareja.

2 Cristina vio a Nicolás por primera vez en
   a) Haití.
   b) un libro de fotos.
   c) Internet.

3 El niño que le asignaron era
   a) el que había visto ya.
   b) uno del mismo nombre.
   c) otro nuevo.

4 A los amigos de Cristina
   a) les daba igual que Nicolás fuera negro.
   b) no les importaba que tuviera problemas.
   c) les daba miedo que Nicolás fuera negro.

5 Cristina quiere que Nicolás aprenda algo sobre
   a) el país de donde proviene.
   b) lo injusto que es el mundo.
   c) la pobreza que hay en el mundo.

6 Cristina está segura de que
   a) tiene una buena profesión.
   b) va a quedarse sola.
   c) será autosuficiente.

C 🖉 Hoy en día, a mucha gente, incluidas personas famosas como la cantante Madonna o la actriz Angelina Jolie, le gusta adoptar a huérfanos de países del tercer mundo. ¿Estás de acuerdo con esto?

Comenta con tu compañero/a si ese cambio de país y cultura es beneficioso o perjudicial para el huérfano. Luego haz un resumen en español de tu opinión, utilizando unas 100 palabras.

Grammar

Adjectives

- Adjectives are words we use to tell us something more about a noun, describing it or qualifying it in some way: *la casa* by itself tells us nothing particular about the house, but in *la casa arruinada*, the adjective *arruinada* tells us that the house is in ruins.

  Remember that adjectives agree with nouns in:

  Gender: *un coche rojo* a red car
  Number: *dos chicas italianas* two Italian girls
  and that they are normally placed after the noun.

- The following frequently-used adjectives are usually placed before the noun and they lose the final *-o* when the following noun is masculine singular. This is called "apocopation".

algún/alguno/alguna	some, any
mal(o)/mala	bad
ningún/ninguno/ninguna	no
buen(o)/buena	good
un(o)/una	a, one
primer(o)/primera	first
tercer(o)/tercera	third

  Por ejemplo:
  El primer hijo de la familia. The first son of the family.
  Volverá algún día. He'll come back some day.

- *grande*, "great", "big", loses the final *-de* before a singular noun.
  una gran familia a big family

For more information on adjectives see the Grammar Summary on page 269.

Ejercicio

1   Rellena los espacios en blanco de las frases siguientes con los adjetivos del recuadro.

mala	buen
algún	grandes
mal	primer
tercer	primeros
algunas	gran

a) Antes vivían en el _____ piso, pero han subido tres pisos al cuarto y ya utilizan el ascensor.

b) _____ personas dicen que sí, otras que no.

c) ¡Qué _____ suerte tenía!

d) Cervantes comenzó su _____ novela *Don Quijote* cuando estaba en la cárcel.

e) ¡Que pases un _____ día!

f) ¿Quieres ayuda de _____ tipo?

g) Si buscas los _____ almacenes tienes que torcer a la derecha y seguir todo recto.

h) Nos hizo _____ tiempo; llovió todo el día.

i) Marzo es el _____ mes del año.

j) Los _____ días de la primavera eran muy hermosos.

Temas laborales

 Ejercicio: Una de cada siete primerizas es madre con más de 35

see Dynamic Learning

10 ¿Cómo afecta el trabajo a la vida familiar?

A 🔊 **Escucha las cuatro declaraciones y haz el ejercicio a continuación. ¿A qué declaración se refieren las frases siguientes: A, B, C o D?**

1 Los hombres trabajan menos en casa que las mujeres.
2 Lo malo es que hay pocos sitios donde se puede dejar a los pequeños.
3 Muchas veces él o ella tiene que dejar el empleo para cuidar del niño.
4 La mujer es la más afectada, si surgen dificultades.
5 A menudo, un pariente ayuda con los niños.
6 Con frecuencia, no se puede compaginar con facilidad las horas de trabajo con las del jardín de infancia.

11 Padres a jornada completa

El nuevo trabajo de Juan José Sorian, de 44 años, y Javier Sestián, de 31, consiste en cambiar pañales, preparar biberones, dormir poco y mal, vestir, bañar, acunar y pasear a sus recién nacidos.

Estos dos valencianos son los primeros en beneficiarse de la Ley de Igualdad que ha extendido de 2 a 15 los días de permiso que pueden solicitar los padres para cuidar de sus hijos. Desde el lunes 26 de marzo y hasta el martes próximo, ambos se dedicarán a ser padres a jornada completa y compartir con sus parejas durante dos semanas la intensa atención que exigen los recién nacidos los primeros meses de vida. Ayer el ministro de Trabajo y Asuntos Sociales, Jesús Calderón, se desplazó a Valencia para felicitarlos personalmente y animar a todas las familias a solicitar el permiso en su nueva extensión.

En una semana y media, el Ministerio ya ha tramitado más de 300 peticiones para acogerse a esta medida que es compatible con las 16 semanas del permiso de maternidad. Los 15 días pueden solicitarse por todos los trabajadores, autónomos incluidos, durante todo el tiempo que dure el permiso de la madre.

¡Fíjate!

El primero/el último en ...

When *el/la primero/a* or *el/la último/a* etc. comes before the infinitive as in "the first/last to (do something)", it is followed by *en*.

Colón fue el primero en viajar a América. Columbus was the first person to sail to America.
¡Siempre son los últimos en llegar! They are always the last to arrive!

🕐 **¿Lo has entendido?**

Escribe una frase en la que hables de una persona que fue el primero/la primera en (hacer algo) y otra en la que hables de alguien que fue el último/la última en (hacer algo), utilizando estas expresiones.

A Busca en el texto las frases equivalentes a las siguientes:

1 change nappies
2 rock to sleep
3 full time
4 newborn
5 travelled
6 to request leave
7 has processed
8 self-employed

B Contesta las preguntas siguientes en inglés:

1 What does their new occupation require the two men to do?
2 Why are they able to do it?
3 Who shares the work?
4 What does Calderón encourage families to do?
5 When may fathers take paternity leave?

12 Despedido por padre

> Un padre de Lleida, Miquel Mitjans Miquel, esperaba que su empresa diera el permiso, que se llama "baja paternal", para cuidar de su hijo recién nacido, pero parece que la empresa no estaba dispuesta a dárselo.

 A Escucha el audio e indica cuáles de las palabras siguientes oyes.

1 finales/final
2 bajar/baja
3 patitas/patatas
4 llegando/alegando
5 directivos/directores
6 pedí/pide
7 presidente/precedente
8 actúa/actúe
9 algún/alguno
10 suelto/sueldo

B Lee el siguiente resumen del audio. Rellena los espacios en blanco con la palabra adecuada del recuadro, según lo que oigas. ¡Cuidado! Sobran cuatro palabras.

Miquel Mitjans Miquel creía que su 1 _____ le daría una baja paternal. ¡Imagina su sorpresa cuando 2 _____ que sus jefes iban a despedirle! Lógicamente, Miquel les pidió una 3 _____, pero ellos le dijeron que era porque no trabajaba bien. Según parece, era la primera 4 _____ que un empleado había pedido sus 5 _____ de padre. Miquel quiere que su hijo sepa lo que pasó para asegurarse de que si él llegara a ser empresario, no 6 _____ a sus empleados de esa manera.

declaración	deberes	explicación	vez	supo
derechos	dijo	tiempo	trataría	compañía

La economía doméstica

 Ejercicio: Mismo sueldo, distintas vidas see Dynamic Learning

⑬ Una familia española

Belén Jaume

Quién: Belén Jaume, con tres hijas de 12, 9 y 6 años respectivamente.

Trabajo: Belén es médica, y trabaja en un centro de salud en Portugal.

Casa: piso alquilado en el centro de Vigo, de unos 100 metros.

En qué se le va el sueldo del mes: Alquiler y gastos de la casa, 30%; alimentación, 25%; préstamos, 11%; gasolina, 9%; teléfono, 6%; actividades extraescolares de las niñas, 3%; con el restante afrontamos imprevistos, pagamos cuatro horas semanales de asistenta, salimos… Es un ejercicio continuo de ingenio para seguir viviendo por encima de nuestras posibilidades.

Cómo definiría su situación económica: Regular, depende de dónde mires.

Belén estudió medicina con becas y trabajando los veranos. Ha sido cooperante en Colombia, Nicaragua y Mozambique, donde <u>conoció</u> a su esposo y padre de sus hijas, del que ahora está separada. De vuelta a Vigo, ni su experiencia ni sus títulos le han servido para encontrar trabajo en Galicia. Hace 130 kilómetros diarios para trabajar en Portugal. Su sueño, "sólo en la imaginación", es una casa en el campo. "No importa el lugar".

¡Fíjate!

Verbs of meeting

- *Conocer* is always used in Spanish to express the idea of meeting someone **for the first time**. Note: *Encontrar* is **not** used for this meaning.
  Le conocí en un bar en Benidorm. I met him in a bar in Benidorm.
- *Encontrarse con* is used in the sense of "meeting up with/running into someone".
  Me encontré con ella en un bar en Benidorm. I ran into her in a bar in Benidorm.
- *Reunirse* is used in the sense of "to get together/to have a meeting".
  Nos reunimos en un bar en Benidorm. We met in a bar in Benidorm.

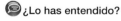 **¿Lo has entendido?**

Comenta el sentido de *conocer*, *encontrarse con* y *reunirse* con tu compañero/a e inventa tres frases que contengan estos verbos.

 Busca en el texto las palabras que correspondan a las definiciones siguientes:

1 arrendado
2 dinero prestado
3 fuera de la clase
4 hacemos frente a
5 persona que ayuda con las faenas de la casa

6 dinero que uno recibe gratuitamente para financiar los estudios
7 voluntaria
8 diplomas o calificaciones académicas

Contesta en inglés las preguntas siguientes:

1 What kind of help in the house does Belén have?
2 According to Belén, how can they continue living above their means?
3 How does Belén describe the family's economic situation?
4 What kind of work did Belén do in Third World countries?
5 Why is working life difficult for her?
6 What is Belén's dream?

14 Una familia cubana

La familia García-Martínez está compuesta por cinco personas: el viejo Adalberto García, viudo y jubilado de 76 años, que convive con su hijo Abel, un ingeniero de sonido; la esposa de éste, Olivia Martínez, técnica en protección e higiene del trabajo en el sector de la construcción y los dos hijos del matrimonio: Julito, de 12 años, que empezó este curso la enseñanza secundaria y Yunia, de 9 años, que cursa el cuarto grado. En la tarde que preparaban la celebración de fin de año en su casa del barrio Luyanó, en La Habana, le pregunté a la familia: "¿Cómo administraron ustedes los 20.940 pesos de ingresos?"

Esta familia de cinco personas gastó en el mercado subvencionado* un total de 2.290 pesos en todo el año. Desde luego que ellos compraron todo lo que este mercado ofrece. Como en la casa ya ninguna persona tiene menos de siete años, no se recibe leche, pero sí yogur de soja para los niños menores de 12. Los cigarros del racionamiento a un precio de 2 pesos la cajetilla, sólo "le tocan" a Adalberto. En los gastos fijos, como electricidad, agua y gas licuado, la familia gastó a lo largo del año 748 pesos. Entre los otros gastos fijos hay que explicar, en el tema del transporte, que los niños van caminando a sus respectivas escuelas. Abel y Olivia, las dos personas que trabajan cinco días a la semana, se trasladan a sus respectivos centros de trabajo en un ómnibus con tarifa de un peso. Cuando no queda más remedio, pagan 10 pesos a un auto particular para no llegar tarde. En abril, Olivia probó a viajar en bicicleta, por eso el costo de ese mes en transportación se redujo a 15 pesos, pero ella me explicó que bajó mucho de peso y desistió.

En Cuba, un país comunista, el Estado ayuda a la gente pobre reduciendo el precio de los productos esenciales.

¿A qué se refieren los números siguientes?

1 setenta y seis
2 veinte mil novecientos cuarenta
3 siete
4 dos
5 setecientos cuarenta y ocho
6 diez

Lee el texto otra vez y pon una cruz (✗) en las casillas de las cuatro frases verdaderas.

1 La familia gasta la mitad de sus ingresos en el mercado subvencionado.	
2 No reciben leche gratuita los niños de menos de 12 años.	
3 Sólo el abuelo recibe cigarros baratos.	
4 Los niños van a la escuela andando.	
5 Adalberto y Abel trabajan juntos.	
6 Los padres sólo viajan en coche cuando van con retraso.	
7 Olivia abandonó lo de trasladarse en bicicleta porque le cansaba mucho.	
8 Ir en autobús cuesta aproximadamente 20 pesos cada mes.	

Otros asuntos familiares

15 Familias que buscan la tranquilidad rural

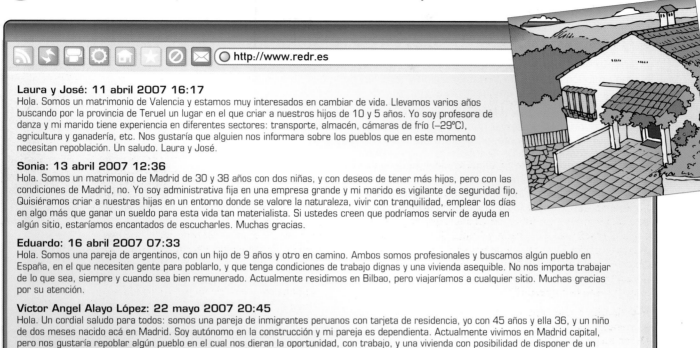

http://www.redr.es

Laura y José: 11 abril 2007 16:17
Hola. Somos un matrimonio de Valencia y estamos muy interesados en cambiar de vida. Llevamos varios años buscando por la provincia de Teruel un lugar en el que criar a nuestros hijos de 10 y 5 años. Yo soy profesora de danza y mi marido tiene experiencia en diferentes sectores: transporte, almacén, cámaras de frío (–29ºC), agricultura y ganadería, etc. Nos gustaría que alguien nos informara sobre los pueblos que en este momento necesitan repoblación. Un saludo. Laura y José.

Sonia: 13 abril 2007 12:36
Hola. Somos un matrimonio de Madrid de 30 y 38 años con dos niñas, y con deseos de tener más hijos, pero con las condiciones de Madrid, no. Yo soy administrativa fija en una empresa grande y mi marido es vigilante de seguridad fijo. Quisiéramos criar a nuestras hijas en un entorno donde se valore la naturaleza, vivir con tranquilidad, emplear los días en algo más que ganar un sueldo para esta vida tan materialista. Si ustedes creen que podríamos servir de ayuda en algún sitio, estaríamos encantados de escucharles. Muchas gracias.

Eduardo: 16 abril 2007 07:33
Hola. Somos una pareja de argentinos, con un hijo de 9 años y otro en camino. Ambos somos profesionales y buscamos algún pueblo en España, en el que necesiten gente para poblarlo, y que tenga condiciones de trabajo dignas y una vivienda asequible. No nos importa trabajar de lo que sea, siempre y cuando sea bien remunerado. Actualmente residimos en Bilbao, pero viajaríamos a cualquier sitio. Muchas gracias por su atención.

Víctor Angel Alayo López: 22 mayo 2007 20:45
Hola. Un cordial saludo para todos: somos una pareja de inmigrantes peruanos con tarjeta de residencia, yo con 45 años y ella 36, y un niño de dos meses nacido acá en Madrid. Soy autónomo en la construcción y mi pareja es dependienta. Actualmente vivimos en Madrid capital, pero nos gustaría repoblar algún pueblo en el cual nos dieran la oportunidad, con trabajo, y una vivienda con posibilidad de disponer de un terrenito para cultivar. Gracias.

A ¿A quién se refiere: Laura y José, Sonia, Eduardo o Víctor?
¡Cuidado! Algunas frases pueden referirse a más de una persona.

1 Tenemos un niño.
2 Somos españoles.
3 Vivimos en el norte de España.
4 Estamos casados.
5 El marido ha tenido una serie de empleos.
6 Nos importa recibir un buen sueldo.
7 Estamos en España legalmente.
8 Nuestro próximo hijo nacerá dentro de poco.
9 Deseamos más hijos.
10 Hemos pasado mucho tiempo en busca de un pueblo rural.

B Imagina que vives con tu familia en una ciudad industrial en España. No os gusta el ambiente de la ciudad y tienes muchísimas ganas de vivir en el campo. Escribe un blog de 80–90 palabras a la *Red española de desarrollo rural* en el que expliques:

- en qué consiste tu familia
- dónde vivís
- en qué trabajan los miembros de tu familia actualmente
- por qué queréis trasladaros al campo
- qué tipo de entorno te gustaría

16 Una familia española dará la vuelta al mundo

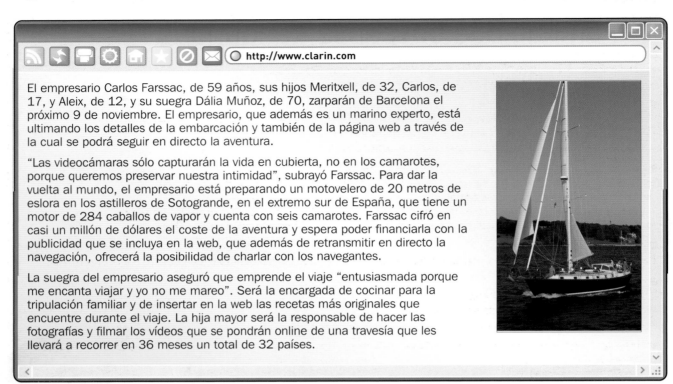

http://www.clarin.com

El empresario Carlos Farssac, de 59 años, sus hijos Meritxell, de 32, Carlos, de 17, y Aleix, de 12, y su suegra Dália Muñoz, de 70, zarparán de Barcelona el próximo 9 de noviembre. El empresario, que además es un marino experto, está ultimando los detalles de la embarcación y también de la página web a través de la cual se podrá seguir en directo la aventura.

"Las videocámaras sólo capturarán la vida en cubierta, no en los camarotes, porque queremos preservar nuestra intimidad", subrayó Farssac. Para dar la vuelta al mundo, el empresario está preparando un motovelero de 20 metros de eslora en los astilleros de Sotogrande, en el extremo sur de España, que tiene un motor de 284 caballos de vapor y cuenta con seis camarotes. Farssac cifró en casi un millón de dólares el coste de la aventura y espera poder financiarla con la publicidad que se incluya en la web, que además de retransmitir en directo la navegación, ofrecerá la posibilidad de charlar con los navegantes.

La suegra del empresario aseguró que emprende el viaje "entusiasmada porque me encanta viajar y yo no me mareo". Será la encargada de cocinar para la tripulación familiar y de insertar en la web las recetas más originales que encuentre durante el viaje. La hija mayor será la responsable de hacer las fotografías y filmar los vídeos que se pondrán online de una travesía que les llevará a recorrer en 36 meses un total de 32 países.

A Busca en el texto las palabras que tienen el mismo sentido que las palabras siguientes:

1 businessman
2 will set sail
3 on deck
4 cabins
5 sailing boat with an engine
6 in length
7 shipyards
8 horsepower
9 to chat
10 I don't get seasick
11 the person responsible
12 crew
13 recipes
14 voyage
15 to travel

B Contesta en inglés las preguntas siguientes:

1 How will the public be able to follow the voyage?
2 Will the video cameras be able to film every detail?
3 How will the voyage be funded?
4 What does Dália think about the voyage?
5 What is Dália's role?
6 What is Meritxell's role?

C Imagina que tu familia está viajando alrededor del mundo en un motovelero. Escribe un e-mail a tu mejor amigo en el que debes mencionar:

- cómo te entiendes con **una** de estas personas: tu hermano, tu hermana, tu padre **o** tu madre
- un incidente que ocurrió en el viaje
- lo que piensas de la vida familiar en el motovelero

Grammar

Expressing the future

The future tense is used to say what is going to happen.
In Spanish there are three main ways of expressing the future:

● Using the present tense
En invierno, voy a los Pirineos. In the winter, I am going to the Pyrenees.
Nos vemos mañana. We'll meet ("see each other") tomorrow.

● Using *ir + a* followed by the infinitive
El próximo invierno, vamos a esquiar a los Pirineos. Next winter, we are going skiing in the Pyrenees.
El jefe va a volver mañana. The boss is coming back tomorrow.
Note: This is the construction normally used to express the future in spoken language.

● Using the future tense, to state probability, future plans and intentions
El próximo invierno, iré a los Pirineos para esquiar. In the winter, I will go skiing in the Pyrenees.
Una familia española dará la vuelta al mundo. A Spanish family will go round the world.
Las videocámaras sólo capturarán la vida en cubierta… The video cameras will only film life on deck…
Note: This form is not often used in the spoken language, the *ir + a* construction being preferred.

● Formation of the future tense:
The future tense is formed by adding the following endings to the infinitive of the verb: **-é, -ás, -á, -emos, -éis, -án.**

● Regular forms:
disfrutar + é = disfrutaré I will enjoy…
responder + ás = responderás you will answer…
subir + á = subirá it will go up…

● Irregular forms: some common verbs and their derivatives have an irregular future, which affects the stem of the verb.
tener: tendré, tendrás, etc.   *hacer: haré, harás,* etc.
poder: podré, podrás, etc.   *poner: pondré, pondrás,* etc.

La hija mayor será la responsable de hacer las fotografías y filmar los vídeos que se pondrán online.
The elder daughter will be responsible for taking the photos and for filming the videos that will be put online.

Derivatives: *detener* (to arrest), *deshacer* (to undo), *suponer* (to suppose) etc.

For more information on the future tense, see the Grammar Summary page 284.

Ejercicios

1 Haz una lista de todos los ejemplos del futuro en el texto *Una familia española dará la vuelta al mundo*. ¿Cuáles tienen una forma irregular?

2 Rellena los espacios en blanco utilizando la forma apropiada del futuro del verbo entre paréntesis.
   a) En Galicia las temperaturas _____ (bajar) por la tarde.
   b) Cuando volvamos a Madrid _____ (comer) en el restaurante Filo.
   c) Carmen _____ (tener) su coche nuevo mañana.
   d) Sí, nos _____ (ver) en el bar de la esquina.
   e) En julio _____ (hacer) mucho calor en Andalucía.
   f) ¿ _____ (poder, tú) venir a buscarme a la estación?
   g) El precio del petróleo _____ (subir) aun más en las semanas que vienen.
   h) _____ (salir, yo) a las ocho y no _____ (volver) hasta después de medianoche.
   i) Esta noche se _____ (acostar, ellos) temprano.
   j) El fin de semana _____ (haber) fiesta en el pueblo.

17 Padres e hijos comparten el mando

Ha llegado la generación de progenitores que, acostumbrados a los videojuegos, los utilizan con sus niños y niñas. Escucha a Santiago Lamelo, un padre coruñés de 36 años, que prefiere el ordenador a la televisión para pasar el rato con su hijo de cinco años.

A Escucha el audio e indica cuáles de las declaraciones siguientes son correctas.

1 A los padres de esta generación
   a) les aburren los videojuegos.
   b) les gusta jugar con los videojuegos de sus hijos.
   c) les encanta ver la televisión.

2 Pirates 11 descubre un mundo
   a) deportivo.
   b) complejo.
   c) exótico.

3 La participación en un videojuego se parece a
   a) una aventura de piratas.
   b) la lectura de un cuento.
   c) una fiesta de noche.

4 A diferencia de la tele, los videojuegos
   a) alientan al niño a participar en el juego.
   b) niegan al niño la posibilidad de aportar algo.
   c) fomentan la pasividad en el niño.

5 El hijo de Santiago
   a) acompaña a su padre en el juego.
   b) no quiere que su padre esté con él.
   c) respeta los límites del juego.

6 Cuando su hijo juega
   a) pierde el sentido moral.
   b) se vuelve más curioso.
   c) sabe distinguir entre lo bueno y lo malo.

B Haz una lista de las ventajas de los videojuegos, según Santiago Lamelo. ¿Compartes su opinión de que el videojuego es una forma de entretenimiento superior? En tu opinión, ¿cuáles son las desventajas de los videojuegos? Escribe 100 palabras en español sobre este tema.

18 Dar un cachete, ¿sí o no? (1)

Tres madres dan su opinión sobre el artículo 154 del Código Civil* que permite "corregir razonable y moderadamente a los hijos". Muchos padres creen que nunca se debe levantar la mano. Otros, que un azote no tiene importancia.

Miryam Correa, de 34 años, química, es madre de dos hijos.
Olga González, de 36 años, es informática, y madre de una niña.
Teresa Pérez, de 33 años, es ama de casa y tiene dos hijos.

Miryam: Los cachetes no sirven para nada. Si tenemos un niño rebelde con algún problema, hay médicos y especialistas a los que podemos acudir. Ellos están ahí para ayudarnos. Está claro que a los niños hay que ponerlos límites pero nunca hacerlo mediante la violencia. Cuando un niño es pequeño, no entiende; pegándole no adelantas nada.

Olga: Creo que la modificación del Código Civil que se ha propuesto puede evitar el maltrato y, en este sentido, está bien. La "corrección moderada" es relativa, ya que lo que para una persona normal es un cachete para otra puede ser una paliza. Creo que un cachete no es malo. Hay que diferenciar entre lo que es un cachete y los malos tratos.

Teresa: Si con la reforma se consiguiese que ninguno fuese maltratado me parece bien, pero estamos ante un tema difícil. Si los mayores fuésemos más tranquilos y racionales, todo sería más sencillo. Se puede educar bien sin necesidad de dar un azote, pero todo depende de la 'situación límite' de cada uno. No es sólo "cachete sí" o "cachete no". Soy poco amiga de dar una torta, pero hay veces en las que no puedes más.

El Código Civil es un conjunto de normas oficiales que regulan las relaciones entre los ciudadanos.

A 📖 *Cachete* significa "golpe dado con los dedos de la mano". ¿Puedes encontrar en el texto otras tres palabras que significan "golpe(s)". Sus definiciones son:

1 golpe dado en las nalgas, con la mano
2 golpe dado en la cara con la palma de la mano
3 serie de golpes

B 📖 Empareja las palabras españoles con sus equivalentes en inglés:

1	*corregir*	a	to go to
2	*química*	b	by means of
3	*rebelde*	c	punishment
4	*acudir*	d	naughty
5	*mediante*	e	to hit
6	*pegar*	f	to achieve
7	*corrección*	g	chemist
8	*conseguir*	h	to punish, rebuke

C 📖 ¿Quién lo dice: Miryam, Olga o Teresa?

1 No debemos nunca pegar a un niño.
2 Hay circunstancias en las que no se puede evitar dar un cachete.
3 A veces es difícil que un adulto controle su reacción.
4 Lo mejor es buscar la ayuda de una persona cualificada.
5 Todos tenemos nuestros límites.
6 Lo que es un cachete varía según la persona.
7 Los niños deben reconocer los límites.
8 No me gusta dar cachetes.

19 Dar un cachete, ¿sí o no? (2)

A 🔊 Escucha el audio y pon las declaraciones siguientes en el orden correcto.

1 Nada puede justificar el castigo físico.
2 No me va a castigar nadie; es ilegal.
3 Hay que dar un cachete si el hijo se ha portado mal.
4 Dar cachetes perjudica la educación del niño y su relación con los padres.

B 🔊 Escucha otra vez las declaraciones de Inés y Arturo e indica las frases que son verdaderas.

1 Según Inés, había recibido golpes en su niñez cuando no los merecía.
2 Inés cree que nunca se debe dar castigo físico.
3 A Inés le cuesta creer que alguien no haya recibido cachetes.
4 De niño Arturo sufrió mucho a causa del castigo físico.
5 Ahora que es padre, Arturo casi nunca pega a sus hijos.
6 Se siente orgulloso de tener tres hijos alegres.

C **Escucha otra vez lo que dicen Joaquín y Ana y llena los espacios en blanco.**

Joaquín: Soy educador y yo, personalmente, tengo mis dudas 1 _____ al beneficio de la utilización del castigo físico. Los padres lo 2 _____ que obtienen de ello es el propio 3 _____, y un sentimiento de ansiedad y culpa por lo que han hecho. En cuanto a la conducta del niño, no 4 _____ su objetivo. El "cachete" lo único que hace es impedir la comunicación entre padres e hijos, el 5 _____ o las explicaciones mutuas, elementos 6 _____ en la educación de los hijos.

Ana: Que se anden con 7 _____. A mí que mis padres o profesores no se 8 _____ a tocarme. Antes era distinto, pero ahora yo 9 _____ mis derechos y sé defenderme. Como me pongan un dedo encima, los 10 _____.

Para terminar…

A **Trabajando en grupos, los alumnos escogen un tema de los que han estudiado en esta unidad, y lo comentan. Luego, un alumno de cada grupo hace una pequeña presentación (diez minutos aproximadamente) sobre el tema elegido.**

B **Escribe 150 palabras sobre uno de los temas siguientes:**

- Un incidente que muestre la buena relación que tienes con tu abuelo u otro familiar.
- Un día en la vida de una familia monoparental.
- Dar un cachete, ¿sí o no?
- "Los padres deben compartir equitativamente las tareas domésticas." ¿Estás de acuerdo?
- Érase una vez un reino en el que sólo un hombre podía acceder al trono del país. Por ello, todo el reino esperaba que naciera un niño para heredar el trono pero, por desgracia, la reina dio a luz a una niña. Escribe 100 palabras describiendo los sentimientos del rey **o** de un súbdito/una súbdita del reino al saber la noticia.

2 Jóvenes: una vida por delante

Entrando en materia...

El tema de esta unidad trata de la juventud. Se hará también referencia a aspectos como el ocio y el deporte en el ámbito de la juventud. Tendremos oportunidad de aprender más de la vida de los jóvenes en España, concretamente en Cantabria. Los puntos gramaticales en los que nos centraremos son:

★ **pretérito imperfecto**
★ **comparaciones**
★ **el subjuntivo**
★ **posesivos**

Recuerda: Es importante tener en cuenta que el término "joven" en español abarca una franja más amplia que en inglés (que incluye principalmente los años de transición de niño a adulto, es decir, la adolescencia). En español, se tiende a emplear "joven" para denominar a aquellas personas entre 15 y 35 años, aproximadamente.

Reflexiona:

★ ¿Son iguales los jóvenes en todos los países? ¿Tienen las mismas preocupaciones, los mismos gustos y las mismas ilusiones? Hasta cierto punto, sí: los jóvenes españoles se visten de la misma manera que sus amigos en otros países europeos, estudian las mismas asignaturas en la escuela y solicitan empleos parecidos. Sin embargo, todos los países tienen su propia cultura, y veremos que los jóvenes españoles de hoy en día tienen unas actitudes y un comportamiento que provienen de su identidad española.

Los jóvenes españoles de hoy en día

1 ¿Cómo son los jóvenes españoles de hoy?

7 AFICIONES
Los jóvenes destacan como usuarios avanzados de teléfonos móviles, "messenger" y correo electrónico a la hora de organizar su vida social.
El 60% de los jóvenes no se imagina la vida sin Internet. El 95% escucha música con regularidad y se reúne con sus amigos para ir al cine o al teatro. Tres o cuatro de cada 10 citan la práctica de algún deporte entre sus aficiones favoritas. Las actividades de ocio menos practicadas son asistir a conciertos, competiciones deportivas y museos.

1 ESTUDIOS
Tres de cada cuatro se dedican a sus estudios o formación profesional pero otros jóvenes europeos tienen una mejor formación en informática y otras lenguas.

2 VALORES
Para ellos la salud y las relaciones afectivas (la familia y los amigos) son lo más importante. La política y la religión apenas les preocupan.

3 DINERO
Valoran más la familia y los amigos que el dinero. La mayor parte no recibe más que una paga mensual de 20 euros de los padres.

6 AMIGOS
El joven español tiene bastantes más amigos que otros europeos. Pasa mucho tiempo con ellos, sobre todo por las noches. Sólo uno de cada cuatro vuelve a casa antes de las tres de la mañana los fines de semana.

5 TRABAJO
Sólo el 15% de los españoles de entre 16 y 19 años trabaja, la mayoría con contratos eventuales. Más de la cuarta parte de otros jóvenes europeos de entre 15 y 19 años trabaja.

4 EMANCIPACIÓN
La mayoría vive en casa de sus padres hasta los 27 años. A los 18 años sólo el 3% ha volado del nido. La gran mayoría de otros europeos "escapa" antes de cumplir los 20.

A Observa las estadísticas anteriores sobre los jóvenes españoles de hoy. Comenta con tu compañero/a las diferencias y similitudes con los jóvenes de tu propio país y de otros lugares que hayas visitado.

B Contesta, escogiendo la frase más apropiada de la segunda lista.
¿Qué importancia tiene(n) para los jóvenes españoles...?

1	Los estudios	a	Es una de sus maneras favoritas de pasar los ratos libres.
2	La familia	b	Dejan el hogar mucho más tarde que otros jóvenes.
3	El dinero	c	Les gusta mucho estar con ellos.
4	El trabajo	d	Es lo que más les importa.
5	La emancipación	e	No le dan demasiada importancia.
6	Los amigos	h	Son la ocupación principal de la mayoría.
7	La música	g	No lo encuentran tan fácilmente como los otros europeos.

Empareja las siguientes palabras con su definición correspondiente. **Una segunda lectura de las estadísticas te ayudará (fíjate en el contexto de las palabras).**

1	La emancipación	a	Temporal
2	La informática	b	Educación y conocimientos que una persona posee
3	Las aficiones	c	Técnicas y conocimientos relativos al uso de ordenadores y al tratamiento electrónico de datos
4	La formación	d	Cantidad de dinero que los padres dan a los hijos periódicamente
5	Volar del nido	e	Acción por la cual los jóvenes se liberan de la autoridad a la que estaban sujetos en el hogar de los padres
6	La paga	f	Actividades realizadas en el tiempo libre
7	Eventual	g	Dejar el hogar paterno para vivir independientemente

D 📖 **Coloca el vocabulario siguiente en la columna que le corresponda:**

estudios	valores	dinero	trabajo	amigos	aficiones	emancipación

hacer la carrera	la familia	volar del nido	mi novia	salir por la noche
la flauta	un contrato eventual	un empollón	el baloncesto	mi mejor amigo
	la política	una licenciatura	estar sin blanca	la paga

2 Cuando salíamos los fines de semana

Dos españoles que viven en Inglaterra están hablando de lo que solían hacer en España cuando salían. Escucha el audio y contesta las preguntas.

A 📢 **Escucha a dos jóvenes, Pedro y Silvia, y marca con una cruz (✕) aquellas declaraciones que son verdaderas. Si hay alguna falsa, escribe la versión correcta.**

1 Pedro iba a la discoteca los fines de semana.
2 Le gustaba conocer a chicas en la discoteca.
3 Tener novia estaba mal visto.
4 La gente joven solía salir sola.
5 Silvia solía comer algo antes de ir a la discoteca.
6 Los amigos de Silvia y ella iban a la discoteca a las tres de la mañana.
7 Al salir de la discoteca, todos los amigos desayunaban juntos en un bar.

B 📖 **Sustituye las palabras en cursiva por una de las siguientes expresiones, haciendo los cambios que consideres necesarios.**

salir a tomar unas copas	de madrugada	el desempleo
en pandilla	comenzar a ir a la universidad	salir con alguien
rebelarse	empollón	estar sin blanca
	ir de tapas	

Recuerda: Si no conoces algunas de las palabras, emplea un diccionario o pregunta a tu profesor.

1 Mi madre siempre me esperaba despierta cuando volvía *muy tarde por la noche*.

2 A mi hermano nunca le ha gustado salir *en grupo*.

3 Alrededor de los 13 años los jóvenes empiezan a *contradecir a sus padres*.

4 Lo peor para los jóvenes es que *tienen poco dinero*.

5 Con su cartera llena de libros y sus enormes gafas, mi amigo parecía un *niño muy estudioso*.

6 Tu primo ya tiene edad de *hacer estudios universitarios*.

7 Ahora que ha superado su último desengaño amoroso, Juan quiere *tener novia*.

8 Cuando vengan a visitarnos a Cuenca, tenemos que quedar y *tomar algo por la noche*.

9 Los domingos, antes de comer, a algunos españoles les gusta *tomar el aperitivo*.

10 Uno de los mayores problemas con el que se enfrentan los jóvenes españoles es *la falta de trabajo*.

C 💬 **Ahora comenta con tu compañero/a qué te gusta hacer los fines de semana y luego pregúntale qué suele hacer él/ella.**

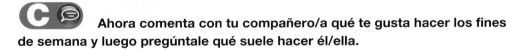

Grammar

The imperfect tense

The imperfect tense is used for:

● Repeated events or habitual actions in the past

Los fines de semana íbamos a la discoteca. At weekends we used to go to the disco.
Salíamos sobre las tres de la mañana. We usually went out at around 3 a.m.

● Descriptions in the past

Mi abuela era una persona muy despabilada. My grandmother was a very alert person.
Su amigo llevaba una chaqueta azul y zapatos blancos. Her friend wore a blue jacket and white shoes.

● Actions in the past which were going on when interrupted by a completed action.

Estaba esperando a mi hermano cuando sonó el teléfono. I was waiting for my brother when the telephone rang.

● With regular verbs, the imperfect tense is formed as follows:

-ar verbs: add *-aba, -abas, -aba, -ábamos, -abais, -aban* to the stem of the verb.
-er and *-ir* verbs: add *-ía, -ías, -ía, -íamos, -íais, -ían* to the stem of the verb.

Note that only three verbs (*ir, ser* and *ver*) have irregular forms. Now check your knowledge by doing the following exercise.

For more information on the imperfect tense, see the Grammar Summary on page 283.

Ejercicio

1 Rellena los espacios en blanco con los verbos del recuadro utilizando la forma correcta del pretérito imperfecto.

tener	ser
reñir	pasar
llevar	salir
ir	estudiar
tardar	estar
comer	

a) Esas dos mujeres _____ zapatos idénticos, de color marrón.

b) Cuando _____ (yo) 16 años pasé dos meses en Córdoba.

c) Siempre _____ (nosotros) a las siete de la tarde para ir de tapeo.

d) La semana pasada no fui al tenis porque _____ enferma.

e) Mientras _____ (nosotros) en el piso de arriba, alguien llamó a la puerta.

f) La jefa _____ una mujer delgada de pelo largo.

g) Mientras Montse _____ para los exámenes, sus amigas _____ el fin de semana en el campo.

h) El tren _____ de Aranjuez a Madrid todos los días a la misma hora.

i) Si Gonzalo _____ en volver, su madre le _____ mucho.

 Ejercicio: Cuando era niña see Dynamic Learning

Al teléfono

 Ejercicio: Un día poco afortunado see Dynamic Learning

③ Teléfonos con lenguaje propio

"Hla, qtl tdo?" (hola, ¿qué tal todo?), "sty cn pñ, cn t2" (estoy con la peña, con todos), "tns stio xa mi?" (¿Tienes sitio para mí?), "n pc + trd" (un poco más tarde), "thanx"(gracias), "1b" (un beso). Ésta podría ser una conversación entre dos amigos mantenida a través de mensajes de texto de teléfono móvil. La mayoría de los mensajes son enviados por jóvenes de entre 15 y 35 años que los emplean por dos razones obvias: ahorrar dinero y tiempo.

El lenguaje de los móviles es un código de signos, siglas, acrónimos, abreviaturas de palabras inglesas, dibujos compuestos con los caracteres del teclado y palabras a las que se les han eliminado casi todas las vocales. Este lenguaje se ha convertido en la forma más ingeniosa de comunicarse entre los adolescentes del siglo XXI. Todo vale si cumple su objetivo: condensar al máximo las palabras para que quepa la mayor información posible dentro de los 160 caracteres que caben en cada mensaje de texto, también conocidos como SMS según las siglas inglesas, *Short Message Service* (servicio de mensajes cortos).

Está pensado para el público más joven. Las estadísticas muestran que alrededor del 40% de los dueños de teléfonos móviles utiliza los mensajes cortos y que el envío de mensajes a través del móvil se ha convertido en el servicio que ha experimentado un mayor crecimiento en todos los operadores de telefonía.

Lee el texto y luego ordena y numera las siguientes frases que constituirán un resumen de éste.

1 Es frecuente dejar sólo las consonantes para hacer los mensajes más breves.

2 En cada mensaje de texto caben ciento sesenta caracteres.

3 Los jóvenes de entre quince y treinta y cinco años son los que más emplean los mensajes de móvil.

4 La intención de los jóvenes es ser rápidos y gastar menos.

5 A veces se abrevian las palabras del inglés.

6 Este servicio ha experimentado un gran crecimiento en los últimos años.

7 A menudo se crean dibujos con los caracteres del teclado.

8 Es un práctico modo de comunicación muy en auge entre los jóvenes de nuestro siglo.

9 En el lenguaje de los móviles "thanx" puede significar gracias.

10 Es un método de comunicación que los mayores no suelen usar tanto.

 ¿Tienes móvil? Comenta con tu compañero/a:

- para qué lo usas
- qué abreviaturas utilizas cuando envías un "mensajito"
- cuánto sueles gastar al mes

- con quién te comunicas más a menudo
- qué funcionalidades del móvil usas más (mensajes, agenda, llamadas, juegos…)

4 Los teléfonos móviles

> Una costumbre social que une a todos los jóvenes que viven en los países desarrollados es la de comunicarse con frecuencia por teléfono móvil.

 Escucha el audio e indica quién dice qué – Emma, Carmen, Nuria o Pilar:

1 A los chicos les falta concentración.

2 Al adolescente le resulta más fácil demostrar sus emociones por teléfono.

3 Los jóvenes necesitan el teléfono para establecer vínculos.

4 Hablo diariamente con mis amigos.

5 Utilizo el teléfono para ponerme al tanto de lo que pasa.

6 No hablo por teléfono para resolver problemas.

7 Las chicas hablan más que los chicos.

 Comenta estas preguntas.

- En tu opinión ¿son los teléfonos móviles algo imprescindible hoy en día? Comparte tu razonamiento con el resto de la clase y con tu profesor.
- Con tu compañero/a, haz una lista de ocasiones en las que un teléfono móvil puede ser más útil que una cabina telefónica o un teléfono fijo.

- Ahora habla de tu propia experiencia con los móviles o la que han tenido con ellos tus amigos o algún miembro de tu familia. Presenta la situación concreta y explica por qué el uso del móvil fue un éxito o un fracaso.
- ¿Crees que los móviles tendrían menos éxito entre los jóvenes si no ofrecieran la posibilidad de enviar mensajes de texto?

¿Qué piensan y sienten los jóvenes?

5 ¿Qué imagen tienen los jóvenes de sí mismos?

Pantalones caídos, piercing, tatuajes, camisetas ajustadas, mochila, deportivos, móvil de última generación, reproductor MP3. Pelo largo, corto, con cresta, esculpido, teñido en colores imposibles. Ésta es una estética bastante común entre los jóvenes de hoy, aunque también hay otras. Una estética marcada por la publicidad, el consumismo y esa necesidad de ser diferente, atrevido, rebelde. Pero, ¿qué hay detrás de esta imagen que proyectan?

En las encuestas, los propios jóvenes, de 15 a 24 años, añaden rasgos como éstos: "consumistas" (60%), "rebeldes" (54%), "pensando sólo en el presente" (38%), "independientes" (34%), "egoístas" (31%), "con poco sentido del deber" (27%). Para encontrar algún aspecto positivo en esta descripción como "leales en la amistad", "solidarios", "tolerantes", "trabajadores",

"maduros", "sacrificados", hay que desplazarse hasta los últimos lugares de la lista con porcentajes irrisorios. "En otras palabras," apunta el sociólogo Javier Elzo, responsable de una parte de este estudio, "los jóvenes se atribuyen en notorio mayor grado los rasgos negativos que los positivos. La conclusión se impone: los jóvenes tienen una baja autoestima. Estamos ante uno de los datos más preocupantes del estudio".

Si vamos un poco más allá y preguntamos por los modelos a los que les gustaría parecerse, encontramos respuesta en el sondeo de opinión que realizó el Instituto de la Juventud (INJUVE). Cuatro de cada diez jóvenes (41%) declara no tener personas en su entorno cercano o social a quien imitar o parecerse. Un porcentaje parecido declara no tener modelos vitales a los que parecerse. Y un 15% no tiene

opinión formada en ese sentido. Quienes declaran tener referentes de vida (58%) miran hacia la familia, concretamente a la figura del padre. Los siguientes modelos de importancia para estos jóvenes son los deportistas (16%) y los actores y cantantes (11%). Los amigos (3%), los personajes de la cultura (3%), los políticos (2%) o las grandes fortunas (2%) no parecen tener demasiada aceptación entre los modelos a seguir.

¡Fíjate!

Invariable nouns and adjectives ending in -*ista*

Nouns ending in -*ista* are invariable. They are differentiated only by the masculine or feminine article:

el/la deportista	the sportsman/sportswoman
el/la consumista	the consumer
un/una egoísta	a selfish person, egoist

Many of these words also act as invariable adjectives: *el partido socialista* the Socialist party

✏️ ¿Lo has entendido?

¡Compite con tu compañero/a! ¿Quién puede hacer la lista más larga de sustantivos y adjetivos que terminen en -*ista* y que sean invariables?

Empareja las dos columnas según lo que dice el texto:

1 *cresta*	a an appearance marked by publicity
2 *teñido*	b role models to follow
3 *una estética marcada por la publicidad*	c dyed
4 *añaden rasgos como estos*	d attribute to themselves to a noticeably higher degree
5 *con porcentajes irrisorios*	e with derisory percentages
6 *se atribuyen en notorio mayor grado*	f mohican
7 *una baja autoestima*	g add features such as these
8 *modelos vitales a los que parecerse*	h low self-esteem

 Lee el artículo otra vez y contesta en inglés las preguntas siguientes:

1 According to the title, what is the aim of this study?
2 What are the main influences on young people today?
3 How do young people describe themselves, predominantly?
4 What is the main concern of the sociologist Javier Elzo?
5 Who tend to be the main role models for young people?
6 Which role models are young people least likely to follow?

Comenta:

● Si tú hubieras realizado esa encuesta, ¿cómo te hubieras descrito? Cuéntaselo a tu compañero/a.
● Compara los valores de los jóvenes españoles con los tuyos. Utiliza el vocabulario del texto (consumistas, rebeldes, independientes, etc.) para crear y llevar a cabo una encuesta en tu clase.
● Prepárate para un debate en el que decidáis si sois más o menos optimistas que los jóvenes españoles.

Grammar

Comparison

There are three basic types of comparison:

● Comparison of superiority: *más que...* ("more than…")

Gonzalo es más liberal que sus padres. Gonzalo is more liberal than his parents.

Los jóvenes de hoy tienen más posibilidades de viajar que los del siglo XX. Young people today have more opportunity to travel than they did in the 20th century.

● Comparison of inferiority: *menos que...* ("less than…")

En la época de Franco, la gente tenía menos libertad que hoy. In Franco's time people had less freedom than they have now.

En España el francés se estudia menos que antes. In Spain, French is studied less than before.

● Comparison of equality: *tan(to)...como* ("as… as")

In *tan...como*, *tan* is followed by an adjective:

Para los jóvenes españoles la igualdad de sexos es tan importante como la prosperidad del país. For young Spaniards, sexual equality is as important as the country's prosperity.

In *tanto...como*, *tanto* is followed by a noun, with which it agrees in number and gender:

Hoy día la juventud no tiene tanto interés en trabajar en el Tercer Mundo como en los años 90.
These days young people do not have as much interest in working in the Third World as in the 90s.

En España hay tantos jóvenes rebeldes como en otros países europeos. There are as many young rebels in Spain as in other European countries.

For more information on comparisons, see the Grammar Summary on page 270.

6 Respeto a los mayores

Ayer fui testigo de una falta de respeto total hacia una persona mayor. En plena N-340, a la altura de Cervelló, dos jóvenes con ciclomotores circulaban en paralelo mientras charlaban, provocando la ralentización de la circulación. Un abuelo que iba detrás les recriminó su conducción. Los motoristas se volvieron y uno de ellos le abrió la puerta del coche y se encaró con el señor. Mientras el resto de los conductores adelantaban por la derecha, ignorando lo que ocurría, me paré detrás para que la discusión no fuera a mayores. No sé dónde vamos a ir a parar si no mostramos más respeto por aquéllos que han hecho que los jóvenes tengamos la libertad y las posibilidades de hoy en día.

Miguel Román Cardona, Vallirana (Barcelona)

A 🖊 **Localiza en el texto los equivalentes de las siguientes expresiones:**

1 presencié
2 en medio de
3 más o menos donde está
4 hablar tranquilamente
5 entorpeciendo
6 se dirigió agresivamente al
7 dejaban atrás la escena
8 no se agravara
9 cómo vamos a terminar
10 oportunidades

B 🖊 **¿Has sido alguna vez testigo de alguna falta de respeto hacia una persona mayor? Escribe 100–150 palabras describiendo una anécdota similar, ya sea una situación que hayas presenciado o una imaginaria. Explica también (a modo de moraleja) por qué se ha de respetar siempre a nuestros mayores.**

7 ¿Crees que los jóvenes de hoy en día tienen valores?

A 🔊 **Escucha atentamente el siguiente extracto. Ahora indica con la inicial de su nombre qué frase resume mejor la opinión de cada hablante.**

1 El Estado es responsable de enseñar a distinguir el bien del mal.
2 Los valores se aprenden a través de muy diversos ámbitos y figuras.
3 A veces son causas externas las que parecen obligarnos a tener ciertos valores.
4 Antiguamente los jóvenes luchaban más abiertamente por sus ideales.
5 Todos los valores merecen ser respetados.

| Begoña (B) | Cristina (C) | Gemma (G) | Juan (J) | Arturo (A) |

- Haz una lista de los valores que crees que tienen los jóvenes británicos. Compáralos con los de los jóvenes españoles indicados en el ejercicio 5.
- Comenta dónde, cómo o de quién crees que se aprenden esos valores (los padres, los amigos, la TV, el Estado, la escuela...). Razona tu respuesta.

- ¿Crees que, por ejemplo, valores como el respeto a los mayores, a tu prójimo y a ti mismo se pueden considerar como valores universales (es decir, reconocidos en cualquier parte del mundo)? ¿Por qué?
- ¿Crees que los valores de los jóvenes de hoy son muy distintos a los de sus padres? ¿Y a los de sus abuelos? Ilustra tu opinión con ejemplos concretos.

8 Los jóvenes y el hogar familiar

Lee lo que opina un Catedrático de Sociología de la Universidad Autónoma de Madrid, sobre si los jóvenes españoles no pueden o no quieren irse del hogar familiar.

Entrevistador: ¿Cuál es hoy la actitud de los padres respecto a la independencia de los hijos?

Catedrático: La familia representa el afecto que todo ser humano necesita. Los padres siempre tienen que estar dispuestos a acoger a sus hijos y son éstos los que progresivamente deben ir madurando, es decir, ir asumiendo responsabilidades. Educar a los hijos exige mucha paciencia y es muy difícil; hacerlo hoy exige más generosidad que nunca.

Entrevistador: ¿Qué conceptos tienen los jóvenes de la familia?

Catedrático: La valoran. De hecho, en las encuestas que nosotros hemos realizado, la ponen por delante de muchas cosas, aunque se refieren a la familia de origen, no tanto a la necesidad de crear la suya propia. Hoy se vive una mayor permisividad en las relaciones sexuales y en el disfrute del ocio, lo que les permite vivir con sus padres sin los problemas que tenían las generaciones anteriores.

Entrevistador: ¿Son ahora más egoístas que antes?

Catedrático: No, son más individualistas. Cada uno debe buscar su sitio por sí mismo; hay valores comunes, pero no tienen mucha fuerza. Los jóvenes son muy distintos, los hay idealistas, pero la mayoría sigue pautas que difieren mucho de las que tenían los jóvenes hace treinta años.

Entrevistador: ¿Les falta rebeldía?

Catedrático: Son rebeldes, pero de otra forma. Ya no tienen que hacer una revolución política, porque ellos sólo han conocido la democracia. Quedan cosas por hacer, como conseguir la igualdad total de los sexos o actuar a favor del medio ambiente.

Entrevistador: ¿Qué repercusión tiene esta actitud en la formación de la personalidad?

Catedrático: Lógicamente, la juventud actual no se arriesga demasiado y no madura a través de la asunción de responsabilidades. Esto tiene una serie de consecuencias, que ya estamos comprobando como el retraso en la edad de matrimonio, la pérdida de ilusión y vitalidad y la disminución de la natalidad, que es un grave problema social. No obstante, el fenómeno de la inmigración está poco a poco paliando esta dificultad.

Entrevistador: ¿Cree que habrá algún cambio en el futuro?

Catedrático: Será lento, porque la juventud no cambia si no lo hace la sociedad. Ésta es la que debe poner remedio a esta situación: tiene que facilitar puestos de trabajo, dar mejores condiciones para adquirir viviendas y resaltar el valor de la independencia y la familia.

¡Fíjate!

Ago

Remember that the idea of "ago" in English is conveyed in Spanish by using *hace* followed by the period of time.

*Los jóvenes tenían actitudes diferentes **hace treinta años**.*
Young people had different attitudes **thirty years ago.**

¿Lo has entendido?

Completa las frases con *"hace"* y díselas a tu compañero/a.
Los coches (no) eran mucho más bonitos hace…
La educación de mi hijo (no) está siendo más severa que la de mis padres hace…
A mí me encanta la época de los años 20. Me gustaría haber nacido hace…

A ▯ Lee el texto y responde a las siguientes preguntas.

1 ¿Qué quiere decir que los hijos "tienen que ir madurando progresivamente"?

2 ¿Por qué resulta especialmente difícil educar a los hijos hoy en día?

3 ¿Qué importancia tiene la familia para los jóvenes?

4 ¿Por qué los jóvenes de hoy suelen estar a gusto viviendo en el hogar de sus padres?

5 ¿Cómo son los jóvenes de hoy comparados con los de hace treinta años?

6 ¿Por qué los jóvenes de hoy no se preocupan tanto por la política?

7 ¿De qué aspectos sociales se ocupan?

8 ¿Cuáles son algunas de las consecuencias de la falta de madurez de los jóvenes?

9 ¿Qué fenómeno está aminorando el impacto de estas consecuencias?

10 ¿Qué debe hacer la sociedad para fomentar los cambios en la juventud?

B ▯ Vuelve a leer el texto y completa las siguientes frases con las partículas que faltan y que encontrarás en el recuadro abajo.

1 Educar a los hijos hoy en día resulta _____ difícil _____ nunca.

2 Los jóvenes consideran que la familia es _____ importante _____ muchas otras cosas.

3 Nuestros jóvenes tienen _____ problemas con sus padres _____ las generaciones anteriores.

4 Hoy se vive una mayor permisividad _____ en las relaciones sexuales _____ en el disfrute del ocio.

5 En la actualidad los jóvenes son _____ individualistas _____ antes.

6 _____ treinta años los jóvenes seguían pautas muy diferentes.

7 Los jóvenes de hoy no son _____ revolucionarios _____ los de antes y no se arriesgan _____ _____ sus predecesores.

8 Muchos han perdido _____ la ilusión _____ la vitalidad.

9 Gracias a la inmigración, ahora nacen _____ niños _____ antes.

10 Es necesario recalcar valores _____ esenciales _____ la familia.

más/que	tan/como	tanto/como	hace	menos/que

C ▯ Comenta con tu compañero/a cuándo crees que te irás de casa de tus padres y por qué. ¿Tienes amigos/as de otros países? ¿Sabes a qué edad se suelen ir esos jóvenes de casa de sus padres? ¿Antes o después que los de tu país? ¿Sabes cuáles podrían ser las razones?

Cantabria

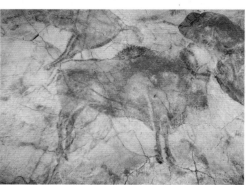

Situación: La región de Cantabria se encuentra en el norte de España, en la zona costera que baña el Mar Cantábrico. A lo largo de su litoral se extiende un gran número de playas. Los Picos de Europa y la Cordillera Cantábrica marcan los límites naturales con las vecinas provincias de Asturias, Burgos, León y Palencia.

Superficie: 5.288 km²

Población: 568.091 habitantes

Industrias principales: Pesquera, metalúrgica, hostelera, minera, química, alimentación, construcción, ferroviaria

Atracciones turísticas: En su multitud de valles verde esmeralda, se asientan pintorescos pueblos como la medieval Santillana del Mar. Algunas de sus principales localidades son Torrelavega, Castro Urdiales, Laredo, Santoña, Comillas o San Vicente de la Barquera, sin olvidar puntos del interior como Ramales, Ampuero, Reinosa o Potes. Santander, la capital, se sitúa al abrigo del puerto natural más amplio de todo el Cantábrico. En Cantabria se puede practicar todo tipo de actividades deportivas y recreativas: golf, senderismo, bicicleta de montaña, vela... Su tradición culinaria y gastronómica incluye manjares como la merluza en salsa verde, la lubina y la dorada a la sal, el cocido montañés o los sobaos pasiegos.

Historia: La Historia y el Arte de Cantabria ocupan un lugar destacado en la historia universal. De hecho, las pinturas de Altamira se adelantan casi 10.000 años al gran arte de las civilizaciones orientales como Egipto o Mesopotamia. Los famosos bisontes del techo de la cueva montañesa son un gran exponente del nivel de desarrollo de un hombre que vivió cerca de 14.000 años A.C. Estas representaciones son tan bellas que, por mucha gente, han sido consideradas "la Capilla Sixtina del paleolítico". Durante el primer milenio A.C. hallamos un pueblo, que los romanos llamaron "cántabros" que, constituidos en sociedad tribal en plena edad del hierro, hicieron muy complicado su sometimiento a los romanos. El proceso de romanización de Cantabria concluyó hacia el siglo IV D.C. En el año 574 Leovigildo toma Amaya y comienza la etapa visigoda en nuestra tierra, aunque apenas tuvo incidencia. Fue en las montañas cercanas y en las de la vecina Asturias donde se puso la primera barrera al avance de la invasión musulmana. A partir del siglo XIII, la flota de Cantabria adquiere un especial protagonismo en los mares de Europa y en las batallas navales contra los musulmanes de Al Andalus. En 1778 se constituía la provincia de Cantabria como tal. El desarrollo urbano de la capital de la región, Santander, está estrechamente vinculado a su puerto, enormemente importante. Este auge de la actividad portuaria hizo posible el crecimiento de una burguesía local que impulsó el ensanche de la ciudad. Tras la guerra civil, Cantabria sufrió un largo período de privación de libertades. Bajo el impulso del rey Don Juan Carlos I, reformistas del régimen anterior y líderes de los partidos políticos que salían de la clandestinidad deciden dotarse de una Constitución democrática, la de 1978. Constitución que abrió la vía para que en 1981 Cantabria se convirtiera en Comunidad Autónoma.

Sitio Web (Cantabria)

9 Jóvenes en Cantabria

A  **Reúne información sobre Cantabria a través de Internet** (por ejemplo, en: http://www.cantabriajoven.com) así como de amigos, revistas u Oficinas de Información. Tu objetivo es animar a Jorge, un joven escritor que se siente muy pesimista respecto a su propia región: Cantabria. Trata de resaltar aquellos aspectos más positivos de la zona y ofrécele alternativas de ocio, deporte y trabajo para los jóvenes que residen allí. Cuenta a tus compañeros qué has encontrado y cómo conseguiste levantar la moral de Jorge.

B **Lee el artículo siguiente.**

Indignación con los vuelos nacionales

Volar desde Santander se pone cada vez más imposible y me uno a las quejas de muchos en este foro. Mi indignación es debida sobre todo a la incapacidad de las líneas aéreas y el gobierno de ofrecer unos precios más flexibles y económicos en los vuelos nacionales, a pesar de la demanda que existe. Por motivos de estudios (vean que los jóvenes aparte de botellones también nos interesamos por estudiar) me debo desplazar con frecuencia a Barcelona.

Volar a Barcelona en un vuelo de ida y vuelta supone la friolera de 450 en el mejor de los casos. Algo indignante cuando a 100km (Loiu, Bilbao) se ofertan vuelos por muchísimo menos de la cuarta parte, 50 . Es por ello que al final debo utilizar Bilbao para mis desplazamientos por España, y ahora en concreto a Barcelona. El pasado martes volé a Barcelona desde Loiu a las 10.25 y eso supone para un cántabro tener que tomar el autobús

de Alsa de las 7.00 horas, que no siendo de Santander supone un madrugón. Vean que los jóvenes queremos estudiar pero impedimentos como éste se nos repiten constantemente. ¿Me pagan ustedes los 450 ? Se ha enviado un escrito, similar a éste, hace ya dos semanas a la Consejería de Educación de nuestra región. La respuesta a día de hoy: inexistente. Gracias por preocuparse tanto por la juventud de Cantabria.

Imagina que eres estudiante y te encuentras en la situación de este joven cántabro. Escribe una carta para una revista universitaria con objeto de reunir firmas y exigir más vuelos nacionales desde Santander. Menciona los siguientes puntos:

- demanda de más servicios aéreos desde el Aeropuerto de Santander.
- elevados precios que los estudiantes no pueden afrontar.
- necesidad de desplazarse al Aeropuerto de Bilbao.
- trastorno que implican los madrugones.
- indignación ante el hecho de que se ignora este problema.

10 La noche es joven

A **Escucha el extracto y contesta las siguientes preguntas:**

1 ¿Quién organiza el programa "La noche es joven"?
2 ¿A jóvenes de qué edad van dirigidas esas actividades?
3 Cita cuatro de las actividades previstas.
4 ¿Con qué temáticas están relacionados los talleres que ofrecen? Menciona cuatro.

5 ¿Cuál es el propósito del programa "La noche es joven"?
6 ¿A qué crees que se refieren al decir "los peligros de la noche, desgraciadamente conocidos por todos"?
7 ¿Quién puede participar en "La noche es joven"? ¿A qué precio?
8 ¿Qué hay que hacer para participar?

Problemas sociales relacionados con la juventud

> **Recuerda:** El "botellón" es un fenómeno masivo que se dio entre los jóvenes españoles y que consistía en adquirir de las tiendas productos alcohólicos y tentempiés a bajo precio para después consumirlos en la vía pública. Las nefastas consecuencias para la vecindad (ruido, suciedad, imagen decadente...), el costo público de este tipo de actividad (en limpieza y vigilancia, por ejemplo) y las constantes quejas llevaron a las autoridades a tomar medidas.

11 Y si no molestáramos ... ¿qué?

No quiero hablar más del botellón, sino que me gustaría aportar mi propia visión como joven. Está claro cuáles son las principales causas para su celebración (falta de espacios donde reunirse, precios excesivos en las copas, menor control en el consumo de alcohol por menores...) y cuáles son las consecuencias tanto de orden público como de salud. Lo que me parece bastante triste y escandaloso es que la gente **se ponga** a discutir sobre el consumo de alcohol en la calle sólo porque, y esto es así, los grupos de jóvenes que se reúnen los fines de semana en la calle MOLESTAN a los vecinos. Sólo porque molestan.

Lo que nos estamos cuestionando aquí no es el hecho de que los jóvenes **consuman** alcohol sin ningún tipo de control, sino que **sean** los padres los primeros que les **ayuden** a prevenir ese tipo de consumo y les **enseñen** a respetar los bienes de todos. Sólo cuando un grupo de vecinos cabreado decide salir a la calle (protestando porque no pueden dormir por la noche) es cuando se empieza a hablar de posibles soluciones. La propuesta de prohibir terminantemente el consumo de alcohol en la calle tan sólo avivará la polémica. ¡Pero si los jóvenes están deseando encontrar retos que poder combatir, y tener causas contra las que rebelarse! La prohibición en algunas comunidades autónomas generará guetos en las afueras de la ciudad, en zonas sujetas a menor control, con el consiguiente peligro de que los jóvenes **cojan** el coche o la moto bajo los efectos del alcohol. Los jóvenes necesitamos contar con nuestros espacios, relacionarnos, identificarnos con un grupo. Obviamente, no me parece correcto que ni los jóvenes ni ningún ciudadano **se dedique** a molestar al resto o a ensuciar las calles. Tampoco me parece correcto que los jóvenes **se emborrachen** los fines de semana porque sí, sin más finalidad, pero lo realmente indignante es que **se trivialice** un asunto tan grave y no **exista** un interés serio en el problema de fondo.

Arturo de Diego

A Lee el texto y contesta las siguientes preguntas en inglés.

1 What are the main reasons for the *botellón*?
2 Why is Arturo exasperated?
3 Why does he think the parents' attitude is not appropriate?
4 When is it that the population starts to think of solutions?
5 What is one of the proposed solutions?
6 Why does Arturo think that this solution is ridiculous?
7 What new risks could the proposed solution give rise to?
8 What are the principal needs of young people, according to Arturo?

12 ¿Está a favor de prohibir el consumo de alcohol en la calle?

A **Lee las siguientes afirmaciones. Escucha el audio y después numéralas en el orden en que se dicen.**

a La primera norma de educación es que mi libertad termina donde empieza la de mi prójimo.

b Que sancionen por ensuciar y manchar la imagen de las ciudades.

c Con el "botellón" sabemos qué es lo que consumimos.

d Nuestra intención no es molestar a los vecinos.

e ¿O sólo es nocivo lo que no proporciona impuestos?

f Se puede hacer pero donde nadie les vea.

B **Comenta con tus compañeros/as:**

● ¿Estás a favor de prohibir el consumo de alcohol en la calle?

● Si tuvieras que tomar una decisión sobre lo que ocurría en España con los jóvenes, ¿qué recomendarías?

● ¿Cuáles pueden ser las ventajas y desventajas de beber en la calle?

● ¿Consideras que los vecinos tienen verdaderos argumentos para quejarse?

● Haz junto con tus compañeros una lista de posibles soluciones al problema del botellón.

C **Basándote en la lista que habéis confeccionado en clase, escribe una carta a un periódico proponiendo al gobierno estas nuevas soluciones al problema del botellón.**

13 ¿Es hoy la juventud más violenta que antes?

A **Lee los dos textos y utiliza las palabras siguientes tantas veces como sean necesarias para completarlo, sustituyendo las letras entre paréntesis con: *más/que, hace, menos, tanto/como.***

1 "La juventud de hoy no es más violenta. La mayoría lo es menos. Las manifestaciones de violencia de un reducido número de jóvenes organizados en grupos cuyas agresiones son fascistas, antisociales, xenófobas, racistas y extremadamente violentas en algunos casos, además de producir alarma y gran repercusión social, provocan que se etiquete a toda la juventud como violenta. Afortunadamente, la realidad es bien distinta: los jóvenes de ahora tienen a _____ cultura, están b _____ preparados y se divierten mejor
c _____ los de d _____ diez o quince años".
Manuel Giménez, jefe de Prensa y Relaciones Públicas de la Dirección General de la Policía

2 "Yo creo que sí. Desde luego no cabe ninguna duda de que es mucho e _____ violenta
f _____ la de g _____ 10 o 15 años, aunque los niveles no llegan a ser de momento demasiado preocupantes. Las causas son varias: el desempleo, la falta de integración y de expectativas... Sin embargo, aún así, pienso que sigue siendo h _____ pacífica i _____ la de otros países de Europa o que la de Estados Unidos."
Amando de Miguel, sociólogo

B **Describe una situación de violencia entre jóvenes que tú mismo hayas presenciado (en la calle, en una discoteca, en un partido...). Pon especial énfasis en las causas que han desencadenado esa reacción violenta. (150–200 palabras)**

The subjunctive (1)

● Throughout your course you will frequently come across verbs used in the subjunctive mood. For example, there are 10 instances (in bold) of the use of the present subjunctive in Texto 11 (eg. *ponga,* from *poner, sean,* from *ser* and *cojan,* from *coger*).

● You will sometimes find that you can understand perfectly well the meaning of a sentence containing the subjunctive, but you can't explain exactly why it has been used. It is important to look out for examples of its use and discuss them with your classmates and your teacher. As the course goes on, your understanding of this complex part of Spanish grammar, and your ability to use the subjunctive yourself, will grow.

● The subjunctive is one of the three moods of the verb; it is not a tense. The three moods are differentiated broadly as follows:

Indicative mood: for statements that convey a fact or reality
Imperative mood: for commands
Subjunctive mood: for uncertainty and unreality

At this stage it is important to recognise the forms of the subjunctive, starting with the present subjunctive. The present subjunctive is formed as follows:

● **Regular verbs**

By adding the following endings to the stem of the infinitive:

-ar verbs: *-e, -es, -e, -emos, -éis, -en*

-er and *-ir* verbs: *-a, -as, -a, -amos, -áis, -an*

To help you to remember the present subjunctive form, it is useful to note that, except in the first person singular, the endings of *-ar* verbs are the same as the present indicative endings of *-er* verbs, and those of *-er* and *-ir* verbs are the same as the present indicative endings of *-ar* verbs. For example, *habla* becomes *hable* in the subjunctive, *come* becomes *coma* and *vive* becomes *viva.*

● **Radical-changing and irregular verbs**

The present subjunctive of radical-changing and irregular verbs is formed by removing the **-o** from the end of the stem of the first person singular of the present indicative and adding the endings listed above. Thus, the present subjunctive of *poner* is *ponga, pongas, ponga* etc., of *contar* is *cuente, cuentes, cuente* etc. and of *pedir* is *pida, pidas, pida* etc.

● The subjunctive is mainly used in **subordinate** clauses, and it communicates meanings that are often subtly differentiated from those of the indicative mood. For example, in Texto 11 the subjunctive is used (a) when making a judgement and (b) after a statement of emotion (such as sadness), as in:

Main clause	Subordinate clause
(a) *Tampoco me parece correcto*	*que los jóvenes se **emborrachen** los fines de semana…*
Nor does it seem right to me [judgement]	that young people get drunk at the weekends…
(b) *Lo que me parece bastante triste y escandaloso es*	*que la gente **se ponga** a discutir sobre el consumo de alcohol en la calle…*
What seems quite sad and scandalous to me [emotion] is	that people start arguing about drinking in the street...

As the course goes on, there will be more sections showing examples of subjunctive use. In Unit 5, there is an extensive section which shows the most basic ways in which it is used.

For more detailed information on the subjunctive mood, see also the Grammar Summary on page 286.

El deporte

⑭ Un tenista mallorquín

Rafa Nadal se ha convertido en un ídolo de masas por su juventud y fácil acceso para los aficionados. Sus padres se llaman Ana María Parera y Sebastián Nadal. Es zurdo.

Entrevistador: ¿Qué cualidad de su persona considera más importante en su juego?

Rafa: La autoconfianza.

Entrevistador: ¿Qué factor externo le da más fuerza cuando juega un partido?

Rafa: Saber que mi familia y mis amigos me están apoyando desde mi tierra. Volver luego y celebrar la victoria con los míos siempre me ayuda a recargar las pilas para el siguiente partido. Nuestra familia está muy unida.

Entrevistador: ¿Cuál ha sido el mejor momento deportivo de su vida?

Rafa: Sin duda, los títulos de Roland Garros y la Copa Davis. Son dos competiciones diferentes porque una es individual y la otra por equipos, pero en ambos casos me dejaron un buen sabor de boca.

Entrevistador: ¿Y la situación en su corta carrera que le gustaría borrar?

Rafa: La fractura que tuve en su día en Estoril y que provocó que me perdiera torneos tan importantes como Roland Garros, Wimbledon y, sobre todo, el cuadro individual de los Juegos Olímpicos de Atenas.

Entrevistador: Usted viaja durante todo el año y ha tenido tiempo de conocer muchas y grandes ciudades, ¿cuál elegiría para perderse unos días?

Rafa: París, y no por Roland Garros. Simplemente porque estuve allí cuando era más pequeño y me lo pasé muy bien en Disneylandia con todas las atracciones. Mickey era uno de los personajes que más me gustaban en mi infancia.

Entrevistador: Volviendo al tenis, ¿qué torneo le gustaría ganar por encima del resto?

Rafa: Hace tiempo que me atrae la hierba de Wimbledon y me he puesto como meta jugar bien en esta superficie. Los próximos años lo voy a preparar a conciencia.

Entrevistador: Una imagen característica en las celebraciones de Nadal es morder el trofeo.

Rafa: Es una costumbre que cogí cuando gané en Montecarlo y desde allí decidí que mordería todos los trofeos. La mayoría de jugadores los besan y yo los muerdo. Ojalá pueda hacerlo muchas veces más en el futuro.

Entrevistador: A pesar de su corta edad, ya ha jugado en todas las grandes pistas. ¿Cuál es su preferida?

Rafa: La Catedral de Wimbledon y también la Rod Laver Arena de Australia. En ambas se respira un gran ambiente de tenis.

Entrevistador: En los días de descanso en Manacor, supongo que tendrá tiempo para ir al cine. ¿Cuál es su película favorita?

Rafa: *Gladiator*, la verdad es que me identifico bastante con el protagonista principal.

Entrevistador: Sus dos grandes aficiones en el tiempo libre, además del fútbol y la Playstation, son la pesca y el golf. ¿Cuántos peces ha llegado a sacar en un día?

Rafa: Unos 150. Luego en casa comemos lo que yo traigo del mar.

Entrevistador: ¿Algo que no pueda soportar?

Rafa: La mala gente.

Entrevistador: ¿Qué objetivos se pone para el futuro?

Rafa: Me gustaría mejorar mi juego, especialmente el servicio.

¡Fíjate!

Ojalá

● *Ojalá* is used for exclaiming a strong wish or hope. It can be used at the beginning of a sentence, **when it is always followed by the subjunctive**, or on its own, indicating agreement with a strong wish.

Nadal: *Ojalá pueda hacerlo (morder el trofeo) muchas veces más en el futuro.*
Nadal: I hope I can do it (i.e. bite the trophy) many more times in the future.

Dicen que mi hermana Laura ha dejado las drogas de diseño. ¡Ojalá fuera cierto!
They say that my sister Laura has given up designer drugs. I wish it were true!

Se ha enamorado otra vez… ¡Ojalá le dure!
He's fallen in love again… I hope it lasts!

A: *Me encantan las croquetas de este bar. A ver si hay…* B: *¡Ojalá!*
A: I love the croquettes in this bar. Let's see if they have any… B: I hope they do!

A 🖊️ **Lee el texto y completa la siguiente ficha sobre Rafael.**

Nombre:	
Apellido:	
Fuerza de su equilibrio:	
Ciudad favorita:	
Hábito característico:	
Aficiones:	
No tolera:	

B 🖊️ **Ahora piensa en tu deporte favorito e imagina que alcanzas la cumbre a los 21 años. Completa tu propia ficha:**

Nombre:	
Apellido:	
Fuerza de tu equilibrio:	
Ciudad favorita:	
Hábito característico:	
Aficiones:	
No tolera:	

C 🖊️ **Ordena las siguientes preguntas y escríbelas en tarjetas para luego hacérselas a tu compañero/a, que hará de Nadal. Después tú harás de Nadal y tu compañero/a, te entrevistará.**

1 ¿profesionalmente / tenis / Por / dedicarte / decidiste / qué / al?
2 ¿para / ejemplo / jugador / algún / Hay / seguir / un / sea / que / ti?
3 ¿la / es / competición / ilusión / haría / Cuál / que / te / ganar / más?
4 ¿cualidades / para / necesitan / Qué / se / mantener / un / pista / juego / en / buen / la?
5 ¿deporte / harías / si / Qué / no / te / dedicaras / al / tenis?
6 ¿alguien / su / Qué / acaba / que / empezar / dirías / a / como / de / carrera / tenista?

D 🖊️ **Imagina que entrevistas a tu personaje favorito del mundo del deporte. Escribe en 200 palabras un resumen de las preguntas que le hiciste y lo que te contestó. ¿Eran sus respuestas las que esperabas?**

⑮ Rafa y sus fans

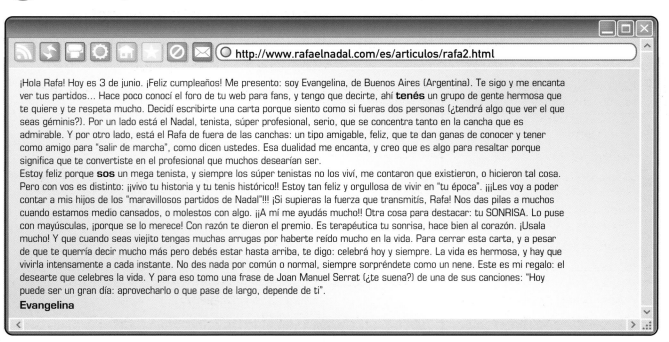

http://www.rafaelnadal.com/es/articulos/rafa2.html

¡Hola Rafa! Hoy es 3 de junio. ¡Feliz cumpleaños! Me presento: soy Evangelina, de Buenos Aires (Argentina). Te sigo y me encanta ver tus partidos... Hace poco conocí el foro de tu web para fans, y tengo que decirte, ahí **tenés** un grupo de gente hermosa que te quiere y te respeta mucho. Decidí escribirte una carta porque siento como si fueras dos personas (¿tendrá algo que ver el que seas géminis?). Por un lado está el Nadal, tenista, súper profesional, serio, que se concentra tanto en la cancha que es admirable. Y por otro lado, está el Rafa de fuera de las canchas: un tipo amigable, feliz, que te dan ganas de conocer y tener como amigo para "salir de marcha", como dicen ustedes. Esa dualidad me encanta, y creo que es algo para resaltar porque significa que te convertiste en el profesional que muchos desearían ser.

Estoy feliz porque **sos** un mega tenista, y siempre los súper tenistas no los viví, me contaron que existieron, o hicieron tal cosa. Pero con vos es distinto: ¡¡vivo tu historia y tu tenis histórico!! Estoy tan feliz y orgullosa de vivir en "tu época". ¡¡¡Les voy a poder contar a mis hijos de los "maravillosos partidos de Nadal"!!! ¡Si supieras la fuerza que transmitís, Rafa! Nos das pilas a muchos cuando estamos medio cansados, o molestos con algo. ¡¡A mí me ayudás mucho!! Otra cosa para destacar: tu SONRISA. Lo puse con mayúsculas, ¡porque se lo merece! Con razón te dieron el premio. Es terapéutica tu sonrisa, hace bien al corazón. ¡Úsala mucho! Y que cuando seas viejito tengas muchas arrugas por haberte reído mucho en la vida. Para cerrar esta carta, y a pesar de que te querría decir mucho más pero debés estar hasta arriba, te digo: celebrá hoy y siempre. La vida es hermosa, y hay que vivirla intensamente a cada instante. No des nada por común o normal, siempre sorpréndete como un nene. Este es mi regalo: el desearte que celebres la vida. Y para eso tomo una frase de Joan Manuel Serrat (¿te suena?) de una de sus canciones: "Hoy puede ser un gran día: aprovecharlo o que pase de largo, depende de ti".

Evangelina

¡Fíjate!

The use of *vos* in Spanish America

The *vos* form of address was in regular use at one time in Spain to show respect, as opposed to *tú*, which was used to address young people and the lower classes. In popular speech in the greater part of Spanish America, *vos* replaces *tú* in the second person singular, when addressing close friends.

The countries which *vosean* include: Argentina, Bolivia, Colombia (the *paisa* and *caleña* areas), Costa Rica, Ecuador, El Salvador, Honduras, Guatemala, Nicaragua, Paraguay, Uruguay and Venezuela (Maracaibo). The plural of *vos* in Spanish America is, illogically, *ustedes*.

 Lee lo que cuenta Evangelina e indica las afirmaciones verdaderas.

1 Hoy, 3 de junio, es el cumpleaños de Evangelina.

2 A Evangelina no le gusta el tenis.

3 La gente que está en contacto con Nadal por Internet tiene muy buen concepto de él.

4 Nadal ha escrito una carta a Evangelina.

5 Nadal tiene gran capacidad para centrarse en el juego.

6 Evangelina siente gran admiración por Nadal.

7 A Evangelina no le gusta la sonrisa de Nadal.

8 A Evangelina le saldrán arrugas por haber disfrutado mucho la vida.

9 Evangelina cree que hay que vivir siempre con intensidad.

10 Evangelina utiliza unas frases de Silvio Rodríguez.

Grammar

Possessives

Possessive adjectives

● Remember that Spanish possessive adjectives: *mi, tu, su, nuestro/a, vuestro/a* agree in number with the following noun, which is the thing or person "possessed".

*Saber que **mi familia** y **mis amigos** me están apoyando desde **mi tierra**.*

To know that **my family** and **my friends** are supporting me from **my country**.

● *Nuestro* and *vuestro* also agree in gender with the following noun.

***Nuestra familia** está muy unida.* **Our family** is very united.

● *Su(s)* can mean "his", "her", "its", "their" or "your" depending on the context. Where the context is formal, as in the interview with Rafael, *su* can mean "your":

***Sus padres** se llaman Ana María Parera y Sebastián Nadal.*

His parents are called Ana María Parera and Sebastián Nadal.

*¿Cuál ha sido el mejor momento deportivo de **su vida**?*

What has been the best sporting moment in **your life**?

Look at passage 14 again, find any other instances of the use of *su(s),* and work out what they mean.

● Quite frequently Spanish does not use a possessive adjective where it would be used in English. This happens when referring to personal possessions, clothes, and parts of the body.

*Conservo **la** calma.*
I keep **my** cool.

*Me duelen **los** dientes.*
My teeth ache.

Possessive pronouns

● We use possessive pronouns *(el/la) mío/a, (el/la) tuyo/a, (el/la) suyo/a, (el/la) nuestro/a, (el/la) vuestro/a* etc. to replace a noun. Possessive pronouns agree in number and gender with the following noun.

*Celebrar la victoria con **los míos** siempre me ayuda a recargar las pilas…*
Celebrating the victory with **my loved ones** always helps me to recharge my batteries…

*Aquella cerveza es **suya**.* That beer is **his/hers/yours/theirs**.

● *(El) suyo* can mean "his", "hers", "yours" or "theirs", as in the above example. Sometimes the meaning of *el suyo* etc. is ambiguous in which case in Spanish it is frequently replaced by *de él/ella/usted* etc. or the name of the person.

*Aquella cerveza es **de usted/de Miguel**.*

That beer is **yours/Miguel's**.

For more information on possessive adjectives and pronouns, see the Grammar Summary on page 276.

Ejercicios

1   Completa las frases sustituyendo las palabras entre paréntesis por el adjetivo posesivo correspondiente.

    a) Claudio, ¿por qué no vamos a ver a _____ amigos (de ti) esta noche?

    b) Señor Castro, ¿quién es el jefe de _____ empresa (de usted)?

    c) Hijas, podéis abrir _____ regalos. (de vosotros)

    d) Siempre hemos luchado por defender los valores de _____ patria. (de nosotros)

    e) Reconozco que la familia ha sido la influencia más importante de _____ vida. (de mí)

2   Rellena los espacios en blanco con el pronombre posesivo correcto.

    a) Este coche es _____ (de Amelia).

    b) Aquel DVD es _____ (de mí).

    c) El diccionario es _____ (de Enrique).

    d) La decisión es _____ (de ti).

    e) La propiedad es _____ (de nosotros).

Para terminar…

Los menores de 18 años tendrán prohibido el acceso a salas de ocio en las que se venda alcohol, salvo que éstas abran como discotecas "light", es decir, sin bebida, sólo para mayores de 14 años y sin continuidad con la sesión para adultos.

 Comenta con tus compañeros:

● ¿Qué te parece la idea de promover las discotecas "light"?

● ¿Crees que tendrían éxito? ¿Por qué?

● ¿Qué otras actividades pueden realizar los jóvenes aparte de consumir alcohol?

● ¿Qué factores crees que influyen en que un joven comience a interesarse en el alcohol?

B ✐ **Ahora que sabes más sobre la juventud en España, escribe tus razones por las que te gustaría o no te gustaría ser un joven español. Razona tu respuesta haciendo una comparación con la situación de los jóvenes en tu propio país. (200 palabras).**

3 ¿Gozas de buena salud?

Entrando en materia...

En esta unidad abordaremos el tema de la salud. Para comenzar trataremos de la comida típica que se produce en España; luego presentaremos el tema de la dieta que hay que seguir para mantener el equilibrio del cuerpo. Seguimos con unas páginas sobre los peligros de las drogas de diseño. También vas a conocer la Comunidad de Valencia, centro gastronómico y cultural. Los puntos gramaticales que se van a tratar son:

★ los géneros de los nombres
★ el pretérito indefinido
★ el imperativo
★ los artículos definido e indefinido

Reflexiona:

★ Con un(a) compañero/a haz una lista de palabras relacionadas con la salud, utilizando un diccionario si no estás seguro/a de alguna palabra. Luego colocad cada palabra en uno de los grupos siguientes: los alimentos, los platos, la dieta, la droga.
★ Cuando hayáis terminado, identificad los alimentos y los platos de la lista que son típicos de España y/o Latinoamérica.

Los productos

1 ¿Qué comen los españoles?

A 🔊 **Escucha el audio e indica cuáles de las declaraciones siguientes son correctas.**

1 Los españoles comen
  a) peor.
  b) con más rapidez que antes.
  c) mejor.

2 Comen cada vez más
  a) en casa.
  b) fuera de casa.
  c) fácilmente.

3 En comparación con 2006, los españoles consumieron
  a) más.
  b) menos.
  c) igual.

4 El mayor aumento en el gasto ha sido
  a) las frutas frescas.
  b) el pescado.
  c) la carne.

5 Ahora los españoles van a tiendas de alimentación
  a) más que antes.
  b) menos que antes.
  c) igual que antes.

6 Suelen comprar
  a) al comienzo de la semana.
  b) el fin de semana.
  c) al final del día.

B 🔊 **Escucha el audio otra vez. ¿A qué se refieren las cifras siguientes?**

1 5,3%
2 ¾
3 60%
4 92%
5 17
6 43%

2 Los productos típicos de España

Entre los productos destacan el aceite de oliva, el tomate, el ajo, los productos cítricos, el jamón serrano, el vino y el queso manchego y entre las recetas el gazpacho andaluz, la tortilla de patatas, la paella valenciana y una inmensa variedad de recetas de pescado.

El jamón serrano: un jamón salado y curado al aire, que proviene del cerdo ibérico. Se recomienda cortarlo en lonchas muy finas, casi transparentes.

El queso manchego: producto de Castilla–La Mancha. Un queso firme, amarillento. El verdadero queso ha de ser de la oveja manchega, que tiene una leche muy aromática.

España es el mayor productor del mundo de aceite de oliva. El centro de este cultivo es Andalucía, pero el aceite se produce también en otras regiones. Se aprecia cada vez más el sabor del aceite de oliva y su contribución a una dieta saludable.

El artículo que sigue explica la historia de varios productos y las regiones de donde provienen.

a. Las comidas tradicionales

Tras el descubrimiento de América llegaron a España numerosos productos desconocidos hasta entonces, como el tomate, el pimiento, la patata, el cacao y el maíz, que se fueron integrando en la cocina española. Tanto es así, que hoy muchos de estos productos son imprescindibles en algunas de las recetas españolas más típicas. ¿Qué sería del gazpacho sin el tomate? ¿Y de una tortilla española sin sus patatas?

Especialmente, con el cultivo del tomate surgieron numerosos platos en Andalucía, que hoy conocemos con el nombre de gazpachos. El gazpacho andaluz – una sopa fría de verdura –, es la solución idónea contra el calor del verano, ya que da al cuerpo la sal necesaria para combatirlo y es fuente de vitaminas, fibra vegetal, ácidos grasos poliinsaturados, sales minerales y glúcidos. Se compone de pimientos verde, dientes de ajo, pan, aceite de oliva y vinagre de jerez.

Como en otros países europeos, hasta muy avanzado el siglo XIX, la mayoría de la población tenía como alimento principal del día una comida cocida al fuego durante horas, con agua y todos los ingredientes disponibles en un solo puchero. La modestia de estas sopas se manifiesta en la sopa de ajo: no tenía más que pan, aceite de oliva, ajo, sal y una pizca de pimienta.

Olla es el puchero en el que se cocía sopa y, con el tiempo, pasó a denominar ese tipo de platos en los que primero se toma el caldo y después se come la verdura y la carne. Éste es también el caso del cocido. El más conocido es el cocido madrileño.

 Lee el artículo y elige la respuesta correcta.

1 El tomate proviene
   a) del Nuevo Mundo.
   b) de Andalucía.
   c) de otro país europeo.

2 El gazpacho es
   a) un postre.
   b) un plato del sur de España.
   c) una especie de tomate.

3 En el siglo diecinueve la gente comía
   a) platos muy ricos.
   b) sencillamente.
   c) una variedad de platos.

4 "Olla" es
   a) un plato.
   b) un caldo.
   c) un plato y un puchero.

b. Los productos del mar y el arroz

Después de Japón, España posee la mayor flota pesquera del mundo y eso ha hecho mella en nuestros gustos gastronómicos. En el País Vasco tienen una especial predilección por la merluza y el bacalao – en aceite de oliva y ajo. Para su sopa, los asturianos emplean pescado blanco, añadiendo moluscos y crustáceos hervidos en agua de mar. Por el contrario, para confeccionar su caldeirada, los gallegos ponen el pescado en escabeche, con hierbas, aceite de oliva, vinagre y pimentón. Otro ingrediente esencial en la gastronomía ibérica es el arroz, que fue introducido por los árabes en el siglo VIII. Con el tiempo, Murcia, Alicante, Valencia y Castellón se convirtieron en las principales provincias arroceras. Los ingredientes se cocinaban a fuego lento en sartenes lisas de metal, denominadas paellas, que solían colocarse sobre un fuego de ramas de vid o de naranjo al aire libre. Durante el siglo XIX adquirió gran

popularidad en Valencia, donde se hizo célebre por servirse sin mariscos. Hoy en día, es habitual añadirle mejillones y calamares.

 Lee el artículo y da la información que falta.

1 País que tiene la mayor flota pesquera del mundo.
2 Gente del norte de España que come mucho bacalao.
3 Comunidad del norte en la que hacen un caldo de pescado con escabeche.
4 Cultivo del este de España.
5 Recipiente de cocina para cocinar los ingredientes de la paella.
6 Ingrediente que no se utilizaba en la paella hace dos siglos.

43

c. De la tierra, el cordero

En comparación con otros países, la carne en España era relativamente escasa hasta bien entrado el siglo XX. De hecho, sólo en algunas regiones del norte y noroeste existen abundantes pastos verdes, por lo que comer carne era, antiguamente, un símbolo de prestigio social.

La de cordero y oveja era la que más proliferaba, ya que estos animales encontraban suficiente pasto en las áridas tierras del interior. En España, los corderos lechales tienen un sabor extraordinario, ya que se sacrifican antes que en otros países, a las tres o cuatro semanas de vida. En los restaurantes tradicionales se asan a fuego lento en fogones de barro cocido. También se hornean así el cabrito y el cochinillo

 Empareja las frases siguientes según el sentido del texto.

1 Antes del siglo veinte	a los corderos jóvenes.
2 España es un país seco	b comer carne asada.
3 Los españoles tienen costumbre de matar	c se comía poca carne en España.
4 A los españoles les gusta	d con excepción de ciertas regiones del norte.

Lee otra vez los tres artículos a, b y c sobre los productos y haz los ejercicios D, E y F.

 Indica qué plato o comida es típico de las regiones siguientes:

1 Andalucía   3 El País Vasco   5 Galicia   7 El norte de España
2 Madrid   4 Asturias   6 Valencia

 Empareja las palabras siguientes con su definición correspondiente.

1 imprescindible	a guiso preparado con garbanzos, carne y hortalizas
2 disponible	b vasija para cocinar
3 el puchero	c muy necesario
4 una pizca	d aplicando calor poco a poco
5 el cocido	e hierba que come el ganado
6 hacer mella en	f que está libre para hacer algo
7 confeccionar	g cantidad muy pequeña
8 mariscos	h preparar
9 a fuego lento	i animales marinos comestibles
10 pasto	j impresionar

 Completa las frases siguientes utilizando una de las palabras del recuadro.

1 _____ es el ingrediente esencial del gazpacho.
2 En el verano hace falta mucha _____ para combatir el calor.
3 _____ significa la cazuela en la que se cuece la comida y también el plato mismo.
4 En el País Vasco, a la gente le gusta mucho comer _____.
5 Los árabes introdujeron _____ en España.
6 En tiempos pasados sólo la gente de importancia social comía _____.
7 Antes _____ era la carne que se comía con más frecuencia.

sal	el cordero
el arroz	pescado
olla	carne
el tomate	

3 La tortilla española

A 🔊 Escucha el audio y escribe los imperativos que encuentres derivados de estos infinitivos:

1 cascar
2 añadir
3 batir

4 recordar
5 volcar
6 remover

7 dejar
8 buscar
9 poner

10 invertir
11 empujar
12 acompañar

B 🔊 Escucha de nuevo el audio y localiza las expresiones que signifiquen lo mismo que las siguientes:

1 un poquito de algo, que se coge con dos dedos
2 divididas en grupos
3 a trabajar
4 laguitos

5 adquirir consistencia
6 con habilidad
7 parte del brazo que se une con la mano
8 se tuesta

La dieta mediterránea

> Las tierras del sur y del este, al lado del Mediterráneo, han dado al mundo una dieta muy saludable llamada la dieta mediterránea.

4 Las verduras

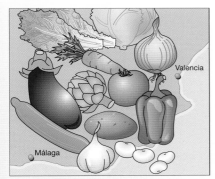

Los romanos ya se dieron cuenta de que España era un paraíso para las verduras, y los árabes las cultivaron, sobre todo en la región levantina y Andalucía.

Todavía hoy, los cultivos más importantes de verduras se extienden por toda la costa del Mediterráneo, aunque los más amplios y variados se encuentran en las vegas de Valencia, Murcia, Almería y Málaga. La verdura más extendida, con unos 2,5 millones de toneladas, es el tomate, seguido de la cebolla (unos 1,2 millones de

El paraíso de las verduras

toneladas) y la patata (unos 850,000 toneladas). También destacan los pimientos, la lechuga, pepinos, alcachofas, judías verdes, ajo, repollo, coliflor, zanahoria, habas, calabacines y berenjenas.

Este vergel de verduras ha dado lugar a la llamada dieta mediterránea, una cocina que se localiza, sobre todo, en Cataluña, la Comunidad Valenciana, Baleares, Murcia y Andalucía. Basada en los frutos de la tierra, el mar y la granja, esta manera de entender la cocina no estaba demasiado bien vista en el pasado, ya que era considerada como la comida popular, muy distinta a la dieta de los nobles, excesivamente rica en hidratos de carbono y pobre en proteínas y grasas. Con el tiempo, este régimen alimenticio, seguido por la mayoría de los habitantes del litoral mediterráneo debido a la relativa escasez de carnes y animales de caza, se ha transformado en un modelo a imitar por otros países, cuyas dietas tradicionales son especialmente

dañinas por su elevado contenido en grasas, con una alta incidencia de enfermedades.

Los nutricionistas han observado una menor tasa de mortalidad en los pueblos de la cuenca del Mediterráneo. La clave está en ver cada producto como la parte de un todo, es decir, consumir cada uno de ellos según las cantidades y proporciones tradicionales y no considerarlos como alimentos aislados. En general, un 75% de la llamada dieta mediterránea se resuelve con legumbres, hortalizas, verduras, pescados, cereales y, por supuesto, aceite de oliva. El 25% restante lo ocuparían el resto de los alimentos. Hay veces que se toma más carne, sobre todo en época de matanza o de caza. Por otra parte, el pescado y el aceite de oliva se consumen en todas las temporadas. Los inviernos son para legumbres como lentejas, garbanzos o judías, y los veranos para las hortalizas.

Percentages

When writing a percentage in Spanish it is normal to place either *el* or *un* before the figure.
Note that the verb is in the singular.

Un 75% de la llamada dieta mediterránea … 75% of the so-called Mediterranean diet…
El 43% del gasto se realiza entre viernes y domingo. 43% of expenditure takes place between Friday and Sunday.

 ¿Lo has entendido?

Escribe una frase que contenga:

(a) el porcentaje de chicas y chicos en tu clase;
(b) el porcentaje de compañeros/as que tienen hermano/s y/o hermana/s en la misma escuela;
(c) el porcentaje que quiere estudiar lenguas en la universidad.

A 📖 **Lee el texto y pon una cruz (✕) en las declaraciones correctas. ¡Ojo! Sólo hay cuatro frases correctas.**

1 En el oeste de España las verduras fueron cultivadas por los árabes.
2 Se cultiva más cebolla que lechuga.
3 En el pasado, a la gente de prestigio no le gustaba comer los frutos de la tierra.
4 La gente que sigue esta dieta corre más riesgo de sufrir un ataque cardíaco.
5 Los habitantes de Cuenca tienen mejor salud.
6 Lo esencial es mantener un equilibrio entre los varios productos.
7 La fruta no es un ingrediente esencial de esta dieta.
8 La dieta no varía nunca.

B 📖 **Lee las definiciones que siguen y decide a qué productos corresponden.**

1 De forma redondeada con la piel de color morado.
2 Dividido en dientes y de olor fuerte.
3 Semillas en forma de disco pequeño y de color oscuro.
4 Tubérculo redondeado; amarillento y carnoso en el interior.
5 Raíz comestible de color anaranjado.
6 Semilla de color amarillento y de forma redonda.
7 De color rojo, amarillo o verde; hueco.

---

⑤ Los jóvenes españoles rechazan la dieta mediterránea

A 🔊 **Escucha el audio. Empareja las palabras y frases siguientes con su equivalente en inglés.**

1	*grasas saturadas*	a	to argue
2	*rechazados*	b	they have available
3	*disponen de*	c	sedentary lifestyle
4	*pelearse*	d	a threat
5	*conformarse con*	e	saturated fat
6	*el sobrepeso*	f	balanced
7	*una amenaza*	g	overweight
8	*equilibrado*	h	to comply with
9	*el sedentarismo*	i	rejected

B 📖 Escucha el audio otra vez e indica cuáles de las declaraciones siguientes son correctas, según el texto.

1 Los jóvenes prefieren
   a) la dieta mediterránea.
   b) las grasas.
   c) el pescado.

2 El problema fue reconocido por
   a) un 30% de las madres.
   b) un 65% de las madres.
   c) un 50% de las madres.

3 Los jóvenes rechazan
   a) los azúcares.
   b) las patatas fritas.
   c) las verduras.

4 La manera de preparar la comida ha cambiado con motivo de
   a) las presiones de hoy en día.
   b) la falta de motivación de las madres.
   c) la falta de comida adecuada.

5 Las madres no quieren
   a) conformarse con los deseos de sus hijos.
   b) reñir a sus hijos.
   b) comer con sus hijos.

6 Los jóvenes corren el peligro de
   a) llegar a ser obesos.
   b) estar enfermos.
   c) comer de todo.

7 La solución es
   a) no perder el equilibrio.
   b) tener una dieta equilibrada.
   c) hacer equilibrios.

8 A los jóvenes les hace falta
   a) ejercitar el cuerpo.
   b) enfrentarse a sus madres.
   c) hacer más actividades sedentarias.

Grammar

Gender of nouns

- It is dangerous to assume that in Spanish all nouns ending in -o and -a are masculine and feminine respectively. Some common nouns, e.g. *el día*, *el problema*, *la radio*, *la mano*, *la foto* disprove this assumption.

- Many nouns do not end in -o or -a. The gender of a large group of nouns ending in -e cannot be predicted, e.g. *la carne*, *el tomate*.

- The endings of words provide two useful rules for gender:

   a) Nouns ending in -or, -aje are normally masculine:
   el olor – smell *el agricultor* – farmer
   el paisaje – landscape *el garaje* – garage
   But note: *la flor* – flower *la coliflor* – cauliflower

   b) Nouns ending in -ión, -dad, -tad, -umbre, -ud are normally feminine:
   la solución – solution *la población* – population
   la legumbre – pulse *la salud* – health
   la dificultad – difficulty

- Certain categories of noun are normally masculine:

   a) rivers, seas, mountains:
   el Guadalquivir – the Guadalquivir
   el Mediterráneo – the Mediterranean
   los Pirineos – the Pyrenees

   Note: the names of fruits are feminine:
   la naranja – orange *la ciruela* – plum

   b) fruit trees:
   el naranjo – orange tree *el ciruelo* – plum tree

For more information on gender, see the Grammar Summary on page 268.

Ejercicios

1 Indica el género de los nombres siguientes, haciendo dos listas bajo "masculino" y "femenino":
   aceite, enfermedad, fuente, comunidad, vinagre, nombre, aire, sartén, diente, gente, sal, pimentón, ingrediente, mejillón, coliflor, mar, clave, régimen, región, nutriente.

2 Utiliza 10 de las palabras del primer ejercicio para hacer frases enteras.
   Ejemplo: *Para hacer una paella, necesitas una buena sartén.*

El desayuno

6 Lo que desayunan los españoles

El breve artículo que sigue te explica lo que comen y beben los españoles para el desayuno.

En España hay una gran variedad de desayunos: desde la guindilla con aguardiente y chorizo para matar el gusanillo que se meten entre pecho y espalda muchos riojanos antes de salir al campo, hasta el pescaíto frito, los churros, las porras, la tostada o el simple cafelito. Sin embargo, las estadísticas indican que un 30% de los españoles desayuna sólo una bebida o no toma nada; casi el 55% acompaña esa bebida con algún alimento sólido como tostada, galletas, cereales o churros y un 10% recurre a los desayunos de tenedor.

Alrededor de un 1% toma bebidas alcohólicas en el desayuno. Tras el ayuno nocturno, el azúcar de la sangre presenta un índice bajo, y el mejor modo de cubrir ese déficit es desayunando.

 A Indica cuál es la declaración correcta:

1 El chorizo es
   a) una bebida.
   b) un alimento.
   c) un suplemento.

2 "Matar el gusanillo" significa
   a) quitar la vida a un animalito.
   b) satisfacer el hambre.
   c) comer carne.

3 Para el desayuno un 55% de los españoles
   a) sólo come.
   b) bebe y come.
   c) sólo bebe.

4 El porcentaje de los españoles que toma bebidas alcohólicas no es
   a) insignificante.
   b) importante.
   c) nada despreciable.

7 El desayuno y las horas de comer en España

 A Escucha el audio y da la información que falta sobre la rutina diaria de Pedro.

1 las razones por las cuales se levantaban temprano en casa de Pedro
2 lo que hacía la mamá
3 lo que tomaba Pedro antes de ir a la oficina
4 hora de la llegada de Pedro a la oficina
5 distancia entre la oficina y su casa
6 lo que de costumbre tomaba Pedro en el bar
7 hora de la comida o el almuerzo
8 hora de la cena

B 📖 **Escucha la última sección del texto y rellena los espacios en blanco con las palabras que faltan.**

Dolo: Pues en mi casa generalmente yo me levanto, tomo un café **1** _____ y luego ya hasta las dos y media o tres no comemos. Tomamos una comida de **2** _____ normalmente o entrante, dos platos y postre y después yo **3** _____ porque me empieza a entrar el hambre, seis, seis y media, siete quizá y me tomo, depende, un bocadillo o unas galletas **4** _____ .

Pedro: Para **5** _____ , ¿no?

Dolo: Sí, y, como decimos, **6** _____ . Y luego por la noche a eso de las nueve o diez, pues **7** _____ , un sandwich o algo ligerillo, tortilla francesa, tortilla española, y nada más.

C 💬 **Compara con tu compañero/a el desayuno en España y en tu país. ¿Qué diferencias notas, según lo que dicen Pedro y Dolo? Haced una lista de las diferencias.**

Los platos

8 "Autogastronomía" de autor

Tres platos preferidos del novelista Manuel Vázquez Montalbán

Arroz con bacalao

"Era la especialidad de mi abuela. Ella cocinaba cuando yo era pequeño porque mi madre trabajaba cosiendo. Incluso si entre ellas se enfadaban, mi abuela cocinaba para ella sola y se hacía eso, arroz con bacalao o con sardinas o con vegetales... El bacalao era barato, la única posibilidad de las capas populares de comer pescado.

El arroz lo hacía con una cazuela en una cocina de carbón. Algunas de esas cazuelas eran arqueológicas – mi abuela debió heredarlas de su madre. Era fruto de la costumbre popular heredar las cosas: la habitación de matrimonio, sábanas, paellas, la pobreza..."

Pan caliente con olivas negras

"Es otro gusto de mi infancia. Delante de mi casa había un horno y cada día traían el pan negro del racionamiento. Caliente era el pan que más o menos se podía comer. Un día que hice campana en el colegio mi madre me dio una papelina de olivas negras y de pan negro caliente, y me quedó una idea paradisiaca.

Con los años he intentado recuperar ese sabor. A veces cojo un trozo de pan y me lo como con olivas negras. Si es posible incluso utilizo unas olivas tan sofisticadas como las de Kalamata, pero entonces empleábamos las de Aragón, más fuertes de gusto, con la carne más apretada al hueso."

Potajes y carne d'olla

"El nuestro era un hogar con mi padre, que venía de Galicia; mi abuela, de Cartagena; mi madre, nacida en la Barceloneta pero cuyas pautas culturales alimentarias las había recibido de su familia murciana-cartagenera... Se estableció un encuentro cultural que culminó en un pacto: de vez en cuando se hacía un caldo gallego para mi padre, y éste aceptaba las pautas gastronómicas murcianas.

Ese pacto introducía una variedad de gustos que creaba cierta expectativa: admito que no tuve aquella educación infantil habitual de arroz hervido, patatas fritas... Pero el plato único sí que lo viví. Hasta que mi padre salió de la prisión, vivíamos en la misma casa con mi abuelo materno, mi abuela y mi madre. Ellos procuraban que yo no comiera sólo un plato. Cuando salió mi padre de la prisión, implantó una disciplina ideológica y viril y subsistíamos a base de plato único todos. De eso me ha quedado que, cuanto más mayor, más me gustan los potajes. Lo mío es un retorno a la infancia.

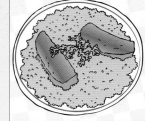

¡Fíjate!

Cuanto más/menos ... más/menos

● *cuanto más/menos ... más/menos* expresses the idea of "the more/less ... the more/less".
...*cuanto más mayor, más me gustan los potajes.* ...the older I am, the more I like stews.

💬 **¿Lo has entendido?**

Con tu compañero/a, inventa tres frases que incluyan esta construcción. Verifica tus frases con tu profesor(a).

A 📖 Empareja las palabras siguientes con sus equivalentes en inglés.

1	*incluso*	a	sheet
2	*la capa*	b	broth
3	*la cazuela*	c	even
4	*heredar*	d	close
5	*la sábana*	e	manly
6	*hacer campana*	f	layer, stratum
7	*paradisiaca*	g	agreement
8	*apretado*	h	to play truant
9	*el hueso*	i	boiled
10	*la pauta*	j	casserole
11	*un pacto*	k	stone
12	*un caldo*	l	stew
13	*hervido*	m	model, guideline
14	*viril*	n	heavenly
15	*el potaje*	o	to inherit

B 📖 Lee lo que dice el autor acerca del primer plato, arroz con bacalao, y da la información que falta.

1 Persona que preparaba este plato.
2 Lo que hacía su madre.
3 Lo que pasaba cuando se enojaban madre e hija.
4 Por qué se comía el bacalao en su casa.
5 Origen probable de las cazuelas de la abuela.
6 Objetos de casa que se heredaban.

C 📖 Lee la historia del segundo plato, pan caliente con olivas negras, y termina las frases siguientes.

1 El horno estaba delante…
2 El día en el que Vázquez Montalbán recibió el plato de su madre no fue…
3 Hoy día, si se siente nostálgico por el sabor, come…
4 Antes… olivas de Aragón.

D 📖 Con referencia al tercer plato, potajes y *carne d'olla*, contesta en español las preguntas que siguen, utilizando tus propias palabras.

1 ¿Por qué no se pusieron de acuerdo sus padres en qué comer?
2 ¿Qué intentaba hacer su familia cuando no estaba su padre?
3 ¿Cuándo comenzó el joven a comer el plato único?
4 ¿Por qué le gustan los potajes?

Grammar

The preterite tense

● The preterite tense, or *pretérito indefinido* in Spanish, is used to indicate an action which occurred at a clearly defined time in the past. This action may refer to a single moment or an action which took place over a long period in the past. The important thing is that the period of time is finished and is clearly defined in time.

Cuando mi padre salió de la prisión. When my father came out of prison.

Admito que no tuve aquella educación infantil habitual de arroz hervido, patatas fritas.
I confess that I didn't have what children were usually brought up on, boiled rice and chips.

● The preterite is also used to recount a sequence of events which took place in the past.

Un día que hice campana en el colegio mi madre me dio una papelina de olivas negras y de pan negro caliente, y me quedó una idea paradisiaca.
One day when I played truant from school my mother gave me some black olives and hot black bread wrapped in a piece of paper, and this was like heaven to me.

● The preterite in regular verbs

In regular verbs the preterite is formed as follows:

-ar verbs: add **-é, -aste, -ó, -amos, -asteis, -aron** to the stem of the verb.
-er and *-ir* verbs: add **-í, -iste, -ió, -imos, -isteis, -ieron** to the stem of the verb.

- The preterite in irregular verbs

  Many common verbs are irregular in the preterite, and the spelling of the stem of the verb changes. It is important to learn the first person of the preterite irregular verbs because the other persons follow the pattern.

  For example: *tener*: *tuve, tuviste, tuvo, tuvimos, tuvisteis, tuvieron*

  hacer: *hice, hiciste, hizo, hicimos, hicisteis, hicieron*

- Notes on written accents:

  The written accent is extremely important in differentiating meaning, for example *hablo* means "I speak" and *habló* means "he spoke".

  Some irregular verbs, such as *estar, hacer, poner, saber* and *tener* have **no** written accents in the preterite.

For more information on the preterite, see the Grammar Summary on page 281.

Ejercicios

1   Rellena los espacios en blanco utilizando la forma correcta del pretérito indefinido del verbo entre paréntesis.

Ayer mi madre, mi hermana mayor, Clara, su novio, Esteban y yo
a) _____ (ir) a un restaurante italiano en el centro de la ciudad.
Antes de comer, **b)** _____ (sentarnos) en el bar para tomar una cerveza. A las 10.00 **c)** _____ (venir) la camarera para conducirnos a la mesa. De primero mi madre y mi hermana
d) _____ (pedir) ensalada y Esteban y yo melón. De segundo todos **e)** _____ (pedir) pizza. Desafortunadamente, cuando la camarera **f)** _____ (acercarse) a la mesa **g)** _____ (tropezar) y una de las pizzas **h)** _____ (caer) en la espalda de mi hermana. La camarera **i)** _____ (ponerse) a llorar y uno de sus compañeros la **j)** _____ (reñir). Finalmente el propietario
k) _____ (llegar) para pedir perdón por la molestia y nos
l) _____ (ofrecer) la comida gratis.

2   Busca en el Texto 8 por lo menos cinco ejemplos más del pretérito indefinido, y escribe el infinitivo de cada uno de los verbos. Si no encuentras bastantes ejemplos, busca también en los textos 2 y 4.

 Ejercicio: Las tapas   see Dynamic Learning

⑨ 9 Tapas y raciones

Como todo el mundo, los barceloneses se han aficionado a comer tapas entre amigos por la noche. En Casa Pujol, de bonito interior y grandes ventanales a la Rambla Santa Mónica, se puede empezar por unas ostras gallegas, aceitunas o unos pimientos, seguir con patatas bravas, alguna ensalada, los chipirones a la andaluza o alguna tortilla. También se pueden probar las carnes a la plancha, como los solomillos, relleno de hígado de pato con salsa de café o pescados como sus bacalaos. Y para terminar, la repostería de la casa. Está abierta de 8:00 a 2:00 horas lunes a viernes y de 10:00 a 2:00 horas sábados y domingos.

Busca en el diccionario el significado de las tapas mencionadas en la publicidad para Cros Diagonal y coloca cada palabra en la columna que le corresponda.

pescado/mariscos	carne	verduras

⑩ El tapeo

 Escucha el audio y decide cuáles de las frases siguientes son correctas. ¡Ojo! Sólo hay cuatro.

1 En Granada hay que pagar por las tapas.
2 En España en general hay que pagar por las tapas.
3 Después del tapeo Silvia tiene un hambre enorme.
4 En Vigo acostumbran a beber alcohol en vez de tapas.

5 En Vigo suelen poner algo para comer con el vino.
6 En Madrid no te ponen nada con la bebida.
7 Según Pedro, una caña cuesta un euro cincuenta céntimos.
8 Pedro ha estado en Madrid recientemente.

B **Escucha el audio otra vez y haz una lista de todas las tapas que oigas.**

La Comunidad Valenciana

La Comunidad Valenciana es conocida sobre todo por su gastronomía y es una de las regiones que se identifican con la "dieta mediterránea": se exportan sus naranjas y limones por todo el mundo; en esta región se cultiva todo tipo de hortalizas; el arroz forma parte de sus platos más famosos, entre ellos la paella. También los pescados y mariscos de Valencia tienen fama en toda España.

Situación: la Comunidad Valenciana está situada en el este de España, a orillas del Mediterráneo. Comprende las provincias de Alicante, Castellón y Valencia. Lo más representativo de esta región es la huerta, un terreno fértil que tiene un sistema de riego muy eficaz, inventado por los árabes.

Población: Comunidad Valenciana: 4.692.449 habitantes. Ciudad de Valencia: 805.304 habitantes.

Idiomas oficiales: castellano y valenciano

Industrias principales: agricultura (naranjas, arroz, vino), construcción naval, cerámica, industria metalúrgica, química y textil.

Historia: La ciudad de Valencia fue fundada por los romanos en el año 138 a.C. A través de los siglos ha conocido muchas culturas distintas, entre ellas, la romana, la musulmana y la cristiana. A finales del siglo XI, durante el período de dominio musulmán de Valencia, un célebre guerrero, el Cid Campeador, ganó una famosa batalla contra los moros. Pero fue el rey Jaime I de Aragón quien reconquistó la ciudad en el siglo XIII y Valencia se convirtió en uno de los estados más poderosos del Mediterráneo. Hoy en día, la ciudad de Valencia es la tercera de España, después de Madrid y Barcelona.

 Ejercicio: La huerta valenciana y el Tribunal de las Aguas

see Dynamic Learning

¡Fíjate!

Masculine nouns ending in -ma

● A number of very common nouns ending in -ma are of masculine gender. Mistakes are frequently made with the gender of the following: *el clima, el poema, el problema, el programa, el sistema, el tema*

¿Lo has entendido?

Con tu compañero/a haz una lista de otros sustantivos comunes que terminen en -ma y si no estás seguro/a de su género, búscalo en el diccionario. ¡Cuidado! Algunos son femeninos, por ejemplo: *la cama, la lágrima.*

⑪ La paella valenciana

> **Como es sabido, Valencia es famosa por la paella. Muchos dicen que la verdadera paella se prepara con pollo y conejo (y sin mariscos ni pescado), como se describe en la receta siguiente. Antes de probarla, busca en el diccionario todas las palabras que no conozcas.**

Cómo cocinar la paella valenciana

(con la colaboración de Juan Carlos Galbis, Restaurante Galbis, Valencia).

Para comenzar a elaborar este plato, lo primero que hay que saber son los ingredientes necesarios para su realización. En esta relación están todos los ingredientes necesarios por persona. Para calcular el total hay que multiplicar las cantidades por el número de comensales.

Ingredientes
aceite de oliva virgen (4 cucharadas soperas)
sal al gusto
pollo (100 gramos)
conejo (100 gramos)
1/4 de tomate frito natural
judía verde ancha (60 gramos)
judía blanca (30 gramos)
pimentón rojo dulce molido
arroz (100-120 gramos)
1 azafrán de flor
1 azafrán colorante
agua (tres litros y medio para toda la cocción)

Modo de cocción

1. Coloca la paella sobre el fuego y añade las cucharadas del aceite de oliva virgen una a una.
2. Pon sal y mueve para mezclar bien con el aceite.
3. Echa la carne (pollo y conejo) y repártela con la cuchara por la paella para que se sofría bien y tome el gusto de la sal y el aceite.
4. Ralla el tomate.
5. Añade la judía verde y remueve bien con la carne.
6. Seguidamente pon la judía blanca.
7. Con la cuchara, haz hueco en el centro, colocando la verdura y la carne en las orillas. Echa el tomate. Mezcla todo bien.
8. Pon el pimentón.
9. Ahora añade el arroz y mézclalo con el resto de los ingredientes, distribuyendo el contenido de forma regular por toda la paellera. Una vez que se añade el agua, no se debe remover más.
10. Añade el agua en seguida para evitar que el pimentón se queme y se agarre a la paella.

A   **Lee la receta y empareja las frases de las dos columnas.**

1. Primero hay que
2. Hay que mezclar la carne con la sal y el aceite
3. Después de echar el pimentón
4. Cuando hayas mezclado la judía verde con la carne
5. Coloca el tomate rallado

   a. en el centro de la paella.
   b. echa la judía blanca.
   c. añadir las 4 cucharadas de aceite.
   d. añades el arroz.
   e. para dar sabor a la paella.

B ✏ **Elige un plato que te guste y escribe la receta. Utiliza imperativos siguiendo el estilo de la receta para la paella.**

¡Come y duerme bien!

Ahora cambiamos el tema para investigar cómo mantener la línea con una dieta saludable y cómo dormir bien.

12 Trucos para cocinar "light"

Aquí tienes algunos consejos para cocinar "light", es decir, evitar tomar demasiadas calorías.

- Saltea los alimentos o ásalos a la plancha en vez de freírlos (en sartén antiadherente).
- No reboces nunca los alimentos: duplicarás o triplicarás sus calorías.
- Cuece al vapor para conservar los nutrientes.
- Recurre al microondas. Un poco de aceite, sal, ajo, cebolla o especias son suficientes para cocinar un pescado, una carne, una verdura o un pollo.
- Como acompañamiento de los platos (y como alternativa a las patatas fritas y salsas grasas), recurre a las verduras a la plancha con ajo y aceite (rodajas de tomate, calabacines, berenjenas, pimientos, setas y champiñones), a las ensaladas verdes y a las salsas "light".
- Toma lácteos: son ricos en calcio y estudios recientes revelan que las dietas ricas en calcio ayudan a controlar el peso.
- No emplees natas, tocino, chorizo, embutidos grasos o manteca en tus guisos.
- Añade muchas verduras (salteadas, cocidas o crudas) a las pastas y los arroces.
- Atrévete a incluir fruta (melón, sandía, manzana, piña, pera, uvas peladas) en la pasta.

A Empareja los verbos siguientes con su definición correspondiente.

1	saltear	a	acudir a
2	asar	b	cocinar mediante el fuego directo
3	rebozar	c	hervir
4	cocer	d	decidirse a hacer algo resueltamente
5	recurrir a	e	freír ligeramente
6	atreverse a	f	bañar en otros ingredientes

B Comparte con tu compañero/a tus ideas sobre el comer "light" y planificad juntos la dieta de un día, siguiendo los consejos y utilizando los ingredientes de arriba.

Desayuno	Comida	Cena

C En tu opinión, ¿cuáles son las diferencias entre la comida "light" y la comida "basura"? Escribe 150 palabras en español sobre este tema.

¡PONTE AL DÍA!

54

13 Hábitos alimenticios

A **Escucha el audio y explica con tus propias palabras lo que significa:**

1 cada dos por tres
2 me da pereza
3 me pongo hasta arriba
4 soy muy comilón
5 pasarse con el alcohol o el tabaco
6 me chifla
7 perder la línea
8 guarrerías
9 me estoy poniendo de buen año

B **¿Quién lo dice? ¿Paula, Eduardo, Inés o Daniel?**

1 Siempre está de régimen.
2 Es estudiante.
3 Come comida basura.
4 Lleva una vida muy sana.
5 No tiene buen apetito.
6 Le gusta preparar la comida.
7 Quiere aprender a cocinar.
8 Le importa estar en forma.

14 Nuevos hallazgos sobre el sueño

"Dormir más de ocho horas cada noche conlleva un 15% más de probabilidades de morir por cualquier causa que dormir siete horas (o que dormir menos de cuatro o cinco horas)", decía el pasado febrero un estudio realizado en Estados Unidos.

El sorprendente estudio documentaba los hábitos de sueño de más de un millón de personas de entre 30 y 102 años. "Comprobamos que la media de sueño nocturno de los sujetos estudiados era de seis horas y media y vimos también que quienes dormían cinco, seis o siete horas no aumentaban su riesgo de mortalidad," dicen sus autores.

Los expertos consultados señalan que la falta de sueño – y sobre todo el sueño de mala calidad – sigue estando relacionada con mayor riesgo de accidentes, efectos negativos en el sistema inmunitario y hasta con el mal humor. Los que, independientemente de las horas dormidas, tardan en conciliar el sueño o tienen problemas para mantenerlo, pueden encontrar ayuda en estos consejos que dan los especialistas.

• **Levántate y acuéstate** a la misma hora. No rompas la rutina ni los fines de semana ni en vacaciones.

• **Deja pasar dos horas** después de cenar o hacer ejercicio. Cenar tarde y mucho es sinónimo de despertares frecuentes y malas digestiones. Evita tomar cafeína, alcohol y no hagas ejercicio por la noche.

• **Duerme en una habitación fresca y silenciosa.** No te tapes demasiado, pero ponte unos calcetines suaves. Los pies calientes inducen el sueño. Pon humidificadores si el aire seco te molesta y cierra bien las ventanas (la luz solar influye en el reloj interno y los ruidos impiden dormir).

• **Elige bien tu cama** y vete a dormir cuando estés cansado/a. Si no te quedas dormido/a en 15 minutos, levántate y haz algo. Luego, vuelve a la cama cuando sientas sueño. No te preocupes si no te duermes enseguida. Ya lo harás; con apenas cinco horas tienes bastante.

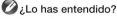

Seguir and *continuar* followed by the gerund

To express the idea of "to continue to do (something)" *seguir* or *continuar* is used followed by the gerund (NOT the infinitive, as in English). The gerund is the form of the verb ending in *-ando* or *-iendo*.

*La falta de sueño… **sigue estando** relacionada con mayor riesgo de accidentes…*
Lack of sleep continues to be linked with a greater risk of accidents…

***Continuaron comiendo** hasta medianoche.* They continued eating/to eat until midnight.

✏️ **¿Lo has entendido?**

Ahora escribe cinco frases utilizando *seguir* o *continuar* con el gerundio.

A **Haz una lista de los infinitivos de todos los verbos utilizados en forma imperativa en este artículo (¡no te olvides de incluir los ejemplos negativos!).**

1 Why is it better to sleep seven hours a night rather than eight hours or more?

2 According to the study, what difference does it make to your mortality whether you sleep five, six or seven hours per night?

3 What problems might be caused by poor quality sleep?

4 What should you avoid at weekends and on holiday?

5 Why is it good to keep your feet warm?

6 Why should windows be properly shut?

7 What should you do if you don't get to sleep within a quarter of an hour?

Grammar

The imperative (1)

● The imperative form is used for giving commands. Commands can be either affirmative: *¡Mira!* Look! or negative: *¡No mires!* Don't look! In Spanish you also have to choose between familiar and formal modes of address (*tú/vosotros* and *usted/ustedes*).

● **Tú** commands

To form the affirmative familiar imperative in the singular, remove the last letter from the second person singular of the present indicative.

Emplea recipientes especiales de plástico.	Use special plastic containers.
Si no te quedas dormida en 15 minutos, levántate y haz algo.	
If you aren't asleep in 15 minutes, get up and do something.	

● Note that nine verbs have irregular *tú* forms in the imperative:

decir (to say)	**di**	*oír* (to hear)	**oye**	*ser* (to be)	**sé**
hacer (to do, make)	**haz**	*poner* (to put)	**pon**	*tener* (to have)	**ten**
ir (to go)	**ve**	*salir* (to go out)	**sal**	*venir* (to come)	**ven**

To form the negative *tú* imperative, *no* is placed before the second person singular of the present subjunctive.

No emplees natas.	Don't use cream.
No reboces nunca los alimentos.	Never coat food in batter.

● **Vosotros** commands

To form the affirmative familiar imperative in the plural, replace the final *-r* of the infinitive with *-d*.

¡Comed!	Eat (up)!
Chicos, ¡venid mañana a las ocho!	Come tomorrow at eight, boys!

To form the negative *vosotros* imperative, *no* is placed before the second person plural of the present subjunctive.

No habléis con ella.	Don't speak to her.

● **Usted(es)** commands

To form *usted* commands, affirmative and negative, singular and plural, use the third person form of the present subjunctive.

Emplee recipientes especiales de plástico.	Use special plastic containers.
Añada muchas verduras.	Add lots of vegetables.
Tomen la primera a la derecha para el restaurante Andaluz.	Take the first on the right for the Andaluz restaurant.
No emplee nata.	Don't use cream.
No rompan la rutina ni en los fines de semana ni en vacaciones.	
Don't change your routine at weekends or when on holiday.	

For more information on imperative forms, see the Grammar Summary on page 290.

Ejercicios

1   Convierte los verbos en infinitivo en el imperativo informal en singular (tú)
    y el imperativo formal en singular (usted).

a) comprar cebollas

b) dormir bien

c) taparse bien

d) decírmelo

e) acostarse temprano

f) poner la mesa

g) añadir sal

h) escribir al doctor

i) salir pronto

j) divertirse en el parque

2   Convierte los imperativos siguientes en la forma negativa, como en el ejemplo:

Ejemplo: habla > no hables

a) llama a tu novia

b) corre

c) ¡sal en seguida!

d) ven

e) escribe a tu padre

f) ¡vete!

g) díselo

h) dale la entrada

i) pon la tele

j) abre la ventana

El tabaco y las drogas

15 La ley antitabaco

La Ley antitabaco entró en vigor en España el 1 de enero de 2006:
éstas son algunas respuestas a las preguntas más frecuentes
sobre esta norma.

Ley antitabaco: preguntas y respuestas

¿Tendré que aguantar humos en la playa o el fútbol?
La ley es muy estricta en la prohibición de fumar en lugares cerrados, incluidas las instalaciones
deportivas, pero permite hacerlo al aire libre, ya sea en un campo de fútbol, o en la playa, por
ejemplo.

¿Podrán los abuelos regalar cigarrillos de chocolate?
No, esa práctica es cosa del pasado. La norma prohíbe expresamente vender cualquier
mercancía a menores de edad parecida a algún producto del tabaco.

¿Puedo quejarme del vecino que me ahuma el ascensor?
Una de las excusas esgrimidas por los fumadores poco considerados hasta la fecha se va a
terminar, porque la ley cita una infinidad de escenarios donde no se pueden encender pitillos:
ascensores, trenes y barcos, cabinas de teléfono, colegios, centros comerciales, etc.

¿Y qué pasa con los compañeros de oficina?
Pues que no pueden fumar en ella, ni en el cuarto de baño ni en la cocina. La ley deja muy clara
la prohibición de fumar en centros de trabajo y no da margen para crear salas de fumadores,
aunque la empresa y los trabajadores lo acordaran. Tendrán que salir a la calle o al balcón.

¿Puedo fumar al lado de una ventana?
No. Ni en el quicio de una puerta. En todo caso se puede fumar en una terraza o en un balcón.
El fumador debe estar fuera del edificio.

¿Y si es el jefe el que fuma en su despacho?
Por raro que parezca, el despacho del jefe se considera zona de trabajo, por lo que puede ser
denunciado y multado si fuma.

A 📖 **Empareja las palabras siguientes con sus equivalentes en inglés.**

1 *entró en vigor*	7 *esgrimidas*	**a** put forward	**g** reported
2 *aguantar*	8 *pitillos*	**b** doorway	**h** minors
3 *instalaciones*	9 *acordaran*	**c** merchandise	**i** whether
4 *ya sea*	10 *quicio*	**d** to put up with	**j** fined
5 *mercancía*	11 *denunciado*	**e** agreed	**k** came into being
6 *menores de edad*	12 *multado*	**f** facilities	**l** fags

B 📖 **Lee el texto otra vez y marca con una cruz (✗) las cuatro frases verdaderas.**

1 El fumar no está prohibido en las salas de conciertos.	
2 Se puede fumar en los espacios naturales.	
3 Según la nueva ley, ya no se pueden dar tabletas de chocolate a los niños.	
4 La ley prohíbe que se den regalos que se parezcan a cigarrillos.	
5 No se pueden encender pitillos en los institutos.	
6 Si los trabajadores y las empresas se ponen de acuerdo se pueden crear salas de fumadores.	
7 Según la ley, los balcones son tratados como lugares cerrados.	
8 El jefe que fuma en su oficina viola la ley.	

16 Un "camello"

"Cocodrilo" es uno de los vendedores de pastillas más conocidos de Madrid. Natural de un pequeño pueblo del Caribe dominicano, antes de vender drogas era un afamado *judoka* local que, incluso, llegó a presidir la delegación de Deportes del instituto de enseñanza donde cursaba sus estudios.

Su primer contacto con las drogas se produjo de forma casual. Un amigo le propuso hacer un viajecito a Amsterdam en un barco cargado de cocaína. Entonces tenía 19 años. Su trabajo consistía en vigilar que el peso de la mercancía no disminuyera en el trayecto y que se entregara a las personas escogidas para recibirla y no a otras. A "Cocodrilo" le sonrió la suerte. No lo pillaron y, un mes después, estaba de vuelta en su casa con los bolsillos llenos de dólares. Dejó los estudios, invirtió su dinero en negocios varios y se convirtió en uno de los personajes más solicitados por los turistas que visitaban su pueblo. Él les facilitaba los ingredientes necesarios para pasar unas vacaciones especiales: desde marihuana hasta coca, pasando por infusiones de plantas alucinógenas.

El segundo viaje europeo lo llevó a las costas gallegas y de ahí, a Madrid. Tenía que encargarse de que la coca se descargara desde el barco a un camión, y custodiarla en su viaje a la capital de España, donde otros miembros de la organización para la que trabajaba debían distribuirla y comercializarla. Al "Cocodrilo" volvió a sonreírle la suerte. Nadie se enteró de nada. Tenía bastante dinero y nunca volvió a su pueblo. Madrid le gustó tanto que decidió quedarse y montar su negocio en las concurridas discotecas de la ciudad…

Han pasado tres años desde aquel viaje, y el negocio de "Cocodrilo" ha cambiado. Según su testimonio, a los grandes narcotraficantes les resulta cada vez más caro traer la coca. Hay mucha vigilancia y demasiada gente en la cárcel. Por eso decidí – apunta – cambiar el negocio. "Dejé la coca y ahora sólo me dedico a las pastillas".

¡PONTE AL DÍA!

58

Después de leer el artículo:

1 Busca en el texto todos los ejemplos de pretérito indefinido que puedas encontrar y subráyalos. Comprueba tu lista con tu compañero/a.

2 Busca en el texto todos los ejemplos de pretérito imperfecto que puedas encontrar y subráyalos.

3 Intenta explicar las razones por las cuales se han utilizado los dos tiempos verbales en el contexto.

 Contesta las preguntas siguientes en español.

1 ¿Qué hace Cocodrilo?
2 ¿De qué país es Cocodrilo?
3 ¿Cómo comenzó Cocodrilo a involucrarse en la droga?
4 ¿Por qué tuvo suerte?
5 ¿Por qué los turistas solicitaban a Cocodrilo?
6 ¿Por qué no volvió al Caribe?
7 ¿Por qué se dedica ahora sólo a las pastillas?

 Ejercicio: Las drogas de diseño   see Dynamic Learning

⑰ Los efectos de tomar drogas de diseño

A **Escucha el audio y completa las frases con las palabras que faltan.**

Una de la tarde. Ante las puertas del Hospital Clínic de Barcelona, un coche **1** _____ aparcado con cuatro jóvenes en su interior. Tres **2** _____ de una chica que permanece profundamente dormida – ¿o en coma? – desde que la han sacado **3** _____ de un after hours. Observan si respira. Quieren estar seguros de que **4** _____ antes de dar el paso. Cuando **5** _____ y su pulso se estabiliza, se la llevan a casa. Hablan de su experiencia y de las sensaciones del éxtasis.

B **¿Quién lo dice? ¿Mónica, André, Daniel o Miguel?**

1 Una vez me adulteraron la bebida.
2 El éxtasis me hace querer bailar mucho.
3 Si no controlas, el éxtasis te hace mal.
4 Tuve la sensación de estar en otro mundo.
5 Aunque parecía estar cerca de la muerte, sentí muchísimo placer.
6 Dormí un rato y todo siguió igual que antes.
7 Llevo 18 meses tomando éxtasis.

 Lee el siguiente artículo.

La Policía Nacional ha detenido a ocho personas, entre ellos dos menores, y ha intervenido 5.200 pastillas de éxtasis, como resultado de las investigaciones iniciadas en la macrofiesta de música rave celebrada en el Palacio de Deportes de Málaga ayer. La droga incautada procedía de laboratorios clandestinos de Holanda, donde fue fabricada y posteriormente trasladada a España para que se consumieran en eventos musicales de idéntica naturaleza al que provocó el ingreso en centros hospitalarios de Málaga de dos jóvenes, de 22 y 16 años.

Imagínate que has participado en la fiesta rave del artículo. Escribe un reportaje del evento para el periódico regional. Concéntrate en los puntos siguientes y emplea aproximadamente 150 palabras.

● lo que estabas haciendo antes de la llegada de la policía
● qué pasó cuando llegó la policía
● cómo se debe castigar el uso de las drogas blandas
● qué opinas sobre el consumo de las drogas en España

Grammar

The definite and indefinite articles
There are some significant differences between Spanish and English in the way the articles are used.

● **The definite article** is used with nouns in a general sense or to indicate something unique.

El gazpacho es la solución idónea contra el calor del verano. Gazpacho is the ideal antidote to the summer heat.
A Cocodrilo le sonrió la suerte. Fortune smiled on Cocodrilo.
El 45% de los médicos fuma. 45% of doctors smoke.

The definite article is not used before a country unless it is qualified by a phrase or an adjective:

España tiene un sector agrícola muy fuerte. Spain has a very strong agricultural sector.
But, *La España del siglo XX.* Twentieth-century Spain.

● **The indefinite article** is not used with occupations.

Cocodrilo es camello. Cocodrilo is a drug-dealer.
Su padre era médico. His father was a doctor.

● In its plural form, *unos/unas*, the indefinite article is often either not translated at all, or translated more satisfactorily by "a few," or "approximately".

unas vacaciones especiales special holidays
Ponme unos tomates. Give me a few tomatoes.
Entregó unos 3.000 euros. He handed over about 3,000 euros.

For more information on the articles, see the Grammar Summary on page 266.

Ejercicio

1 Rellena los espacios en blanco con el artículo apropiado, donde convenga.
Explica por qué (no) has decidido utilizar el artículo en cada caso.

1 _____ ajo es blanco.
2 En Valencia _____ arroz se cultiva en campos cerca del mar.
3 _____ pesca es una de las industrias más importantes de España.
4 En _____ España del siglo XXI, la importancia de _____ agricultura va a disminuir.
5 Su padre es _____ agricultor y su madre _____ ingeniera.
6 Un 30% de _____ chicos beben cerveza desde _____ 14 años.
7 Los peligros de tomar _____ éxtasis no pueden ser exagerados.
8 ¿Qué sería de _____ gazpacho sin el tomate?
9 Primero se toma _____ caldo y después se come _____ verdura y _____ carne.
10 Entre las tapas preferidas de los españoles figuran _____ patatas bravas y _____ calamares.

Algunas actividades deportivas pueden ser peligrosas.

 **Escucha el audio, que cuenta lo que le pasó a Dolores un día…
¿Cuáles de las siguientes palabras oyes?**

1 alguno	5 piel	9 hacían
2 caí	6 poner	10 cuidado
3 aterricé	7 rápidamente	
4 fui	8 quedaran	

B **Da la información que falta:**

1 Cuándo ocurrió el accidente
2 Parte del cuerpo que sufrió primero
3 Lo que arrastró el viento
4 Lo que se le levantó
5 Período en que tuvo que utilizar muletas
6 Lo que tuvo que poner en la cara
7 Lo que habría pasado si hubiera puesto la cara al sol
8 Mes en el que ocurrió el accidente
9 Lugar en el que vivía
10 Parte de la calle por donde tenía que ir

C **En grupos, comentad qué es para vosotros el aspecto más importante de la salud: ¿tener una dieta saludable, como la dieta mediterránea? ¿mantenerse en forma? ¿practicar deportes? ¿dormir bien? ¿buscar un equilibrio entre las necesidades del cuerpo y las de la mente?**

D **Luego escribe unas 150 palabras sobre uno de los temas siguientes, fijándote en los aspectos de la salud que hemos estudiado en esta unidad.**

- La comida típica de una región de España.
- Los peligros/los atractivos de las drogas de diseño.
- La importancia de tener una dieta equilibrada.
- Las diferencias entre España e Inglaterra en cuanto a la salud.

E **"El Estado se entromete demasiado en la vida del individuo, limitando los lugares en que se puede fumar y prohibiendo drogas inocuas". ¿Estás de acuerdo con este punto de vista?**

4 *Viajes: la vuelta al mundo*

Entrando en materia...

El tema de esta unidad trata del turismo, los transportes y los viajes. Se tocarán aspectos como los centros turísticos españoles, las distintas opciones a la hora de alojarse, los variados tipos de transporte o las razones por las que la gente viaja. Nos centraremos especialmente en una región española: Cataluña. Los puntos gramaticales que se van a exponer son:

★ **construcciones con "gustar"**
★ **el pretérito perfecto**
★ **el superlativo**

Reflexiona:

★ ¿Qué tipo de transporte te resulta más cómodo? ¿Qué estilo de vacaciones se adapta mejor a tus gustos y tu bolsillo? ¿Te gusta viajar? ¿Por qué lo haces?

★ ¿Has sufrido alguna vez trastornos debido al mal funcionamiento de los medios de transporte? ¿Son los transportes de igual calidad en todos los países y ciudades? ¿Recuerdas la primera vez que montaste en avión? ¿Te mareas en los barcos o en el coche? ¿Prefieres ir a pie o en bicicleta?

★ Cualquiera que sea tu opinión, hay que admitir que los transportes y el turismo están haciendo el globo terráqueo cada vez más pequeño y nuestro propio mundo más grande y más abierto a nuevas experiencias...

Los medios de transporte

¿Conoces todos estos medios de transporte? Comenta con tu compañero/a y consulta el diccionario o con tu profesor, si es necesario.

en bicicleta	en coche	en tren	en moto	en avión	en metro	en patines
en funicular	en barco	a pie	en teleférico	en autobús	en taxi	a caballo

1 ¿Cuál es el mejor medio de transporte?

Unas cuantas personas nos dan su opinión sobre algunos medios de transporte:

A mí me dan pánico los aviones; soy incapaz de relajarme… Me dan mucho vértigo. Siempre voy mirando las caras de las azafatas, tratando de leer indicios de angustia, empeñada en creer que se producirá un gran desastre… El sosiego no me llega hasta que aterrizamos sanos y salvos…

Magdalena, 23 años

Yo odio lo de montar en barco. Se me revuelve el estómago, me duele la cabeza y siempre acabo devolviendo en vez de disfrutar del paisaje. Me tengo que tomar pastillas y no moverme mucho.

Rafael, 27 años

Mi gran amiga es la bicicleta – voy con ella a todos sitios, evitando embotellamientos, no dañando el medio ambiente, no gastándome dinero y haciendo ejercicio. La uso para el trabajo, la compra, los ratos de ocio… ¡A ver si nos quitan coches y nos ponen más carriles de bici!

José Luis, 25 años

Mi medio de locomoción habitual son mis pies. Me encanta caminar y lo hago siempre que puedo. Si puedo evitar coger el metro o el autobús en una ciudad, puedes estar seguro de que lo haré.

Álvaro, 19 años

Para mí el medio de transporte ideal es el taxi. Estoy jubilada y no salgo con mucha frecuencia así que cuando lo hago me gusta hacerlo por todo lo alto. El mayor problema son los atascos y, claro, el bolsillo…

Silvia, 72 años

Donde esté el coche, que se quite lo demás: mi aire acondicionado, mi GPS para no perderme, mi propia intimidad, mi musiquita, la compañía que yo elija ¡y a disfrutar del volante! ¿Qué más se puede pedir?

Gonzalo, 18 años

A 📖 **Lee el texto, localiza estas expresiones y trata de deducir su equivalente en inglés en la columna de la derecha.**

1 *dar vértigo*   a to turn one's stomach
2 *revolverse el estómago*   b to do something in style
3 *estar jubilado*   c where there is a … forget about the rest!
4 *hacer algo por todo lo alto*   d to be retired
5 *evitar embotellamientos*   e to make dizzy
6 *donde esté … que se lo quite lo demás*   f to avoid traffic jams

B 📖 **Vuelve a leer el texto e identifica a la persona que dice las siguientes oraciones:**

1 _____ no cambiaría su propio vehículo por nada del mundo.
2 A _____ le encanta pedalear, vaya donde vaya.
3 _____ no se sube en transporte aéreo ni aunque le paguen.
4 _____ tiene suerte de poder permitirse ese tipo de transporte.
5 _____ lo pasa muy mal en transportes marítimos.
6 _____ recorre muchos kilómetros a pie.

C 💬 **Elige tres medios de transporte y explica a tu compañero/a por qué te gustan o no te gustan. Cuenta después al resto de la clase qué medios de transportes prefiere tu compañero/a y por qué.**

Grammar

Verbs like *gustar*

● A number of common verbs have a similar construction to *gustar*. In this construction the object in the English sentence becomes the subject in the Spanish one.

Le gustan los trenes.   He likes trains (literally: trains are pleasing to him).
Me gusta hacerlo por todo lo alto.   I like doing it in style.

Frequently the Spanish indirect object is reinforced by adding *a* + the personal pronoun at the beginning of the sentence:
A él le gustan los trenes.

● Other verbs which are frequently used in the same way as *gustar* are:

costar to be an effort; **encantar** to be delighted, to love; **interesar** to interest; **dar** to give; **faltar** to be lacking, missing; **molestar** to bother; **doler** to ache, hurt; **importar** to matter to; **tocar** to concern, to be one's turn
Me duele la cabeza.   I have a headache.
Le encanta caminar.   (S)he loves walking.
A mí me da muchísimo miedo el avión.   I am very frightened of aeroplanes.

For more information on verbs like *gustar*, see the Grammar Summary on page 293.

Ejercicios

1   Rellena los espacios en blanco con el pronombre correcto.
   a) ¿_____ molesta a Clara que vayamos al cine sin ella?
   b) No veo ningún inconveniente. _____ da igual.
   c) Después de su ataque cardíaco, a mi padre _____ duele el pecho.
   d) Te toca a _____ ¿no?
   e) A sus amigos no _____ interesa nada ir al parque.
   f) ¿A vosotros _____ importa que nos acompañe Miguel?

2   Contesta las preguntas según el modelo.
   Ejemplo: ¿A Sofía le gustan las matemáticas? Sí, a ella le gustan. Or: No, a ella no le gustan.
   a) ¿A ti te gusta el cine?   **d)** ¿A vosotros, os falta algo?
   b) ¿A ti te molesta que fumen?   **e)** ¿A ellas, les da miedo salir solas por la noche?
   c) ¿A tus amigos, les interesa jugar al golf?   **f)** ¿A ti te duelen los dientes?

2 Te cuesta un ojo de la cara

A **Escucha el audio y subraya sólo aquella información que se menciona. Tienes que marcar cinco frases.**

1 Antes, viajar en avión costaba mucho dinero.
2 Los medios de transporte son más o menos como antes.
3 Reservar vuelos en Internet es menos complicado y más barato.
4 No tengo preferencia por un medio de transporte concreto.
5 Me aterrorizan los aviones.
6 Hay personas para las que volar es poco menos que una tortura.
7 Me encanta que me toque alguien que ronque.
8 Volar parece ser una parte de mí.
9 Me gustaba imaginarme la vida de los personajes que veía.
10 Me suelo aburrir en los aeropuertos.

3 Los colores más seguros del coche

El color de un vehículo suele relacionarse con la personalidad de quien lo conduce. De hecho, los gustos apuntan a tonos llamativos para modelos deportivos o de menor tamaño – conducidos principalmente por personas jóvenes – y colores más clásicos para vehículos familiares o de gama alta. Ésta suele ser una de las razones por las que se cree que los colores fuertes, como el rojo o el amarillo, están implicados en mayor número de accidentes y tienen, por lo tanto, una prima de seguro más alta. Sin embargo, la mayoría de las compañías no tienen en cuenta la tonalidad a la hora de cobrar la póliza, sino otras variables como la edad, el sexo o la antigüedad del permiso de conducir.

Se considera que el color no es un factor que influye directamente en la seguridad vial, aunque puede reducir la posibilidad de que se produzca un accidente. En concreto, desde CEA (Club de Automovilistas) reconocen la influencia del tono en el paisaje exterior, hasta el punto de hacer un coche más visible según el lugar en el que se encuentra. "Por ejemplo, no es lo mismo conducir un coche pintado de verde en Asturias que en Castilla y León, donde, por temas de entorno, sería más visible", explican.

La elección del color se ha convertido en los últimos años en una dura prueba. A los tonos más tradicionales, como el blanco, rojo, azul o negro, se han unido otros colores de nombres curiosos, que dificultan la elección y la elaboración de estadísticas. "Cada vez más las marcas se empeñan en poner nombres como grafito, antracita, lapislázuli o champán, con lo que es imposible hacer estadísticas claras", afirman en la empresa Faconauto. Algunos fabricantes tienen hasta medio centenar de tonalidades. Entre el 30% y el 50% de ellas son nuevas, mientras que el resto son evoluciones de tonos anteriores.

Sin embargo, la elaboración de un nuevo color no es una tarea fácil. Pueden pasar tres años hasta que el

mercado conoce la apuesta de cada marca. Los tonos se eligen en un proceso minucioso, que selecciona tanto el color de la carrocería como del interior. El abanico de opciones es amplio y no debe pasar de moda con el paso de los años. Un coche no es un objeto de temporada y, por lo tanto, no puede seguir las tendencias de la moda. Éste es el caso del color blanco, cada vez más solicitado debido a su asociación con los productos electrónicos de alta tecnología, como el iPod.

¡Fíjate!

Verbs derived from abstract ideas

Spanish characteristically makes verbs ending in -*ar* from the stem of "abstract" adjectives, in the following way:

difícil difficult > *dificultar* to make difficult, as in:

... *otros colores de nombres curiosos, que dificultan la elección y la elaboración de estadísticas.*

... other colours with strange names, which make it more difficult to choose and to draw up statistics.

Other examples are:

posible	possible	>	*posibilitar*	to make possible
mental	mental	>	*mentalizar*	to prepare mentally
consciente	aware	>	*concienciar*	to make aware
sensible	sensitive	>	*sensibilizar*	to sensitize
compatible	compatible	>	*compatibilizar*	to reconcile
relativo	relative	>	*relativizar*	to put into perspective

¿Lo has entendido?

Busca en el diccionario tres adjetivos abstractos que se puedan convertir en verbos. Luego compáralos con los que ha encontrado tu compañero/a.

 Lee el texto e indica si las siguientes afirmaciones son verdaderas (V) o falsas (F).

1 No hay relación entre un conductor y el color de su coche.

2 Las personas jóvenes siempre tienen vehículos con colores que llaman la atención.

3 Los propietarios de vehículos rojos y amarillos suelen pagar un seguro más elevado.

4 Las compañías de seguros tienen muy en cuenta el color del vehículo.

5 Un coche verde destaca más en la zona de Castilla y León.

6 Últimamente, y para pesadilla de algunos, ha surgido un gran número de nuevos colores y tonalidades para los coches.

7 La elaboración y puesta en el mercado de un color supone apenas un año de investigación.

8 No se sabe por qué últimamente ha descendido la demanda de vehículos de color blanco.

 Ahora responde en español a las siguientes preguntas.

1 ¿A qué puede hacer referencia el color de un vehículo?

2 ¿Qué factores tienen en cuenta las compañías de seguros al establecer sus primas?

3 ¿Existe una relación directa entre el color de un vehículo y su siniestralidad? Razona tu respuesta.

4 ¿Por qué la elección del color de un vehículo se ha convertido en un reto hoy en día?

5 ¿Cuántos colores suelen ofrecer los fabricantes?

6 Según el artículo, ¿qué tienen que ver los iPods con los coches?

C **Trata de imaginarte que te vas a comprar un coche. Escribe 100 palabras sobre el color que elegirías y por qué.**

Grammar

The perfect tense

● The perfect tense is used, as in English, to connect the past to the present. It describes an action that has begun in the past and is continuing now.

La elección del color se ha convertido en los últimos años en una dura prueba.
The choice of colour has become quite a challenge in the last few years.
Én un total de catorce inmuebles han aparecido grietas.
Cracks have appeared in a total of fourteen buildings.

● The perfect tense is formed from:

haber plus the past participle of the verb.
-*ar* verbs add -*ado* to the stem: *he mirado*, etc.
-*er* and -*ir* verbs add -*ido* to the stem: *he bebido*, *he vivido*, etc.

● A number of common verbs have irregular past participles, e.g. *hacer* > *hecho*, *poner* > *puesto*.

For a full list, see the Grammar Summary on page 281.

Notes:

1 The use of the perfect is different from that of the preterite (*el pretérito indefinido*), which describes actions that have been completed in the past.

    ...siniestro que provocó la desaparición de varios bloques de viviendas
    ...a disaster which caused several housing blocks to disappear

2 The perfect tense differs in its use from that of the perfect tense in French. The French perfect is used like the preterite in Spanish, for actions that are completed in the past. Students of both languages, influenced by French usage, often use the perfect tense wrongly for a completed past action: in general, *vi* should be used for "I saw" and not *he visto*; *vine* should be used for "I came", and not *he venido*.

3 Despite (2) above, the Spanish perfect is normally used for events that took place on the same day.

    Esta mañana he ido al trabajo temprano.   This morning I went to work early.
    ¡Ha sido Alex!   It was Alex (who did it)! (child blaming brother for being naughty)

4 When used as part of the perfect tense, the past participle is invariable in number and gender.

    *Los niños se **han marchado** ya porque estaban cansados.*   The children have already left, because they were tired.

For more information on the perfect tense, see the Grammar Summary on page 281.

Ejercicios

1 Completa las frases usando el pretérito perfecto.

Ejemplo: Carmen (venir) ahora mismo. > Carmen ha venido ahora mismo.

a) Todavía no se (cerrar) la tienda.

b) Yo no (ver) tu bolso.

c) Asun (escribir) la postal.

d) Silvia (decir) la verdad.

e) Hasta ahora no (nosotros descubrir) lo que pasó.

f) Tus amigos no (hacer) nada para convencerme.

g) Es una región que (ir) creciendo rápidamente.

h) Margarita (volver) temprano ¿no?

2 Haz preguntas usando el pretérito perfecto, según el modelo.

Ejemplo: comenzar (él) el nuevo trabajo. > ¿Ha comenzado el nuevo trabajo?

a) ver (tú) a Enrique.   **d)** resolver (ella) el problema.

b) volver (tu hermano) de Bilbao.   **e)** hacer (vosotros) el viaje a Italia.

c) terminar (ellos) de comer.

4 Chema el piloto y su bicicleta plegable

 Escucha y contesta las preguntas siguientes:

1 ¿Dónde se encuentra el escritor/autor?

2 ¿De dónde era Chema?

3 ¿Cuántas lenguas hablaron?

4 ¿Cuáles son?

5 ¿En qué trabaja Chema?

6 ¿Cuánto tiempo suele pasar Chema en un destino?

7 ¿Qué ventajas le ofrece la bicicleta?

8 ¿Cuánto tiempo lleva desmontar una desmontable...?

9 ¿y para un plegable?

10 ¿Qué desventaja tiene la plegable de 12 pulgadas?

11 ¿Dónde cree Chema que se acabarán usando mucho estas bicis?

12 ¿Dónde suele llevar la suya?

13 ¿Qué pensó cuando la compró?

Cataluña

Situación: Se encuentra al nordeste de la Península Ibérica y está bañada por el Mar Mediterráneo. Limita al norte con Francia y Andorra; al este con el Mar Mediterráneo; al sur, con la Comunidad Valenciana, y al oeste con Aragón.

Superficie: 31.930 km²

Población: 6.873.649 habitantes. La evolución de la población en la comunidad catalana durante el siglo XX se ha caracterizado por mantener un crecimiento constante.

Industrias principales: Química, metalúrgica, gastronómica

Atracciones turísticas: La comunidad, en general, presenta una orografía muy diversa, desde grandes montañas a fértiles valles y amplios cauces fluviales. Una de las zonas más bellas, y más desarrolladas desde el punto de vista turístico y residencial, es la Costa Brava. Barcelona, con uno de los puertos más activos del Mediterráneo, ofrece una intensa vida cultural, comercial y recreativa. Antoni Gaudí es el máximo representante del modernismo de finales del siglo XIX, con la Sagrada Familia como su obra maestra. Tarragona desvela numerosos monumentos de la época romana y Girona sus atractivos pueblos y ciudades medievales. Los grandiosos monasterios de Montserrat y Poblet son muestra de la vida espiritual de esta región.

Lengua: Las lenguas oficiales son el castellano y el catalán.

Administración: Las cuatro provincias que la conforman son: Barcelona, Tarragona, Lleida y Girona. La capital es Barcelona. El máximo órgano institucional de la Comunidad Autónoma que rige la vida de los catalanes es la Generalitat de Catalunya, que está integrada por el Parlamento, la Presidencia de la Generalitat y el Gobierno Catalán. El Estatuto de Autonomía de Cataluña fue aprobado en 1979 y constituye la norma básica de la comunidad catalana. Dicho Estatuto fue modificado y aprobado de nuevo en marzo del 2006.

Historia: Los hallazgos prehistóricos nos hablan de Cataluña como de una zona habitada desde los tiempos más remotos. Ampurias representa uno de los yacimientos arqueológicos más importantes de España, asentamiento que existía ya en tiempos de los griegos. Asimismo, Tarraco fue uno de los grandes centros políticos y religiosos en época romana. Visigodos y árabes contribuirían a perfilar la identidad catalana a través de las luchas entre francos y musulmanes. La unión de Cataluña y Aragón en 1137 y la conquista de Baleares y Valencia extenderán la lengua y cultura catalana. Todavía hoy se celebra cada año la "Diada" en conmemoración de sentimientos nacionalistas.

 Visita esta página web sobre la historia de Cataluña:

http://www.gencat.net/catalunya/cas/historia.htm

Escribe 200 palabras sobre la historia de Cataluña, incluyendo los siguientes aspectos:
- Constante vocación de autogobierno
- Cataluña y la Guerra Civil Española
- El Estatuto

 Visita esta página web sobre turismo en Cataluña:

http://www.gencat.net/turistex_nou/home_cast.htm

Imagina que pasas una semana allí con un(a) amigo/a. Escribe un breve diario (200 palabras) explicando qué es lo que más os ha llamado la atención de esa comunidad española.

El transporte público

5 Los afectados por la huelga de autobuses interurbanos

> Lee el siguiente texto. En él encontrarás vocabulario que va a volver a aparecer en el audio que sigue ("Los afectados por la huelga de autobuses interurbanos"). Fíjate en las expresiones subrayadas y, junto con tu compañero/a, intenta deducir su significado. Si necesitas ayuda, consulta el diccionario o con tu profesor.

"Cuando era pequeña mis hermanos y yo íbamos al colegio en taxi, ya que la escuela nos pillaba muy lejos. Además, los primeros días mi madre nos acompañaba, pues aún no conocíamos el terreno – todo era nuevo para nosotros. Si hubiéramos ido andando, habría sido una larga caminata. En invierno, algún día la nieve hasta nos dejó incomunicados así que teníamos que buscarnos la vida (coger otro medio de transporte o incluso no ir al colegio). Nos salía bastante caro ir a la escuela, ya que se formaban unos atascos considerables. Y eso sí, lo de madrugar, siempre fue un calvario para nosotros..."

A Escucha con atención a estas personas que cuentan su experiencia con la huelga de transportes. Intenta identificar los grupos de palabras que tienen el mismo sentido que los que encontrarás a continuación.

Christian Pourtau, turista francés que viaja con su familia

1 porque estaba a poca distancia.
2 siendo todo nuevo para nosotros.
3 para volver tendremos que andar un buen rato.

Jacob G., militar en el cuartel RAS 21 (Fuencarral)

4 el cuartel se ha quedado aislado por la huelga.
5 si no hay mucha gente.
6 sería más rápido caminar.

Miguel H., obrero ecuatoriano (residente en Madrid capital)

7 me está costando mucho dinero.
8 tras todo este sufrimiento.
9 me levantaré antes.

B Escribe en unas 200 palabras sobre qué medio de transporte elegirías si fueras a hacer el viaje de tus sueños. Justifica tu opinión por medio de ejemplos y/o anécdotas.

C Comenta con tu compañero/a:

● Trata de recordar cuál fue tu último viaje en avión: ¿qué medio de transporte tomaste para llegar al aeropuerto? ¿Por qué?
● ¿Cuál es tu prioridad a la hora de elegir el medio de transporte para llegar al aeropuerto: rapidez, economía, comodidad...?
● Piensa en dos o tres aeropuertos que conozcas. ¿Cuál crees que sería el método más práctico para acceder a cada uno de ellos?

SERVICIOS A BORDO

1 Alojamiento en camarote clase Turista; y en clase Club con servicio de teléfono, prensa diaria gratuita y televisión con Canal Satélite Digital, así como acceso gratuito al gimnasio y sauna.

2 Camarotes, aseos y rampas para pasajeros de movilidad restringida.

3 Butaca clase Turista con monitores colectivos de televisión y vídeo.

4 Restaurante a la carta donde se sirve una variada selección de menús y una amplia carta de vinos de denominación de origen.

5 Autoservicio con capacidad para 256 personas, donde se puede elegir entre una amplia variación de platos y el menú del día.

6 En la Cervecería se pueden degustar distintos tipos de cerveza y tapas. Pantalla de vídeo.

7 En el Café-Pub se sirve una variada selección de cafés y cócteles.

8 Sala de lectura y Sala de juegos de mesa.

9 Discoteca con animador/disc jockey.

10 Sala de cine con tres sesiones diarias y capacidad para 77 personas.

11 Piscina abierta durante todo el año para adultos y niños – en invierno cubierta climatizada con agua dulce. Jacuzzi, solarium y servicio de bar/cafetería.

12 El "Club del Conductor" dispone de autoservicio/bar con un menú diario y pantalla de televisión/vídeo y videojuegos.

13 Gimnasio y sauna.

14 Tienda autoservicio.

15 Teléfono público.

16 Enfermería.

A 📖 **El esquema de arriba resume las múltiples instalaciones disponibles en una lujosa compañía de ferries. Lee lo que dicen las siguientes personas y, tomando como referencia la información del esquema, escribe el número de la señal que corresponda.**

Ejemplo: Isabel > 7

Julián:	A mí me gusta hablar mucho por teléfono, leer el periódico y estar bien informado. Además, hago ejercicio siempre que puedo.
Carla:	A mí me encanta ver una "peli" mientras me tomo una cervecita o dos.
Jesús:	Estoy intentando adelgazar y me han dicho que es muy bueno ir a la sauna.
Carolina:	Yo me paso la vida viendo la tele y películas de vídeo.
Celia:	¿Podré llamar a mis abuelos desde aquí?
Manuel:	He organizado una gran comida de empresa y me quería ahorrar los gastos de servicio.
Cristina:	Estoy deseando nadar un poquito con mi hijo y luego tomarnos un refresco.
Ángel:	No me decido. ¿Juego al dominó o sigo leyendo *El Quijote*?

Gustavo:	Como soy minusválido, necesito instalaciones especiales.
Antonio:	A mí todo lo que tenga algo que ver con conducir me gusta.
Miguel:	Tengo pasión por los vinos y el buen comer. De ahí me vendrá la curva de la felicidad.
Isabel:	Pues a mí ponme una mezcla tropical o un café irlandés y ya soy feliz.
Nuria:	Me chifla bailar, y más con compañía.
Inés:	Mucha gente de la boda mañana irá a ver una película en el barco.
Francisco:	¡Qué bien que haya zonas comerciales en el barco! Quiero comprar un regalo a mi novia.
Pablo:	¡¡¡Mi hermanita pequeña está sangrando por la nariz!!!

Los trenes

❼ Grietas y miedo al paso del AVE

¿Qué harían las autoridades de Córdoba si el túnel pasase bajo la Mezquita? ¿Y las de Atenas si pasase bajo el Partenón?

La preocupación de los vecinos afectados por las obras del AVE a su paso por El Prat, debido a las grietas aparecidas en numerosos inmuebles, se ha instalado en Barcelona. El templo diseñado por el genial arquitecto Antoni Gaudí, la Sagrada Familia, está ubicado justo en el trazado previsto para el tren de alta velocidad.

Ya lo advirtió el arquitecto jefe de las obras del emblemático edificio al asegurar que el proyecto del AVE supone "una agresión muy fuerte" que podría ocasionar "daños irreparables" en la estructura del templo. Sin embargo, a los que consensuaron el actual trazado no parece preocuparles en exceso el futuro de la Sagrada Familia.

Con un precedente como el ocurrido en el barrio del Carmel, siniestro que provocó la desaparición de varios bloques de viviendas y daños importantes en múltiples edificios, no es extraño que las luces de alarma se hayan encendido entre el vecindario por donde trascurre el trazado del AVE. Hasta en un total de catorce inmuebles han aparecido grietas. Nadie acude a la zona para explicar el porqué de la aparición de las grietas.

En el caso de la Sagrada Familia se multiplica espectacularmente el porcentaje de riesgo de sufrir desperfectos o algún hundimiento a causa del AVE. No solamente debido a las obras que se realicen, sino también como consecuencia de las vibraciones posteriores, cuando circule el tren. Estamos hablando de torres entre los 50 y los 170 metros de altura…

A Después de leer el texto, empareja las palabras de la izquierda con sus correspondientes en inglés en la columna de la derecha.

1	*grieta*	a	if it went through
2	*inmueble*	b	to cause, lead to
3	*trazado*	c	crack
4	*hundimiento*	d	route
5	*…si pasase…*	e	damage
6	*ubicado*	f	property
7	*ocasionar*	g	collapse
8	*desperfecto*	h	located

B Lee el texto y describe cada uno de los siguientes términos. (Puedes encontrar información si buscas en esta página web: http://es.wikipedia.org/wiki/Portada)

1	AVE	4	Antoni Gaudí
2	El Prat	5	El Carmel
3	Sagrada Familia	6	50–170 metros

C Comenta con tu compañero/a.

- ¿Crees que se deben respetar los edificios emblemáticos en todos los casos? Son otros tiempos, ¿se ha de dar prioridad a mejorar el transporte público?
- ¿Qué opinarías si fueras vecino de El Prat? ¿Y si formaras parte del gobierno?
- Si el problema no hubiera surgido todavía, ¿cuáles serían vuestras recomendaciones para evitarlo?

8 Bendito metro a la Terminal 4…

Llegué a la Terminal 4 por aire, en vuelo desde Asturias, con billete de ida y vuelta y, por lo que luego me contaron, tuve en mi aterrizaje a la ida mucha suerte. Para compensar, la vuelta por metro y taxi fue un suplicio angustioso, deportivo, y solidario. Angustioso por el paso del tiempo, cada vez más próximo a la hora de salida del vuelo. Deportivo por las carreras de puerta a puerta como si todos los pasajeros estuviésemos participando en la "Maratón Terminal". Solidario porque hay una especial comprensión hacia los abatidos viajeros que pierden el vuelo. "¿No te preocupes, ché, que hay más aviones que longanizas, y esto nos pasa a todos".

El avión tenía su hora de salida a las 12.20. A las 10.20, con la precaución del cateto poco viajado (dos horas de plazo) cogía el metro en la estación de Atocha, con destino a Barajas (T1, T2, T3). A las 11.20, cogía un taxi desde Barajas a la T4. El taxista a las 11.30 me dejó en un edificio que llamaban Satélite. El tiempo empezaba a apremiar. Un individuo de verde me dijo que para ir a la puerta M, mi puerta de embarque, tenía que pasar un control, bajar a la planta baja del satélite y tomar el metro interno, una especie de buque fantasma que funciona sin conductor.

A las 11.55 llegaba, jadeante, al metro que en diez minutos me iba a dejar en la puerta M. Allí, tuve que pasar un nuevo control y en una carrera desesperada alcancé, a las 12.10, la puerta de embarque, en donde me dicen que el autobús que va al avión ya se había marchado, pero que por suerte, llegué a tiempo para el vuelo siguiente, que sale dos horas más tarde, pero en la puerta JKL. "Vaya rápido a la estación satélite y desde allí tome el metro a la JKL. Tarda un poco más, pero si no se despista y no pierde el tiempo, puede coger el avión". Con todo tuve suerte. Creo que otros no pudieron salir de la Terminal y continúan pululando por ella, como el metro fantasma sin conductor.

Y más suerte aún tienen los viajeros de hoy que ya cuentan con un enlace directo en metro a la Terminal 4. Se ahorrarán el taxi y la angustia y además, cogerán el vuelo de las 12.20.

A Mira las siguientes expresiones y localiza en el texto las palabras y expresiones que tengan el mismo sentido.

1 en avión
2 duro tormento
3 descorazonados
4 tripa estrecha rellena de carne
5 lugareño, palurdo

6 con dos horas de antelación
7 para dirigirme
8 echarse encima
9 sofocado
10 distrae

B Lee el texto y contesta las siguientes preguntas.

1 ¿Desde dónde venía el viajero que nos narra su historia?
2 ¿Cómo fue al aeropuerto para coger el vuelo de vuelta desde Madrid?
3 ¿Por qué califica la vuelta de "suplicio deportivo"?
4 ¿Por qué se llama a sí mismo "cateto"?
5 ¿Cogió el avión de las 12.20? Si no, ¿por qué?
6 ¿Por qué cogió un taxi en Barajas?
7 ¿Por qué ese trayecto lo tienen más cómodo los viajeros de hoy?

C ¿Recuerdas alguna anécdota, relacionada con los transportes, en que tú, o alguien conocido, ha sufrido todo tipo de trastornos para ir de A a B? Cuéntasela a tu compañero/a.

9 ¿Tendremos AVE a Montpellier?

Varias figuras políticas y del gobierno asistieron ayer al comienzo de las perforaciones del túnel del Pertús, de 8,3 kilómetros de longitud. Estas obras se ocupan de lo que será una parte integrante de la nueva conexión de Alta Velocidad (AVE) entre Figueres y Perpignan.

Este proyecto es pionero en varios sentidos: es la primera vez que se conectarán las redes ferroviarias de España y Francia con el mismo ancho de vía (es decir, sin que haya que cambiar los ejes para que los vagones españoles puedan circular por los ejes de ancho internacional, como ocurría antes, y sin que haya que hacer trasbordo en Hendaya); es la primera operación transeuropea (exceptuando el "Eurotúnel") y, finalmente, es el primer proyecto de esta naturaleza que se financiará con fondos privados. Al considerarse una obra "moderna", se da por hecho que el respeto al medio ambiente y la seguridad se han tomado en cuenta. Sin duda, se trata de un evento de notable importancia en la historia de las comunicaciones entre ambos países.

No obstante, esta nueva línea se ha tropezado con obstáculos... La red de Alta Velocidad de Francia termina en Montpellier, lo que dejaría sin cubrir el tramo entre Perpignan y Montpellier, que tendría que realizarse en los trenes habituales. Ésta es una de las principales quejas procedentes de Catalunya, donde sospechan que el recorrido que el AVE efectuará será Madrid – Lleida – Barcelona – Frontera Francesa (Perpignan).

Por suerte, parece que el gobierno francés se ha comprometido a examinar las posibilidades para establecer una conexión ferroviaria rápida entre estas dos localidades (Montpellier y Perpignan). La gran magnitud de este plan viene reflejada en su longitud de 45 kilómetros (que incluyen los 8,3 kilómetros del túnel) – 24,6 kilómetros se realizarán sobre tierras galas y 19,8 kilómetros sobre suelo español.

Una vez finalizadas las obras de construcción, aquellos que viajen entre Barcelona y Toulouse verán su trayecto reducido en más de dos horas, acomodados en un tren que alcanzará una velocidad de más de 300 km por hora y que transportará tanto viajeros como mercancías.

Lee el texto y responde a las siguientes preguntas en inglés:

1 Why is an 8.3 km-long tunnel being built?
2 What is special about this new railway connection between Spain and France?
3 What does this work have in common with Eurotunnel?
4 What is said to be guaranteed in this "modern" piece of work?
5 What are people in Catalonia unhappy about?
6 How will the connection Barcelona–Toulouse be affected?

B ✎ **Visita esta página web para informarte sobre el AVE en España:** http://www.renfe.es/ave/index.html

Estás planeando hacer un viaje de Madrid a Montpellier. Ya se ha inaugurado la nueva línea del AVE. Planifica tu viaje, teniendo en cuenta que de Barcelona a Montpellier irás en el AVE. Comenta por escrito cómo ha sido tu experiencia del AVE y si, en general, te gusta más que viajar en avión.

⑩ El interrail: se sufre pero es como una droga

A 🔊 **Escucha a Miguel Montero que tiene 30 años y trabaja en el aeropuerto de Barajas (Madrid). Ha hecho el Interrail tres veces, solo y con amigos. Rellena los espacios en blanco con las palabras que faltan.**

Muchas veces, cuando te levantas no sabes ni dónde estás. Medio dormido, te **1** _____ la mochila y a recorrer una ciudad. **2** _____, pero Interrail es un poco como una **3** _____. Al siguiente año lo quieres hacer **4** _____. Tengo millones de anécdotas. En los países del **5** _____ han cambiado mucho las cosas desde que **6** _____ por primera vez con 18 años. Recuerdo un **7** _____ que nos intentó **8** _____ y nos pidió dinero. En Praga **9** _____ un control de inmigración. El tren estaba **10** _____ de rumanos y nosotros con el pasaporte en los **11** _____. Vimos cómo la policía maltrataba a la gente, y nosotros, como **12** _____, en un tren a Austria. Y cosas más **13** _____. En Ginebra nos encontramos una noche sin dinero y el sitio donde **14** _____ era un bar del Deportivo de La Coruña, donde la gente hablaba sólo **15** _____ y estaba abierto hasta las cuatro de la **16** _____. En Bélgica nos colamos en la piscina de un club social carísimo y nos pillaron **17** _____ y enjabonándonos. Otra vez dormimos en el césped de un **18** _____ porque estaba lleno. Un año cruzamos en treinta minutos la **19** _____ entre Holanda y Bélgica tres veces para encontrar albergue, y en un viaje **20** _____ con un grupo de murcianos por distintos lugares de Europa. Eso sí, en todos los viajes acabo con **21** _____ molida de dormir en el vagón y los pantalones **22** _____ terminan en la basura. En fin, Interrail, es un viaje **23** _____. A tu ruta se une gente que acabas de **24** _____ y que se convierten en buenas amistades. Al final sólo **25** _____ de lo bueno.

B 🗩 Imagina que tú y tu compañero/a os vais a marchar de vacaciones con un billete interrail. Debéis decidir cuál va a ser vuestro recorrido, indicando cuáles son las razones por las que iríais a unos lugares y no a otros.

Ejemplo: "A mí me encantaría ir a Sofía, en Bulgaria, porque mi abuela se llamaba Sofía y siempre he tenido curiosidad por ver esa ciudad. Eso sí, donde no me apetece nada ir es a Berlín; creo que debe traer demasiados recuerdos de los horribles sucesos de la guerra... ¿no crees?"

Turismo y viajes

⓫ ¿Por qué viaja la gente?

A 🔊 Escucha y escribe los datos que correspondan en cada columna.

	Destino	Profesión	Razón por la que viaja	Medio de transporte	Tipo de alojamiento	Quién paga los gastos	Tiempo de estancia
Alberto							
Bárbara							
Ana							
Ricardo							
Daniel							
Concha							

⓬ Arranca la vuelta al mundo

La vuelta al mundo cumple su primer mes desde la salida, pero han sido más de tres años desde que se concibiera la travesía. La idea de recorrer el planeta en coche surge como surgen los proyectos imposibles: con un par de cervezas y demasiado tiempo libre. Perfilé la ruta sobre una servilleta de papel de un bar cualquiera de Lérida, una tarde de verano; aquella línea trazando continentes fue cobrando sentido con el tiempo. Soy periodista y, sin duda, encuentro aliciente en viajar por el mundo contando historias. De aquella etapa sólo recuerdo el eco incesante de una misma pregunta: "¿por qué no?"

Libros, atlas, Internet y mapas donde perder las horas. Los viajes empiezan normalmente en la sala de estar y, así, sentado frente a una mesa, tardé muchas semanas en armar una travesía viable. Tenía el proyecto, el objetivo y las ganas. Era el momento de formar equipo. ¿Cómo buscar compañeros para un viaje así? ¿Necesitaba profesionales con capacidad para viajar o viajeros con criterios profesionales?

➤

Al anuncio en Internet "se buscan profesionales de televisión para dar la vuelta al mundo" respondieron cientos de personas. Unos pocos han formado parte del equipo durante un tiempo pero cuando un proyecto se estanca como "proyecto", la realidad acaba deshinchando la ilusión primera. Desde Sevilla respondió José Luis Felíu. Tenía el perfil de un productor. Se había desenvuelto en conflictos armados gestionando enlaces audiovisuales, tenía la carrera de piano, era historiador de arte y parecía desarrollar un don innato para dar vueltas al mundo.

Con el proyecto bajo el brazo, el objetivo, las ganas y el equipo sólo había que conseguir la financiación para los dos años de viaje. Llamamos a las puertas de más de 250 empresas buscando patrocinios, coleccionamos "nos"* y desesperamos casi las mismas veces que persistimos.

Durante tres años y medio recorrimos España en busca de una oreja empresarial que escuchara nuestra propuesta. Entre José Luis y yo hemos trabajado en una cantera, limpiado bares, repartido bebidas, hecho promociones, distribuido pescado y vendido agua mineral, al margen de trabajos en canales de televisión tan ocupados en vender anuncios y en politizar contenidos que han olvidado la magia de la profesión. Pero siempre había un país nuevo, otro destino que añadir al mapa de nuestras ilusiones. La preparación en sí del viaje propone 63 países, en un camino de 84.000 kilómetros. Hemos calculado 20 meses de duración, unas 3.000 horas al volante, 500 cintas de grabación, 9.000 litros de combustible, 350 ciudades diferentes y **otras muchas cifras** que no pueden acercarnos a la realidad de lo que será la experiencia más extraordinaria de nuestras vidas.

No obstante, necesitábamos un "sí" definitivo. Un voto de confianza. *Muchoviaje* fue el primero en apostar con nosotros y hoy es el cauce a través del cual esta historia sale a la luz. Y fue el vértigo de las despedidas el que nos situó por primera vez ante la realidad del viaje. Dos años, el mundo entero. Con el corazón encogido salimos de España.

Gerardo del Olmo

* *"nos" – utilizado para expresar el plural de "no".*

¡Fíjate!

Otro

(i) *Otro*, meaning 'another' is NOT preceded by the indefinite article.
     Otro *destino que añadir al mapa de nuestras ilusiones.*
     Another destination to add to the map of our illusions.

(ii) It is usual for adjectives to **follow** *otro/s*. *Otros muchos* means "many other", the reverse of the English word order (but note that sometimes *muchos otros* is found).
     otros muchos *números*   **many other** numbers
     He vivido en ***otras ocho*** *ciudades.*   I've lived in **eight other** cities.

 ¿Lo has entendido?

Escribe un ejemplo de (i) y otro de (ii). Compáralos con los de tu compañero/a.

 Extrae del texto diez palabras que pertenezcan al tema de los viajes. Después, compara tu lista con la de tu compañero/a y haz una frase con cada una de ellas.

B 📖   **Localiza en el texto los equivalentes a estas palabras en inglés.**

becoming meaningful	journalist	incentive	sitting room	feasible
desire	falters	deflating	inborn gift	sponsors	quarry	to back up
comes to light		with our hearts in our mouths		

Lee el texto y elige la respuesta correcta.

1 La idea de recorrer el planeta en coche nació
  a) hace cinco años.
  b) hace más de tres años.
  c) hace casi cuatro meses.

2 Tracé el primer borrador de la ruta
  a) con un amigo periodista.
  b) una lluviosa tarde de invierno.
  c) en un bar de Lérida.

3 Tenía pensado
  a) viajar solo.
  b) buscar compañeros de viaje.
  c) quedarme en la sala de estar.

4 Tras poner el anuncio en Internet
  a) cientos de personas respondieron.
  b) no recibí ninguna respuesta.
  c) me colapsaron el móvil con SMSs.

5 Jose Luis Felíu tenía experiencia en
  a) música, audiovisuales y gestión de personal.
  b) arte, hostelería y producción.
  c) producción, música, historia del arte y viajes.

6 Había que reunir fondos; nos dijeron que no
  a) muy pocas veces.
  b) muchísimas veces.
  c) una vez.

7 José Luis y yo nos vimos obligados a
  a) hacer todo tipo de trabajos.
  b) renunciar al viaje.
  c) pasar seis años haciendo propuestas.

8 La primera agencia que nos brindó la oportunidad fue
  a) Viajes Marsans.
  b) Atrápalo.
  c) Muchoviaje.

 Imagina que te has ido a recorrer el mundo y has pasado dos años fuera de tu país. Expón en 200 palabras cómo te ha afectado la experiencia y comenta los cambios que hayas encontrado a tu regreso respecto a tu localidad, familia y amigos.

Ejercicio: Machu Picchu   see Dynamic Learning

13 Barcelona

La ciudad de moda en Europa

Olvídense de la Sagrada Familia. Olvídense de las Ramblas. Olvídense del Museo Picasso. Olvídense de la catedral. Olvídense, incluso, del Camp Nou. Éstas no pueden ser las razones por las que Barcelona se ha vuelto un destino tan extraordinariamente popular para los turistas extranjeros, muy por delante de París, Venecia y Roma. Porque, no nos engañemos, si de lo que hablamos es de gran arte o gran arquitectura, Barcelona entra en la primera división europea, pero nunca la va a ganar. La primera vez que uno ve París, se queda estupefacto. La primera vez que uno ve Barcelona, dice "qué bonito", "qué agradable"

o – al ver un edificio de Gaudí – "qué maravilloso y qué extraño". Pero no se queda estupefacto. No se queda boquiabierto ni piensa: "¡Dios mío, éste es el sitio más bello y asombroso que he visto en mi vida!". Entonces, ¿cuál es el secreto? ¿Por qué no cesa la invasión de los turistas? Yo lo tengo bastante claro. He vivido en otras ocho ciudades y he visitado alrededor de 80, pero Barcelona, a la que me trasladé desde Washington en 1998, es el único lugar que conozco donde quisiera pasar el resto de mi vida. Pero mi opinión es tan exageradamente parcial que, por el bien de la investigación científica, lo que he hecho es buscar barcelonadictos que

no viven en Barcelona (una especie nada fuera de lo común, descubrí) y hacerles la pregunta a ellos.

Sus respuestas incluyeron, por supuesto, factores como el buen tiempo; las tarifas aéreas, que cada vez son más baratas; el tamaño justo que permite recorrer gran parte de la ciudad andando; la calidad de la comida, el mar, y el hecho (al parecer, fundamental para italianos y londinenses) de que, desde aquella fabulosa operación

publicitaria también conocida como los Juegos Olímpicos de 1992, Barcelona ha logrado mantener su reputación internacional de ciudad elegante y moderna. Pero fue cuando les planteé la pregunta "¿qué es lo que hace a Barcelona distinta de otros lugares que también tienen el mar, el sol y los calamares?" cuando empezó a desenmarañarse el misterio del discreto encanto que ejerce la capital catalana sobre buena parte de la humanidad...

A 📖 Lee el texto y define las siguientes palabras. Si no consigues comprenderlas por el contexto, emplea un diccionario.

1 estupefacto
2 boquiabierto
3 asombroso
4 "barcelonadictos"

5 recorrer
6 plantear
7 calamares
8 desenmarañarse

B 💬 "¿Qué es lo que hace a Barcelona distinta de otros lugares que también tienen el mar, el sol y los calamares?"

¿Sabrías contestar esa pregunta? Si has estado en Barcelona, explica a tus compañeros cómo es y qué te gustó o no te agradó de esta ciudad. Si no has estado, da también tu opinión, intentando describir cómo te la imaginas y si crees que tú también la encontrarías distinta a otras ciudades con mar, sol y calamares. Infórmate en una agencia de viajes, por amigos o en Internet, si necesitas saber más de la ciudad antes de responder.

💿 **Ejercicio: Lo que dicen de Barcelona** — see Dynamic Learning

14 El reinado de la bicicleta

Cuando la bicicleta se me reveló como un vehículo eficaz, de amplias posibilidades, cuya autonomía dependía de la energía de mis piernas, fue el día que me enamoré. Dos seres enamorados, separados y sin dinero, lo tenían en realidad muy difícil en 1941. Yo veraneaba en Santander y Ángeles, mi novia, en Burgos, a cien kilómetros de distancia. ¿Cómo reunirnos? El transporte, además de caro, era muy complicado: ferrocarril y autocar con dos transbordos en el trayecto. Los ahorros míos, si daban para pagar el viaje no daban para pagar el alojamiento en Burgos. Así

pensé en la bicicleta como transporte adecuado que no ocasionaba otro gasto que el de mis músculos. De modo que le puse a mi novia un telegrama que decía:

"Llegaré miércoles tarde en bicicleta; búscame alojamiento; te quiere, Miguel". El miércoles, antes de amanecer, amarré en el soporte de la bici dos calzoncillos, dos camisas y un cepillo de dientes y me lancé a la aventura. Aquellos primeros años de la década de los cuarenta, con el país arruinado, sin automóviles ni carburante, fueron el reinado de la bicicleta. Otro ciclista, algún que otro peatón, un perro, un afilador... eran los únicos obstáculos de la ruta. Recuerdo aquel primer viaje de los que hice a Burgos como un día feliz.

Miguel Delibes

A 📖 Lee el texto y responde a las siguientes preguntas.

1 ¿Cuándo se dio cuenta Miguel de que la bicicleta podía serle un medio de transporte muy práctico?
2 ¿Qué tipo de personas podían tener problemas en 1941?
3 ¿Dónde pasaban el verano Miguel y Ángeles?
4 ¿Por qué era problemático reunirse?
5 ¿Por qué los ahorros de Miguel no eran suficientes?
6 ¿Cómo solucionó Miguel su problema?
7 ¿Qué se llevó Miguel atado a la bicicleta?
8 ¿Cómo se sintió Miguel aquel día?

B 📖 **Utiliza las palabras del recuadro para completar el resumen del Texto 14.**

A falta de **1** _____, la bicicleta se puede convertir en un medio de
2 _____ ideal cuando se tienen piernas y **3** _____ que visitar.
Pasaba **4** _____ en Santander, que estaba a cien kilómetros de donde
estaba **5** _____. Quería evitarme tanto los gastos como los obligatorios
6 _____ de transporte. No era solvente como para poder **7** _____
mi estancia en Burgos. Avisé a Ángeles y el miércoles **8** _____ con tan
sólo un poco de ropa y mi bicicleta, con apenas compañeros en **9** _____,
y con una gran satisfacción, que todavía tengo **10** _____.

locomoción	dinero	conmigo	un amor	mi novia
los veranos	cambios	abonar	la calzada	me marché

⑮ Un coloso sin secretos

El Gran Hotel Bali

"El tamaño del edificio no tiene ningún secreto", confiesa Antonio Escario, el arquitecto de la torre más alta de España, situada en Benidorm. "Para levantarla hemos utilizado lo que la profesión ya sabe, el sentido común". Se refiere al Gran Hotel Bali, el de mayor alzada de Europa, con 210 metros. La capital turística de la Costa Blanca celebró en 2002 la apertura de este hotel, el primer edificio de España en altura, ya que sobresale 53 metros por encima de la Torre Picasso de Madrid, considerada hasta ahora como el mayor enemigo urbano de los que padecen vértigo.

La estructura de hormigón armado de este gigante de 776 habitaciones tiene reminiscencias de la Torre Eiffel, la insignia del ingeniero francés especializado en estructuras metálicas Alexandre Eiffel, que se eleva hasta los 320 metros en el Campo de Marte de París. El edificio de Benidorm es ancho por abajo y consigue esbeltez conforme va ascendiendo. Medidas contra movimientos sísmicos han sido tenidas en cuenta en su construcción, según puntualiza el arquitecto. El bloque, que pesa 50.000 toneladas (más que el Titanic) cuenta con refuerzos perpendiculares de hormigón que actúan como apoyos de sus muros.

Los huéspedes amantes de lo singular tendrán a su disposición en este hotel, a 300 metros de la Playa de Poniente, seis 'suites' de lujo con 'jacuzzi' y solarium. Las habitaciones dobles son las que más abundan (662). Cuenta, además, con una decena diseñadas para disminuidos físicos. El proyecto técnico para hacer realidad el Bali se gestó hace unos 20 años, según el arquitecto. Los trabajos de construcción del hotel se prolongaron 14 años. Los 210 metros de altura del Bali junto al Mediterráneo son importantes. Desde otro enfoque, si las aguas del Mare Nostrum descendieran esos mismos metros, se podría cruzar andando entre Italia y África. Si técnicamente no tiene secretos, como dice el arquitecto, la obra es relevante. Y no sólo por los 30 millones de euros que costó, sino por el hito que supone para Benidorm.

¡Fíjate!

Contar con

Contar con is frequently used when describing things, as an alternative to *tener* (to have):
*El bloque… **cuenta con** refuerzos perpendiculares de hormigón…*
The block has … perpendicular supports of concrete…
*El túnel **cuenta con** una longitud de tres kilómetros.*
The tunnel is three kilometres long (lit. "has a length of three kilometres").

💬 **¿Lo has entendido?**
Di a tu compañero/a con qué herramientas cuentas cuando estudias una lengua extranjera.
"Cuando estudio español cuento con…"

Lee el texto y luego completa las siguientes frases:

1 Lo que tiene de especial el Gran Hotel Bali es que _____.
2 La _____ era antes la torre más alta de España.
3 El Gran Hotel Bali tiene cierto parecido con _____, obra de un ingeniero francés.
4 Este edificio pierde _____ a medida que aumenta su altura.
5 Se ha tenido en cuenta el riesgo de _____ al construir este coloso.
6 El peso de este edificio es tan enorme que _____.
7 662 es _____ que hay en el hotel.
8 Se ha tardado _____ en construirse este hotel.
9 Se puede ir de Italia a África caminando si _____.
10 Esta edificación ha supuesto un gasto de _____.

 Comenta con tus compañeros cuáles son las ventajas y las desventajas del turismo en España. Tratad de justificar vuestras opiniones con ejemplos concretos.

 Ejercicio: Veinticinco hoteles para escapadas románticas
see Dynamic Learning

Ejercicio: Ofertas y descuentos en Paradores *see Dynamic Learning*

⑯ En el Parador de Sigüenza

 Escucha el audio y contesta las siguientes preguntas.

1 ¿Dónde está el Parador de Sigüenza?
2 ¿A qué distancia está de Madrid?
3 ¿Qué medio de transporte emplearon los amigos de Jesús para llegar?
4 ¿Cómo es el Parador de Sigüenza?
5 ¿Vivió alguien famoso en el Parador?
6 ¿Cómo son las habitaciones?
7 ¿Qué se puede visitar en Sigüenza?
8 ¿Por qué la comida es tan buena?
9 ¿Cuánto te cuesta si vas con la oferta de "Escapada joven"?
10 ¿Qué va a hacer Jesús en el puente de la Constitución?

 Visita la página del Parador de Sigüenza:
http://www.parador.es/castellano/paradores/ficha.jsp

Imagina que te han dado un vale para pasar dos noches allí. Comenta con tu compañero/a a quién se lo regalarías y por qué.

Grammar

The superlative

- The idea of "most" is called the superlative.

  The superlative is formed by placing the comparative adjective after the noun:

  *La torre **más alta** de España. La ciudad **más vieja** de Argentina.*

  Or by placing the definite article before the comparative adjective:

  *Sevilla es **la más vieja** de las grandes ciudades de España.*

- Several common adjectives have irregular comparatives:

  bueno > mejor; malo > peor; mucho > más; poco > menos; grande > mayor; pequeño > menor

  ...la Torre Picasso de Madrid, considerada como el mayor enemigo urbano de los que padecen vértigo.
  ...the Picasso Tower in Madrid, thought to be the greatest urban enemy of people who suffer from vertigo.

- Unlike in French, the definite article is not repeated after the noun:
  El AVE es el tren más rápido de España. The AVE is the fastest train in Spain.

- After a superlative, "in" in English is expressed by *de* in Spanish (see above example).

For more information on comparison, see the Grammar Summary on page 270.

Ejercicio

Escribe preguntas para las respuestas siguientes. Deben contener la forma superlativa.

Ejemplo: Miguel de Cervantes. ¿Quién es el escritor más conocido de la historia española?

a) Madrid	**d)** El verano	**g)** El inglés
b) Albert Einstein	**e)** Picasso	**h)** El Amazonas
c) La Torre Eiffel	**f)** La reina Victoria	

Para terminar...

Comenta con tu(s) compañero(s):

- ¿Qué medio de transporte te parece más apropiado para recorrer una ciudad/ir de excursión/hacer largas distancias/ir a la aventura/relajarte...? Justifica tu respuesta.
- Si pudieras ir a un destino en cualquier parte del mundo, ¿adónde irías? ¿Por qué?
- Si tuvieras que elegir tu medio de transporte favorito, ¿cuál sería? ¿Por qué?

B Elige un aspecto de una ciudad de España o América Latina relacionado con el turismo, los viajes y/o los medios de transporte. Busca por tu cuenta información de interés y prepara una presentación de unos cinco minutos para realizar ante el resto de la clase.

C Reúne información sobre las ruinas incas de Machu Picchu. Imagina que tienes la oportunidad de conocer este mágico lugar. Describe en 250 palabras la experiencia, explicando qué medio de transporte elegiste para acceder a él, qué impresión te causó el paisaje y si recomendarías este enclave a otras personas.

5 *La educación: armados para el futuro*

Entrando en materia...

El tema de esta unidad trata de la educación. Se tocarán aspectos como qué entendemos por *educación*, el currículo escolar, las diferencias sociales y culturales, el valor de la educación, los recursos disponibles y la violencia en las aulas. Aprenderemos más sobre la educación en el mundo hispano, con especial atención a Chile. Los puntos gramaticales que se van a tratar son:

★ "hay que" + infinitivo
★ indefinido e imperfecto
★ usos del subjuntivo
★ pronombres de objeto directo e indirecto

Recuerda: El término "educación" en español abarca una franja más amplia que en inglés (que se refiere principalmente a la adquisición de conocimientos y a la formación intelectual de una persona). En español, además de tal sentido, se entiende la preparación del carácter de una persona para que sea capaz de vivir en sociedad, con buenos modales y comportamientos, es decir, de acuerdo a unas normas de cortesía.

Reflexiona:

★ ¿Qué entiendes por "educación"? ¿Qué tipo de educación has recibido? ¿Cuáles han sido los valores claves que te han inculcado durante la niñez y la adolescencia? ¿Los has conservado? ¿Qué opinas sobre llevar uniforme en el colegio? ¿Te parece buena idea aplicar un sistema educativo común a todos los países de la Unión Europea? Cada país y cada ciudadano tiene sus propias necesidades educativas y su énfasis en ciertos valores concretos. Sin embargo, las preocupaciones y los objetivos de los gobiernos, los educadores y los alumnos tienen mucho en común en los distintos puntos del globo...

Respeto al prójimo

① La voz de mamá

Desde que era niño mi madre me habló de la buena educación. No te chupes los dedos, es de mala educación. No hables con la boca llena, es de mala educación. No interrumpas cuando hablan los demás, es de mala educación. No te burles de los demás, es de mala educación. Y así una lista interminable. Ahora que soy adulto, 37 años, todavía puedo oír la voz de mamá: en un congreso que me recuerda que hay que abrir la puerta a los demás, en el mercado que hay que saludar al tendero, en el baño que hay que dejarlo limpio al terminar o en la mesa que hay que ponerse la servilleta. Mi madre siempre resumía la buena educación en una frase muy sencilla, pero muy efectiva: lo que quieras para ti, házmelo a mí.

A 📖 **Tras leer el texto, haz una lista de aquello que se considera de mala y de buena educación según éste. Emplea el infinitivo.**

② De mala educación

A 🔊 **Escucha el audio y empareja cada personaje con lo que le parece de muy mala educación:**

1	Rosa	a	no asearse
2	Juan	b	hablar en voz muy alta
3	Gonzalo	c	decir palabrotas
4	Miguel	d	no poner atención a lo que dicen otras personas
5	Rocío	e	comer chicle
6	Agustín	f	no esperar y subir el primero
7	Silvia	g	expulsar aire por la boca de forma sonora

Grammar

Hay que

● *Hay que*, from the verb *haber*, is an impersonal expression, meaning "it is necessary to", "one must", "you have to". It is used only in the third person, and is followed by the infinitive.

Me recuerda que hay que abrir la puerta a los demás; en el mercado hay que saludar al tendero…
She reminds me that you have to open the door for others; at the market you must greet the stallholder…

● *Hay que* may also be used with other tenses:
Me recordaba que había que abrir la puerta a los demás.
She reminded me that you had to open the door for others.

Recordando los días de la escuela

③ Entre las chicas y el latín...

El gran actor, Fernando Fernán-Gómez, habla de los días en los que era alumno del colegio Bilbao en Madrid, en los años treinta.

Por aquel tiempo mi madre fue advertida por una nota de puño y letra de don Remigio de que el alumno Fernando Fernández, cercano ya al final del curso, no tenía ni la más leve idea de lo que era conjugar y declinar en latín.

— Eso de aprender latín es una puñetería y una pérdida de tiempo – dijo mi abuela –; es un idioma que sólo lo hablan los curas, y no sirve para ganarse la vida como intérprete.

— Pero si el chico no aprende latín – replicó mi madre – se perderán las cuarenta pesetas mensuales que cuesta el colegio.

En esto las dos estuvieron de acuerdo, y mi abuela celebró una entrevista con don Remigio, le explicó que yo resumía las últimas esperanzas de una vida jalonada de fracasos.

— Todos dicen que mi Fernando promete mucho – lloriqueaba mi abuela –; pero usted, don Remigio con esta carta que nos ha enviado ha roto las pocas esperanzas que me quedaban.

Don Remigio regresó a la clase con los ojos húmedos. Refirió la entrevista delante de los demás alumnos – y, lo que fue peor para mí, de las alumnas para avergonzarme y obligarme a cambiar de comportamiento, y yo también lloré aunque no estaba decidido a cambiar nada, porque la verdad es que no me quedaba tiempo para estudiar las conjugaciones y las declinaciones. Tenía que ir al cine, tenía que aprenderme poesías para recitar en los festivales, tenía que recorrer con los amigos Madrid de punta a punta, tenía que enamorarme de mis condiscípulas, de Isabel, de Charito, de Emilia, de María Luisa; tenía que hablar de política con mi abuela, de cine y de novios y novias con la criada.

¡Fíjate!

Duplication of the direct object

A characteristic of Spanish is the flexibility of its word order. The direct object may be placed before the verb in order to give it special emphasis. In this case it is usually duplicated as a "redundant" pronoun before the verb. The verb is best translated by the English passive.

Esas novelas las *escribió Isabel Allende*. Those novels were written by Isabel Allende.

*...**un idioma** que sólo **lo** hablan los curas*. ...a language that is spoken only by priests.

⏱ ¿Lo has entendido?

Con tu compañero/a, subraya en estas frases el objeto directo y el pronombre "duplicado".

● Esos CDs los compré en Estados Unidos.
● Una página web que sólo la saben diseñar los expertos.
● Aquellos exámenes los aprobé de puro milagro.

A 📖 Lee las siguientes palabras y, tras leer el texto entero, localiza las expresiones que tengan el mismo sentido.

1 escrita con su propia mano
2 no sabía nada de nada de
3 algo inútil
4 procurarse el pan
5 una existencia marcada por las desventuras
6 se quejaba medio llorando
7 hacerme pasar vergüenza
8 de un extremo al otro
9 compañeras de clase
10 sirvienta

B **Lee el texto y numera las siguientes frases según el orden en el que aparecen.**

a A la madre le preocupaba tirar el dinero.

b A Fernando le gustaba ligar con las chicas de su clase.

c Su abuela habló con Don Remigio para decirle que tenía todas sus esperanzas puestas en Fernando.

d Fernando pasó mucha vergüenza cuando Don Remigio mencionó la entrevista delante de todos los de su clase.

e Don Remigio informó a la familia de Fernando de que sus conocimientos de latín eran nulos.

f A Fernando le preocupaba más divertirse que estudiar.

C 🖉 **Imagínate que eres profesor(a) y estás tremendamente descontento/a con un(a) alumno/a. Escribe una nota (150–200 palabras) a sus padres expresando tu preocupación por su hijo/a y da las razones por las que no estás satisfecho/a con él/ella.**

4 Aprendiendo en las cumbres

Esta historia narra la educación de una joven cuyo padre era el maestro de la escuela de una aldea en Galicia.

Iba a la escuela con los demás niños, pero era la más lista de todos. Lo oyó decir muchas veces al cura y al del Pazo, cuando hablaban con su padre. Aprendió a leer enseguida y le enseñó a Eloy, el del vaquero, que no tenía tiempo para ir a la escuela.

Te va a salir maestra como tú, Benjamín – decían los amigos del padre, mirándola.

Su padre era ya maduro, cuando ella había nacido. Junto con el recuerdo de su primera infancia, estaba siempre el del roce del bigote hirsuto de su padre, que le besaba mucho y le contaba historias cerca del oído. Al padre le gustaba beber y cazar con la gente del pueblo. A ella la hizo andarina y salvaje. La llevaba con él al monte y le enseñaba los nombres de las hierbas y los bichos. Alina, con los nombres que aprendía, iba inventando historias, relacionando colores y brillos de todas las cosas menudas. Se le hacía un mundo anchísimo, lleno de tesoros, el que tenía al alcance de la vista. Algunas veces se había juntado con otras niñas, y se sentaban todas a jugar sobre los muros, sobre los carros vacíos.

Pero desde que su padre la empezó a trepar a los montes, cada vez le gustaba más alejarse del pueblo; todo lo que él enseñaba o lo que iba mirando ella sola, en las cumbres, entre los pies de los pinos, era lo que tenía de verdadero valor de descubrimiento.

A **Lee el texto y luego empareja las palabras con las definiciones.**

1 vaquero	6 los bichos	a toque ligero	f plantas pequeñas
2 el roce	7 menudas	b parte más alta de una montaña	g paredes muy sólidas
3 hirsuto	8 los muros	c aficionada a ir de un sitio a otro	h pastor de ganado vacuno
4 andarina	9 trepar	d subir a un lugar escarpado	i pequeñas y delicadas
5 las hierbas	10 la cumbre	e grueso y rígido	j animales pequeños

Contesta las siguientes preguntas.

1 ¿De dónde era Alina?
2 ¿Qué tenía de especial esta niña?
3 ¿Qué profesión pensaba la gente que tendría Alina de mayor?
4 ¿Qué recuerdos tenía Alina de su padre?
5 ¿Qué pensaba Alina del mundo?
6 ¿Qué le gustaba más a Alina a medida que pasaba el tiempo?

 Tras leer el texto de nuevo y reunir información sobre Galicia (en libros, Internet – www.turgalicia.es – agencias de viaje...), describe (150–200 palabras) cómo te imaginas un día cualquiera en la vida de Alina.

D **Resume tu infancia en 100–150 palabras, describiendo también cómo fueron tus días en la escuela comparados con los de Alina.**

Grammar

The preterite and imperfect tenses

● In Spanish you often come across two past tenses, the preterite (*el indefinido* in Spanish) and the imperfect, used in the same context: in these cases the preterite is used to state that something happened in the past at a specific time and is considered to be completed, while the imperfect tense describes what was going on when the thing happened, or a habitual action. You often have to choose which of these two tenses to use when referring to the past.

Preterite (completed action)

Aprendió a leer enseguida y le enseñó a Eloy…
She learnt to read straight away and taught Eloy…

Pero desde que su padre la empezó a trepar a los montes…
But since her father initiated her to climbing up the mountains…

Imperfect (incomplete action)

que no tenía tiempo para ir a la escuela.
who had no time to go to school.

cada vez le gustaba más alejarse del pueblo…
she enjoyed going away from the village more and more...

For more information on the preterite and imperfect tenses, see the Grammar Summary on pages 281–283.

Ejercicios

1 Elige la forma del verbo que te parezca correcta en las frases siguientes.
   a) Por fortuna (había/hubo) un doctor muy cerca cuando (se cayó/se caía) en la calle.
   b) El profesor nuevo (entró/entraba) en la clase. (Llevaba/Llevó) unas gafas enormes.
   c) Siempre la misma historia. (Se comió/Se comía) la cena y (se fue/se iba).
   d) Anoche (llamé/llamaba) a Miguel pero no (estuvo/estaba).
   e) Todos los días (me acosté/me acostaba) a medianoche y (me levanté/me levantaba) a las 6.30.

2 Elige el tiempo del verbo (entre paréntesis) que convenga – o el indefinido o el imperfecto – y rellena los espacios en blanco.

Alina recordaba ahora la primera vez que había ido con su padre a Orense, un domingo de verano, que 1 _había_ (haber) feria. La insistencia con que le 2 _pedía_ (pedir) que la llevara y sus juramentos de que no se 3 _____ (ir) a quejar de cansancio. Cerca del río 4 _____ (estar) la ermita de los Remedios, y un poco más abajo, a la orilla, el campo de la feria con sus tenderetes que 5 _____ (parecer) esqueletos de madera. 6 _____ (Estar) allí y el padre 7 _____ (beber) y 8 _____ (hablar) con mucha gente. 9 _____ (Bailar) y 10 _____ (cantar), 11 _____ (jugar) a las cartas. Pero Alina 12 _____ (mirar), sobre todo, el río, hechizada, sin soltarse al principio de la mano de su padre.

Chile

Situación: Se extiende a lo largo de la costa del Pacífico, en Sudamérica. Es un país muy largo y estrecho, con frontera con Perú, Bolivia y Argentina.

Población: 16,29 millones de habitantes, de los cuales 5,4 millones se concentran en la capital del país, Santiago. Se considera que un 80% de la población es urbana. La población es mestiza, mezcla de europeos e indígenas, cuyas tradiciones aún se perciben en algunas partes del país. Los chilenos son personas amigables y hospitalarias con los extranjeros.

Industrias principales: Productos minerales (principalmente cobre) e industriales, frutas y vegetales. La actual economía de Chile está orientada a la exportación, pertenece a la Organización para la Cooperación y Desarrollo Económico desde 2007 y es una de las economías más globalizadas y competitivas del planeta. Este crecimiento ha contribuido a disminuir el índice de pobreza de este país.

Atracciones turísticas: Chile es un país con una riqueza paisajística y ecológica excepcional. Su capital, Santiago de Chile, concentra la mayor actividad del país y se define como una de las ciudades más cosmopolitas de Latinoamérica. Chile cuenta con una gran variedad de territorio. La zona norte está formada por la cordillera de la costa y el interior, por el altiplano y los picos Andinos, donde se halla el desierto de Atacama y una costa muy dinámica. En los Andes se encuentran los volcanes y, además, varios Parques Naturales de gran belleza. Pablo Neruda, Gabriela Mistral e Isabel Allende son algunos de los personajes literarios chilenos más conocidos.

Lengua y moneda: La lengua oficial de Chile es el español, y su moneda el peso chileno.

Educación: La tasa de alfabetismo es de 94%, sobresaliendo como una de las más altas de Latinoamérica.

Religión: Por otra parte, cerca del 90% de los chilenos son católicos romanos, existiendo libertad de culto.

Historia: Un siglo antes de la llegada de los españoles, parte de Chile fue invadida por los incas, procedentes de Perú, hasta ser detenidos por los feroces mapuches. Pedro de Valdivia fundó Santiago en 1542. El período colonial estuvo marcado por las luchas entre los españoles y los mapuches, así como por los terremotos y las lluvias torrenciales. Las desigualdades en la sociedad chilena dieron lugar a varios intentos de cambio por parte de dirigentes como Salvador Allende (1970–1973) con cambios frenéticos que dividieron al país, Augusto Pinochet (1973–1988) y sus dudosas artimañas e imposiciones, el demócrata cristiano Aylwin Azócar (1990–1994) o Eduardo Frei (1994–2000) y sus reformas radicales. Hoy en día, Michelle Bachelet (2006–2010) como Presidenta de la República, ha de ocuparse de la desigual distribución de ingresos entre la población y de las grandes diferencias salariales entre hombres y mujeres, que continúan siendo dos de los más graves problemas de la sociedad chilena.

5 Isabel Allende, escritora chilena

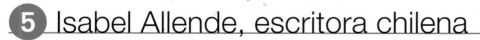

Isabel Allende (Perú, 1942), hija e hijastra de diplomáticos, viaja y estudia en varios países. Colabora y escribe en revistas infantiles en Venezuela, en periódicos y en una revista sobre la mujer, *Paula*, en Chile. Además, escribe artículos que se publican en Estados Unidos y Europa. Dicta conferencias en universidades en Latinoamérica, Europa y Estados Unidos donde también enseñó literatura. Después de la muerte de su tío Salvador Allende, presidente de Chile, debe exiliarse por razones políticas. Su libro *La casa de los espíritus* se traduce al inglés en 1983 y a partir de ese momento su fama se extendería al mundo entero.

Más sobre Isabel Allende: http://www.isabelallende.com/

Isabel Allende, escritora chilena

Cuando tenía unos seis años fue expulsada de la escuela de monjas alemanas en la que estudiaba debido a que había promovido un concurso de calcetines, en el que, inevitablemente, había que mostrar las piernas. "Esa fue la excusa que usaron," dice, "pero en realidad fui expulsada porque mi madre se había separado de mi padre y mantenía una relación con el hombre que luego se convertiría en mi padrastro. Las monjas no podían tener en la escuela a la hija de aquella mujer que estaba causando un escándalo".

Otra anécdota curiosa relacionada con las monjas, se remonta al día de su primera comunión. Acudía entonces a un colegio de monjas inglesas, que le proporcionaron una lista de pecados para que la revisara y se confesara de aquellos en los que había incurrido. "Como no me acordaba de muchos de los míos, tuve la idea de confesar los más graves de la lista: si me perdonan los pecados mayores, ¿cómo no me van a perdonar los menores?". Siguiendo este razonamiento, confesó ser adúltera y otros pecados por el estilo, pero en lugar de una absolución lo que consiguió fue que una de las hermanas le lavara la boca con jabón.

 A Lee el texto y da la información que falta.

1 Supuesta razón por la que Isabel fue expulsada de la escuela:
2 Verdadera razón por la que Isabel fue expulsada de la escuela:
3 Razón por la que le daban una lista de pecados:
4 Razón por la que confesó los pecados más graves:
5 Lo que le hicieron las hermanas:

B Trata de recordar alguna anécdota de tus días en la escuela primaria y cuéntasela a tu compañero/a.

6 Un recorrido por las costas de Chile

A Escucha el audio e indica cuál de las opciones es la correcta.

1 Álvaro salió de Punta Arenas...
   a) un jueves a las doce de la noche.
   b) un martes a las doce del mediodía.
   c) un martes a la medianoche.

2 El barco en el que viajaba era...
   a) pequeño y humilde.
   b) grande y lujoso.
   c) muy grande, pero muy sencillo.

3 La gente que viajaba era...
   a) de muchos países diferentes.
   b) la mayoría de Chile.
   c) de Chile y España.

4 De Punta Arenas a Puerto Montt se tardaba...
   a) cuatro semanas.
   b) cuarenta días.
   c) cuatro días.

5 Desde el barco se veían...
   a) glaciares blancos y azules.
   b) paisajes blancos.
   c) vegetación muy seca.

6 Álvaro piensa que...
   a) esto es vida.
   b) educarse es vivir.
   c) adaptarse o morir.

Ejercicio: Pablo Neruda, escritor chileno see Dynamic Learning

7 Muere lentamente…

A 🔊 **Empareja estas palabras del poema del chileno Pablo Neruda con sus equivalentes en inglés.**

1	*remolino*	5	*volante*	a	sensible	e	shattered
2	*restauran*	6	*arriesga*	b	avoid	f	cure
3	*destrozados*	7	*huir*	c	whirl	g	swerve
4	*gira*	8	*sensatos*	d	risks	h	steering wheel

B 🔊 **Escucha el poema y completa el resumen con ocho palabras del recuadro:**

El poeta chileno nos 1 _____*leyendo*_____ a disfrutar cada momento de la vida, leyendo y 2 _____*escuchando*_____ música, por ejemplo. Nos recomienda tener 3 _____*sed*_____ de conocimiento, 4 _____*confiar*_____ en quien nos tiende su mano, ser 5 _____*valientes*_____, no temer al cambio, no cobijarnos en la 6 _____*monotonía*_____ del día a día, 7 _____*desviarnos*_____ alguna vez del camino que nos han marcado… Son ésos, los que escuchan su consejo, los que cada día 8 _____*prolongan*_____ su vida de forma natural, en vez de estar un poquito menos vivos, o sea, más muertos, cada día que transcurre…

desviarnos	rechaza	confiar	valientes	prolongan	cobardes
leyendo	sed	monotonía	escuchando	invita	terminan

C 🔊 **Vuelve a escuchar el poema y comenta con tu compañero/a qué elementos lo dotan de fuerza y ritmo. Comentad vuestra impresión personal y por qué (no) os gusta.**

8 Entrevista con la profesora Yanett Panes Garrido

A 🔊 **Escucha e indica con una cruz (X) las afirmaciones que son verdaderas.**

1 Mi interés por la educación comenzó al enseñar a leer a algunos de mis compañeros.
2 Mis alumnos nunca han tenido problemas de dinero.
3 Lo fundamental para los niños y jóvenes es sentir el respaldo de los demás.
4 No me llevo demasiado bien con mis alumnos; es una lástima.
5 Los alumnos no me conocen mucho ni son capaces de "leerme".
6 No me gusta pasar demasiado tiempo en el colegio.
7 Elegí y solicité esta carrera sin que mi familia se enterara.

El valor de la educación

⑨ La educación, otro frente abierto en el mundo

La educación es aún una asignatura pendiente en el mundo. Más de ochocientos millones de adultos son analfabetos y casi cien millones de niños de primaria no están escolarizados. A ello hay que sumar los millones que sí lo están pero que no reciben una educación con la calidad suficiente como para atender sus necesidades básicas de aprendizaje, según el Informe sobre la educación en el mundo de Unesco.

81 ONGs* españolas ayudan a construir, por ejemplo, una escuela en un poblado de Mozambique. A dar formación a los profesores de un colegio en un barrio marginal a las afueras de Lima. A enseñar a los jóvenes un oficio para que puedan encontrar lo antes posible un trabajo. A adaptar el material didáctico con

el que estudian algunos alumnos de Paraguay y a traducirlo al guaraní para que los chavales entiendan sus propios libros. O a conseguir que una niña en Calcuta asista todos los días al colegio.

Una escuela pública en África no tiene, a veces, más remedio que instalarse debajo de un árbol. Otras, entre paredes de ladrillo sin pintar, con el suelo de tierra y un hueco en uno de sus muros por ventana. No disponen de pupitres y los niños deben sentarse en troncos sobre el suelo. Casi siempre, el profesor sólo tiene estudios de primaria. En Asia, las chicas están marginadas de la educación. En América Latina y Centroamérica se ha avanzado mucho en los últimos años, pero todavía hay zonas muy castigadas, como las áreas rurales y los suburbios de las grandes ciudades.

"Si no se educa a las personas, de nada sirve todo lo demás", señala Martín-Laborda, autor del Informe. "Si construimos un pozo, hay que enseñar primero la importancia del agua potable, su repercusión en la salud y en la higiene. Desde el principio les inculcamos que nosotros hemos hecho muy poco y ellos mucho. La implicación es vital; por eso hay que acompañarles en el desarrollo, ir a su ritmo. Ni forzar ni imponer".

En estos últimos años, los programas en educación han dado un gran paso gracias a la concienciación de la gente de los países más desarrollados, pero todavía hace falta un proyecto global y más financiación. Porque, como aseguran, la educación es la mejor inversión que se puede hacer.

Organización No Gubernamental

¡Fíjate!

sí (que)

sí (que) is frequently used to mean "certainly", giving a special emphasis to a statement.

A ello hay que sumar los millones que sí (que) están escolarizados. We have to add to that the millions who *are* receiving a schooling.
Eso sí (que) me lo dio. He certainly *did* give it to me.

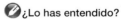 **¿Lo has entendido?**

Escribe tres ejemplos que contengan **sí (que)**.

 Extrae del texto todos aquellos términos que consideres que pertenecen al campo de la educación. Luego compara tu lista con la de tu compañero/a.

B 📖 **Lee las siguientes definiciones y localiza en el texto las expresiones que tengan el mismo sentido.**

1 es un tema que queda por resolver
2 no asisten a ningún centro de enseñanza
3 una zona pobre y retirada
4 vaya regularmente a la escuela
5 no cuenta con otra opción que

6 no pueden disfrutar el privilegio
7 lugares muy afectados por la falta de educación
8 sus consecuencias para los aspectos sanitarios e higiénicos
9 les hacemos comprender
10 han avanzado considerablemente

El currículo escolar, ¿qué debe incluir?

10 La prevención deberá iniciarse en la escuela

Los menores de 18 años son los protagonistas de un anteproyecto de ley – que será presentado en breve ante el Consejo de Ministros – y a ellos dedica de forma especial los artículos destinados a la prevención. La futura ley insta a que las administraciones incluyan en los currículos de la enseñanza primaria y secundaria unos contenidos "obligatorios", orientados a frenar y a disuadir el consumo de bebidas alcohólicas. De igual forma, insta a que se incorporen en los planes universitarios programas de carácter sanitario y social que aborden las consecuencias físicas, psíquicas y comunitarias del consumo abusivo de alcohol.

 Comenta con tu compañero/a:

- ¿Te parece bien que el tipo de formación mencionada en el texto se incluya en el currículo escolar? ¿Crees que tendría resultados efectivos?
- ¿Recuerdas el tema del "botellón" en la Unidad 2? Comenta con tus compañeros cómo los planes universitarios podrían abordar las consecuencias físicas, psíquicas y comunitarias del consumo abusivo de alcohol.
- En tu opinión, ¿cuáles crees que deberían ser las asignaturas obligatorias en el currículo? Por ejemplo: educación sexual, formación religiosa, filosofía, música, informática... Justifica tu respuesta.

Recuerda: El término "formación" en español significa los conocimientos que una persona adquiere a lo largo de su vida, es decir, educación en general o conocimientos sólidos de distintas materias.

11 ¿Qué asignaturas deben ser obligatorias?

A **Escucha el audio e indica a qué asignatura daría prioridad cada persona – Miguel, Pablo, Aurora, Sofía y Benito.**

B **Ahora comenta con tu compañero/a las razones que dan estas personas para considerar estas asignaturas importantes. Indica a tu compañero/a si estás de acuerdo o no, razonando tu respuesta.**

12 ¿Te gusta aprender con Internet?

 A Traduce al inglés las palabras que aparecen subrayadas en los textos.

"A mí me encanta la clase de idiomas, porque nos dejan <u>navegar por Internet</u> y, por ejemplo, elegir una película de una cartelera francesa. Se aprende un montón."

Carla, 17 años

"Con lo que yo disfruto es con los juegos educativos <u>electrónicos</u>, donde se pueden hacer experimentos de química de forma <u>interactiva</u> y ¡parece que uno los está haciendo de verdad!"

Juan, 16 años

"Yo prefiero los métodos tradicionales. Eso de estar delante de <u>una pantalla</u> me parece tristísimo. Aprendo mucho más hablando con mis compañeros o haciendo preguntas al profesor."

Miriam, 18 años

"Mi problema es que se me da muy mal manejar <u>el ratón</u>. Cada vez que quiero <u>hacer clic</u> en una imagen me paso un montón de tiempo hasta que lo consigo. La verdad, me llevo mejor con el papel y la pluma."

Marisol, 16 años

"Yo pienso que <u>los ordenadores</u> son la bomba, saben hacer de todo. Como yo sé mucha <u>informática</u>, pues ayudo a mis compañeros cuando tienen que localizar <u>una página web</u> o lo que sea."

Paco, 17 años

"Aún estoy en el proceso de aprender la terminología, que si <u>el disco duro</u>, que si <u>el módem</u>, que si <u>una aplicación</u>... y por otro lado mis padres, quejándose de las astronómicas cuentas de teléfono..."

Miguel, 16 años

- ¿Te sientes identificado con alguno de los personajes de arriba? ¿Por qué?
- ¿A quién de los seis personajes crees que le gusta más la informática?

13 La educación y las nuevas tecnologías

Isabel Pérez Torres, Doctora en Filología Inglesa, es una apasionada del idioma inglés. En esta entrevista nos cuenta cómo se animó a incorporar la tecnología al descubrir en ella un modo de interesar a los alumnos en el aprendizaje.

 A Escucha el audio y responde a las siguientes preguntas:

1 ¿Qué estudió Isabel Pérez Torres en la universidad?
2 ¿Cuál considera que es el principal valor que ha de inculcar a sus alumnos?
3 ¿Qué hizo Isabel en el año 95?
4 ¿A qué se dedica Isabel, además de a dar clases a sus alumnos?
5 ¿Qué cree Isabel que ha ocurrido en España en los últimos cinco años?
6 ¿Qué papel tendrán las nuevas tecnologías en el aula del futuro?

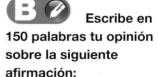 **B** Escribe en 150 palabras tu opinión sobre la siguiente afirmación:

"Hoy en día, el no saber informática es equivalente a ser analfabeto".

14 La mejor forma de aprender un idioma

A Lee las siguientes oraciones. Ahora escucha el audio e indica aquellas afirmaciones que son verdaderas (V) y explica por qué. Justifica también por qué las falsas (F) lo son.

1 Todo el mundo estudia idiomas por razones de viaje y trabajo. F
2 Hay muy diversos motivos por los que la gente estudia idiomas. V
3 Estar rodeado del idioma y su cultura contribuye en gran medida para aprender una lengua. V
4 El proceso de aprender una lengua extranjera es muy diferente a la forma en que se aprende la lengua materna. V
5 Es inútil que las personas mayores intenten aprender una lengua. F
6 El inglés será pronto el idioma oficial del mundo entero. F
7 Tres elementos clave para la adquisición de un idioma son motivación, tiempo y calidad. V
8 Es importante que a los profesores de idiomas les guste su profesión y que nunca dejen de formarse. V

Grammar

Uses of the subjunctive (2)

As mentioned in Unit 2, the subjunctive is one of the three **moods** of the verb, and is not a tense. Some fundamental uses of the subjunctive are listed below.

The subjunctive is used:

● after verbs and expressions of "emotion" conveying a wish, a fear or a hope, such as *querer*, *esperar*, *temer*, *es una pena que*, *me gusta que*
Quiero que no **tengan** *miedo a expresarse.*   I don't want them to be afraid of expressing themselves.

● after verbs or expressions of "influence" such as *es importante que*, *decir* (meaning "to tell"), *obligar*, *hacer*
Les obligo a que **lleven** *un diario de clase.*   I make them have a class diary.

● with verbs of saying and thinking, used in the negative, such as *no decir*, *no creer*, *no parecer*
No creo que **merezca** *la pena gastar energía en los alumnos problemáticos.*
I don't think it is worth wasting energy on problem pupils.

● after statements of possibility and probability
Es muy probable que los alumnos **reaccionen** *mal a ciertos profesores.*
It's very likely that the pupils react badly to certain teachers.

● after conjunctions such as *cuando* and *hasta que* when expressing future time
Al empezar la clase tengo que hacer de portera, hasta que **estén** *todos y podamos empezar.*
At the beginning of the class I'm like a doorkeeper until they are all present and we can begin.

● after conjunctions expressing purpose such as *para que*
… corrigiéndole a un español para que no **diga** *"la gente hacen".*
… correcting a Spaniard so that he doesn't say "la gente hacen".

For more information on the subjunctive mood, see the Grammar Summary on page 286.

Ejercicios Home Work.

1 Rellena los espacios con el presente del subjuntivo de los verbos entre paréntesis.
- **a)** Espero que tus alumnos _tengan_ (tener) éxito en los exámenes.
- **b)** Temo que la selección española de fútbol no _vaya_ (ir) a ganar la Copa.
- **c)** ¿Qué tengo que hacer para que mis alumnos _aprendan_ (aprender) mejor?
- **d)** Cuando _vuelvas_ (tú volver) al colegio trae tus apuntes contigo.

2 Empareja las frases siguientes:
- **a)** Es mejor que
- **b)** Cuando llegue el invierno
- **c)** La oposición no piensa
- **d)** Quieren que sus nietos
- **e)** No es posible

- **(i)** pasen las vacaciones cerca de ellos.
- **(ii)** vayas a ver a tu hija mañana.
- **(iii)** que el hombre llegue al planeta Marte en este siglo.
- **(iv)** iremos a los Alpes para esquiar.
- **(v)** que el Gobierno tome las medidas necesarias.

3 Completa las frases siguientes utilizando el presente del subjuntivo:
- **a)** Es imposible que...
- **b)** Quieren que...
- **c)** Mi amiga no cree que...
- **d)** No es importante que...
- **e)** Temo que...
- **f)** Es una pena que...
- **g)** Me gusta que...

Padres y profesores

15 Profesores, ¿qué piensan de sus alumnos?

"Pretendo que haya buen ambiente, pero hay que tener cuidado: la clase no se puede convertir en un viva la vida. Quiero que no tengan miedo a expresarse y les obligo a que lleven un diario de clase donde escriban lo que piensan de mí y de lo que ha ocurrido en el aula.
A mí ese diario me sirve para darme cuenta de muchas cosas. Una vez una chica me reprochó que no le había preguntado nada. Hay que tener en cuenta que a muchos chicos perder la motivación les cuesta poco. Hay alumnos que son realmente difíciles. Pero miro hacia delante. Veo que consigo cosas."

Antonio Costa, 41 años, Instituto Pedro Ibarra de Elche, Alicante

"Soy enemigo de enfadarme, pero a veces me cuesta hasta un cuarto de hora comenzar. Son más productivas las clases a primera hora de la mañana, las dos últimas suelen ser un desastre. En general se ha perdido la educación, hay una pobreza en el lenguaje de los chicos y los padres se desentienden. Y hay chicos que se sienten fuertes, que te dicen mi padre te está pagando. Lo tienen todo hecho: no entienden el esfuerzo. Están obsesionados por la ropa de marca o por los móviles."

Eduardo Galnares, 60 años, Colegio Salesianos de San Pedro (concertado), Sevilla

"A veces sientes rabia. Tanto trabajo tanto estudio, para explicarle a un chaval la diferencia entre números positivos y negativos. Hay días buenos y malos. Pero, bueno, te levantas cada mañana y dices: allá voy."

Roberto Bayón, 54 años, Talayuela, Cáceres

"Me suelo preparar las clases, pero a veces voy con miedo, no con miedo de que me hagan algo, sino de que tengas que tragarte tu dignidad, los desprecios que te hacen. Al empezar la clase tengo que hacer de portera, hasta que estén todos y podamos empezar. Yo no soy profesora para eso. La mayoría de los chicos se comportan bien, pero basta con dos o tres para que te amarguen. Y eso te gasta mucha energía."

Lola Frenac, 35 años, Instituto Alfonso X El Sabio (público), Murcia

"A veces me río de mí misma y me veo con mis estudios de licenciatura, mis másters, enseñando a un chico a distinguir entre patata y petaca o corrigiéndole a un español para que no diga "la gente hacen". Tienes dos opciones: sigo y me adapto o tiro la toalla. No estoy dispuesta a frustrarme..."

Charo Alonso, 54 años, Talayuela, Cáceres

"Me gusta concebir la clase como un equipo investigador, en el que yo, como experto-coordinador, no estoy contra los alumnos, sino con ellos; por lo que su éxito o su fracaso es también el mío."

Francisco Villegas, 37 años, Instituto Alarnes, Getafe, Madrid

A Lee el texto y localiza todas las formas del presente de subjuntivo. Trata de explicar por qué se ha usado en cada caso.

B Vuelve a leer las opiniones de los profesores sobre sus alumnos y luego enlaza estas frases con la definición correspondiente.

1 "La clase no se puede convertir en un viva la vida."
2 "Lo tienen todo hecho."
3 "Miedo de que tengas que tragarte tu dignidad."
4 "Su éxito o su fracaso es también el mío."
5 "Sigo y me adapto o tiro la toalla."
6 "Te levantas cada mañana y dices: allá voy."

a Al iniciar el día te armas de valor para aceptar cualquier reto.
b El aula ha de ser un lugar donde haya buen ambiente, pero reine siempre la disciplina y el respeto.
c Mi estrecha relación con los alumnos me hace alegrarme cuando aprenden y entristecerme cuando no les va bien.
d Miro adelante y afronto lo que haya o me retiro por completo.
e Sus preocupaciones son mínimas y no aprecian lo que tienen.
f Temor a que tengas que oír o aceptar por fuerza cosas desagradables.

C Empleando tu diccionario y observando el contexto, traduce al inglés las siguientes expresiones.

1 Tener cuidado
2 Darse cuenta de algo
3 Tener en cuenta
4 Perder la motivación
5 Mirar hacia delante
6 Sentir rabia
7 Reírse de uno mismo
8 Desentenderse de algo
9 Comportarse bien
10 Ser enemigo de enfadarse

D Comenta con tus compañeros cuál de los profesores anteriores creéis que diría cada una de las siguientes frases.

1 "Me gusta hacer un seguimiento regular y que mis alumnos se sientan cómodos en mi clase."
2 "El trabajar en equipo y tratar a los estudiantes de igual a igual es muy positivo."
3 "En esta profesión te puedes encontrar de todo, pero lo importante es echarle ganas."
4 "Hay días en que pienso que mis estudios no me han servido para nada, pero ante todo, no me frustro."
5 "Existen graves problemas de disciplina, a menudo a causa de unos pocos."
6 "Cuanto más temprano sea, más rinden los alumnos."

E 🗨 **Junto con tus compañeros y tu profesor, elabora una lista en la pizarra de las quejas y temores que manifiestan estos profesores. Después comenta con tu compañero/a:**

- ¿Qué te parece la idea de escribir un diario con tus impresiones de cada clase?
- ¿Crees que es comprensible que un profesor sienta rabia al tener que explicar materias de nivel muy inferior a su propia formación?
- ¿Te parece buena idea separar a los estudiantes de acuerdo a su capacidad intelectual?
- ¿Crees que tienen parte de razón cuando los profesores afirman que les cae todo encima?
- Habla a tu compañero/a sobre un buen/mal profesor(a) que hayas tenido y explica tus razones por considerarlo así.

16 Los padres delegan en la escuela

A 🔊 **Escucha el audio y después numera estas frases según el orden en que oigas información con el mismo sentido.**

a La influencia de las hormonas crea notables alteraciones en los adolescentes.

b Los padres no dedican suficiente tiempo a sus hijos.

c El colegio es sólo una pequeña parte en el desarrollo del niño.

d A menudo las clases extra-escolares requieren demasiada dedicación.

e Hay muchos tipos de jóvenes.

f Tengo suerte de que mis padres me apoyen en mis estudios.

g Los jóvenes de hoy son apáticos.

h Hay un claro contraste entre los valores del instituto y de la sociedad.

i El ambiente de fuera de la escuela ejerce una gran influencia en el joven.

B 🗨 **En tu opinión, ¿quién ejerce mayor fuerza sobre el adolescente: la familia, la escuela o los amigos?**

Dificultades en la educación

17 La violencia en los colegios

La violencia se dispara en los colegios

La pérdida de respeto, la carencia afectiva o el fracaso escolar son factores que llevan a conductas agresivas dentro de la escuela. Los últimos casos de agresiones, como el ocurrido en Melilla el pasado mes de junio, cuando un grupo de alumnos apaleó a un profesor, han despertado la inquietud entre los educadores, aunque éstos precisan que España está todavía lejos de los índices de violencia escolar de otros países. Sin embargo, existen datos preocupantes. Entre los 12 y los 14 años, el 27 por ciento de alumnos dice sufrir agresiones "con frecuencia", y un 60 por ciento "algunas veces". Los psicólogos piden la colaboración de la familia.

«Es tan fácil que hasta Raúl puede hacerlo». Los demás niños de la clase comenzaron a reír y se formó un pequeño revuelo que la profesora no tardó en controlar. Sin embargo, Raúl apenas podía contener la rabia. Llegó la hora del recreo y no esperó para ir al encuentro del compañero que le había puesto en ridículo. Varios puñetazos y patadas fueron el resultado de la pelea. Sin duda, fomentar la autoestima del alumno es fundamental para que éste abandone su conducta agresiva.

El presidente nacional de la Confederación Católica de Padres de Alumnos (Concapa), Agustín Dosil, atribuyó el aumento de la violencia en el ámbito escolar a diversas causas como la propia agresividad de la sociedad, la falta de educación en valores y la influencia de la televisión entre otras. Respecto al papel de la familia en la prevención de este fenómeno, se aconseja que los padres limiten el tiempo que sus hijos dedican a ver la televisión o a entretenerse con videojuegos.

A 📖 Estas palabras extraídas del texto pueden ser útiles al hablar de violencia. Emparéjalas con la definición correcta. Una vez más, ayúdate del contexto.

1 una agresión
2 apalear
3 un revuelo
4 contener la rabia
5 poner en ridículo
6 un puñetazo
7 una patada
8 una pelea

a Ataque a una persona con la intención de herirle, golpearle o causarle cualquier daño
b Lucha
c Provocar el que una persona sea motivo de risa o burla
d Golpe dado con el puño cerrado
e Golpe dado con el pie
f Controlar la furia
g Maltratar a alguien a base de golpes
h Agitación

B 📖 Lee el texto y contesta las siguientes preguntas.

1 ¿Cuáles son los principales factores que llevan a conductas agresivas dentro de la escuela?
2 ¿Qué caso de agresión ocurrió en Melilla?
3 ¿Por qué se debe fomentar la autoestima del alumno?
4 ¿Cuáles cree Agustín Dosil que son las causas del aumento de la violencia en el ámbito escolar?
5 ¿Qué pueden hacer los padres para contribuir a prevenir la violencia?

C ✏️ Escribe en unas 150 palabras cuáles crees que son las posibles causas de que haya violencia en los colegios y en la sociedad en general y qué pueden hacer los colegios y los padres para acabar con este tipo de problemas.

⑱ En el patio de la escuela

A 🔊 Las cifras de estas estadísticas se han perdido. Escucha el audio y completa los datos que faltan.

Entre los **1** _____ y los **2** _____ años, el **3** _____ por ciento asegura que sufre agresiones de forma frecuente; el **4** _____ por ciento, algunas veces, y el **5** _____ por ciento se declara al margen. El patio de la escuela es el lugar donde se produce el **6** _____ por ciento de las agresiones y en edades más avanzadas las agresiones son fuera del colegio.
7 _____ de los agresores son chicos y **8** _____ chicas, todos ellos menores de **9** _____ años. En los tres últimos años se han interpuesto sanciones sin expediente disciplinario en **10** _____ centros y en **11** _____ centros se ha impuesto alguna sanción previa incoación de expediente. En **12** _____ centros ha intervenido el juzgado. Los niños de entre **13** _____ y **14** _____ años prefieren, como programa de televisión, dibujos animados violentos.

Un **15** _____ por ciento de los alumnos comprende que en momentos de ira sus compañeros pinchen las ruedas de los coches de los profesores, según un estudio reciente llevado a cabo por el psicólogo Manuel García Pérez. El **16** _____ por ciento de los adolescentes españoles padece ansiedad y estrés, lo que se traduce en un factor de riesgo para el rendimiento escolar y en unos mayores «niveles de inquietud» en las aulas, con estallidos de ira o tristeza, descontrol de emociones, incremento de la violencia y no tolerancia a las frustraciones.

 Ejercicio: Que haya inmigrantes en clase tiene ventajas

see Dynamic Learning

Grammar

Direct and indirect object pronouns in the third person

Object pronouns stand in the place of a noun as the object of the verb and they can be direct or indirect, depending on how they are affected by the action of the verb. The noun that is replaced can be a person, thing or idea.

Remember that:

● Spanish personal pronouns agree in gender and number with the nouns that they replace

● Object pronouns are placed before a finite verb

● When used with the positive imperative, they are added to the end of the verb

● When used with the infinitive or gerund they are either:
  a) added to the end of the verb, or
  b) with several common verbs (e.g. *ir*, *querer*, *tener*) optionally placed before the main verb

In the third person, when referring to **people**:

● the direct object pronoun **in the masculine** can be either *lo* or *le* (singular), or *los* or *les* (plural)

● the direct object pronoun **in the feminine** is *la* (singular) or *las* (plural)

● the indirect object pronoun, **masculine and feminine**, is *le* (singular) and *les* (plural)

***Los** saca de clase dos horas al día y **les** hace los estudios más fáciles. También **les** enseña español.*
She takes them out of class for two hours a day and makes their studies easier. She also teaches them Spanish (i.e. "teaches Spanish to them").

***La** llevaba con él al monte y **le** enseñaba los nombres de las hierbas y los bichos.*
He took her with him to the hills and taught her (i.e. "taught to her") the names of the plants and the animals.

*Con las ecuaciones, se volvían locos y no sabían por dónde pillar**las**.*
They were driven crazy by equations and didn't know how to grasp them.

*¡Da**le** los libros en seguida!*   Give the books to him/her at once!

***Les/Los** voy a llevar al instituto OR Voy a llevar**les/los** al instituto.*   I'm going to take them to school.

For more information on direct and indirect object pronouns, see the Grammar Summary on page 272.

Ejercicios

1 Contesta las preguntas según el ejemplo:
Ejemplo: ¿Tienes los vídeos? Sí, **los** tengo.
  a) ¿Conoces a Jorge?
  b) ¿Han terminado el nuevo colegio?
  c) ¿Has visto la película?
  d) ¿Tienes las pizzas?
  e) ¿Has conocido a mis hermanos?

2 Cambia las palabras entre paréntesis al complemento indirecto, según el ejemplo.
Ejemplo: Di el dinero (al jefe). **Le** di el dinero.
  a) Juan pagó el alquiler (al dueño).
  b) El camarero contó la historia (a sus colegas).
  c) Vamos a decir (a María y Carmen) que vengan.
  d) Todos los domingos daba limosna (a la mendiga).
  e) Voy a devolver el dinero (a mi amigo).

⑲ La escolarización de los gitanos

Ricardo Borrull, 45 años, gitano por los cuatro costados. Vive en un barrio obrero de Paterna (Valencia) y es maestro de matemáticas en primer ciclo de secundaria. Tiene tres hijas de 14, 12 y 10 años.

A Escucha el audio e indica si las siguientes oraciones son verdaderas (V) o falsas (F).

1 Ricardo es el único de la familia que estudió.
2 En el instituto hubo momentos en que se sintió solo.
3 En casa se sentía integrado, pero no en la calle.
4 Ninguna de sus hijas ha estudiado.
5 Sus hijas se han sentido discriminadas en algunas ocasiones.
6 Lo que ocurre en la escuela es una versión, a menor escala, de lo que ocurre fuera.
7 Aunque lo disimulan, mucha gente tiene prejuicios sobre otras razas.
8 Ricardo piensa que los gitanos algún día perderán completamente su identidad.

B Ahora lee el siguiente texto y completa las frases que faltan mientras escuchas el audio. Comprueba que tus respuestas del ejercicio anterior eran correctas.

Pregunta: ¿Cómo es que estudió usted?
Respuesta: Cuando las familias gitanas están asentadas durante muchos años en una localidad es más fácil que eso ocurra, adoptas préstamos de la sociedad mayoritaria como los estudios. **1** _____

Pregunta: ¿Cómo fue su experiencia como estudiante?
Respuesta: No viví la discriminación, pero siempre **2** _____ porque era el único en el instituto y en la escuela de magisterio y estaba dentro de una cultura que no era la mía.

Pregunta: ¿En casa vivía otra?
Respuesta: Sí, conservábamos las tradiciones gitanas. **3** _____, una especie de esquizofrenia. En la calle es otra cosa, ahí todos hemos sentido alguna vez la discriminación.

Pregunta: Sus hijas también estudian, ¿pueden ellas decir lo mismo de su colegio?
Respuesta: **4** _____ a pesar de que sus comportamientos en clase son absolutamente correctos. Los chicos en la escuela a veces tienen esas actitudes discriminatorias, es el currículum oculto.

Pregunta: ¿Están sus colegas preparados para atender situaciones de multiculturalidad en la escuela?
Respuesta: Por supuesto, aunque entre los profesores también los hay racistas, **5** _____.

Pregunta: ¿Pero esa actitud se la guardarán para casa?
Respuesta: **6** _____, pero cuando rascas un poco...

Pregunta: ¿Cree que cuando todos los gitanos estudien se perderá parte de sus costumbres?
Respuesta: Se irán desprendiendo cosas, aunque todavía conservamos muchas y la identidad se construye tomando como referencia al otro. Pero **7** _____.

C Imagínate que eres un(a) joven gitano/a. Es tu primer día en el instituto. Describe en 200 palabras cómo es tu nuevo lugar de estudios, cómo te sientes y cómo te tratan tus profesores y compañeros.

A 🗨 **Junto con tu compañero/a, haz una lista de cosas que se consideran de mala educación en tu país (compáralas con las que crees que lo son en los países hispanos). Comentad aquéllas que os molestan más. Puedes utilizar fórmulas como:**

- Lo que no puedo soportar es la gente que... + indicativo
- Yo odio que la gente... + subjuntivo
- Lo que queda fatal es... + infinitivo
- Me parece de muy mala educación que la gente... + subjuntivo

B ✎ **Elige una de las siguientes frases y escribe en 200–250 palabras lo que quieren decir. Trata de ilustrar tus ideas con uno o más ejemplos de tus propias experiencias.**

"Lo que quieras para ti, házmelo a mí."
"La educación es el pasaporte para tu futuro."
"Lo que gastes en libros, lo recuperarás en sabiduría."
"Estudiar una lengua extranjera en el colegio te abre muchas puertas."

C ✎ **Tras haber visto una película relacionada con la infancia en los tiempos de Franco (como las películas *Un franco, 14 pesetas* o *El laberinto del fauno*, el documental *Entre el dictador y yo* o un episodio de la serie *Cuéntame*), escribe (200–250 palabras) tus impresiones sobre qué tipo de educación recibían los niños españoles de aquella época.**

D ✎ **Reúne información sobre Chile utilizando folletos, libros, agencias de viajes y/o Internet. Después haz un viaje imaginario a este país y describe aquellas personas, lugares y experiencias que más te han impresionado y explica por qué (300 palabras).**

¡Hasta arriba de trabajo!

Entrando en materia...

El tema de esta unidad trata del trabajo. Se tocarán numerosos aspectos relacionados con éste, como son los tipos de empleo, el acceso a un puesto laboral, las actitudes sindicales, la explotación infantil, el teletrabajo o la falta de profesionales y los efectos de la inmigración. Dedicaremos especial atención a la situación laboral de un país hispano: Bolivia. Los puntos gramaticales que se van a tratar serán los siguientes:

★ el imperativo
★ el género de las profesiones en español
★ introducción a las construcciones pasivas

Reflexiona:

★ ¿Cómo crees que se disfruta más? ¿Trabajando o estudiando? ¿Por qué? ¿Has trabajado alguna vez? ¿Qué tipo de trabajo te gustaría realizar cuando finalices tus estudios? ¿Por qué? ¿Crees que el mundo laboral es similar en todos los países? ¿Piensas que el tipo de cultura puede influir en la forma de trabajar? Trata de dar ejemplos y/o justificar tu respuesta. ¿Hay alguna forma de detener la explotación de mano de obra infantil? La globalización, el interés en la formación y las nuevas tecnologías están revolucionando el mundo del trabajo, aquí en España, y en muchos otros puntos del mundo…

En busca de empleo…

1 Mi primer empleo

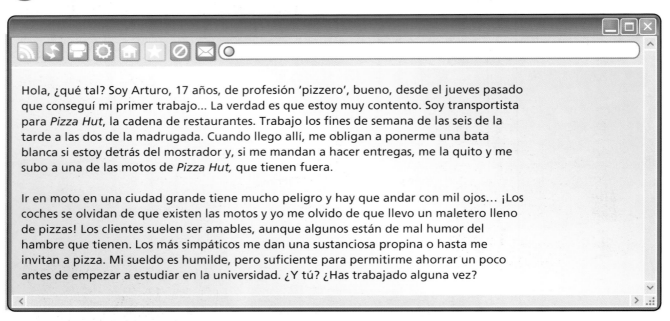

Hola, ¿qué tal? Soy Arturo, 17 años, de profesión 'pizzero', bueno, desde el jueves pasado que conseguí mi primer trabajo… La verdad es que estoy muy contento. Soy transportista para *Pizza Hut*, la cadena de restaurantes. Trabajo los fines de semana de las seis de la tarde a las dos de la madrugada. Cuando llego allí, me obligan a ponerme una bata blanca si estoy detrás del mostrador y, si me mandan a hacer entregas, me la quito y me subo a una de las motos de *Pizza Hut,* que tienen fuera.

Ir en moto en una ciudad grande tiene mucho peligro y hay que andar con mil ojos… ¡Los coches se olvidan de que existen las motos y yo me olvido de que llevo un maletero lleno de pizzas! Los clientes suelen ser amables, aunque algunos están de mal humor del hambre que tienen. Los más simpáticos me dan una sustanciosa propina o hasta me invitan a pizza. Mi sueldo es humilde, pero suficiente para permitirme ahorrar un poco antes de empezar a estudiar en la universidad. ¿Y tú? ¿Has trabajado alguna vez?

A **Lee el texto y responde a las siguientes preguntas.**

1 ¿Cuándo empezó Arturo a trabajar en *Pizza Hut?*
2 ¿De qué trabaja Arturo?
3 ¿Qué horario de trabajo tiene Arturo?
4 ¿Cuándo se tiene que poner la bata Arturo?
5 ¿Por qué algunos clientes están de mal humor?
6 ¿Qué hacen los clientes más simpáticos?
7 ¿Qué planea hacer Arturo con el dinero que gane?

B **Escribe los antónimos (palabras que tienen el significado contrario) de las palabras siguientes:**

verdad	olvidar
suficiente	llegar
lleno	ahorrar
ponerse	simpático

2 Los que ya tienen trabajo

A **Empareja los elementos de la columna izquierda con sus equivalentes en inglés.**

1 *seguir su vocación*   a to earn one's living
2 *no entenderse con alguien*   b to set up my own business
3 *brindar cariño a alguien*   c to follow one's calling
4 *ganarse el pan*   d I don't have to answer to anybody
5 *no me regalan nada*   e to give someone affection
6 *montar mi propio negocio*   f to not get on well with someone
7 *no doy cuentas a nadie*   g freelancer
8 *trabajador por cuenta propia* h I have to earn every penny

B 📖 **Ahora lee el texto y comprueba tus respuestas localizando las expresiones en su contexto.**

"Me considero una persona tremendamente afortunada. Además de que disfruté haciendo mis estudios, hoy sé que lo mejor que he hecho en mi vida es seguir mi vocación. Me encanta estar con los enfermos y levantarme cada mañana sabiendo que mi trabajo me va a dar una inmensa satisfacción y va a reconfortar a personas que pasan por un momento difícil."

Enfermera, 27 años

"Trabajo para ganarme el pan, así de sencillo. En el supermercado donde trabajo no me regalan nada y yo te aseguro que no les voy a regalar mi vida. Simplemente cumplo. Tengo un marido y tres hijos, que se merecen más que nadie mi tiempo y mis energías, así que trabajo de 8 de la mañana a 2 de la tarde, ni un minuto más ni uno menos, y el resto de mi vida es para mí. Lo tengo muy claro."

Cajera, 28 años

"Poco a poco, me estoy dando cuenta de que mi trabajo me está arruinando la vida. Dedico más de dos tercios de mi vida a él y ni siquiera hago algo que me guste. No me entiendo con varias personas en el trabajo – incluido mi jefe –, me siento explotado y por las noches llego tan agotado a casa que no tengo fuerzas de disfrutar de mi familia o de brindarles el cariño que se merecen. Un desastre."

Ejecutivo, 32 años

"Desde que era pequeño siempre pensé que yo no tendría un jefe. Quería tener una idea brillante, montar mi propio negocio y ser autónomo. Si alguien iba a mandar, sería yo. Gracias a las nuevas tecnologías he conseguido cumplir mi sueño. Tengo una empresa de comercio por Internet. Elijo mi horario, organizo mis cuentas y no doy cuentas a nadie. Un lujazo."

Trabajador por cuenta propia, 30 años

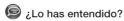
¡Fíjate!

Augmentatives

Spanish speakers often use augmentative suffixes to indicate large size. The most common augmentative endings are:

- *-azo* as in **un lujazo** – a great luxury
- *-ón* as in **un ofertón** – a big offer

Augmentatives frequently denote something unpleasant, heavy or clumsy, e.g. *ricachón* – a filthy rich person, **un golpetazo** – a hard blow, **un portazo** – a slammed door, **un comodón** – a spoilt brat.

💬 **¿Lo has entendido?**

¿Puedes pensar en más ejemplos de aumentativos? Busca con tu compañero/a seis ejemplos más e inventa algunas frases que los contengan. Compara tus frases con las de los otros alumnos.

Lee de nuevo lo que opinan de su trabajo esas personas.
...enta con tu compañero/a quién crees que hace cada una
...irmaciones.

...bajo es sólo un medio para ganar dinero y le dedico el tiempo

2 Tengo que rehacer mi vida urgentemente. Mi trabajo se está comiendo todo mi tiempo y energía.

3 Trabajar en algo que a uno le gusta y ayudando a los demás llena mucho.

4 La tecnología ha hecho posible el que yo sea dueño de mi vida y me siento libre de figuras autoritarias.

③ Buscar empleo entre conocidos y amigos

1 Hoy en día, conocer a gente en todo tipo de sectores resulta de gran utilidad, tanto en el ámbito laboral como en el particular. En el mundo profesional, estar bien relacionado es fundamental para encontrar o cambiar de trabajo, conseguir nuevos clientes y solucionar problemas.

2 Las estadísticas demuestran que el 70% de los trabajos se encuentra a través de conocidos y que las ventas por medio de referencias tienen un 80% más éxito que las que se realizan "a puerta fría".

3 El networking, definido como el establecimiento de contactos con otras personas y cuidado continuo de las relaciones sociales es, por tanto, un elemento esencial en nuestras vidas y como tal, debe cuidarse y fomentarse.

4 Establecer una red de contactos extensa y fuerte puede convertirse en la herramienta de márketing más barata y eficaz, siempre y cuando sea utilizada apropiadamente.

5 Los detractores del networking, por otro lado, se apresuran a afirmar que se trata de un instrumento cuyo único objetivo es alcanzar la meta deseada aprovechándose de las personas.

A **Lee el texto y pon uno de los títulos siguientes a cada párrafo.**

a ¿Qué es el networking?
b Contra el networking
c Los estudios revelan lo beneficioso que es tener contactos.
d El éxito del buen uso de los contactos
e Conocer a mucha gente es útil para todo.

B **Lee el texto otra vez e indica si las siguientes afirmaciones son verdaderas (V) o falsas (F). Si son falsas, explica por qué.**

1 El networking es una herramienta que resulta práctica tanto en el mundo del trabajo como en el de las relaciones personales.

2 Cuando se trata de buscar empleo, el networking no ayuda demasiado.

3 Sólo un 30% de las personas no encuentra trabajo por medio de gente conocida.

4 Hay gente que piensa que el establecimiento de contactos es una forma de explotar a los conocidos y amigos.

5 Se podría decir que el networking es casi una filosofía de la vida.

6 Está muy bien buscar ayuda en otras personas, y especialmente sabiendo que nunca hay que dar nada a cambio.

¡PONTE AL DÍA!

■

Grammar

Imperative (2)

The formal imperative

Although the use of the informal imperative, *tú/vosotros*, is becoming increasingly common in semi-formal situations in Spain, in certain contexts the formal *usted/ustedes* imperative should be used.

Remember that:

● The formal imperative should be used when addressing people in authority, those who are older than yourself or those whom you do not know, when writing a job application or being interviewed. It is also used to address staff in shops and restaurants, etc.

● The formal imperative forms, affirmative and negative, are taken from the third person (**usted/ustedes**) of the present subjunctive.

● In affirmative commands, pronouns are added to the imperative.

● In negative commands, pronouns precede the verb.

Ponga(n) especial interés en recordar caras, nombres y cargos.
Take a special interest in remembering faces, names and positions.
Muéstre(n)se siempre predispuesto(s) a ayudar a los demás.
Always show yourself (yourselves) ready to help others.
No espere(n) devoluciones de favores.   Don't expect favours to be reciprocated.
No le importe(n) que digan que no.   Don't let it worry you if they say no.
Póngame tres kilos de naranjas.   I'd like three kilos of oranges.

For more information on the imperative, see the Grammar Summary on page 290.

Ejercicio

1 Cambia los siguientes ejemplos del imperativo informal al imperativo formal.

a) Habla en voz baja.
b) Cómelo.
c) Escríbeme cuando puedas.
d) Ven.
e) Dime.
f) No me digas.
g) Hazlo ahora mismo.
h) Vete en seguida.
i) Escuchad.
j) Callaos.
k) Llámame mañana.
l) No te levantes temprano.

4 Consejos para potenciar el networking

A Escucha el audio, localiza las formas del imperativo e insértalas en los espacios en blanco. Después, escribe el infinitivo de cada uno de esos verbos. Los dos primeros están hechos a modo de ejemplo.

Aquí le ofrecemos un buen número de consejos que, a buen seguro, le ayudará a potenciar el networking:

Evite la soledad. *Relaciónese* con la gente que le rodea (*Evitar/relacionarse*). **1** _____ sociable y **2** _____ a dar y a recibir. No **3** _____ devoluciones de favores, ni **4** _____ las cosas pensando en lo que luego le reportarán. **5** _____ con buena fe y sin esperar nada a cambio. **6** _____ siempre predispuesto a ayudar a los demás. **7** _____ la vergüenza de promoverse, personal o profesionalmente ante los demás. **8** _____ por todas las personas nuevas que conozca. No **9** _____ en contarles su historia. Conviene, primeramente escuchar y ser amable. No le **10** _____ que le digan que no. Si sabe aceptarlo, puede ser una buena oportunidad para mejorar las relaciones con estas personas. **11** _____ simpático. La antipatía, la brusquedad y la crispación sólo generan rechazo. **12** _____ bien lo que quiere. **13** _____ objetivos y **14** _____ ayuda únicamente cuando la necesite. **15** _____ a presentarse de forma correcta, personal y profesionalmente. No **16** _____ ante los grupos. **17** _____ involucrarse en ellos y **18** _____ preguntas para generar conversaciones. **19** _____ especial interés en recordar caras, nombres y cargos. A mucha gente le molesta que no se les reconozca.

B Escucha la segunda parte del audio e identifica las expresiones que tengan el mismo sentido que las siguientes:

1 persona que tiene invitados
2 tenga a mano
3 entregarlas
4 dé las gracias
5 obsequios
6 elabore
7 en el plano laboral
8 de muchos tipos
9 trate de retener
10 como algo pequeño y manejable

C ¿Has trabajado alguna vez? Si es así, cuenta cómo encontraste el puesto y cuáles fueron tus impresiones el primer día de trabajo. Si nunca has trabajado, explica qué vías utilizarías para buscar tu primer empleo. Escribe 200 palabras.

 Ejercicio: Los emprendedores see Dynamic Learning

5 El difícil acceso a profesiones de altura

La posibilidad real de acceder a un puesto de trabajo fijo y un sueldo base que supera los 42.000 euros anuales son algunos de los atractivos para convertirse en controlador. Cada año, Aena (Aeropuertos Españoles y Navegación Aérea) convoca un examen para la selección de controladores aéreos. Para acceder a estas pruebas hay que tener entre 21 y 28 años, dominar el idioma inglés y poseer un título universitario oficial de diplomado o superar el primer ciclo de una carrera universitaria de grado superior. Las pruebas se componen de un test psicotécnico – que mide habilidades como la agilidad mental, la atención, el autocontrol o la resistencia a la fatiga, una prueba de inglés y una entrevista con un psicólogo. Los candidatos que pasan estas pruebas – en la última convocatoria de julio de 2001 aprobaron 265 de 6.674 presentados – reciben un curso en Senasa (Sociedad para las Enseñanzas Aeronáuticas Civiles S.A.) de 18 meses y remunerado con una beca, que oscila entre los noventa y cuatrocientos euros mensuales. El noventa por ciento de los candidatos supera esta formación y accede a un puesto fijo de controlador en Aena. Santiago Molina, licenciado en Matemáticas, fue uno de los 210 candidatos que superó las pruebas de acceso a controlador aéreo en la convocatoria de marzo de 2000, a la que se presentaron 7.067 personas. En la actualidad está realizando el curso de Senasa. "Para las pruebas psicotécnicas no tiene mucho sentido

estudiar, ya que se miden habilidades, pero ahora sí. Las clases son de cinco o seis horas diarias, pero algunas veces estamos doce horas", explica. Molina se presentó al examen de Aena dos veces: "La primera no superé la entrevista con el psicólogo", dice.

A Lee el texto y responde a las siguientes preguntas.

1 ¿Qué factores animan a la gente a presentarse a los exámenes de controlador aéreo?
2 ¿Cuáles son los requisitos para poder tomar parte en estos exámenes?
3 ¿En qué consiste el examen?
4 ¿Qué pasa con aquellas personas que superan las pruebas? ¿Reciben algún tipo de sueldo?
5 ¿Quién es Santiago Molina?
6 ¿Por qué no obtuvo la plaza en su primer intento?

¡PONTE AL DÍA!

Sectores discriminados...

6 Lavamos viejitos por cuatro euros la hora

A **Escucha lo que nos cuenta Adriana López, de 36 años y natural de Manizales (Colombia), sobre su experiencia laboral en España. Después enlaza los elementos de las dos columnas para formar frases completas. Hay tres elementos de la columna derecha que no vas a necesitar.**

1 La señora de la casa donde trabaja	a reunió fuerzas y aceptó el puesto.
2 Siempre le ponían dificultades	b gracias a la ayuda de una amiga.
3 Habló con su marido	c con una enfermedad de gravedad.
4 Dado el poco prometedor panorama laboral,	d quería cumplir con su promesa a Doña Pepita.
5 Las primeras semanas	e se ha encariñado mucho con Florinda.
6 A pesar de lo mal que lo pasaba	f es afectuosa con Adriana.
7 Ahora las cosas han cambiado y	g a la hora de encontrar una ocupación.
	h más de doce semanas sin empleo.
	i fueron tremendamente duras.
	j de sus impresiones respecto al nuevo trabajo.

B **Comenta con tus compañeros/as:**

- ¿Hay muchas personas extranjeras en tu país? ¿De dónde?
- ¿Sabes si tienen las mismas oportunidades laborales que los autóctonos? ¿Por qué sí/no?
- ¿Hay algún tipo de empleo concreto que parezca estar asignado a los inmigrantes? ¿Cuál?
- ¿Conoces de cerca la experiencia de alguna persona que haya venido de fuera a buscar trabajo a tu país? Relata tu experiencia a tus compañeros.
- ¿Crees que los inmigrantes deberían tener las mismas oportunidades laborales que los originarios del país?
- ¿Cómo crees que la toma de puestos laborales por inmigrantes afecta la economía de un país?

¡Fíjate!

Quizá(s)

Quizá (or *quizás*), meaning "perhaps" may be followed either by the subjunctive or the indicative, except when expressing something uncertain in the future, when the subjunctive must be used.

Quizá se refieran/refieren a que tengo el Síndrome de Down...
Perhaps they are referring to the fact that I have Down's Syndrome...

Quizá vuelva [**not** *vuelve*] *mañana.* Perhaps he'll come back tomorrow.

¿Lo has entendido?

Escribe tres frases que contengan *quizá(s)* seguido del subjuntivo, y verifícalas con tu profesor.

7 Dicen que soy discapacitado

¿Qué significa? Según el diccionario, "dis" es negación, de la capacidad en este caso. Pero, sin embargo, yo soy capaz de muchas cosas: nací y vivo en una familia normal, tengo un hermano, un perro, me preocupo de todos ellos, los quiero, luego soy capaz de amar; cuido de mi aseo personal de forma autónoma y de mi alimentación, usando los utensilios necesarios al efecto; estudio; practico actividades deportivas y de formación; salgo con algún amigo; me gusta la música... luego soy capaz de vivir, disfrutar y sufrir, como los demás.

¿Dónde está la diferencia? Quizá se refieran a que tengo el Síndrome de Down, lo que significa, entre otras cosas, que aprender me cuesta más, soy más lento. En el colegio, muchos de mis compañeros se burlaban de mí, me insultaban y faltaban al respeto, con el apoyo tácito del profesorado que no hacía nada por evitarlo e incluso lo negaba. Las instituciones, alertadas de la situación, cerraban los ojos...

La consecuencia de este deficitario aprendizaje es que se acaba uno creyendo que no sirve para nada, que es un inútil, a pesar de que durante toda mi etapa escolar no he dejado de estudiar.

Ahora quiero trabajar, soy demandante de empleo, pero no tengo trabajo. Acudo a las instituciones, pero aún no tengo nada. Es cierto que soy joven, tengo 19 años, que soy inmaduro a muchos niveles, pero ¿alguien cree que se puede madurar en soledad, sin proyectos, sin apoyos? ¿Quién es discapacitado? Yo por un cromosoma de más. ¿Y las instituciones...?

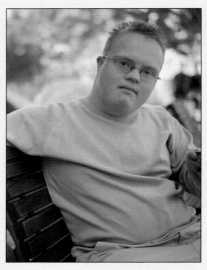

Como no estoy incapacitado, puedo votar y voto, pero los políticos, las instituciones no me representan.

A 📖 **Lee el texto y corrige las siguientes frases para que sean verdaderas. Sólo necesitarás eliminar o sustituir una palabra en cada frase.**

1 No tengo autonomía para hacer una vida normal.
2 No puedo hacer deporte.
3 Al tener Síndrome de Down, aprendo con más rapidez.
4 Mis compañeros y profesores siempre me han apoyado.
5 Las instituciones aceptan responsabilidad por este tipo de situación.
6 Todo esto afectaba mi autoestima, pero dejé de estudiar.
7 No tengo mucho interés en trabajar.
8 Creo que es posible madurar estando solo.

B ✏️ **Imagínate que vas a ayudar a esa persona discapacitada a buscar trabajo. Visita esta página web: http://www.mercadis.com/bolsaempleo/ofertas.jsp y luego describe en 200 palabras qué puesto habéis elegido y por qué.**

📁💿 **Ejercicio: Día Mundial contra el Trabajo Infantil**

see Dynamic Learning

8 Trabajo voluntario en una ONG

A 🔊 **Escucha atentamente el audio y luego escribe un resumen en inglés de 100 palabras. Concéntrate en los puntos siguientes:**

- la diversidad del trabajo
- los beneficios de una experiencia auténtica
- el perfil del voluntario

Bolivia

Situación: Bolivia está ubicada prácticamente en el corazón de Sudamérica. Limita al oeste con Chile y Perú, al norte y este con Brasil y al sur con Argentina y Paraguay.

Superficie: 1.098.581 km²

Población: 9.627.269 habitantes

Lengua: castellano, quechua, aymará y tupi guaraní

Moneda: peso boliviano

Industrias principales: (industria agrícola) algodón, soja, coca, café, azúcar; (industria minera) plomo, cinc, azufre, estaño, gas natural, petróleo

Atracciones turísticas: Este país combina con gran armonía su belleza natural con su pasado colonial. Conserva vestigios de la civilización incaica, huellas de dinosaurios, el kilométrico Salar de Uyuni, las famosas minas de Potosí, los imponentes picos de la Cordillera de los Andes, la selva de las zonas amazónicas, el inmenso Lago Titicaca, sin olvidarnos de sus gentes – gran parte de pura sangre indígena – que son fervientes defensores de su cultura, pero saben abrirse al visitante con gesto entre abierto y sumiso.

Administración: La Capital es la ciudad de Sucre y la Sede de Gobierno es La Paz. La República está dividida en nueve departamentos y éstos se dividen a su vez en provincias (99) y éstas en cantones.

Historia: Diversos pueblos de distinta procedencia se localizaron en las terrazas andinas, junto al lago Titicaca, donde surgió la ciudad de Tiahuanaco. Después, se dieron las invasiones de los pueblos incaicas que dominaron el territorio boliviano y lo unieron a su imperio. En estas condiciones se encontraba Bolivia cuando llegaron los conquistadores españoles. La servidumbre del indio pasó a ser absoluta. En el siglo XVI comenzaron las rebeliones de las masas indígenas. La independencia del Alto Perú fue proclamada el 6 de agosto de 1825. En homenaje a sus libertadores, el Alto Perú fue llamado República de Bolívar (que poco después adoptó la actual denominación), y la capital fue llamada Sucre. Bolívar dictó en 1826 la primera constitución del país, y Sucre fue designado presidente constitucional hasta 1828, cuando se marchó del país por exilio voluntario. La llamada Guerra del Pacífico (1879–80) enfrentó a los invasores chilenos con Bolivia y el Perú. A raíz de este conflicto, Bolivia perdió su acceso libre y soberano al Océano Pacífico. Tras otras sangrientas luchas con Brasil y Paraguay, perdiendo también parte de su territorio, y tras varios gobiernos inestables y la dictadura de Banzer (1971–78), Bolivia es hoy un país democrático.

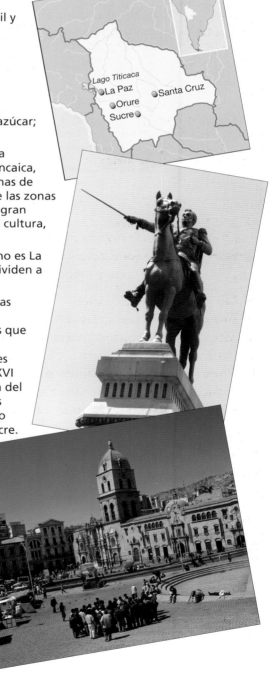

9 Crece la explotación laboral a menores en Bolivia

Aproximadamente 650.000 niños menores y adolescentes soportan la explotación laboral en Bolivia porque necesitan recursos económicos para sobrevivir. Esa cifra representa poco menos del diez por ciento de la población total de Bolivia, que alcanza a los nueve millones de habitantes. En varias ciudades bolivianas los menores de cinco años viven y a veces duermen en la calle y se ven obligados a trabajar en cualquier actividad, como lavar vehículos o lustrar calzados, para ganar algún dinero que les permita costear su alimentación.

Los estudios sobre los menores en la calle establecen que sufren graves peligros, como violaciones, abusos, explotación y hasta son detenidos y golpeados por la policía. Otros niños menores de doce años se constituyen en la principal fuente de manutención, no solamente propia, sino de sus abuelos, hermanos y hasta padres que no tienen una fuente laboral fija. Contrariamente a lo que sucede con los mayores de edad trabajadores, estos niños no pueden acceder ni a la seguridad social ni sanitaria por su edad.

Para protestar por esta situación llegó a Bolivia esta semana una delegación de la organización denominada Marcha Global, apoyada por la Defensa del Niño Internacional (DNI), que promovió ayer movilizaciones en Cochabamba, Oruro y La Paz con la presencia de por lo menos 15.000 niños. El representante de DNI en Bolivia afirmó hoy que las marchas son para denunciar al mundo la explotación en la que viven los niños latinoamericanos y para sensibilizar a las autoridades y empresarios para que adopten medidas en su favor.

A 📖 Lee el texto y luego encuentra las cinco frases que hay correctas.

1 Los niños bolivianos trabajan para saciar las necesidades básicas.
2 Estos 650.000 niños menores y adolescentes son más de una décima parte de la población boliviana.
3 Por suerte, los bebés y niños hasta cuatro años nunca pasan la noche fuera.
4 Limpiar coches o sacar brillo a los zapatos son tareas muy comunes entre los niños bolivianos.
5 Los organismos gubernamentales y privados no se molestan en investigar qué ocurre en las calles.
6 En ocasiones, son las propias figuras oficiales las que maltratan a estos niños.
7 Estos pequeños no sólo luchan por sobrevivir ellos mismos, sino que también mantienen a miembros de su familia.
8 Otra de las desgracias de estos niños es que no tienen posibilidad de recibir ningún tipo de ayuda social.
9 Ningún organismo se preocupa por la precaria situación de estos niños.

La mujer en el mundo del trabajo

⑩ Hacia dónde van las españolas

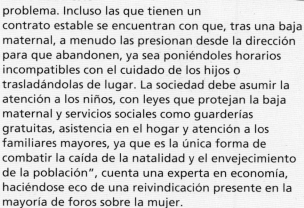

La imagen acuñada de una mujer sólida, compacta, heredada del feminismo de la igualdad, se hace trizas cuando nos acercamos a la mujer real. "Fuertes por fuera y frágiles por dentro". Éste es el retrato robot que nos ofrecen de la mujer de nuestros días. "Las mujeres, después de años de luchar por hacernos con un lugar en el mundo, nos estamos parando a reflexionar sobre lo que queremos conseguir y cómo", dice Isabel Yanguas, de 59 años, una de las primeras mujeres que rompió el famoso techo de cristal en nuestro país. "En mi época era tan urgente conseguir unos derechos básicos y primarios, que lo prioritario era crear las condiciones para acceder a la universidad o cambiar leyes discriminatorias. Una vez superada esa etapa, la mujer se enfrenta ahora al dilema de cómo compaginar la vida profesional y la personal, pero eso es una tarea que atañe a la sociedad entera."

La doble dedicación, trabajo y vida familiar, se vive como un conflicto irresuelto por las mujeres de toda edad y condición, sean asistentas domésticas a tiempo parcial o ejecutivas de postín. La mayor presión y competitividad laboral junto con unos hombres que son los menos dispuestos a participar en las tareas domésticas de Europa, hacen de las españolas las más estresadas del continente según numerosos estudios. Ello explicaría por qué las españolas son las más reacias de la Unión Europea a tener hijos, con una tasa de natalidad del 1,15% por mujer.

"En un estudio que hicimos en 1998 entre las trabajadoras del metal, encontramos que desde las obreras manuales a las ingenieras con cargos de responsabilidad, su principal preocupación era quedarse embarazadas y perder el empleo. La flexibilidad laboral y el empleo precario han aumentado este problema. Incluso las que tienen un contrato estable se encuentran con que, tras una baja maternal, a menudo las presionan desde la dirección para que abandonen, ya sea poniéndoles horarios incompatibles con el cuidado de los hijos o trasladándolas de lugar. La sociedad debe asumir la atención a los niños, con leyes que protejan la baja maternal y servicios sociales como guarderías gratuitas, asistencia en el hogar y atención a los familiares mayores, ya que es la única forma de combatir la caída de la natalidad y el envejecimiento de la población", cuenta una experta en economía, haciéndose eco de una reivindicación presente en la mayoría de foros sobre la mujer.

El embarazo es visto como la causa principal de las bajas cifras de ocupación femenina, así como de la discriminación salarial: las españolas ganan un 26% menos que el hombre, lo que hace de su nivel de salarios uno de los más bajos de Europa.

A 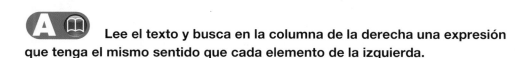 **Lee el texto y busca en la columna de la derecha una expresión que tenga el mismo sentido que cada elemento de la izquierda.**

1 hacerse trizas	a vulnerables en su interior
2 frágiles por dentro	b que es responsabilidad de
3 pararse a reflexionar	c combinar con armonía
4 compaginar	d implica riqueza o distinción
5 atañer a	e que se resiste a
6 de postín	f tomar una pausa y examinar una situación
7 reacio a	g hacerse responsable de
8 discriminación salarial	h desmoronarse
9 asumir	i no asistencia al trabajo por un período de tiempo, a causa de un embarazo
10 baja maternal	j sueldo inferior al justo tomando como arma el sexo, la raza, la edad…

Observa esta tabla y escribe siete conclusiones más que puedas deducir de ésta, aparte de los tres ejemplos aquí proporcionados:

- El porcentaje general de varones trabajando es mayor que el de las mujeres.
- Las personas mayores de 70 años apenas trabajan, sea cual sea su sexo.
- Los menores de 19 años que trabajan representan poco más de un cuarto de la población.

TASAS DE OCUPACIÓN, POR SEXO Y EDAD 2002			
	Ambos sexos	Mujeres	Hombres
TOTAL	54,31	42,05	67,29
de 16 a 19	26.80	19,77	33,49
de 20 a 24	62,39	57,32	67,24
de 25 a 29	82,93	76,38	89,23
de 30 a 34	82,75	70,37	94,69
de 35 a 39	80,42	65,77	94,80
de 40 a 44	78,41	62,55	94,25
de 45 a 49	75,08	58,44	91,90
de 50 a 54	65,43	43,66	87,68
de 55 a 59	52,08	30,22	74,99
de 60 a 64	31,41	17,08	47,02
de 65 a 69	3,73	2,40	5,28
de 70 y más	0,53	0,30	0,86

Tras leer el artículo, comenta con tu compañero/a:

- Situación de la mujer en tu país – da tus propias impresiones en función de las mujeres que te rodean (tu madre, hermanas, novia, amigas...)
- Aspectos de las mujeres que crees que son diferentes en otros países: quizá lo que has aprendido leyendo, lo que has visto si has viajado al extranjero o sabes por amigos que no son de tu país.
- ¿Qué crees que se puede hacer para apoyar a las mujeres madres y trabajadoras?

11 Habla una mujer

 Escucha el audio e indica si las siguientes afirmaciones son verdaderas (V) o falsas (F). Corrige las que son falsas.

1 Cada vez más mujeres tienen una educación y un trabajo.
2 Las cargas domésticas se reparten equitativamente.
3 El hombre dedica al trabajo del hogar mucho menos tiempo que la mujer.
4 Los sueldos de los hombres son más elevados que los de las mujeres.
5 España cuenta con muy pocas ayudas a la familia comparada con la UE.
6 La mujer de ahora quiere ser exactamente igual que la de antes.
7 Hoy en día, una familia puede sobrevivir fácilmente con un único sueldo.
8 Las mujeres pasan por todo, pero no saben hasta cuándo.

Grammar

Gender of professions

In the past, most professions were of masculine gender, whether the person was a man or woman. Thus **el médico** was used for either a male or a female doctor. In some cases differentiation between a male and female was by the article: *el/la ministro* was the normal way of referring to "the minister". In some cases feminine forms have been established, e.g. *el profesor/la profesora*, or there is a separate, clearly differentiated feminine form, as in *el actor/la actriz*.

In Spain this situation is changing, largely as a result of the improved status of women, and feminine versions of words for which there was once only a masculine form are increasingly acceptable. In Latin America feminine forms, e.g. **la médica**, are more usual. The following are examples of words that have been subject to change in recent times:

el abogado	la abogada	lawyer		el jefe	la jefa	boss
el médico	la médica	doctor		el ministro	la ministra	minister
el ingeniero	la ingeniera	engineer				

Trabajos de todo tipo…

 Ejercicio: Guardia civil, un trabajo mal pagado see Dynamic Learning

12 Operadora en empresa de seguros

Tengo una amiga que trabaja en una conocida empresa de seguros. Su trabajo consiste en prestar asistencia telefónica a aquellas personas que tienen una póliza de seguros con ellos y sufren una avería en su vehículo o un accidente. El cliente ha de proporcionar sus datos, los de su vehículo y los de cualquier otro vehículo o persona involucrados en el siniestro. La operadora se encargará de que todo vuelva a la normalidad a la mayor brevedad posible. Para ello, se pondrá en contacto con una empresa de grúas que retirará los vehículos, con

un hotel de la zona que les proporcionará alojamiento y con un centro de hospitalización, si fuera necesario. En algunos casos, también se ha de hacer la reserva de un medio de transporte adecuado para efectuar el regreso de los ocupantes a su domicilio o lugar de vacaciones.

Este tipo de trabajo es muy intenso y estresante en el sentido de que a menudo hay que enfrentarse a las distintas reacciones de las personas ante situaciones desfavorables: algunos gritan, otros lloran, otros se enfadan… y tú has de mantener la calma, ser

paciente y no abandonar nunca tu tono tranquilizador y cordial. Los problemas de faringe y de espalda son frecuentes en este sector de trabajadores que pueden llegar a pasar hasta siete horas seguidas en su cabina, con su ordenador y sus auriculares, sin gozar de ninguna forma de descanso. Cuentan con la ventaja de que una vez que finalizan su jornada pueden desconectar completamente de su dedicación laboral. Además, el ambiente de trabajo es por lo general muy jovial y distendido.

A **Lee el texto y corrige las siguientes frases para que sean verdaderas.**

1 Mi amiga utiliza el email para dar ayuda a los clientes.
2 El cliente sólo ha de dar sus datos y los de su vehículo.
3 La operadora se ocupa únicamente de enviar una grúa.
4 Nunca se ofrece a los clientes un lugar donde dormir.
5 Es un trabajo cómodo y que no exige paciencia.
6 Los operadores nunca pasan siete horas seguidas trabajando.

B **Lee el texto otra vez y responde a las siguientes preguntas.**

1 ¿Qué profesión tiene su amiga?
2 ¿A quién prestan sus servicios estas empresas?
3 ¿Qué funciones desarrolla la operadora?
4 ¿Por qué a veces resulta difícil este trabajo?
5 ¿Qué dolencias son frecuentes para quien hace este tipo de puesto?
6 ¿Qué ventajas existen?

C ✎ Lee el texto una vez más y después escribe al menos una profesión que exija cada una de las características que se presentan a continuación:

- trabajo intenso
- trabajo estresante
- uno tiene que enfrentarse a las distintas reacciones de las personas
- hay que mantener la calma
- hay que tener paciencia
- se necesita un tono tranquilizador y cordial
- puede provocar problemas de faringe
- puede provocar problemas de espalda
- al finalizar la jornada se puede desconectar del trabajo
- ambiente jovial y distendido

D ✎ Ahora elige una de las ocupaciones que hayas propuesto en el ejercicio anterior y describe en primera persona cómo crees que sería un día de trabajo de una persona que tuviera esa profesión. (200 palabras)

Ejemplos:

1 *Yo trabajo como psicóloga en una prisión. Me levanto temprano para empezar a las 8:30 de la mañana. He de llevar un vestuario más bien formal y ante todo discreto. Al llegar a la prisión, tengo que identificarme por motivos de seguridad...*

2 *Soy bombero y trabajo por turnos ya que siempre tiene que haber un número determinado de personal en el Cuerpo de Bomberos. Hay días en que se pasa el turno sin hacer nada en absoluto, si no hay llamadas o emergencias, pero es fundamental estar allí...*

⑬ De cajera en un supermercado

A 📖 Lee este resumen y rellena los espacios en blanco. Si no sabes la palabra en español, trata de averiguar (aunque sea en inglés) qué palabra iría en cada espacio.

Además de estudiar, Rocío **1** _____ de cajera en un supermercado. Lo que **2** _____ se lo gasta en lo que le apetece y se complace en no **3** _____ nada a su familia. Es muy importante que al **4** _____ la jornada, todos los cálculos cuadren. Hay que estar muy **5** _____ porque se manejan grandes cantidades de dinero. Los **6** _____ pueden pagar en efectivo o con **7** _____. Hay gente que se comporta de una forma **8** _____ o que trata de engañarte, pero también hay gente leal. En cualquier profesión se ha de tener **9** _____ por los demás, una valiosa **10** _____ que he aprendido mientras cobraba en el supermercado...

B 💬 Ahora compara y comenta las respuestas con tu compañero/a.

C 📖 Finalmente, lee el texto y vuelve a revisar las respuestas del ejercicio 13A.

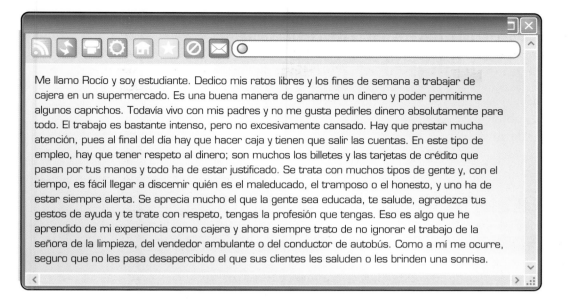

Me llamo Rocío y soy estudiante. Dedico mis ratos libres y los fines de semana a trabajar de cajera en un supermercado. Es una buena manera de ganarme un dinero y poder permitirme algunos caprichos. Todavía vivo con mis padres y no me gusta pedirles dinero absolutamente para todo. El trabajo es bastante intenso, pero no excesivamente cansado. Hay que prestar mucha atención, pues al final del día hay que hacer caja y tienen que salir las cuentas. En este tipo de empleo, hay que tener respeto al dinero; son muchos los billetes y las tarjetas de crédito que pasan por tus manos y todo ha de estar justificado. Se trata con muchos tipos de gente y, con el tiempo, es fácil llegar a discernir quién es el maleducado, el tramposo o el honesto, y uno ha de estar siempre alerta. Se aprecia mucho el que la gente sea educada, te salude, agradezca tus gestos de ayuda y te trate con respeto, tengas la profesión que tengas. Eso es algo que he aprendido de mi experiencia como cajera y ahora siempre trato de no ignorar el trabajo de la señora de la limpieza, del vendedor ambulante o del conductor de autobús. Como a mí me ocurre, seguro que no les pasa desapercibido el que sus clientes les saluden o les brinden una sonrisa.

D ✎ **Escribe en 200 palabras de qué te gustaría trabajar mientras eres estudiante. Justifica tu respuesta.**

¡Fíjate!

"Whatever"

The normal way of translating the idea of "whatever" is by using a repeated subjunctive form, as in:
tengas la profesión que tengas – whatever job you have

This construction is often found in set expressions like:
pase lo que pase – whatever happens

🖉 **¿Lo has entendido?**

Inventa dos frases que utilicen esta construcción y verifícalas con tu profesor.

⑭ En las cabinas de peaje

A 📖 **Escucha la experiencia laboral de esta peajera y localiza las palabras que tienen el mismo sentido que las siguientes.**

1 me ha llegado por herencia
2 situado
3 sorprendente
4 hacer frente
5 no me angustia
6 los atascos
7 intervalos de tiempo entre los quehaceres regulares
8 pequeñas piezas de un juego
9 lo que es difícil frenar
10 a mí no me entra ansiedad en los espacios pequeños
11 repercusiones
12 me encontré

1 Empleo del padre:
2 Consejo de su padre:
3 Dimensiones de la cabina:
4 Aspectos negativos de su trabajo:
5 Valor del dinero:

6 Manía de Laura:
7 Fobia de su padre:
8 Ventajas de este trabajo:
9 Zulos:
10 Personaje famoso a quien cobró:

15 Opositar: una inversión de futuro

¡Fíjate!

Oposiciones

An **oposición** is a procedure traditionally used in Spain to choose or designate people to take up posts, especially State-related ones, requiring candidates to show their suitability by being examined orally before a tribunal which, according to the results, decides who should fill a particular vacancy. **Correos** (equivalent to the Royal Mail) or a university (for professorships) are organisations that require this type of exam.

Horas de estudio, de academia o la ayuda de un <u>preparador</u> conforman el día a día de un <u>opositor</u>. Tiempo y dinero es la inversión que cada año realizan los miles de candidatos para conseguir el acceso a un empleo de por vida. Algunos abandonan a medio camino y <u>se decantan por</u> otra vía laboral.

Arturo Torrijos tiene muy clara su intención de <u>convertirse en juez</u> y, por ahora, no contempla la posibilidad de buscar otro empleo. Hace ya tiempo que acabó la carrera de Derecho y el mes pasado se presentó por tercera vez al <u>Cuerpo de Judicatura</u>. "Hago la oposición porque me gusta. Podría haber escogido otra en la que se gane más dinero, pero no quise", explica.

Torrijos dedica entre diez y doce horas al estudio y dispone de un preparador al que <u>canta los temas</u> – estos exámenes son orales. Otros opositores no pueden <u>aguantar este ritmo de estudio</u>. Es el caso de una joven que en cuatro años se presentó dos veces y no superó el examen. Explica que decidió <u>abandonar</u> porque "no tenía vida. Ahora me dedico a los negocios". Añade que este tipo de oposiciones suele ser vocacional y que los candidatos toman la decisión en el quinto año de carrera: "El acceso a estos cuerpos requiere estudiar nada más acabar la <u>licenciatura</u> para <u>no perder el ritmo</u>", asegura.

Para conseguir esa constancia los opositores <u>recurren a</u> preparadores. Estos profesores particulares suelen ser <u>funcionarios</u> que ejercen la categoría que imparten, o profesores expertos en la materia que hacen un seguimiento del estudio del opositor a diario y actualizan los contenidos del programa. Torrijos, que paga a su preparador 115 euros al mes, cree que ésta es la mejor manera de prepararse.

En cuanto al tiempo que se invierte en el estudio de una oposición, no todas requieren el mismo esfuerzo, ya que depende del contenido del programa, del número de temas, el tipo de exámenes, el sistema de selección, la constancia y el método de preparación.

A 📖 **Lee el texto y escribe tras la definición de abajo la palabra o expresión subrayada que le corresponda.**

1 eligen
2 persona que está preparando pruebas que llevará a cabo ante un tribunal para acceder a un puesto concreto
3 hacen uso de la ayuda de
4 hacerse funcionario encargado de administrar justicia
5 grado obtenido en una universidad tras varios años de estudio

6 persona que se encarga de orientar y alentar a los opositores
7 personas que ya cuentan con un puesto de trabajo permanente
8 da la lección de forma oral
9 tolerar el invertir tantas horas en preparar el examen
10 organismo constituido por los jueces de un país

B 📖 **Vuelve a leer el texto y ordena las siguientes frases para obtener un resumen de éste.**

a Hay muchos factores que influyen en el tiempo y esfuerzo que cada persona ha de invertir hasta superar estas duras pruebas.

b Algunos opositores intentan superar los exámenes, pero se rinden tras un tiempo.

c Los opositores son personas que dedican una gran parte de sus esfuerzos intelectuales y recursos económicos para obtener un cargo laboral permanente.

d Hay gente que está muy convencida de que opositar es la mejor opción y no se plantea otra.

e Muchos opositores cuentan con una persona que les guía.

16 Vigilancia con cámaras

Ahora bien, el trabajo en casa podría dar lugar a "ciertos abusos" por parte del teletrabajador o del empresario. "Somos conscientes de que el número total de horas que se cumple normalmente en el lugar de trabajo podría ser vulnerado por el empleado, tanto por exceso como por defecto", explicaron fuentes de CES (Consejo Económico y Social). Por ello, el empresario podrá instalar cámaras de vigilancia en el ámbito de trabajo. Además, se podrán llevar a cabo visitas regulares, siempre avisando previamente, que permitan controlar la actividad del empleado. Es cierto que será obligación del empresario establecer las medidas pertinentes para proteger los datos profesionales con los que el empleado trabaja. El trabajador será responsable de utilizar correctamente esos datos con el fin de evitar riesgos sobre la privacidad de la empresa. Esto también se aplica al buen uso de Internet, cuya utilización deberá limitarse estrictamente a contenidos profesionales, sin difundir contenidos ilícitos a través de la Red. Asimismo, los derechos colectivos del teletrabajador habrán de ser

respetados por el empresario. El teletrabajador puede usar sus derechos igual que los trabajadores que desarrollan su actividad en los locales de la empresa.

A 💬 **Tras leer el texto, comenta con tu compañero/a qué te parece la idea del teletrabajo.**

● ¿Te gustaría ser teletrabajador? ¿Por qué sí? ¿Por qué no?
● ¿Para qué tipo de trabajos crees que es útil esta modalidad?
● ¿Estás de acuerdo con la idea de poner cámaras de vigilancia?

Ahora elabora con él/ella una lista de ventajas y desventajas del teletrabajo, exponiendo luego vuestras ideas al resto de la clase.

Grammar

The passive voice

The following is an active sentence:
El Real Madrid ganó la Copa de Europa.

This idea can also be expressed as a passive sentence:
La Copa de Europa fue ganada por el Real Madrid.

Passive and active sentences have the same meaning but the structure of the sentence is different. The subject of the active sentence (*El Real Madrid*) becomes the agent of the passive sentence, and is preceded by the preposition *por*. The object of the active sentence (*la Copa de Europa*) becomes the subject of the passive sentence.

Notes:
● Verbs which take a direct object (transitive verbs) can be used either actively or passively.
● The verb *ser*, followed by the past participle of the verb, is used to form passive sentences.
● The past participle after *ser* agrees in number and gender with the subject of the sentence.
● Where there is an agent, it is preceded by the preposition *por*; the agent in a passive sentence may, however, be "understood".
La oficina fue cerrada con llave por el jefe a las 7.00 de la tarde. The office was locked up by the boss at 7.00 pm.
Las armas han sido destruidas. The arms have been destroyed (i.e. by an agent, such as the government, the army, etc.).

For more information on the passive, see the Grammar Summary on page 295.

Ejercicio

1   Cambia las frases siguientes de la voz activa a la voz pasiva.
   a) El joven consiguió el empleo.
   b) El arquitecto americano diseñó los nuevos edificios.
   c) El mecánico reparará el coche en seguida.
   d) Dos empresas multinacionales construyen el nuevo tren de alta velocidad.
   e) Los dos grandes bancos españoles emplean a miles de trabajadores.

17 El modelaje ayuda a pagar mis estudios

A Escucha la entrevista con esta modelo boliviana y después escribe sus respuestas en tus propias palabras.

1   ¿Qué significó para vos ser Elite Model?
2   ¿Qué experiencia te quedó del certamen internacional?
3   ¿Qué le aconsejas a las candidatas de este año?
4   ¿Y ya aprendiste inglés?
5   ¿Qué trabajos importantes has hecho?
6   ¿El modelaje te da dinero?
7   ¿Qué no harías nunca en el modelaje?
8   ¿Tenés miedo?
9   ¿Cuáles son tus metas?

B ✎ Imagina que quieres pasar este verano en Bolivia y trabajar allí un par de meses. Has visto tres anuncios de empleos temporales en el periódico y vas a elegir una de las vacantes. Haz tu elección y luego explica las razones – en función de tu formación, experiencia y personalidad – por las que has decidido hacer un trabajo u otro. Escribe unas 200 palabras.

SECRETARIA BILINGÜE
Empresa multinacional de gran prestigio busca secretaria joven y dinámica, con inglés y español, para su departamento comercial. Imprescindible buen trato telefónico e informática a nivel de usuario. Envíe su CV a Leonor Valverde: **lvalverde@multi.bo**

TRADUCTOR PARA ONG
Organización benéfica reconocida mundialmente busca un traductor (español– inglés), preferiblemente con experiencia en el sector. Idealmente, estudiante de idiomas con buenos conocimientos de informática e interés en el tercer mundo. Envíe su CV a: **term@ong.bo**

OPERADOR TURÍSTICO
Agencia de viajes boliviana busca operador turístico para recibir a los turistas británicos que visitan nuestro país. Se requiere fluidez en inglés, francés y español. Excelente presencia y buen trato con el cliente. Póngase en contacto con Rubén: **rperez@oper.bo**

Ahora vas a enviar tu CV a Bolivia para solicitar ese puesto y necesitas escribir una carta de presentación. Destaca aquellos aspectos que te hagan resaltar como un candidato idóneo. Puedes comenzar la carta con expresiones como *Muy Señor Mío* o *Estimado Sr. X* y para terminar puedes emplear *Le saluda atentamente* o *Reciba un cordial saludo.*

Para terminar…

A 💬 Busca un anuncio de trabajo en un periódico español o latinoamericano (puedes hacer uso de Internet para encontrarlo). Dáselo a tu compañero/a y dile que el próximo día le vas a entrevistar para ese puesto (has de preparar unas preguntas en función de la información que aparezca en el anuncio). Él/Ella también te entregará un anuncio y tú serás igualmente entrevistado.

B ✎ Piensa en un puesto laboral que creas que jamás ocuparías. Por ejemplo, si tienes pánico a las alturas, es improbable que decidas hacerte piloto o si te aterroriza la sangre, seguramente no tendrás interés en ser médico o enfermero. Imagina que tienes una pesadilla y sueñas que estás realizando precisamente ese trabajo que siempre pensaste que no serías capaz de hacer. Relata tu supuesta experiencia en 200 palabras.

C ✎ Imagina que trabajas en una cadena de producción (vehículos, muñecas, botellas…). Explica cuáles son los pasos del proceso de fabricación de un producto. Trata de utilizar construcciones pasivas.

*Ejemplo: El cristal **es transportado** a nuestro almacén, donde **es almacenado** temporalmente…*

7 ¿Cómo nos comunicamos?

Entrando en materia...

En esta unidad vamos a centrarnos en la publicidad y los principales medios de comunicación: la prensa, la televisión, la radio e Internet. También presentamos una sección en que los periodistas, la gente que nos comunica las noticias, nos habla de su experiencia. La comunidad autónoma que vamos a describir en esta unidad son las Islas Canarias.

Se tratarán los siguientes puntos gramaticales:

★ usos del subjuntivo
★ verbos reflexivos
★ expresiones temporales

Reflexiona:

★ Los medios de comunicación dominan nuestra sociedad. Pasamos muchas horas viendo la televisión, leyendo periódicos y sentados delante del ordenador. Es casi imposible evitarlos. En esta sociedad de consumo, también la publicidad nos influye, con su deseo de hacernos comprar productos o de convencernos de que compartamos su opinión.

★ Entre los distintos medios de comunicación, ¿cuál prefieres? ¿Ver la televisión, escuchar la radio, leer un periódico o navegar por Internet? ¿Por qué?

★ ¿Qué tipo de programa de televisión te interesa más: los concursos, los culebrones, los documentales, los informativos, los deportes…?

★ ¿Pasas más horas delante del ordenador que delante de la tele?

★ ¿Está Internet cambiando la forma de comunicación gracias, por ejemplo, a sus periódicos digitales? ¿Y cómo afectan nuestra forma de comunicarnos los teléfonos móviles o las PDAs ("Personal Digital Assistant")?

★ ¿Es lógico que los periodistas asuman el papel de defensores de nuestros derechos?

La publicidad

En esta sección presentamos unos anuncios. El lenguaje de la publicidad es algo especial: proyecta imágenes seductoras para convencer al que escuche o lea de que consuma lo que se ofrezca.

1 Anuncios de radio

A Escucha los anuncios de radio e indica si las frases se refieren al anuncio A, B, C o D. Pon una cruz (✕) en las casillas correspondientes.

	A	B	C	D
1 Si buscas un empleo, compra nuestro diario.				
2 Damos regalos a los que hacen sus compras aquí.				
3 Te preparamos para tener una profesión.				
4 Para los que desean más información damos nuestra dirección en el ciberespacio.				
5 Tenemos todo para mantenerte en forma.				
6 No hay mejor sitio para ir de compras.				
7 Si quieres conseguir un trabajo casi seguro, habla con nosotros.				
8 Vendemos a buen precio todo lo que necesitas para cuidar tu salud.				
9 Encontrarás aquí todos los anuncios sobre demanda laboral.				
10 Si no bebes ni fumas tendrás una vida mejor.				

2 La magia de las Islas Canarias

A Lee el texto y busca los equivalentes de las palabras y expresiones siguientes:

1 muestran
2 extiende
3 lugar de felicidad
4 huida
5 atraen
6 gusto
7 conjunto de bienes
8 conveniencias

B ¿Cuáles de los adjetivos siguientes describen mejor la imagen de las Islas Canarias que se presenta en el texto?

variado	excéntrico	sombrío
fresco	desafortunado	cómodo
rico	atractivo	oscuro	inverno
relajado	llano	montañoso
deportivo	lejano	evasivo

121

Sobre las azules y refrescantes aguas del Océano Atlántico, las Islas Canarias exhíben toda la magia de un archipiélago único en el mundo por su diversidad y riqueza subtropical; todo un universo del que disfrutar en un clima primaveral que se prolonga doce meses del año.

Profundamente marcadas por su origen volcánico, las Islas Canarias constituyen un auténtico paraíso que invita a la evasión y al descanso, a poco más de dos horas de avión de la Península Ibérica y a cuatro de las principales ciudades europeas.

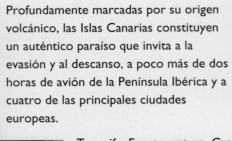

Tenerife, Fuerteventura, Gran Canaria, Lanzarote, La Palma, La Gomera y El Hierro, todas muy diferentes, seducen al visitante con una excepcional oferta turística en la que encontrará los mejores alojamientos y una propuesta cultural y de ocio de la mayor calidad. Inmensas dunas blancas y aguas cristalinas, paisajes de aspecto lunar, volcanes, extensas playas doradas y todo el sabor de pueblos que han sabido conservar su patrimonio histórico y cultural con fiestas populares de gran arraigo y una gastronomía tan sencilla como exquisita.

Pero también las Islas son el lugar perfecto para acercarse a la naturaleza de la forma más activa: senderismo, parapente, deportes náuticos, golf. Hay 365 días al año para disfrutar al cien por cien de cuanto te guste.

En Canarias vivirás tus mejores vacaciones y descubrirás un lugar exótico, pero cercano y seguro, con todas las comodidades de un destino europeo.

C **Vuelve a leer el texto y rellena el cuadro con la información correspondiente.**

Ejemplo: mar en el que están situadas las Islas Canarias	*Océano Atlántico*
1 conjunto de islas:	
2 período de clima primaveral:	
3 duración del vuelo desde España:	
4 duración del vuelo desde el resto de Europa:	
5 satélite al que se parece el paisaje:	
6 actividad campestre que se puede practicar:	

D 🗫 Habla con tu compañero/a de lo que dice la publicidad sobre las atracciones que se ofrecen al turista que visita las Islas Canarias. Luego, escoged las palabras claves que den la impresión de un sitio de vacaciones ideal, por ejemplo: *único, paraíso*.

E ✏️ Esta publicidad, ¿te hace sentir ganas de visitar Canarias? ¿Por qué (no)? Escribe 150 palabras en español.

Las Islas Canarias

Las Islas Canarias son un archipiélago de siete islas. Son: El Hierro, Fuerteventura, Gran Canaria, La Gomera, Lanzarote, La Palma y Tenerife. Canarias es una de las 17 comunidades autónomas de España desde1982. La sede del Parlamento está en Tenerife, aunque el Presidente de la Autonomía alterna entre Canarias y Tenerife.

Situación: está situado frente a la costa noroeste de África.

Población: 1.995.833 habitantes

Historia: Entre 1402 y 1496 las Islas fueron conquistadas por el reino de Castilla. Los antiguos habitantes del archipiélago, llamados los *guanches*, se extinguieron a finales del siglo XV, y a partir de esta época las Islas Canarias se convirtieron en la ruta comercial al Nuevo Mundo. Cristóbal Colón izó la vela desde allí en 1492 para comenzar la conquista de América (se puede ver la casa en la que vivió en Las Palmas de Gran Canaria). El comercio con América dio una gran prosperidad a las Islas hasta el siglo XIX. En tiempos recientes Canarias se ha convertido, gracias a su clima dulce, en un paraíso turístico, atrayendo, sobre todo, a gente del norte de Europa durante todo el año. En el siglo XXI ha surgido un gran problema de inmigración: la aparentemente incesante llegada de inmigrantes pobres desde la cercana costa de África, lo cual puede provocar una importante crisis humanitaria en las Islas.

Industrias principales: La principal industria es el turismo. El sector servicios representa las tres cuartas partes de la economía canaria. También es importante la agricultura: se exportan tomates y plátanos, entre otras frutas y verduras.

Transporte: Desde España lo típico es viajar en avión para llegar a Canarias y el tráfico aéreo es enorme. También se puede coger un barco desde Sevilla. Entre las islas se viaja por avión o barco y dentro de las islas por carretera, en coche o autobús (o *guagua*). Por extraño que parezca, no hay ferrocarriles en Canarias.

Carnaval: En febrero se celebra el Carnaval, la mayor fiesta del año. El más famoso Carnaval, junto con el de Tenerife, es el de Gran Canaria, donde muchas personas se preparan para la fiesta durante todo el año. Es una fiesta de la calle, con disfraces, bailes y agrupaciones musicales. El punto culminante es la elección de la reina del Carnaval. Al final, ocurre el famoso Entierro de la Sardina, con el que los grancanarios se despiden, tristes, de la fiesta.

Gastronomía: El alimento principal de los *guanches* era el gofio, una especie de harina, que, mezclada con agua, forma una pasta. Los canarios han mantenido su gusto por el gofio: se puede comer en cualquier restaurante canario. Hoy día el gofio se mezcla mucho con leche para el desayuno. La comida típica de Canarias es muy sencilla: pescado, carne, *papas* (patatas), queso de cabra y todo tipo de fruta.

La prensa

Manuel Mederos, director adjunto del periódico digital, *Canarias7.es*, escribe asiduamente un polémico blog en el que invita a sus lectores a responder. En este caso, muestra su reacción ante un incendio que ocurrió en Gran Canaria en agosto de 2007, y critica a los políticos locales.

3 ¿Son sinceros los políticos?

A 📖 Antes de leer el artículo que sigue, intenta emparejar las palabras en español con sus equivalentes en inglés.

1	*sentido*	6	*echar la cara a*	a	to face	f	deeply-felt
2	*gabinetes de comunicación*	7	*cortafuegos*	b	we sin	g	to put the spotlight on
3	*apagar*	8	*fueran pasto de las llamas*	c	were enveloped in flames	h	defied
4	*cuadrilla*	9	*pecamos*	d	Communications Agency	i	firebreak
5	*desafiaron*	10	*poner el foco en*	e	team	j	to extinguish

Me pregunto qué piensan los políticos cuando se enfrentan a un desastre tan sentido como el que sufrimos en Gran Canaria. Sé lo que piensan algunos políticos a los que conozco personalmente, y sé que son leales con la realidad y con la historia, pero sé que hay otros que construyen la realidad desde gabinetes de comunicación.

En este incendio los verdaderos protagonistas han sido los grancanarios, los afectados y los voluntarios que han colaborado en apagar el fuego. Si José Luis Rodríguez Zapatero* hubiese ido a San Bartolomé de Tirajana hubiese podido conocer, de cerca, a una cuadrilla de hombres y mujeres que desafiaron todos los controles de los servicios de seguridad para organizarse en cuadrillas y echarle cara al fuego que avanzaba implacable hacia el pueblo. Supieron organizarse, hacer cortafuegos e impedir que sus casas, sus animales y sus propiedades, de las que viven, fueran pasto de las llamas. Otros han visto cómo han perdido su casa, sus animales, sus árboles frutales, sus negocios. Los hemos visto llorar. Ellos son los verdaderos protagonistas y algunas veces los periodistas pecamos de poner el foco en una realidad que está construida en los gabinetes de comunicación.

* El jefe del Gobierno Español

B 📖 Indica con una cruz (✗) si las afirmaciones siguientes son verdaderas (V), falsas (F) o no figuran en el texto (NF).

		V	F	NF
1	Manuel Mederos quiere saber lo que piensan los periodistas del incendio.			
2	Algunos políticos fueron a ayudar a la gente del pueblo.			
3	Los héroes del desastre son los habitantes de la isla.			
4	José Luis Zapatero estaba en Canarias el día del incendio.			
5	Las cuadrillas intentaron impedir el avance del fuego.			
6	Algunos animales murieron.			
7	Los voluntarios trataron de descansar de vez en cuando.			
8	Según Mederos, los periodistas nunca se entienden con los políticos.			

4 La prensa de corazón: ¡Hola!

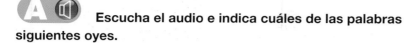

A **Escucha el audio e indica cuáles de las palabras siguientes oyes.**

1 sería/seria
2 los demás/lo demás
3 existe/exista
4 crítica/crítico

5 calidad/cualidad
6 opina/opinar
7 mediático/mediática
8 fuera/afuera

B **Escucha otra vez y contesta las preguntas siguientes en inglés.**

1 Does Sr. Sánchez Pérez think that gossip magazines are serious?
2 What makes him feel uncomfortable?
3 How does he answer the charge that *¡Hola!* only sees the good side of celebrities?
4 In how many countries is *¡Hola!* read?
5 What claim does Sr. Sánchez Pérez make at the end of the interview?

La baronesa Thyssen, que visitó dos veces a su nieto, abrazó emocionada a su hijo

C **¿Estás de acuerdo con la declaración de que "la prensa del corazón puede ser seria"? Escribe 150 palabras apoyando o rechazando esta opinión. Visita http://www.hola.com/ antes de contestar.**

Grammar

Uses of the subjunctive (3)
Verbs of thinking used in the negative

Verbs of "mental activity", such as *creer, pensar, considerar*, are followed by the indicative when used affirmatively. However (as was pointed out in Unit 5), when they are in the negative, the subjunctive must be used in a following subordinate clause.

*Creo que la prensa española **trata** su información con gran seriedad.*
I think that the Spanish press handles its information very seriously.

*No creo que la prensa de corazón **trate** su información con gran seriedad.*
I don't think that gossip magazines handle their information very seriously.

*Pienso que la función del móvil **cambiará** mucho en el futuro.*
I think that the role of mobiles will change considerably in the future.

*No pienso que la función del móvil **cambie** mucho en el futuro.*
I don't think that the role of mobiles will change much in the future.

For more information on the subjunctive, see the Grammar Summary on page 286.

5 Las revistas del corazón y las mujeres que Felipe dejó en el camino

A lo largo de sus 35 años, las revistas del corazón buscaron a la candidata ideal para el príncipe entre las jóvenes de la realeza europea y de familias aristócratas.

El príncipe buscó con paciencia durante largos años entre numerosas candidatas europeas de sangre azul, pero nunca se interesó especialmente por alguna de ellas. De hecho, las dos mujeres que se grabaron a fuego en su corazón antes de Letizia Ortiz resultaron ser plebeyas: Isabel Sartorius, su primer gran amor, y Eva Sannun, una modelo noruega.

La desgracia de Sartorius fue ser la primera. Felipe inició en 1989 un noviazgo oficioso y casi público con esta rubia discreta y elegante, que saltó a las portadas españolas y extranjeras como la primera "novia" del príncipe durante ese verano en Palma de Mallorca. Ya en el otoño anunció la ruptura.

Felipe mantuvo un serio romance de cuatro años con Eva Sannun, con miras al matrimonio, hasta que lo dio por finalizado en 2001 con una histórica e inesperada declaración pública. El futuro Felipe VI no tenía apuros. "Es mejor esperar a los cuarenta que casarse mal."

En 2002, sorprendió a todos los españoles al sellar el 6 de noviembre su compromiso con la atractiva periodista de 31 años, Letizia Ortiz Rocasolano. Letizia era una joven divorciada, nada aristocrática, pero con un muy buen currículum profesional. Que el matrimonio sea "desigual" no es algo que hoy los españoles se cuestionen.

¡Fíjate!

Feminine nouns ending in -o

A few nouns in Spanish ending in -o are feminine in gender. The most common of these nouns are:

la foto – photo; *la mano* – hand; *la modelo* – (fashion) model; *la moto* – motorbike; *la radio* – radio

¿Lo has entendido?

¿Se te ocurren tres sustantivos más que acaben en –o pero que sean femeninos?
¿Y a tu compañero/a?

A Busca en el texto los equivalentes de las frases y expresiones siguientes:

1 nobles
2 con quienes se enamoró
3 de clase social baja
4 no oficial
5 apareció en
6 con la intención de casarse
7 no sentía preocupación

B Empareja la primera parte de cada frase con la segunda parte que mejor corresponda. ¡Cuidado! Hay tres terminaciones que no te harán falta.

1 Durante años Felipe buscó a la mujer ideal
2 Isabel y Eva no correspondían a lo que querían las revistas
3 Después de unos meses Isabel empezó a
4 Si Isabel hubiera sido de sangre azul
5 La relación con Eva salió mal
6 También Letizia era de origen humilde

a darse cuenta de las restricciones que suponía ser la novia de un príncipe.
b pero sus esperanzas se vieron frustradas.
c le habría rechazado enseguida.
d sentirse más libre y relajada.
e es probable que la pareja se hubiera casado.
f porque no pertenecían a la nobleza.
g porque pertenecían a la realeza europea.
h pero, a pesar de esto, el pueblo español aceptó en parte gracias a su brillante currículum.
i aunque Felipe había tenido la intención de casarse con ella.

C Con tu compañero/a busca en el texto las referencias a la prensa de corazón y comenta la influencia que tenían las revistas en los romances de Felipe. Intenta utilizar el subjuntivo cuando das tu opinión, por ejemplo: *No creo que el Rey tenga mucha influencia en las decisiones de su hijo sobre su futura esposa, pero la prensa de corazón sí.*

Grammar

Reflexive verbs

In sentences containing reflexive verbs, the subject and the object of the verb are the same person. In Spanish, reflexive verbs are always accompanied by a reflexive pronoun: *me, te, se*, etc., as in *acostarse* – to go to bed, *casarse con* – to marry/get married, *aburrirse* – to get bored, *interesarse* – to be interested.

Los niños se acostaron tarde.	The children went to bed late.
Es mejor esperar a los cuarenta que casarse mal.	It's better to wait until you are forty than to marry badly.
Nunca se interesó mayormente por alguna de ellas.	He was never especially interested in any of them.

Notes:

● When you translate a reflexive verb into English it frequently does not have a reflexive pronoun, or the reflexive pronoun is "understood", e.g. *acostarse* to go to bed (i.e. "to put oneself to bed"), *lavarse* to wash (i.e. "to wash oneself").

● A non-reflexive verb can become reflexive by adding the reflexive pronoun:

Non-reflexive	**Reflexive**
divertir to amuse	*divertirse* to amuse oneself
entregar to hand over	*entregarse* to give oneself up
arreglar to arrange	*arreglarse* to get oneself ready

For more information on reflexive verbs, see the Grammar Summary on page 295.

6 Curiosa campaña de solidaridad

Una familia argentina emigró a España gracias a un ciclo de TV

El pueblo de Calzadilla de Cáceres, Extremadura, está de fiesta hoy para recibir a seis personas, hijos y nietos de un hombre que emigró hace más de 50 años de esta localidad a la Argentina. Ahora, sus descendientes hacen el camino inverso gracias a una campaña de solidaridad que alcanzó gran difusión en la televisión española.

En un vuelo de Iberia desde Buenos Aires arribarán a primera hora de hoy Néstor Acosta Hernández, 41 años, su mujer Nélida (36), y sus cuatro hijos.

El hermano de Petra Acosta, tía de Néstor, emigró a Argentina en la década del cincuenta. "No sabíamos nada de ellos desde hacía cuarenta años hasta que el alcalde de Calzadilla, Pedro Cañadas Castillo, nos avisó que alguien llamado Acosta llamaba desde Argentina buscando a sus familiares. Néstor había enviado un e-mail pidiendo contactos en Calzadilla de donde sabía que era su padre y alguien le dio el teléfono del Ayuntamiento. Así nos volvimos a relacionar", relata Petra.

En este momento el pueblo se movilizó para tratar de encontrar dinero para los pasajes y gastos de Néstor y su familia. A principios de enero se organizó una rifa premiada con un equipo de música y un robusto cerdo de raza ibérica que donó el alcalde. Pero el dinero no alcanzaba. Fue entonces cuando Petra envió una foto de su familia al programa *El Informal,* de gran audiencia en televisión.

Con la foto, se inauguró una sección de solidaridad llamada "Tocomocho" cuya primera campaña fue conseguir seis pasajes para la familia argentina de los Acosta. Tocomocho, en España y Argentina, es una cadena de donaciones en donde el donante cambia su objeto por otro de menos valor.

"Ha sido un éxito extraordinario y el programa, que ya tenía mucha audiencia, la mejoró en las tres semanas de campaña por los argentinos," explica Félix Alvarez, el periodista responsable de la nueva sección del programa.

"Por la foto de la familia Acosta nos dieron una golosina, después fuimos cambiándola por cosas más valiosas hasta que llegamos a un traje de novia. Desde allí, a una guitarra firmada por varios artistas y a un reloj muy valioso. El reloj fue canjeado por un cuadro del pintor Petrus, valuado en casi cinco mil dólares," añadió.

Seguidos por una gran audiencia, los integrantes de *El Informal* acudieron a canjear la obra por seis pasajes de Iberia. Luego tuvieron una gratísima sorpresa cuando la compañía les dio los billetes sin aceptar el cuadro. Éxito total: los Acosta podían comenzar a hacer las valijas.

Finalmente, los Acosta llegarán a Calzadilla desde Madrid acompañados de sus familiares españoles y productores del programa de TV, que después emitirá el final feliz de su campaña.

¡Fíjate!

Connectives

Texto 6 is a partly narrative passage which takes the reader through various stages in time. In order to join up the parts of the story, the writer uses linking words and expressions called connectives, such as:

Fue entonces cuando *Petra envió una foto de su familia al programa.*
That was when Petra sent a photo of her family to the programme.

Finalmente, *los Acosta llegarán a Calzadilla…*
Finally, the Acosta family will arrive at Calzadilla…

 ¿Lo has entendido?

Lee la historia de nuevo y localiza más ejemplos de nexos. Trata de utilizarlos cuando hagas el ejercicio D más adelante.

A Busca en el texto las palabras españolas que tienen el mismo sentido que las palabras siguientes.

1 go in the opposite direction
2 had widespread coverage
3 mayor
4 informed
5 was opened
6 chain
7 donor
8 sweet
9 wedding dress
10 painting
11 members
12 to exchange

B Contesta las siguientes preguntas en español.

1 ¿Por qué está de fiesta el pueblo?
2 ¿Quién supo primero del interés de Néstor en ponerse en contacto con su familia?
3 ¿Cómo reaccionó el pueblo?
4 ¿Cuál fue el objetivo de la primera campaña de Tocomocho?
5 ¿Cómo funciona Tocomocho?
6 ¿Cómo se sabe que la campaña ha sido un éxito?
7 ¿Por qué fue una sorpresa la reacción de la compañía aérea?

C Busca los ejemplos de verbos reflexivos en el Texto 6, y haz una lista de estos verbos.

D Imagina que eres uno de los hijos de Néstor. Escribe una carta a tu amigo/a en Argentina en la que incluyas:

● el viaje de Argentina a Calzadilla
● una descripción de la recepción de tu familia en Calzadilla
● tus impresiones del pueblo
● tu opinión de este tipo de campaña televisiva

Utiliza por lo menos cinco verbos reflexivos.

7 *El País* y el *"tejerazo"*

El 23 de febrero de 1981, un teniente coronel de la Guardia Civil, llamado Tejero, y unos compañeros asaltaron el Congreso en Madrid, con la pistola en la mano. La Redacción del periódico *El País* reaccionó al atentado publicando varias ediciones del periódico durante la noche del 23-F, que condenaron a los golpistas. En el artículo se ve claramente el papel del periódico en una sociedad democrática, actuando como perro guardián de los derechos del ciudadano.

La edición extraordinaria salió del periódico a las nueve de la noche del 23-F y llegó a la plaza de las Cortes poco más tarde. En el periódico, a esa hora, había un hervidero de gente. La primera edición llegó al Congreso* dentro de un paquete para el conserje. Tejero no se lo creyó; pensó que era un ejemplar único, editado con el propósito de intimidar a los golpistas, hasta que vio una pila, y se dio por vencido. Corrió la voz: "*El País* ha salido a la calle." A partir de entonces la gente sabía que el golpe había fracasado. La obsesión de sacar el periódico a la calle había dado un fruto espectacular.

La primera versión del editorial transpiraba rabia, reflejaba lo que sentía la Redacción:

"En la hora de un atentado alevoso contra el pueblo español a manos de unos hombres armados que pretenden por fuerza sustituir la soberanía de los ciudadanos, *El País* sale a la calle en defensa de la ley y la Constitución. La rebelión debe ser abortada; sus culpables, detenidos, juzgados severamente y condenados como ejemplar escarmiento de la Historia."

Fue una fecha tremenda, un día especial para *El País*, un motivo de orgullo que cruzó como un emblema a toda la gente que hizo el periódico. Respiramos tranquilos. Como si hubiéramos nacido para eso, como si a partir de aquel suceso histórico el periódico ya fuera distinto, como si hubiéramos llegado a la mayoría de edad, gracias a un desastre que salió bien".

* El Congreso de los Diputados es la Cámara Baja del Parlamento español.

 A Empareja las palabras españolas con sus equivalentes en inglés.

1 *Redacción*	7 *rabia*	a lesson	g failed
2 *las Cortes*	8 *atentado*	b seething mass	h rage
3 *hervidero*	9 *alevoso*	c perpetrators of the coup	i Spanish Parliament
4 *conserje*	10 *soberanía*	d event	j editorial team
5 *golpistas*	11 *escarmiento*	e caretaker	k attack
6 *fracasado*	12 *suceso*	f sovereignty	l premeditated

 B Contesta las preguntas siguientes en inglés.

1 When did the first edition reach Parliament Square?
2 What did Tejero think when he saw the first edition of *El País*?
3 What made Tejero realise that the game was up?
4 What was the mood of the editorial team at first?
5 What, according to the editorial, were the *golpistas* trying to do?
6 How, according to the editorial, should the rebels be treated?
7 What were the feelings of the editorial staff after the event was over?

C Comenta con tu compañero/a por qué es importante que tengamos periódicos, y toma notas. Luego escribe 150 palabras dando tus ideas sobre el papel de la prensa.

Grammar

Uses of the subjunctive (4)
Como si
The subjunctive is always used after the conjunction *como si*.

*Como si **hubiéramos nacido** para eso, como si a partir de aquel suceso histórico el periódico ya **fuera** distinto, como si **hubiéramos llegado** a la mayoría de edad, gracias a un desastre que salió bien.*
As if we had been born for this, as if from that historic event the newspaper would now be different, as if we had come of age, thanks to a disaster that turned out well.

For more information on the subjunctive, see the Grammar Summary on page 286.

La radio y la televisión

8 Millonaria por una llamada de teléfono

María Prats ya lo barruntaba. La palmesana de 61 años que ha conseguido el premio más alto entregado en televisión – un millón de euros – sospechaba que algo iba a ganar este año.

Tiene el aire de quien todavía no se acaba de creer que es millonario. Pero quizá son los nervios contenidos tras los últimos tres días: ha pasado de ser ama de casa, con un marido jubilado y dedicada a sus nietos, a convertirse en la primera participante que logra el gran premio de *El juego del euromillón*, un concurso que presenta Paula Vázquez en Tele 5 y que ve una media de 2.130.000 espectadores.

Y sólo con una llamada de teléfono. La que, desde el propio programa, el jueves le comunicaba que era la seleccionada para participar desde su casa. Luego llegó la parte más difícil, la que depende de la suerte: tenía que acertar en qué casillas de un panal se escondían los logotipos de las dos empresas patrocinadoras. Como todos los concursantes, tenía tres opciones. Ella las acertó todas.

María Prats cuenta que llevaba escribiendo al programa desde hacía mucho tiempo. Con la idea, claro, de que le tocara, pero también porque le gusta el programa. Confiesa que son los concursos los espacios que más le atraen a la televisión.

Desde el jueves en que ganó, la nueva millonaria ha vivido sin descanso. A primera hora del viernes tomó junto a su marido, Francisco Oliver, un avión en primera clase hasta Madrid, donde se aloja en el hotel Palace hasta que mañana Paula Vázquez le entregue en el programa el cheque.

 A   **Lee el texto y pon los sucesos en el orden en que ocurrieron.**

1 María Prats participa en un concurso.
2 Cuenta que hace mucho que le encantan esos programas.
3 Recibe su premio.
4 María tiene el presentimiento de que le van a dar un premio.
5 Llega a ser ganadora.

 B   **Lee el texto otra vez y marca con una cruz (X) las cuatro frases verdaderas.**

1 María es de Mallorca.
2 Ganó el premio hace tres semanas.
3 María está jubilada.
4 Más de dos millones de espectadores ven *El juego del euromillón*.
5 Tuvo que viajar a Madrid para participar en el programa.
6 Eligió las casillas que contenían los logotipos.
7 Los espacios que más le gustan son los documentales.
8 Le acompañó su esposo en el vuelo.

Grammar

How to express "for" with a period of time

1 "For", referring to an action which began in the past and is/was still going on, may be expressed in three ways:

- **llevar** + gerund
  Llevan cinco años viviendo en Oviedo. They've been living in Oviedo for five years. (i.e. they are still living there now)

- **hace/hacía que** + the present or the imperfect tense/simple past.
  Hace seis meses que Asunción estudia informática.
  Asunción has been studying ICT for six months. (i.e. she's still studying it now)

- **desde hace/hacía** + the present or the imperfect tense
  María llevaba escribiendo al programa desde hacía mucho tiempo.
  María had been writing to the programme for a long time. (i.e. she was still writing to it at the time of speaking)

2 "For" referring to the duration of a period of time is conveyed by **por** or **durante**.

- **por** is often omitted in this meaning:
  *Van a ir a Madrid **por quince días**.*   They are going to Madrid for a fortnight.
  *Elisa se va a quedar **(por) una semana** con su amiga.*   Elisa is going to stay with her friend for a week.

- **durante** refers particularly to the time during which something happened.
  El príncipe buscó con paciencia durante largos años entre numerosas candidatas.
  The prince searched for many years among numerous candidates.

Note:
- **desde** means "since", and refers back to the particular time when the action began in the past.
Hemos estado viendo la tele desde las cuatro de la tarde. We've been watching TV since four o'clock in the afternoon.

Ejercicios

1 Rellena los espacios en blanco con *llevar, hace/hacía que, desde hace/hacía, desde* or *durante*.
María 1 _____ 40 años siguiendo los concursos. Ha escrito por lo menos 50 cartas al año a los programas que más le gustan. 2 _____ todo este periodo nunca había aparecido en un programa, pero el mes pasado recibió una llamada invitándola a participar en su concurso favorito. 3 _____ 40 años esperando esa llamada. Ganó el gran premio y 4 _____ tres días está en Madrid para recibirlo. 5 _____ mucho tiempo que desea visitar la capital,   pero antes fue imposible por falta de dinero. Está casada con su marido, Francisco, 6 _____ 1975 y ¡nunca se ha sentido tan feliz!

2 Escribe las frases siguientes de otra manera.
Ejemplo: Vivimos en Barcelona desde hace tres años. / Hace tres años que vivimos en Barcelona. / Llevamos tres años viviendo en Barcelona.
a) Conduzco desde hace 20 años.
b) Juan lleva sólo tres semanas trabajando en la empresa.
c) Hace media hora que están esperando el tren.
d) Vivían en Madrid desde hacía un año y medio.
e) Llevaba seis meses buscando a su perro perdido.

9 "Me encantan los concursos"

   Escucha el audio y busca en el texto los equivalentes de las frases siguientes.

1 It's happened to me all of a sudden
2 I was going to win
3 It's not that I've got much time to…
4 I didn't go beyond primary school
5 to do my sums
6 has made me excited

B Escucha el audio otra vez y rellena el cuadro con la información correspondiente.

1 períodos en los que María iba a ganar un premio, según ella:	
2 tres cosas con las que ella se habría conformado:	
3 lo que necesitas para algunos concursos:	
4 razón por la cual María, en principio, no es adecuada para esos concursos:	
5 lo que es más importante que una carrera, según María:	
6 lo que le hace mucha ilusión:	

10 El ojo que todo lo ve

En *Gran Hermano* diez personas, cinco chicas y cinco chicos, han de convivir durante tres meses rodeados por cientos de cámaras que registran cada uno de sus movimientos. El objetivo es ofrecer una "serie de televisión" real y sin guión. El morbo está servido.

Treinta cámaras y sesenta micrófonos graban la vida de las diez personas encerradas durante tres meses en una casa sin teléfono, ni televisión, ni periódicos, ni libros, y sin ningún contacto con el mundo exterior. El programa estudia sus relaciones personales, sus discusiones, sus frivolidades, sus costumbres, defectos y virtudes. Igual que en la novela de George Orwell, *1984*, nada escapa al ojo de ese Gran Hermano que todo lo ve y todo lo controla.

Sólo hay un ganador. El resto son eliminados en varias fases de votación. Cada 15 días, los propios concursantes aceden a una habitación insonorizada – el llamado "confesionario" – para proponer en secreto la salida de dos de sus compañeros. Después será el público el que, mediante un sistema de votación telefónica, decidirá quién debe abandonar la casa.

Se trata de un auténtico *reality show*, creado por la productora Endemol, que en Holanda, y sobre todo Alemania, ha sido precedido de una fuerte polémica sobre la ética, la dignidad humana y las posibles consecuencias psicológicas de los participantes. Y es que permanecer en el interior de una casa durante tanto tiempo con gente desconocida, aguantando pase lo que pase, puede hacer perder los nervios a cualquiera.

Cambio 16

A Lee el texto y encuentra las palabras que correspondan a las definiciones siguientes:

1 vivir juntos
2 escrito que sirve de guía o ayuda
3 atracción hacia lo prohibido, lo inmoral y lo desagradable
4 metidas en un sitio de donde no se puede salir
5 hábitos
6 aislada de ruidos
7 discusión
8 tolerando

B Contesta las preguntas siguientes en español.

1 ¿Para qué sirven los cientos de cámaras?
2 ¿Por qué se menciona la novela *1984*?
3 Describe con tus propias palabras el proceso para eliminar a los concursantes.
4 ¿Por qué ha habido una polémica acerca de este programa?

C ¿A ti te encantan los concursos, o eres de los que los odias? ¿Y qué opinas de *Gran Hermano*? ¿Te gustaría ser concursante en este tipo de programa? Después de comentar este tema, en parejas o en grupos, escribe 200 palabras dando tu opinión.

¡PONTE AL DÍA!

11 Gran hermano

A Escucha el audio e indica cuáles de las palabras siguientes oyes.

1 terminó/termino
2 querría/quería
3 resulte/resulta
4 aguardado/aguantado

5 habría/había
6 demás/además
7 emitir/meter
8 gustos/disgustos

B Antes de hacer el siguiente ejercicio, busca en tu diccionario estas palabras, si no las conoces ya:

reto   aguantado   botellones
        pruebas   tarima

C Indica con una cruz (✕) si las afirmaciones siguientes son verdaderas (V), falsas (F) o no figuran en el texto (NF).

	V	F	NF
1 Jorge quería participar en el programa porque un amigo suyo había participado antes.			
2 Para Jorge fue una especie de desafío.			
3 Le parecía que se iba a aburrir en la casa si no tenía nada que hacer.			
4 Jorge habría invitado a los otros concursantes a jugar a las cartas.			
5 Pensaba que todo el tiempo sería consciente de las cámaras.			
6 Primero hubo un test por escrito y luego le telefonearon para saber por qué quería participar en el programa.			
7 En los tests hacían preguntas íntimas.			
8 En la tarima no le hicieron preguntas personales.			

D La clase mantiene un debate sobre *reality shows* del tipo *Gran Hermano*. Pueden concentrarse en algunos de los puntos siguientes:

- las atracciones que presenta para el telespectador
- los *reality shows* como una manera de mostrar a los seres humanos y sus vidas tal y como son
- la dignidad humana
- las posibles consecuencias psicológicas para los participantes
- la falta de privacidad
- la moralidad de tales programas

E Toda la clase va a participar en una actuación de *Gran Hermano*. Por ejemplo, primero se puede preparar preguntas adecuadas para las entrevistas de los que quieran ser participantes y luego entrevistarles. Después, la clase va a votar a los mejores candidatos, que entrarán en la casa. Los concursantes seleccionados propondrán la salida de sus compañeros, dando sus razones, como lo hacen en el programa.

12 Entrevista a Jordi Hurtado, presentador del concurso *Saber y ganar*

 A Escucha el audio y busca las palabras que correspondan a las definiciones siguientes:

1 presentan por primera vez
2 programa
3 profesor de categoría más alta
4 sin ideas
5 crea cierta adicción
6 inútiles

B Contesta en inglés las preguntas siguientes:

1 How is Jordi going to celebrate the 10th anniversary of the programme?
2 What happens to some of the highly-educated contestants?
3 Why does Jordi like *El reto*?
4 What deficiency has Jordi noted in contestants with a strong Arts background?
5 Which is more important in Jordi's opinion, culture or intelligence?
6 Why would he not wish to be a contestant?

Para saber más de este concurso, haz clic en:
http://www.rtve.es/tve/b/saberyganar/

Los periodistas

13 Lourdes Maldonado, la cara risueña de los informativos de fin de semana

 A Escucha el audio y termina las frases siguientes según la entrevista.

1 Después se despierta y _____.
2 Hay que _____.
3 Además su marido _____.
4 … no tienen que ver con muertes, guerras y _____.
5 … emite lo que _____.
6 porque dicen que _____.

B **Empareja la primera parte de cada frase con la segunda parte que mejor corresponda.**

1	Cuando la hija de Lourdes se despierta	a	porque no pueden ver nada.
2	Lourdes pasa cuatro días en Madrid	b	hay que vigilarla con mucho cuidado.
3	Lourdes habla mucho con su esposo,	c	están en aumento actualmente.
4	Las audiencias del canal en que trabaja Lourdes.	d	que tiene la misma profesión.
5	No le gusta dar noticias	e	que le pongan triste.
6	En su casa le prohíben tener el mando	f	y el resto de la semana en el sur de España.

14 Jacobo Zabludovsky: Periodista

Jacobo Zabludovsky es un icono de la televisión mexicana. Dejó hace siete años Televisa, pero a sus 79 años sigue haciendo comunicación, ahora al frente del principal programa de Radio Red y Radio Centro, en México. Le escuchan, dicen, veinte millones de mexicanos.

Pregunta: ¿Cómo le mordió el periodismo?

Respuesta: Empecé a los 15 años, ayudando a corregir pruebas. Me gustó el olor de la tinta; quise ser reportero y locutor de radio. El 3 de enero de 1945 me metí en un estudio. Llevo 63 años en esta profesión.

Pregunta: Le mordió pronto la tele.

Respuesta: Cuando la tele llegó, yo ya estaba. Apareció la primera estación de televisión en México, y yo ya estaba trabajando con los dueños. Me pusieron a hacer los noticieros.

Pregunta: Ahora la gente dice que la tele tiene la culpa de casi todo…

Respuesta: Es el medio más importante que ha creado el hombre. La imagen es lo fundamental. La narración es accesoria. Las Torres Gemelas: cuando se estrelló el segundo avión ya todos los locutores del mundo decíamos lo mismo. "Oh my God, oh Dios mío". ¿Qué más ibas a decir? En la radio la cosa es distinta: todo es producto de la voz. Sin la voz no eres nadie.

Pregunta: En 1985 usted retransmitió en directo el terremoto de México*. Con un teléfono.

Respuesta: Experiencia imborrable. El 18 de septiembre de 1985, a las 7.19 de la mañana. Tenía un teléfono unido al coche; era un gran avance técnico. Había desaparecido la señal de televisión y salí de casa, me acerqué al centro de la ciudad; se cayeron las antenas. Yo era el director de todos los noticieros de Televisa, y narré por radio, a través del teléfono, todo lo que veía. La ciudad destruida. Una cosa espantosa. Yo era el único que lo estaba narrando, pero yo no lo sabía entonces.

Pregunta: Era un hombre poderoso, de los más poderosos de México.

El terremoto de la Ciudad de México de 1985 destruyó gran parte del centro de la ciudad. Murieron unas siete mil personas.

¡Fíjate!

lo + adjective

Lo is often followed by an adjective in the masculine singular form. When this happens, an abstract noun is created. In English this idea may be translated as "the (adjective) thing".

*La imagen es **lo** fundamental.* The image is the fundamental thing.
***Lo** bueno es que no se opone a nuestro plan.* The good thing is that she isn't opposed to our plan.
*Has dicho la verdad y eso es **lo** principal.* You've told the truth and that's the main thing.

✎ **¿Lo has entendido?**

Completa las siguientes frases dando tu opinión sobre algo.
Lo bonito es…
Lo peor es…
Lo sorprendente es…

 A **Empareja las palabras en español con sus equivalentes en inglés.**

1	*mordió*	a	crashed
2	*pruebas*	b	news
3	*tinta*	c	indelible
4	*noticieros*	d	signal
5	*culpa*	e	blame
6	*se estrelló*	f	live
7	*terremoto*	g	aerials
8	*en directo*	h	proofs
9	*imborrable*	i	ink
10	*señal*	j	bit
11	*antenas*	k	earthquake

Contesta en español las preguntas siguientes:

1 ¿Con qué medio de comunicación trabaja ahora Jacobo?
2 Según Jacobo, ¿por qué quiso ser reportero?
3 ¿Cuál fue su primer empleo en televisión?
4 Según Jacobo, ¿qué es lo más importante de la televisión?
5 ¿Por qué fue inútil decir más cuando ocurrió lo de las Torres Gemelas?
6 ¿Cómo le ayudó la tecnología para narrar el terremoto de México?
7 ¿Por qué era Jacobo tan poderoso durante el terremoto de México?

 Habla con tu compañero/a de las diferencias entre la televisión y la radio. Haced una lista de los tipos de programa que se emiten. ¿Cuáles son las ventajas y los inconvenientes de cada una como medio de comunicación? ¿Parece mejor la una o la otra, para presentar, por ejemplo, las noticias, música, deportes, etcétera?

Ejercicio: Miguel Ángel Rodríguez, reportero español premiado con un Emmy
see Dynamic Learning

Grammar

Uses of the subjunctive (5)

● You use expressions of the following kind when you are making *value judgements*. These expressions are usually impersonal.

A mí me parece bien/mal	*Hace falta*	*Es imprescindible*
Es normal	*Es importante*	*Más vale*
Vale la pena	*Es necesario*	*Sería mejor*

● These expressions may be followed by the infinitive, as in English.
Es imprescindible saber quién controla los medios de comunicación.
It's essential to know who controls the media.
Sería mejor suprimir los programas como Gran Hermano.
It would be best to get rid of programmes like *Big Brother*.

● When, however, a different subject is used in the subordinate clause, these expressions are followed by *que* plus the subjunctive:

En Estados Unidos es importante que el público no se aburra… In the USA it's important that people don't get bored…
Es normal que dos millones de personas vean Saber y ganar. It's normal for two million people to watch *Saber y ganar*.
No me parece bien que revistas como ¡Hola! tengan tanta influencia.
It doesn't seem right to me that magazines like *¡Hola!* should have so much influence.

For more information on the subjunctive, see the Grammar Summary on page 286.

Internet

El español es la cuarta lengua utilizada en Internet, después del inglés, del chino y del hindi. Hoy en día, sólo el 9% de los usuarios de Internet en el mundo hablan español. Así que, en el ciberespacio, domina el inglés. El autor del siguiente artículo señala los peligros para la lengua española de este dominio.

15 El "ciberespanglish"

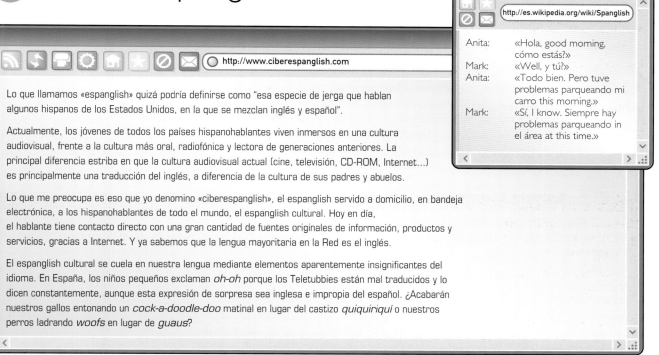

http://www.ciberespanglish.com

Lo que llamamos «espanglish» quizá podría definirse como "esa especie de jerga que hablan algunos hispanos de los Estados Unidos, en la que se mezclan inglés y español".

Actualmente, los jóvenes de todos los países hispanohablantes viven inmersos en una cultura audiovisual, frente a la cultura más oral, radiofónica y lectora de generaciones anteriores. La principal diferencia estriba en que la cultura audiovisual actual (cine, televisión, CD-ROM, Internet...) es principalmente una traducción del inglés, a diferencia de la cultura de sus padres y abuelos.

Lo que me preocupa es eso que yo denomino «ciberespanglish», el espanglish servido a domicilio, en bandeja electrónica, a los hispanohablantes de todo el mundo, el espanglish cultural. Hoy en día, el hablante tiene contacto directo con una gran cantidad de fuentes originales de información, productos y servicios, gracias a Internet. Y ya sabemos que la lengua mayoritaria en la Red es el inglés.

El espanglish cultural se cuela en nuestra lengua mediante elementos aparentemente insignificantes del idioma. En España, los niños pequeños exclaman *oh-oh* porque los Teletubbies están mal traducidos y lo dicen constantemente, aunque esta expresión de sorpresa sea inglesa e impropia del español. ¿Acabarán nuestros gallos entonando un *cock-a-doodle-doo* matinal en lugar del castizo *quiquiriquí* o nuestros perros ladrando *woofs* en lugar de *guaus*?

http://es.wikipedia.org/wiki/Spanglish

Anita: «Hola, good morning, cómo estás?»
Mark: «Well, y tú?»
Anita: «Todo bien. Pero tuve problemas parqueando mi carro this morning.»
Mark: «Sí, I know. Siempre hay problemas parqueando in el área at this time.»

A   Empareja las palabras españolas con sus equivalentes en inglés.

1 *jerga*	7 *fuentes*	a by means of	g jargon
2 *lectora*	8 *mayoritaria*	b sources	h lies in
3 *estriba en*	9 *se cuela*	c enters/slips through	i tray
4 *a domicilio*	10 *mediante*	d to bark	j majority
5 *bandeja*	11 *castizo*	e at home	k speaker
6 *hablante*	12 *ladrar*	f reading	l pure Spanish

B   Contesta las preguntas siguientes en inglés.

1 What is meant by Spanglish, according to the article?
2 Summarise paragraph two of the article.
3 Why does the Spanish speaker nowadays have so much contact with English?
4 Why do Spanish toddlers say *oh-oh?*
5 Why might Spanish toddlers say *woof* instead of *guau?*

¿Qué importancia tiene Internet en tu vida? ¿Para qué lo utilizas? ¿Cómo crees que te influye? ¿Piensas que es una herramienta peligrosa o no? ¿En qué sentido? Escribe 200 palabras en español explicando la importancia de Internet en la comunicación con otros.

16 El ordenador también tiene sexo

Cecilia Castaño, catedrática de Economía de la Universidad Complutense, en Madrid, que dirige el proyecto *e-igualdad*, contesta unas preguntas sobre las diferencias en el uso de los ordenadores por mujeres y hombres.

 Escucha el audio y busca las palabras que correspondan a las definiciones siguientes.

1 cuando son niñas
2 se hacen más parecidas
3 disminuye
4 Red
5 cuando pagan
6 muebles y accesorios de casa

 Escucha el audio otra vez e indica las cuatro frases verdaderas.

1 Las niñas utilizan el ordenador menos que los niños.
2 Los niños prefieren usar el ordenador como un juguete.
3 Más niñas poseen móviles porque suelen charlar más.
4 Los chicos jóvenes utilizan el ordenador más que los niños.
5 Las mujeres usan el ordenador menos porque tienen más tareas domésticas.
6 A las mujeres les gusta más comprar por Internet que en las tiendas.
7 Los hombres usan Internet para asuntos relacionados con el trabajo.
8 Las mujeres usan el ordenador más para sus reservas de viajes, actividades culturales o de ocio.

Comenta con tu compañero/a las conclusiones de este estudio.

- ¿Qué te dice de las preferencias de los hombres y la mujeres?
- ¿Te parecen previsibles o hay algo que te sorprenda?

Ejercicio: Reporterismo en la era de Google   see Dynamic Learning

A Describe a tu compañero/a el programa de televisión que más te gusta y explica por qué. Luego tu compañero/a va a hacer lo mismo. Haced una lista de los puntos a favor (y, si los hay, los puntos en contra) de los dos programas. Finalmente, uno de vosotros va a hacer una presentación delante de la clase de uno de vuestros programas favoritos.

B Escribe 250 palabras sobre uno de los medios de comunicación, explicando lo que más te gusta y lo que menos te gusta del medio elegido. Para ayudarte, puedes concentrarte en algunos de los puntos siguientes:

- el impacto visual del medio
- la calidad de la presentación
- la calidad del contenido (artículos, programas, etcétera)
- lo novedoso que es
- las atracciones del medio para la gente de tu edad/los jóvenes

C Escribe 250 palabras sobre uno de los temas siguientes:

a) "Pronto será imposible vivir sin conectarse a la Red."
b) "En Internet domina la libertad absoluta: la gente dice lo que quiere y no tiene que pedir permiso a nadie. Por eso la Red es peligrosa."

8 ¡Protejamos nuestro entorno!

Entrando en materia...

El tema de esta unidad es para muchos el de mayor envergadura de nuestra época. "Medio ambiente" significa todo lo que nos rodea: los bosques, los ríos, las playas, los animales, los espacios verdes, las ciudades, la atmósfera. Los países más avanzados, algunas organizaciones como Greenpeace y los partidos verdes, siguen proponiendo medidas para la mejor protección del medio ambiente. Vamos a investigar lo bueno y lo malo de este tema, las amenazas así como las esperanzas. En esta unidad trataremos de la Comunidad de Andalucía, destacando algunos aspectos del medio ambiente de esta histórica región del sur de España. Al final abordamos el tema global del calentamiento del planeta y las consecuencias del cambio climático para el futuro.

Los puntos gramaticales que se tratarán son:

★ el condicional
★ el imperfecto del subjuntivo
★ los porcentajes, las fracciones y los números superiores a mil

Reflexiona:

★ ¿Cuáles son los mayores problemas medioambientales hoy en día?¿Qué podemos hacer en nuestro pueblo/nuestra ciudad/en el campo? ¿Son mayores los problemas de medio ambiente en el campo o en la ciudad? Las especies amenazadas, ¿cómo protegerlas? ¿Qué hacemos con los residuos nocivos? ¿Es necesario actuar a nivel internacional para solucionar estos problemas, como en el caso del cambio climático?

Temas medioambientales

1 Medidas medioambientales en el aeropuerto de Barcelona

Para comenzar, lee esta publicidad del Aeropuerto de Barcelona, El Prat, sobre siete aspectos importantes del medio ambiente:

RESIDUOS

Mediante su correcta gestión, conseguir por este orden:
1° reducir
2° reutilizar
3° reciclar

AGUA

Reducir su consumo. Controlar su vertido y prevenir la contaminación de sus aguas.

ENERGÍA

Promover el ahorro energético y estudiar el uso y viabilidad de energías alternativas renovables.

RUIDOS

Estudiar los niveles de ruido mediante un Sistema de Monitorización con el fin de proponer medidas de alternación.

SUELO

Controlar la calidad del suelo y aguas subterráneas. Recuperar las zonas con suelos degradados.

AIRE

Reducir las emisiones contaminantes de focos fijos (calderas…) y móviles (vehículos…).

ECOSISTEMAS

Controlar la avifauna de forma natural con un servicio de halconeros expertos.

A **¿A qué sección de las de arriba se refieren las declaraciones siguientes?**

Ejemplo: Reducir la polución acuática	*Agua*
1 Hacer que se disminuya la basura	
2 Prevenir la contaminación de la tierra	
3 Controlar los pájaros	
4 Reducir la contaminación acústica	
5 Buscar otras formas energéticas	
6 Mejorar la calidad atmosférica	

B 🗨 **Comenta con tu compañero/a:**

1 ¿Por qué es tan importante que un aeropuerto se encargue de mejorar su entorno?
2 El tema medioambiental (de los siete aspectos del folleto: Residuos, Aire, etc.) que te parece más importante. Sobre todo reflexiona:
 ● por qué este aspecto es tan importante
 ● cuáles son las medidas que se deben tomar para mejorarlo

C 🗨 **Escribe una lista de las medidas que hayas elegido y explícalas a los demás alumnos.**

2 Los jóvenes verdes

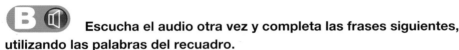

A 🔊 **Escucha el audio y decide cuáles de las palabras siguientes oyes. Busca en el diccionario las palabras que no conozcas.**

1 campo/campus
2 promover/proteger
3 sueña/suena
4 naturaleza/natura
5 desatadas/destacadas
6 campanas/campañas
7 sostenible/sostenido
8 concienciar/conciencia
9 consuma/consume
10 olvides/olvidas

B 🔊 **Escucha el audio otra vez y completa las frases siguientes, utilizando las palabras del recuadro.**

1 Nieves tiene prisa porque tiene que comer y después ir a _____.
2 La organización que Eduardo representa se llama _____.
3 Esta organización busca renovar _____.
4 Nieves piensa que los jóvenes mantienen una mayor relación con _____ que los adultos.
5 A Nieves le gustan las actividades _____.
6 Las actividades de la Asociación son muy _____.
7 Nieves no tiene tiempo para hablar más, así que pide _____.
8 Eduardo le informa de que hacen falta _____.

el proyec	to verde	un folleto	voluntarios	la naturaleza
al aire libre	su clase	diversas	Jóvenes Verdes	

C 🔊 **Contesta en inglés las preguntas siguientes:**

1 What is Nieves about to do?
2 What is Eduardo aiming to do?
3 Why does Eduardo think that there is a need for a new organisation?
4 Why does Nieves think that to involve young people is a good idea?
5 What does Nieves love doing?
6 What two campaigns does Eduardo mention?
7 Mention three other specific activities that Eduardo lists.
8 Why doesn't Nieves sign up on the spot?

Grammar

The conditional tense

The conditional tense ("should", "would" in English) is mainly used to describe events which would happen if certain conditions were met.

The conditional verb endings are **-ía**, **-ías**, **-ía**, **-íamos**, **-íais**, **-ían**.
These endings are added to the infinitive of the verb.
"I would speak" is *hablar* + *ía* = *hablaría*; "you would eat" is *comer* + *ías* = *comerías* etc.
(Note that *-er* and *-ir* verbs have the same endings as the imperfect tense which are added to the stem, not the infinitive.)

*Me **encantaría** volver a Madrid para ver a mi familia.*
I would love to return to Madrid to see my family.
*¿Qué **deberíamos** hacer para resolver el problema del cambio climático?*
What should we do to solve the problem of climate change?
*El cambio climático **podría** ser una enorme mentira.*
Climate change could be a big lie.

The conditional is also used:
● when expressing oneself politely:
   *¿Qué **preferirías**, ver la televisión o ir de paseo?*
   Which would you rather do, watch television or go for a walk?
● in "if-clauses" to describe events which could happen:
   ***Sería** un escándalo si se destrozaran pueblos para construir un nuevo aeropuerto.*
   It would be a scandal if towns were destroyed in order to build a new airport.

Irregular forms of the conditional

The same 12 verbs as for the future tense have an irregular form:
tener > tendría; *poner > pondría*; *hacer > haría* etc.

For more information on the conditional, see the Grammar Summary on page 285.

Ejercicios

1   Contesta las preguntas siguientes utilizando el condicional, según el modelo.
    Ejemplo: No sé a quién votar.
    Yo, en tu lugar, votaría a favor de los Verdes.
    a) No sé si ir de vacaciones a Grecia o a Italia.
    b) No sé si hacer el trabajo ahora o más tarde.
    c) No sé qué regalo dar a mi novia – unos bombones o un ramo de flores.
    d) No sé qué vestido ponerme – el rojo o el azul.
    e) No sé si salir con Jaime o con Raúl.

2   Aquí tienes algunas declaraciones de un Partido Verde. Tienes que explicar a un amigo lo que haría si él se hiciera miembro de tal partido. Hay que cambiar los verbos al condicional, utilizando "tú" donde sea apropiado. Comienza: "En el Grupo Verde trabajarías…".

> En el Grupo Verde trabajamos para corregir los desequilibrios medioambientales del mundo. Nos ponemos en contacto con otros grupos que tengan ideas similares: escribimos a los gobiernos para quejarnos de los abusos ecológicos, defendemos la diversidad biológica y participamos en proyectos colectivos. Abogamos por la tolerancia y el derecho a la diferencia. ¡Nadie dirá que no nos tomamos en serio la crisis del planeta!

Los árboles

3 ¡Recicla tu árbol de Navidad!

 Lee el artículo y rellena los espacios en blanco con una de las palabras del recuadro.

Si se ha decidido comprar un **1** _____ de Navidad, aunque sea con **2** _____, cuando las fiestas terminen lo más probable es que esté **3** _____ irremediablemente. Como no se pueden aprovechar para el año siguiente, todos terminan en los contenedores de la **4** _____. Conscientes del **5** _____ que suponen estos miles de árboles muertos, algunos ayuntamientos organizan unos puntos de **6** _____ especiales donde los ciudadanos pueden llevar sus abetos después de las fiestas. El pasado año por ejemplo, en Barcelona se **7** _____ 205 de estos puntos donde se recogieron 50.623 abetos. Posteriormente estos árboles se **8** _____ en 600 m³ de compost que se han utilizado en los **9** _____ verdes de la ciudad. Si en tu ayuntamiento no se realiza este servicio, pídeles información de cuál es la manera más **10** _____ de deshacerte de él.

dañado	ecológica	despilfarro	convirtieron	basura
espacios	raíces	recogida	árbol	instalaron

 Busca palabras en el texto que tengan el sentido contrario a las palabras siguientes:

1 menos   **4** vivos   **7** echaron

2 pasado   **5** campesinos   **8** antes

3 insensibles   **6** desmantelaron

C **Lee las frases de la Lista A y escoge las terminaciones más apropiadas de la Lista B, según el sentido del texto.**

Lista A
1 La gente acostumbra a…
2 En los contenedores de basura…
3 En muchos lugares las autoridades…
4 Los espacios verdes se han beneficiado…
5 Si quieres saber cómo reciclar tu árbol…

Lista B
a es donde puedes echar tu abeto.
b entérate a través de tu ayuntamiento.
c utilizar el árbol de Navidad sólo una vez.
d han establecido puntos de recogida de abetos.
e del reciclaje de los árboles.

D **Leídas horizontalmente, ¿cuál de las palabras siguientes no pertenece al grupo?**

árbol	flor	montaña	arbusto
año	década	primavera	semana
Navidad	Reyes	Feria de Sevilla	Semana Santa
ciudadano	valenciano	murciano	barcelonés
abeto	roble	clavel	haya

Rellena el cuadro, siguiendo el ejemplo.

Sustantivo	Verbo	Adjetivo
muerte	*morir*	*muerto*
		siguiente
	terminar	
		consciente
fiesta		
	utilizar	
		verde
información		

4 Los incendios de los bosques

a Árboles que arden

Es triste, pero cierto. En España es tan fácil quemar un bosque como escapar a la acción de la justicia con las manos oliendo a gasolina. En lo que va de año han ardido en nuestro país 61.500 hectáreas de superficie forestal, de ellas 10.400 en la primera semana de agosto. A juzgar por la tendencia de los primeros seis meses, la inmensa mayoría de estos incendios quedará impune.

En cuanto a la prevención, según fuentes del Ministerio de Medio Ambiente, "se realizan cada año tres tipos de campañas dirigidas a la población: una divulgativa en radio prensa y televisión, destinada al público en general, otra campaña enfocada al medio rural para evitar las quemas agrícolas y de pastos, y por último, una campaña escolar".

b El monte en llamas

En años recientes ha vuelto a saltar la chispa en los montes españoles. La proliferación de incendios forestales en Galicia sugiere la existencia de tramas organizadas que atacan los bosques para especular con la madera o con los terrenos. Este problema también sacude a otras regiones españolas con la quema prohibida de rastrojos, los descuidos de la gente y el incremento de pirómanos, algunos de los cuales han sido cogidos con las manos en la masa cuando prendían fuego al monte.

c Cada vez hay menos bosques en peligro de incendio

Y es que ya hemos perdido la mitad de nuestros bosques. Buscar a los culpables es importante, pero aplicar medidas que prevengan los incendios lo es más. Por eso en Greenpeace estamos presionando a la administración para que sigan políticas con criterios preventivos, para que aumenten los fondos dedicados a la recuperación del equilibrio ecológico de los bosques. Por eso estamos luchando. Y por eso te pedimos que nos envíes este cupón y te hagas socio de Greenpeace. No necesitamos decirte lo urgente que es.

Nombre ....

Dirección ....

Población .... CP ....

A Lee los tres textos, a, b y c, sobre los incendios de los bosques e indica en qué artículo aparecen las ideas siguientes:

1 Some criminals have been caught red-handed.
2 Prevention should be the priority.
3 People are burning down trees for commercial benefit.
4 Very few criminals have been caught.
5 The politicians need to give more money to tackle the problem.
6 Burning stubble is also prohibited.
7 The government is attempting to make people aware of the problem.

B Inventa un anuncio en español que advierta a la gente de los peligros de los incendios del bosque, concentrándote en los puntos siguientes. Puedes utilizar las ideas de los tres textos, sin copiar frases enteras. ¡Ojo! Debes utilizar la forma del imperativo que corresponda a este tipo de lenguaje. El resumen del imperativo de la Unidad 3 y al final del libro te ayudará.

● las pérdidas que han sufrido los bosques en España
● la necesidad de tener cuidado con el fuego en el bosque
● la gravedad del delito de prender fuego al bosque

Ejercicio: Un Ayuntamiento denunciado por arrancar árboles
see Dynamic Learning

5 Cala invadida

Queja a un periódico sobre un Ayuntamiento que no hace caso de los vecinos.

Como ciudadana que quiere a su pueblo me veo en el deber de denunciar la barbarie ecológica que está sufriendo el Roquer de Torredembarra, concretamente la Cala dels Munts, uno de los espacios naturales más bellos de la zona. Donde antes había un bosque de pinos centenarios, ahora se levantan unos monstruos de hormigón llamados apartamentos de alto standing. Es vergonzoso cómo el ayuntamiento ha hecho caso omiso de las quejas de los vecinos y grupos ecologistas permitiendo este sacrilegio. No tuvieron bastante con destruir parte del Roquer para construir el puerto deportivo, y ahora nos quitan uno de los espacios más preciados. Está claro que los que mandan no quieren a su pueblo, han sucumbido al atractivo del dinero, autorizando todo lo que las constructoras han querido. ¿Y nuestros derechos? ¿Acaso los ciudadanos no tenemos ni voz ni voto? Señor alcalde, está equivocado. Torredembarra está perdiendo todo su encanto, no necesita más bloques de cemento, sino zonas verdes.
María Moreno, Torredembarra

A Después de leer la carta, contesta las preguntas siguientes:

Según María Moreno:
1 ¿Qué pasó?
2 ¿Quién tiene la culpa?
3 ¿Por qué lo hizo?
4 ¿Cuál es la consecuencia del "sacrilegio"?
5 ¿Qué hace falta en Torredembarra?

B Imagina que en tu pueblo el Ayuntamiento ha propuesto arrancar unos árboles situados en una zona verde. Escribe una carta al periódico de tu pueblo, de 150 a 200 palabras, quejándote de esta propuesta, y utilizando tus propias palabras. La situación que inventas debe ser distinta de la de María Moreno. Sigue estos puntos:

● descripción de la propuesta
● por qué te opones a la propuesta
● las consecuencias de la propuesta si se aprueba

Especies salvajes

Ejercicio: Los lobos traspasan el Duero   see Dynamic Learning

6 El oso del Pirineo

A Escucha el audio e indica cuáles de las palabras siguientes oyes.

1 huellas ✓
2 ella
3 sembrar

4 ciclo ✓
5 vieja
6 oveja ✓

7 acercan
8 acerquen ✓
9 podía

10 podría ✓
11 perjudique ✓
12 perjudica

B Escucha el audio otra vez e indica cuáles de las declaraciones siguientes son correctas.

1 Lluis Carlos dice que ha visto
   a) un oso.
   b) dos osos.
   c) tres osos. ✓

2 Víctor cree que
   a) los osos son agresivos.
   b) a los osos les gusta el peligro.
   c) los osos pueden atacar si tienen hambre. ✓

3 Lluis Carlos asegura que
   a) los pastores tienen razón de quejarse de los osos.
   b) la UE ayuda a los pastores. ✓
   c) los osos no se acercan a las ovejas.

4 Víctor opina que
   a) los osos no deben estar en libertad. ✓
   b) se puede remediar el problema con ayuda financiera.
   c) a los pastores les encantan los osos.

5 Lluis Carlos cree que
   a) la creación de un consejo puede ayudar a resolver el problema. ✓
   b) los osos son peligrosos.
   c) a la comunidad le gustan los osos.

6 Víctor cree que
   a) no es preciso tener a las ovejas mejor vigiladas.
   b) los guardias no podrían vigilar a los osos.
   c) hay que llegar a las decisiones democráticamente. ✓

7 Aves en peligro de extinción

El águila imperial crece en Sierra Morena

SEVILLA.- La población de águila imperial ibérica sigue aumentando en Andalucía según los últimos censos realizados por la Consejería de Medio Ambiente, que confirman el núcleo de Sierra Morena como uno de los principales enclaves mundiales de esta especie en peligro de extinción, al albergar una cuarta parte de la población que existe en el planeta, estimada en torno a las 200 parejas.

El águila imperial ibérica sólo habita en la Península y, en Andalucía, sus poblaciones se reparten entre Doñana y las partes oriental y occidental de Sierra Morena. El censo en este último enclave, el principal núcleo de población de la especie en Andalucía y uno de los más importantes a nivel nacional, revela que la población está formada por 43 parejas, tres más que el pasado año.

La mejora en la reproducción y el asentamiento de nuevas parejas tiene parte de su éxito en el Programa de Actuaciones Para la Conservación del Águila Imperial Ibérica en Andalucía, donde se resalta la vigilancia de algunos nidos y la restricción del acceso a las áreas de nidificación; el incremento de las actuaciones de alimentación suplementaria a las parejas; mejoras de hábitat para las especies presa, así como el seguimiento y rescate de pollos con altas posibilidades de morir, alguno de ellos en situaciones críticas.

Especialmente importante fue el caso de un nido donde técnicos de Medio Ambiente consiguieron rescatar tres huevos que estaban a punto de precipitarse al suelo. Estos huevos fueron incubados artificialmente en el Centro de Cría en Cautividad del Águila Imperial Ibérica, donde eclosionaron. Otras actuaciones consiguieron salvar a pollos caídos del nido y a otros que corrían peligro debido a procesos de cainismo.

El quebrantahuesos vuelve a los cielos andaluces

El Parque Nacional de Cazorla es el lugar elegido para que los quebrantahuesos vuelvan a sobrevolar los cielos andaluces. La Junta de Andalucía soltará este mes de mayo tres pollos de esta emblemática ave rapaz que desapareció de la zona hace una década.

Los tres pequeños quebrantahuesos serán depositados en el nido un mes antes de que aprendan a volar, y se les suministrará alimento, con el objetivo de que su primer vuelo lo hagan desde el nido. En poco más de dos meses serán capaces de hacer vuelos de más de 150 kilómetros.

En la actualidad el centro del Guadalentín alberga 27 ejemplares de esta especie y desde el año 2002 ya se ha conseguido el nacimiento de nueve pollos en cautividad, el último de ellos el mes pasado.

El quebrantahuesos, una especie catalogada en peligro de extinción, es una de las aves carroñeras más peculiares. Busca el alimento volando muy cerca del suelo sobre claros de bosque, gargantas, pendientes, pastos altos y faldas rocosas. En general al quebrantahuesos se le define como el último eslabón de la cadena trófica, porque está especializado en explotar los huesos de cadáveres, una vez éstos han sido aprovechados por córvidos, milanos, buitres y mamíferos carnívoros. Su dieta está compuesta de un 70% de huesos, un 25% de carne y un 5% de piel.

¡Fíjate!

Plural noun/singular adjectives

When a plural noun is qualified by two or more adjectives, each one referring to a single person or thing, the adjectives are singular, as in: *las partes oriental y occidental* – the eastern and western parts.

Further examples are: *las culturas catalana y castellana* – the Catalan and Castilian cultures;

Las reinas española y británica – the Spanish and British queens.

¡Fíjate!

Compound nouns

Compound nouns such as *quebrantahuesos*, which are made up of two components (*quebranta* + *huesos*, lit. 'break + bones') have the same form in the singular and the plural, when the second component is already a plural.

Further examples are: *el/los friegaplatos* – dishwasher(s); *el/los limpiaparabrisas* – windscreen wiper(s); *el/los paraguas* – umbrella(s); *el/los portadiscos* – CD rack(s).

◎ ¿Lo has entendido?

Con tu compañero/a busca otras dos palabras compuestas, como los ejemplos, e inventa dos frases que contengan esas palabras.

¡PONTE AL DÍA!

A  Busca en los dos textos las palabras y frases españolas que correspondan a las siguientes:

Primer texto:

1 is on the increase
2 stands out
3 nesting areas
4 the rescue of chicks with a high risk of dying
5 they hatched out
6 fratricidal violence

Segundo texto:

7 to fly over
8 holds
9 a bird that feeds on carrion
10 the last link in the food chain
11 once these have been made use of/picked over by…

B Lee otra vez los textos sobre estas dos aves de rapiña. Indica si las frases siguientes se refieren al águila imperial ibérica o al quebrantahuesos, o a las dos. Pon A (águila) y/o Q (quebrantahuesos).

	A y/o Q
1 Es una especie en peligro de extinción.	
2 Vive en distintas partes de Andalucía.	
3 Un 25% de la población mundial está en Andalucía.	
4 Busca carroña donde otras aves ya han estado.	
5 Los pollos nacieron en cautividad.	
6 La población de este ave rapaz está aumentando.	
7 Se les suministra alimentación suplementaria.	
8 Salvaron de la muerte a tres pollos.	
9 Los tres pollos volaron por primera vez del nido.	
10 Ha vuelto a Andalucía recientemente.	

C ¿Se puede justificar la caza de especies salvajes? Escribe 150 palabras sobre este tema.

¡Fíjate!

Masculine articles with feminine singular nouns

The masculine definite article *el* and the indefinite article *un* are used before feminine nouns in the singular which begin with stressed *a* or *ha*. These nouns remain feminine in gender. Many of these nouns are of two syllables.

Singular
el ave – (the) bird
el águila – (the) eagle
el hacha – (the) axe
un agua negra – black water
un área grande – a large area

Plural
las aves – birds
las águilas – eagles
las hachas – axes
las aguas contaminadas – polluted water
las áreas de nidificación – nesting areas

¿Lo has entendido?

Busca con tu compañero/a otros tres sustantivos femeninos que comiencen con *a* pero utilicen el artículo masculino, e inventa frases que contengan esas palabras. Verifica las frases con tu profesor(a).

149

Andalucía

Andalucía es una comunidad muy grande, con un tamaño mayor que algunos países europeos, como Bélgica o Dinamarca. Comprende 8 provincias: Almería, Cádiz, Córdoba, Granada, Huelva, Jaén, Málaga y Sevilla.

Situación: Está situada al sur de España. Muchos describen Andalucía como "puente entre Europa y África"; el Estrecho de Gibraltar separa los dos continentes.

Población: 7.975.672 habitantes (casi la quinta parte de la población de España).

Industrias principales: el turismo, la agricultura, la ganadería y la pesca.

Turismo y cultura: Para el turista hay una gran diversidad de atracciones: la Costa del Sol, las montañas (la Sierra Morena, la Sierra Nevada); hay 23 parques naturales, incluyendo el Parque de Doñana, uno de los mayores de Europa. Allí, y en otras partes de la comunidad, existen muchas especies en peligro de extinción. El patrimonio cultural es muy extenso y comprende muchos restos árabes, como el palacio de la Alhambra en Granada y la Gran Mezquita en Córdoba. Algunos de los artistas españoles más destacados, como los pintores Velázquez y Murillo, el compositor Manuel de Falla y los poetas Góngora, García Lorca y Antonio Machado, eran de Andalucía. El baile flamenco se identifica con esta parte de España.

Historia: Andalucía tiene una historia muy larga. En tiempos antiguos los íberos y los fenicios vivieron allí, y esta región formó parte del imperio romano hasta el siglo V. En el siglo VIII, los árabes se apoderaron de la Península Ibérica y Andalucía llegó a ser una parte favorecida del imperio islámico por su paisaje y su clima. Siguieron ocho siglos de ocupación árabe en la que la ciudad de Córdoba (hasta el siglo XI), como califato, fue la ciudad más destacada. En 1492 los Reyes Católicos, Isabel de Castilla y Fernando de Aragón, conquistaron la provincia de Granada y terminó el dominio árabe. En tiempos modernos la región ha sido una de las más pobres de España, pero actualmente está creciendo mucho económicamente.

⑧ Baladilla de los tres ríos de Federico García Lorca

Lorca escribió muchos poemas sobre Andalucía, entre ellos algunas baladas líricas que evocan el paisaje de su región natal. En este poema Lorca celebra tres ríos, el Guadalquivir de Sevilla y dos ríos de la provincia de Granada: el Dauro y el Genil.

Ⓐ 📖 Escucha el poema y con tu compañero/a:

1 Haced una lista de las diferencias entre los ríos.
2 Comentad la técnica que utiliza el poeta para caracterizar los ríos.
3 Comentad los efectos del ritmo y del sonido en el poema.
4 Intentad interpretar el sentido del poema.
5 Finalmente debatid con toda la clase lo que significa el poema.

Problemas medioambientales

9 Huele mal, pero no contamina

Cuando el viento sopla del sudoeste, Pontevedra huele mal, huele a celulosa. Un fuerte olor, mezcla de repollo cuando se está cociendo y de lejía, impregna la bella ciudad gallega. Si uno mira hacia el suroeste podrá ver cómo el humo procedente de las gigantescas chimeneas de la factoría de Electroquímicas del Noroeste se dirige hacia el casco urbano. Recorrer los diez kilómetros de autovía que une Pontevedra con Marín – donde se encuentra el complejo –, sin careta antigás, puede provocar fuertes vómitos.

Hace 11 años, alguien decidió poner fin a todo esto presentando una querella criminal contra Electroquímicas del Noroeste acusándola de la comisión de un delito ecológico. Los mismos 11 años que ha tardado el juez en tomar una decisión y encima ésta ha sido controvertida e impopular: ha archivado las diligencias. Para la Justicia, Elnosa* no contamina. El comité de empresa**, muy celoso del mantenimiento de los puestos de trabajo, se ha puesto en contra de los partidos políticos de izquierda que se

oponen a esta instalación, y a la Asociación para la Defensa de la Ría. La dirección de la empresa quiere que se archive definitivamente la causa. Y, mientras tanto, Pontevedra sigue oliendo mal cuando el viento sopla del sudoeste.

*la empresa
**Cuerpo representativo de los trabajadores en una empresa.*

A 📖 Empareja las palabras españolas con las inglesas.

1 huele
2 repollo
3 casco urbano
4 careta
5 querella
6 controvertida
7 archivar
8 diligencias
9 celoso
10 mientras tanto

a to shelve
b proceedings
c meanwhile
d case
e cabbage
f smells
g jealous, protective
h mask
i controversial
j built-up area

B 📖 Termina las frases según el sentido del texto.

1 Elnosa está ubicada a 10 kilómetros de Pontevedra…
2 Cuando uno se acerca a Elnosa se vomita si…
3 Hace 11 años alguien acusó a Elnosa de…
4 El juez decidió…
5 Los obreros se opusieron a los políticos izquierdistas porque…

C ✏️ No se ha hecho nada por solucionar este grave problema de la contaminación del medio ambiente. ¿Quién tiene la culpa? ¿La factoría, el comité de la empresa o el juez? Escribe 200 palabras justificando tu opinión.

Una solución moderna: el reciclaje

10 ¿Qué se puede hacer?

Un pequeño gasto tuyo aislado quizá no ayude mucho, pero unido al de otras personas tiene unas consecuencias inimaginables…

- Si en España se reciclaran 35.000 toneladas de papel, se salvarían 700.000 árboles.
- Si 100.000 personas no regasen en exceso el césped, se evitaría un gasto de 20 millones de litros de agua por semana.
- Si 100.000 personas reciclasen una tonelada de papel de oficina cada año, supondría un ahorro de 14 millones de petróleo.
- Si 100.000 personas plantasen un árbol cada una este año, esta masa forestal podría absorber medio millón de kilos de CO_2 por año en el 2010.

Grammar

The imperfect subjunctive

The imperfect subjunctive is formed by adding the following endings to the stem of the third person plural of the preterite tense:

-ar verbs, either:	-ara, -aras, -ara, áramos, -arais, -aran
or:	-ase, -ases, -ase, -ásemos, -aseis, -asen
-er and **-ir** verbs, either:	-iera, - ieras, -iera, -iéramos, -ierais, -ieran
or:	-iese, -ieses, -iese, -iésemos, -ieseis, -iesen

The *-ara/-ase* and *-iera/-iese* endings are **interchangeable**.

Note that the verbs *ser*, *decir*, *traer*, and verbs ending in *-ucir* (*traducir*, *producir* etc.) add *-era,-ese* etc. *fuera/ese*, *dijera/ese*, *trajera/ese*, *tradujera/ese* etc, the stem being the same as that of the preterite tense for these verbs.

- The imperfect subjunctive is frequently used for two types of conditions: those that are **unlikely to be fulfilled** and those that are **contrary to fact**.

  For these kinds of conditions we use the **imperfect subjunctive** in the *if*-clause and the **conditional** in the main clause.

si + imperfect subjunctive	conditional
Si limpiáramos mejor las playas…	*atraeríamos a más turistas.*
If we cleaned the beaches better…	we'd attract more tourists.
Si fueras ecologista…	*te interesarías más en los temas globales.*
If you were an ecologist…	you'd be more interested in global issues.

- The imperfect subjunctive is used in the same circumstances as the present subjunctive, as described in Units 5 and 6. In the examples below, the verb in the main clause is in the past tense and so, according to the sequence of tenses, the imperfect subjunctive has to be used in the subordinate clause. See also the examples in Texto 10.

  *A los miembros del Partido verde no les gustaba que su presidente se **declarara** a favor de la destrucción del bosque.*
  The members of the Green party didn't like their president supporting the destruction of the wood.
  *Las autoridades no querían que la factoría química **vertiera** sus residuos en el río.*
  The authorities did not want the factory to dump its waste products in the river.

For more information on the subjunctive, see the Grammar Summary on page 286.

Ejercicio

1 Rellena los espacios en blanco con la forma correcta de los verbos entre paréntesis.
   a) Si 100.000 personas _____ (instalar) cabezales de "bajo consumo" en su ducha, _____ (dejar) de consumir 5.000 millones de litros cada año.
   b) Si 100.000 personas _____ (aislar) bien térmicamente su vivienda, se _____ (dejar) de consumir 10 millones de petróleo.
   c) Si 100.000 personas _____ (eliminar) sus nombres de los listados de las empresas de la publicidad directa, cada año _____ (poder) salvarse aproximadamente 150.000 árboles.
   d) Si todas las personas _____ (elevar) el termostato del aire acondicionado sólo seis grados, se _____ (ahorrar) un consumo de 190.000 barriles de petróleo cada día.
   e) Si los norteamericanos _____ (reducir) su ingestión de carne tan sólo un 10% el ahorro en cereales y soja _____ (poder) alimentar a 60 millones de personas.

⑪ El reciclaje

Primera parte

A 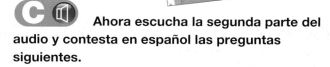 **Escucha la primera parte del audio e identifica las palabras que correspondan a las siguientes.**

1 restos
2 separados
3 echados
4 desafío
5 corteza

6 esqueleto
7 despilfarrar
8 recipiente
9 lugar descubierto
10 petróleo

B **Haz un resumen en inglés de la primera parte del audio, cubriendo los puntos siguientes (no debes utilizar más de 120 palabras).**

- the main types of rubbish that are produced
- the amount of rubbish produced by Spaniards annually
- where rubbish is deposited
- reasons given for recycling rubbish
- how successfully Spain recycles rubbish
- differences between Spain and the rest of Europe

Segunda parte

C **Ahora escucha la segunda parte del audio y contesta en español las preguntas siguientes.**

1 ¿Qué hace esta planta?
2 ¿Cómo se distribuyen los desechos?
3 ¿Cómo se seleccionan los desechos?
4 ¿Para qué sirven los desechos orgánicos?

D **Escucha otra vez las dos partes del audio. ¿A qué se refieren las cifras siguientes?**

1 30%
2 12 millones
3 20%
4 600.000
5 38 millones
6 44,5%

7 14
8 700 toneladas
9 1,6%
10 7,4%
11 11,6
12 18%

Grammar

How to write percentages, fractions and numbers over 1,000 in Spanish

Percentages

- "Per cent" is either *por cien* or *por ciento*, and is preceded by either *el* or *un*. Normally a singular verb is used with a percentage, but occasionally the plural is used.
  El 32% (treinta y dos por ciento) de la basura es vertido cerca de los ríos.   32% of rubbish is dumped near rivers.
  El 30% de estos vertidos no están controlados.   30% of this waste is uncontrolled.

- Note that in Spanish a comma is used for the decimal point: *44,5 por ciento* = 44.5 per cent

Fractions

- "Half" is normally *la mitad*.
  La mitad de la basura contiene desechos orgánicos. Half of the rubbish contains organic waste.

- The adjective *medio* is used for specific phrases: *medio millón* – half a million and for expressing time:
  las tres y media – half-past three

- Fractions are expressed either by the use of the ordinal number by itself or by the addition of *parte* to the ordinal, preceded by the definite article.
  tres cuartos de hora   three-quarters of an hour
  un tercio de los votos   a third of the votes
  la quinta parte de la población   a fifth of the population
  La cuarta parte de la basura proviene de la industria.   A quarter of the rubbish comes from industry.

Numbers over 1,000

- For figures of 1,000 or more the English comma after the thousand is a full stop in Spanish.
  300.000 (Spanish) = 300,000 (English)
  Occasionally this applies to dates: in Spanish the year 2002 may also be written 2.002.

For more information on numbers, see the Grammar Summary on page 303.

Ejercicio

1 Expresa con palabras los números siguientes.

a) 50%   e) 35%   h) 216

b) ¾   f) 1001   i) 1.000.000

c) 107   g) ⅔   j) 1°

d) 200.000

Un fenómeno global: el cambio climático

12 Algunas consecuencias del cambio climático

Según los científicos, el mundo natural está cambiando rápidamente con motivo del calentamiento del globo. Estos cambios se ven en muchos aspectos: los ríos se están secando, la selva se convierte en desierto, algunas especies de animales sufren cambios radicales en su hábitat; por ejemplo, es lamentable el triste destino de los osos polares, cuyo entorno, antes glacial, les está condenando a una muerte lenta.

a Este invierno fue el más cálido de los últimos 127 años

El último invierno boreal fue el más cálido desde que se empezaron a registrar las temperaturas mundiales hace más de un siglo, dijo la agencia del gobierno de Estados Unidos que estudia el clima en el planeta.

La Administración Nacional Oceanográfica y Atmosférica de Estados Unidos afirmó que la temperatura mundial combinada de la tierra y la superficie del mar entre diciembre y febrero fue la más alta desde que se iniciaron los registros en 1880. La temperatura de este período superó en 1,3 grados Fahrenheit (0,72 grados Celsius) la cifra promedio del siglo pasado, según indicó la agencia.

Las temperaturas fueron mayores al promedio histórico en Europa, Asia, África Occidental, el sudeste de Brasil y el nordeste de la mitad de Estados Unidos.

http://actualidad.terra.es

A 📖 **Pon una cruz (✗) en las tres frases más adecuadas. Si crees que una frase es falsa, explica por qué, utilizando tus propias palabras.**

1 Se refiere al año 2006.	
2 Se trata de tres meses del invierno de 2006 a 2007.	
3 La agencia se refiere a los países del hemisferio sur.	
4 El promedio de la temperatura del siglo pasado fue más alto.	
5 Comenzaron a registrar las temperaturas en el siglo diecinueve.	
6 Todos los países a los que se refieren están en el hemisferio norte.	

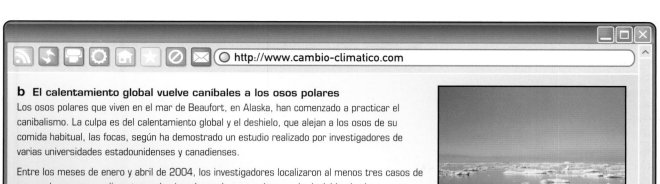

b El calentamiento global vuelve caníbales a los osos polares

Los osos polares que viven en el mar de Beaufort, en Alaska, han comenzado a practicar el canibalismo. La culpa es del calentamiento global y el deshielo, que alejan a los osos de su comida habitual, las focas, según ha demostrado un estudio realizado por investigadores de varias universidades estadounidenses y canadienses.

Entre los meses de enero y abril de 2004, los investigadores localizaron al menos tres casos de osos polares que se alimentaron de ejemplares de su propia especie, incluido el primer caso conocido de muerte: una hembra de oso polar se acercó a una guarida donde se encontraba otra hembra, a la que mató y arrastró a unos 75 metros de la pequeña cueva, donde se comió parte del cadáver.

 Indica cuáles de las declaraciones siguientes son correctas.

1 Los osos polares
a) practican el canibalismo de costumbre.
b) comenzaron a practicar el canibalismo en el siglo pasado.
c) acostumbran a comer focas.

2 Se echa la culpa
a) a las hembras.
b) al cambio climático.
c) al frío.

3 Los investigadores estudiaron
a) el ataque y matanza de una hembra de oso polar.
b) los efectos del cambio climático en las focas.
c) tres casos de osos polares que mataron a otros.

4 La hembra murió
a) en la cueva.
b) a 75 metros de la guarida.
c) a 75 metros de otra hembra.

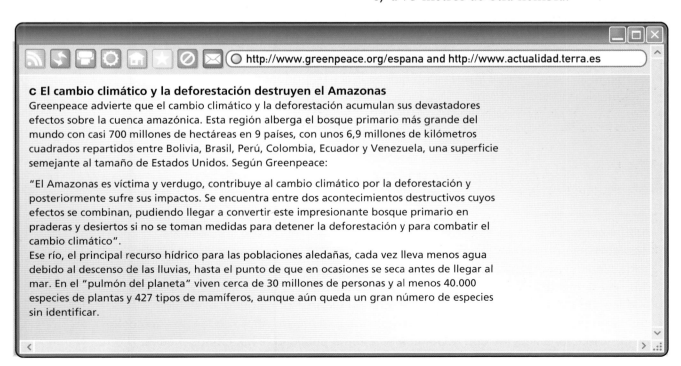

c El cambio climático y la deforestación destruyen el Amazonas

Greenpeace advierte que el cambio climático y la deforestación acumulan sus devastadores efectos sobre la cuenca amazónica. Esta región alberga el bosque primario más grande del mundo con casi 700 millones de hectáreas en 9 países, con unos 6,9 millones de kilómetros cuadrados repartidos entre Bolivia, Brasil, Perú, Colombia, Ecuador y Venezuela, una superficie semejante al tamaño de Estados Unidos. Según Greenpeace:

"El Amazonas es víctima y verdugo, contribuye al cambio climático por la deforestación y posteriormente sufre sus impactos. Se encuentra entre dos acontecimientos destructivos cuyos efectos se combinan, pudiendo llegar a convertir este impresionante bosque primario en praderas y desiertos si no se toman medidas para detener la deforestación y para combatir el cambio climático".

Ese río, el principal recurso hídrico para las poblaciones aledañas, cada vez lleva menos agua debido al descenso de las lluvias, hasta el punto de que en ocasiones se seca antes de llegar al mar. En el "pulmón del planeta" viven cerca de 30 millones de personas y al menos 40.000 especies de plantas y 427 tipos de mamíferos, aunque aún queda un gran número de especies sin identificar.

Sin + infinitive

Sin followed by the infinitive frequently conveys a negative idea in Spanish, the equivalent of the English prefix "un-", as in *especies sin identificar*, unidentified species. Note that the English word with the "un-" prefix is almost always an adjective.

Other examples of this structure are: *una carta sin abrir* an unopened letter; *un problema sin resolver* an unresolved problem; *Lo hizo sin querer* He did it unwillingly; *recursos sin explotar* untapped resources; *una mesa sin barnizar* an unvarnished table.

¿Lo has entendido?

Busca con tu compañero/a otras expresiones con *sin* seguido del infinitivo. Si es necesario, búscalas en el diccionario. Inventa frases con las expresiones que hayas encontrado.

(i) Empareja las palabras siguientes con sus equivalentes en inglés.

1 *cuenca*	6 *toman medidas*	a shared	f executioner
2 *alberga*	7 *recurso hídrico*	b bordering	g source of water
3 *repartidos*	8 *aledañas*	c take steps	h surface
4 *superficie*	9 *pulmón*	d lung	i mammals
5 *verdugo*	10 *mamíferos*	e basin	j holds

(ii) Contesta en inglés las siguientes preguntas:

1 What comparison is made concerning the size of the Amazon basin?
2 Explain the first sentence of the second paragraph.
3 What will happen if deforestation is not halted?
4 Why is the Amazon so important for the inhabitants along its banks?
5 What is happening to the water level?

D ¿Cuáles son los efectos más graves del cambio climático? El resumen que sigue destaca los cinco efectos principales. Con tu compañero/a de clase, comentad los dos efectos que os parecen más graves. Tomad notas sobre su impacto en las diferentes regiones del mundo.

13 Esquema: Efectos del cambio climático

- Rápido aumento de las temperaturas: se baten cifras históricas de temperatura más alta.
- Patrones de Clima Severo: más huracanes, lluvias torrenciales y sequía (dependiendo de dónde se vive en el planeta), más frío en el Norte de Europa, escasez de agua, supertormentas, etc.
- Impacto en el ecosistema: cambios de medios y de animales, extinción de especies, nuevas especies...
- Aumento de los niveles del mar: algo que ya está afectando a pequeñas islas y que puede ser catastrófico para las ciudades costeras y ubicadas junto a los ríos.
- Aumento de plagas y enfermedades.

www.alertatierra.com/CambC_efectos.htm

14 La diseminación de datos e ideas: los weblogs

Actualmente, se está concienzando a la gente a nivel mundial de las posibles desastrosas consecuencias del cambio climático. Muchas organizaciones e individuos comunican su mensaje urgente en Internet para suscitar un debate informado antes de que sea demasiado tarde. El weblog es uno de los medios más rápidos y efectivos de publicar información sobre el calentamiento del globo. Por ejemplo, el weblog siguiente alerta de los muchos peligros que nos amenazan. Abajo se lee una selección de contribuciones cortas con relación a este tema publicadas hace unos meses.

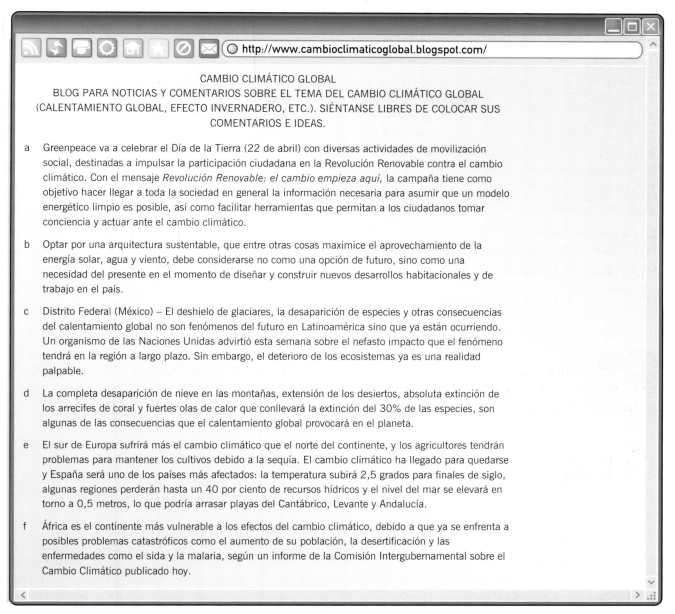

CAMBIO CLIMÁTICO GLOBAL
BLOG PARA NOTICIAS Y COMENTARIOS SOBRE EL TEMA DEL CAMBIO CLIMÁTICO GLOBAL (CALENTAMIENTO GLOBAL, EFECTO INVERNADERO, ETC.). SIÉNTANSE LIBRES DE COLOCAR SUS COMENTARIOS E IDEAS.

a Greenpeace va a celebrar el Día de la Tierra (22 de abril) con diversas actividades de movilización social, destinadas a impulsar la participación ciudadana en la Revolución Renovable contra el cambio climático. Con el mensaje *Revolución Renovable: el cambio empieza aquí,* la campaña tiene como objetivo hacer llegar a toda la sociedad en general la información necesaria para asumir que un modelo energético limpio es posible, así como facilitar herramientas que permitan a los ciudadanos tomar conciencia y actuar ante el cambio climático.

b Optar por una arquitectura sustentable, que entre otras cosas maximice el aprovechamiento de la energía solar, agua y viento, debe considerarse no como una opción de futuro, sino como una necesidad del presente en el momento de diseñar y construir nuevos desarrollos habitacionales y de trabajo en el país.

c Distrito Federal (México) – El deshielo de glaciares, la desaparición de especies y otras consecuencias del calentamiento global no son fenómenos del futuro en Latinoamérica sino que ya están ocurriendo. Un organismo de las Naciones Unidas advirtió esta semana sobre el nefasto impacto que el fenómeno tendrá en la región a largo plazo. Sin embargo, el deterioro de los ecosistemas ya es una realidad palpable.

d La completa desaparición de nieve en las montañas, extensión de los desiertos, absoluta extinción de los arrecifes de coral y fuertes olas de calor que conllevará la extinción del 30% de las especies, son algunas de las consecuencias que el calentamiento global provocará en el planeta.

e El sur de Europa sufrirá más el cambio climático que el norte del continente, y los agricultores tendrán problemas para mantener los cultivos debido a la sequía. El cambio climático ha llegado para quedarse y España será uno de los países más afectados: la temperatura subirá 2,5 grados para finales de siglo, algunas regiones perderán hasta un 40 por ciento de recursos hídricos y el nivel del mar se elevará en torno a 0,5 metros, lo que podría arrasar playas del Cantábrico, Levante y Andalucía.

f África es el continente más vulnerable a los efectos del cambio climático, debido a que ya se enfrenta a posibles problemas catastróficos como el aumento de su población, la desertificación y las enfermedades como el sida y la malaria, según un informe de la Comisión Intergubernamental sobre el Cambio Climático publicado hoy.

A 📖 **Empareja las frases siguientes con las contribuciones a–f del weblog que les correspondan.**

1 Los mexicanos reciben una advertencia de los peligros del cambio climático.
2 El problema de la escasez de agua.
3 La concienciación del ciudadano de a pie sobre los peligros del cambio climático.
4 La construcción de edificios que aprovechen las energías renovables.
5 La agravación de las enfermedades en los países más vulnerables.
6 La desaparición de muchos tipos de animales.

B 📖 **Empareja las definiciones siguientes con las palabras de la lista.**

1	campaña	**a**	transformación en un desierto
2	maximice	**b**	destruir por completo
3	sustentable	**c**	conjunto de actividades para conseguir un fin
4	deshielo	**d**	que puede ser mantenido
5	nefasto impacto	**e**	transformación en líquido
6	sequía	**f**	haga más grande
7	hídricos	**g**	período prolongado sin lluvias
8	arrasar	**h**	de agua
9	desertificación	**i**	consecuencia muy desfavorable

C ✏️ **Lee otra vez las contribuciones a–f del weblog y escribe una frase que resuma cada contribución.**

D ✏️ **Ahora, escribe un weblog de unas 150 palabras describiendo el efecto del cambio climático que a ti te parece más importante, dando ejemplos de las consecuencias en un país o un caso particular.**

15 "Podemos detener el cambio climático si las empresas y los ciudadanos colaboran"

El planeta Tierra está "quejándose" cada vez con más claridad del trato que le está dando el hombre. Los huracanes se multiplican, el nivel del mar está subiendo, cada vez se extinguen más animales, aumentan las temperaturas… ¿Qué está pasando? Escucha esta sesión de preguntas y respuestas, en la que una experta, Alodia Pérez, de la Asociación Amigos de la Tierra, explica el origen de este fenómeno, según la mayoría de los científicos. www.actualidad.terra.es (15.06.06)

Primera parte

A 📖 **Escucha la primera parte del texto y rellena los espacios en blanco con las palabras que faltan:**

Pregunta: ¿Podría explicar brevemente el cambio climático?

Respuesta: Se basa en el efecto 1 _____, que son las radiaciones rebotadas en la 2 _____ hacia la tierra en forma de calor. Los gases que 3 _____ la atmósfera en este fenómeno son el metano y el CO_2, que son aumentados por el ser humano, y hacen que suba la 4 _____. Esto afecta de manera 5 _____ en todos los aspectos de la vida. Básicamente, esto es el cambio climático.

Pregunta: Estamos ante una gran 6 _____ en España. ¿Es tan sólo un ciclo o bien puede llegar a ser una situación constante en España?

Respuesta: Para comenzar: la sequía es algo natural, es un 7 _____ del clima mediterráneo. Ahora bien, en los últimos tiempos se ha acentuado y comienza unos meses antes. Mientras que hace algunas 8 _____ la sequía solamente afectaba al verano, ahora se extiende hacia la primavera y el otoño. En resumidas cuentas: siempre ha 9 _____ sequía, pero ahora es más grave. Y además, está el consumo 10 _____, que agota el agua más rápidamente.

B **(i) Escucha el audio y empareja las definiciones siguientes con palabras y frases del texto que significan lo mismo.**

1 grandes acumulaciones de nieve y hielo
2 de nuestro entorno
3 amenazar
4 dentro de un período de tiempo largo

5 no se puede pronosticar con confianza
6 guerras
7 falten
8 hacer nuestra pequeña contribución

(ii) Contesta las preguntas siguientes en español.

1 Según la experta, ¿qué va a pasar con el clima si seguimos como hasta ahora?
2 Las próximas guerras, ¿por qué no serán ni por dinero ni por petróleo?
3 Describe *tres* maneras de reducir el impacto del cambio climático, según la experta.
4 Busca *una* frase en el texto que indique que la experta no tiene una actitud totalmente pesimista hacia el futuro del medioambiente.

Ejercicio: La temperatura máxima en España sube

see Dynamic Learning

16 El Gobierno subastará las primeras zonas con una prima que duplica la eólica terrestre

http://www.elpais.com

La costa española puede estar en unos años salpicada de molinos de viento. El Gobierno desbloqueará la construcción de parques eólicos marinos con un decreto antes de verano y en el que Industria se compromete a cartografiar los 4.000 kilómetros de costa en busca de los mejores emplazamientos de la costa – estos parques suelen estar a unos cinco kilómetros del litoral – para esta nueva fuente de energía y descartar otros por su impacto ambiental. El portavoz del Gobierno señala que "los parques eólicos marinos son imprescindibles para cumplir el objetivo de la UE de que en 2020 el 20% de la energía sea de origen renovable". El potencial es grande: "El viento en el mar es más constante y más potente que en tierra y España tiene 4.000 kilómetros de costa". Y sin embargo, problemas burocráticos – no estaba claro quién debía tramitar estos parques – y protestas de pescadores y vecinos han bloqueado los 19 proyectos existentes en España (la mayoría en Cádiz). Así que el Gobierno paralizó estos planes y preparó un decreto específico sobre la energía eólica marina.

El texto unifica la tramitación en una única ventanilla, algo que hasta ahora era un dolor de cabeza para los promotores ya que están implicados cinco ministerios: Industria, Medio Ambiente, Agricultura y Pesca, Defensa y Fomento. Los parques terrestres son competencia autonómica, pero en el mar manda el Gobierno. Aunque el precio que recibirán por la energía es mayor que el producido en tierra, los costes de inversión y mantenimiento son también el doble. A cambio, los molinos en el mar producen entre un 30% y un 80% más electricidad que los de tierra, ya que el viento en el mar es más constante y más fuerte.

En los lugares en los que se ha planeado estos parques, como Barbate, pescadores y vecinos se han opuesto, por su impacto en el paisaje y por una eventual reducción de la pesca. Avia señala que en otros países no se ha reducido la pesca sino que "en algunos lugares ha aumentado ya que estos pivotes actúan como arrecifes artificiales".

Contesta las siguientes preguntas en inglés:

1 Why will the Spanish coast be dotted with windmills in future?
2 What EU directive is Spain intending to comply with?
3 Why is the wind from the sea considered to be more suitable than the wind on land?
4 Why has the government initiative run into trouble?
5 Why has the planning been such a headache until now, and how has this been improved?
6 Why did the autonomous communities have little say in the Government's decision?
7 What advantage over land-based windmills do the marine windmills have?
8 What advantage might the windmills give to fishermen?

17 Un parque eólico marino en la costa de Cádiz

A **Escucha esta entrevista con Luis González, un portavoz de los verdes andaluces. Inserta los detalles que faltan en el siguiente resumen de la entrevista, escogiendo del recuadro las ocho palabras apropiadas.**

El portavoz del **1** _____ ecologista dijo que el proyecto para un parque eólico marino iba a aportar muchos beneficios a la **2** _____ de la comunidad. No entendía cómo la Junta Andaluza no podía ver las **3** _____ para el empleo, el medio ambiente y la **4** _____ energética. Los molinos **5** _____, ubicados en las montañas, hacían mucho más daño al entorno. Además, rechazó las **6** _____ de los pescadores, quienes señalaban el impacto **7** _____ sobre el turismo y sobre la pesca. En su opinión, a los políticos de la región les faltaba **8** _____ para hacer frente a este proyecto innovador.

redes	negativo	ventajas	movimiento	terrestres	objecciones
valor	economía	positivo	producción	inconvenientes	costa

B **Lee otra vez el texto escrito sobre el parque eólico marino y compáralo con el texto que has escuchado. Indica si las declaraciones siguientes proceden del texto, del audio o de ambos.**

a Los pescadores andaluces no se han puesto de acuerdo con los planes para un parque eólico marino.
b Los ecologistas acusan a la Junta Andaluza de falta de valor.
c La UE insiste en que los países miembros aumenten el uso de las energías renovables.
d El viento del mar es más constante.
e El parque eólico creará más empleo.
f Los ecologistas no se oponen al proyecto.
g Los molinos ubicados en las montañas dañan más el medio ambiente.
h El Gobierno ha tenido que preparar un decreto especial para implementar sus planes.
i Los parques eólicos marinos cuestan más que los terrestres.
j El proyecto supone beneficios económicos para Andalucía.

C 🖉 Eres un pescador que trabaja en la Bahía de Cádiz. Te opones a los planes del gobierno español para construir unos molinos de viento marinos allí. Escribe una carta al presidente de la Junta andaluza pidiéndole ayuda para detener este proyecto. Razona tus opiniones.

D 💬 Entrega tu carta a tu compañero/a, que va a desempeñar el papel de un Ministro del Gobierno. Luego él/ella tiene que contestar a tus objeciones a los planes.

Ejercicio: ¿El gran fraude del calentamiento global?
see Dynamic Learning

Para terminar…

A 💬 Elige uno de los temas sobre el cambio climático que se haya señalado en esta sección. Trabajando con tu compañero/a, prepara una presentación sobre el tema elegido en la que propones remedios a un peligro. Luego vas a presentar tus ideas delante de la clase.

B 🖉 Haz un ensayo de unas 250 palabras sobre uno de los temas siguientes. Intenta utilizar la gramática que has aprendido en esta unidad, sobre todo el imperfecto del subjuntivo y el condicional.

1 ¿Qué medidas se podrían tomar para remediar el problema del tratamiento de residuos?
2 ¿Cómo podemos cuidar mejor nuestro medio ambiente? Comenta tres maneras de mejorar tu entorno.
3 "Las energías renovables, ¿auténtica alternativa a las formas de energía tradicionales?"
4 "Podríamos hacer mucho por la naturaleza, pero primero deberíamos cambiar nuestra actitud hacia ella". ¿Estás de acuerdo? Explica tu opinión.
5 "España es una tierra de ecosistemas frágiles, a orillas de un mar amenazado". Explica esta declaración y coméntala.
6 "Ya es demasiado tarde para remediar el problema del cambio climático". ¿Estás de acuerdo? ¿Por qué (no)?
7 Algunos dicen que la teoría del cambio climático es falsa. ¿Qué opinas tú? Razona tus opiniones.

9 Tecnología: ¿progreso o retroceso?

Entrando en materia...

En esta unidad abordamos el tema de la tecnología. Vamos a examinar el progreso de la tecnología y la ciencia y su impacto sobre la vida cotidiana, el trabajo, la medicina, el ocio y la economía. También señalamos la cara negativa de ese progreso, que se manifiesta por ejemplo en las nuevas técnicas genéticas, de las actividades de los hacker, y de la dependencia de los aparatos tecnológicos. La comunidad autónoma que vamos a tratar en esta unidad es el País Vasco.

Los puntos gramaticales de los que nos vamos a ocupar son:
* ★ **el gerundio**
* ★ ***por* y *para***
* ★ **los auxiliares modales**

Reflexiona:

★ Es claro que la tecnología nos influye a todos. ¿Te afecta de manera positiva o negativa? ¿Te gusta tener un móvil que actúe de televisor, ordenador y teléfono? ¿Te molesta tener que quedarte sentado delante de la pantalla del ordenador durante muchas horas al día? En cuanto a la medicina ¿te parecen bien los avances de la fertilización in vitro? ¿Y puede la robótica mejorar las técnicas de las intervenciones quirúrgicas? ¿Crees que la energía solar puede remediar las carencias energéticas que ocurrirán cada vez más frecuentemente a medida que avanza el siglo?

El impacto de las nuevas tecnologías

1 Los aparatos

1a Prepárese para lo que viene: el iPod táctil es sólo el comienzo.

El nuevo reproductor de datos que se conoce como iPod Touch, llegará a los comercios de EEUU, Asia y Europa antes de que finalice este mes. Será prácticamente igual al iPhone, aunque no podrá realizar llamadas, conectar con accesorios Bluetooth ni tomar fotografías. Apple ha utilizado el mismo sistema operativo que en el teléfono, incluidos los controles gestuales que permiten navegar por el catálogo de canciones, vídeos y fotografías, y el teclado virtual. A pesar de que no podrá conectarse a la red de telefonía, sí incluirá una antena para redes Wifi y la versión móvil del navegador Safari.

1b Cámaras más listas

Más píxeles, mejores lentes, mayor sensibilidad, pero, sobre todo, más inteligencia. Inteligencia para detectar los rostros en la fotografía y enfocarlos correctamente, inteligencia para realizar labores de edición sin tener un PC cerca, inteligencia, incluso, para saber cuándo alguien está sonriendo y disparar en el momento justo. Así son las cámaras que veremos en lo que queda del año. La resolución sigue creciendo, pero ya no es el argumento de venta de las compañías de fotografía, que prefieren centrarse en la calidad de la lente y la sensibilidad de la luz, en parte para competir con la precisión cada vez mayor de los teléfonos móviles que son capaces de realizar fotos con calidad suficiente para imprimir y guardar en un álbum.

1c Los televisores: la huida hacia tamaños superiores

Los consumidores miramos cada vez más hacia pantallas de mayor tamaño. El año pasado se vendieron en Europa 27 millones de pantallas LCD, pero el tamaño medio de éstas ya no es el 32 pulgadas, el que ha dominado el salón durante los últimos años, sino el de 37 o 42 pulgadas. Tanto Panasonic como LG creen que hay una demanda creciente de televisores plasma, que este año han conseguido llegar a resolución Full HD incluso en los tamaños más pequeños. Además del tamaño, cada vez cobra más importancia el diseño. La tele, ahora, es el nuevo cuadro del salón.

A **Lee las descripciones de estos aparatos nuevos en los tres párrafos anteriores. ¿Qué párrafo menciona…**

B **Comenta con tu compañero/a los tres aparatos descritos en los artículos 1a (el iPod), 1b (la cámara digital) y 1c (el televisor de mayor tamaño). ¿Cuál os parece más útil? ¿Por qué?**

		Reproductor	Cámaras	Televisores
1	la calidad de la imagen?			
2	conexiones con otras redes?			
3	competición con los móviles?			
4	las dimensiones de la pantalla?			
5	las ventas globales?			
6	el futuro?			
7	el pasado?			
8	la posibilidad de buscar fotografías?			

Grammar

The gerund (1)

The Spanish gerund describes actions that take place at the same time as the action of the main verb. The gerund normally acts as an adverb, giving more information about the action of the verb.

It is formed by the addition of **-ando** to the stem of **-ar** verbs and **-iendo** to the stem of **-er** and **-ir** verbs, and it is invariable.
mirar > mirando; comer > comiendo; escribir > escribiendo

● The gerund, preceded by the verb *estar,* is used to make the continuous form of the verb. This form indicates that an action is in progress:
*inteligencia… para saber cuándo alguien **está sonriendo** y disparar en el momento justo.*
intelligence… to know when someone is smiling and to take the photo at the right moment.

● The gerund denotes an action taking place at the same time as that of the verb.
*Nos fuimos **andando**.* We walked away (lit. "We went away walking").

● It often indicates the way in which an action is performed ("by"+ -ing in English).
*Se ganaba la vida **vendiendo** ordenadores a países del tercer mundo.*
He earned his living by selling computers to Third World countries.

● It is very important not to confuse the gerund with the English present participle, ending in "-ing". The "-ing" form is used after prepositions in English; the gerund is **never** used after prepositions in Spanish. The following example shows this difference.

… que son capaces de realizar fotos con calidad suficiente para imprimir y guardar en un álbum.
…that are capable of taking photos of sufficient quality to print and keep in an album.

For more information on the gerund, see the Grammar Summary on page 297.

Ejercicio

1　Rellena los espacios en blanco escogiendo la forma correcta del verbo entre paréntesis.
    a)　Su amigo entró en el bar mientras estaba _____ (leer) la revista *Informática Hoy*.
    b)　Dos mendigos se nos acercaron _____ (pedir) limosna.
    c)　Finalmente decidieron marcharse, _____ (maldecir) su mala suerte.
    d)　En Valencia llevan mucho tiempo _____ (construir) la nueva Ciudad de las Artes y las Ciencias.
    e)　Una vez, _____ (ser) niño, fui a la exposición de Sevilla.

¡PONTE AL DÍA!

2 ¿Qué piensan los usuarios?

 ¿Quién lo dice? Escucha el audio y pon una cruz (✗) en las casillas adecuadas.

		Virginia	Óscar	Carla	Javier
1	Me encanta conectarme con otras personas.				
2	Me alegro de que existan los ordenadores.				
3	Los ordenadores son una amenaza al ser humano.				
4	Internet es para todos.				
5	Las entidades emplean a expertos para protegerse.				
6	Aborrezco la Red.				
7	No soy ladrón.				
8	No me fío de las grandes empresas.				

B **¿Y qué opinas tú de Internet? ¿Compartes la opinión de algunas de estas personas? ¿Cuál de las cuatro tiene ideas más interesantes? Después de escuchar el audio otra vez, coméntalas con tu compañero/a.**

3 Enganchados

No hace falta entrar en uno de esos llamados edificios inteligentes de un centro empresarial a la última para encontrar personas que han convertido la tecnología en compañeros habituales de vida o trabajo. Deportistas, agricultores, taxistas, jubilados, médicos y actores cuentan con ella para rentabilizar su esfuerzo, mantenerse comunicados o simplemente hacer menos aburridos los tiempos de espera.

3a Los taxistas: un salón en el coche

A **Antes de leer el texto siguiente empareja las dos columnas para formar frases completas. ¡Cuidado! Hay más terminaciones que comienzos. Luego lee el texto y verifica que has escogido las terminaciones correctas.**

1 Los taxis de Agustín y José Antonio   a con utilizar copias ilegales de los juegos.
2 Sólo pueden ver el monitor   b se lo entrega al otro.
3 Cuando no tienen nada que hacer   c mientras hay clientes en el coche.
4 No están de acuerdo   d cuando el taxi está parado.
5 Cuando uno termina un juego   e se divierten con los aparatos.
    f con intercambiar los juegos.
    g están llenos de chismes tecnológicos.

Agustín Molero y José Antonio García son dos almas gemelas. Ambos son taxistas y comparten la devoción por la tecnología. Sus vehículos están equipados a la última: navegador, DVD, televisión, equipo de música y PlayStation. Los clientes se asombran al ver este despliegue tecnológico: "Algunos ya lo tienen asumido, aunque se siguen sorprendiendo con las películas". Como ambos llevan el monitor de televisión en el salpicadero, no pueden ponerlas mientras circulan, pero con ellas las esperas son más entretenidas. "En las horas muertas, juego, y cuando llega un cliente guardo los datos y me pongo en marcha", explica Agustín, de 25 años de edad. Los dos están en contra de la piratería. Ellos compran y comparten. Mientras uno ve *El beso del dragón*, el otro juega con *AceCompbatr*. Después se los intercambiarán, que para algo son almas gemelas.

3b El maestro: a clase con ordenador

José Antonio Blesa es el director del colegio rural agrupado (CRA) de Ariño, un pueblo de Teruel de 900 habitantes, y es además un gurú de la aplicación de las nuevas tecnologías a la enseñanza. En su colegio, un proyector conectado a un ordenador ha sustituido a la pizarra tradicional, y los alumnos, en vez de cuadernos, escriben con un lapicero sobre un ordenador (Tablet PC) conectado a una red wifi. "Antes el profesor tenía el conocimiento y daba clases magistrales", recuerda, "ahora nuestro trabajo es hacer de guías para que los alumnos encuentren el conocimiento de la Red".

 Contesta en español las preguntas siguientes.

1 ¿Qué papel tiene José Antonio en su colegio?
2 ¿Por qué no necesitan los profesores una pizarra tradicional?
3 ¿Por qué a los alumnos no les hacen falta cuadernos?
4 Según José Antonio, ¿cómo ha cambiado el papel de profesor en su colegio?

3c La jubilada: conectarse no tiene edad

María Soria es una de estas abuelas del siglo XXI a las que no resulta fácil encontrar en casa. Durante 30 años trabajó como monitora de natación; ahora pinta, baila, nada, enseña dibujo… "Pero no podía jugar con mis nietos. Se ponían en el ordenador y yo no sabía". Hace seis años, con 71 años de edad, se apuntó a los cursos informáticos que organiza la Caixa para personas mayores. "Me costó, y me cuesta, porque cada vez quiero saber más". Ahora va un día a la semana al hospital para enseñar informática a los niños que deben pasar allí largas temporadas, y se dedica a animar a probarlo a todas sus amigas.

Lee el texto y pon una cruz (✗) en las cuatro frases verdaderas.

1 María Soria pasa la mayor parte de su vida en casa.
2 María Soria sale mucho.
3 Actualmente trabaja como monitora de natación.
4 Cuando sus nietos se conectaban, ella se sentía completamente perdida.
5 Sus nietos se negaban a jugar con ella.
6 Los cursos informáticos que seguía eran demasiado difíciles.
7 Tiene mucha curiosidad por saber lo que ofrecen las nuevas tecnologías.
8 Ahora quiere compartir sus conocimientos con otras personas.

Ejercicio: Empleo por arrobas see Dynamic Learning

Ejercicio: ¿Y entonces qué es una bitácora? see Dynamic Learning

4 La tecnología se esconde

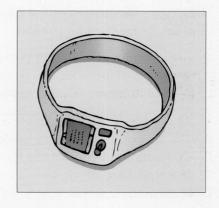

Ordenadores, móviles, y todo tipo de aparatos digitales forman ya parte de nuestra vida cotidiana, pero su evolución sólo acaba de comenzar. El futuro de la tecnología se dirige a camuflarla en el entorno y socializarla.
Mesas-ordenador, anillos-teléfono o televisiones que se despliegan al tocar una pared, anuncian el futuro.

Hacia el año 2020 el ordenador será una de las diversas posiciones asignables a nuestro espejo del baño; el anillo del dedo o el pendiente esconderán un teléfono móvil; las paredes de casa o de la oficina servirán para dejar mensajes gracias a sus diminutos poros lumínicos, o harán de pantallas que se activan con la voz o un simple gesto; las mesas se transformarán en horizontales computadoras colectivas; las gafas dispondrán de un *tercer ojo* con el que tomarán fotos digitales sin que ni siquiera se lo pidamos… Nos acostumbraremos a no asombrarnos.

Por decirlo gráficamente: se acaba la época en que los aparatos han tomado forma de cajas, por más estrechas y diminutas que progresivamente muchas vayan siendo. Según Stefano Marzano, presidente ejecutivo de Philips Design: "Los aparatos de hoy en día son aún obstructivos en nuestras casas y oficinas, con su aspecto de cajas grises y negras: televisores, ordenadores, electrodomésticos. Todos ellos se disponen a desaparecer, a medida que la tecnología se fusiona con los objetos tradicionales que nos han rodeado durante milenios, como mesas, sillas, paredes y techos. El resultado de este proceso de ocultamiento", prosigue Marsano, "será que en las sociedades avanzadas el espacio vital tenderá a parecerse cada vez más al que se conoció en el pasado, en lugar de al que vivimos en el presente".

En términos similares se pronuncia Mark Anderson, director de las conferencias Future in Review. "Las computadoras como tales tienden a desaparecer; de ellas es posible que quede un micrófono para el oído, siempre y cuando se demuestre que no ocasiona problemas de salud, y una pantalla. Puede que para entonces todo el *hardware* ocupe el tamaño de un paquete de cigarrillos, pero más adelante, cuando pasemos la mayor parte del tiempo conectados de modo inalámbrico, las fuentes de conexión a la Red estarán escondidas en cualquier parte del entorno", comenta.

Sony Ericsson lanzó, el pasado año, un concurso en China para premiar ideas sobre cómo podrían ser los teléfonos móviles en el futuro. En total participaron 4.000 inventores para quedar tres ganadores absolutos. Entre ellos, Tao Ma, quien triunfó con un minúsculo móvil con forma, y función, de anillo. "Resulta muy creativo inyectar un teléfono en una sortija", destacó el jurado. El propio ganador explica desde Pekín su prototipo: "Dispone de pantalla redonda; opera con simplicidad, al tener solamente que acercar el anillo a la oreja cuando suena el timbre de llamada y facilita una comunicación sencilla, uniendo lo ornamental con la funcionalidad de un móvil".

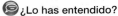

Por más (mucho) ... que

The idea of "however" followed by an adjective is rendered by *por más/mucho ... que* plus the subjunctive.

The adjective agrees with the person or thing described:

Por más estrechas y diminutas que progresivamente muchas cajas vayan siendo...

However narrow or tiny many boxes are gradually becoming...

 ¿Lo has entendido?

Comenta con tu compañero/a la construcción *por más (mucho) ... que*. Luego escribe tres frases que contengan esta construcción.

A **Busca en el texto las palabras que correspondan a las definiciones siguientes:**

1 conjunto de circunstancias que nos rodea
2 se abren
3 adorno que se pone en la oreja
4 de la luz
5 tendrán
6 causar sorpresa

7 han estado alrededor de nosotros
8 mostrará inclinación a
9 es posible que
10 que no tiene alambres
11 anillo que se lleva en los dedos
12 puso de relieve

B **Lee el texto otra vez e indica cuáles de las declaraciones siguientes son correctas.**

1 Los aparatos digitales del futuro
   a) guardarán su forma convencional.
   b) van a fusionarse con los objetos de la casa.
   c) se ubicarán en las paredes.

2 Los teléfonos móviles del porvenir
   a) estarán escondidos en cualquier objeto.
   b) dejarán mensajes en el ordenador de mesa.
   c) serán sustituidos por ordenadores horizontales.

3 Comienza una época en la que los objetos de casa tendrán
   a) una forma nueva.
   b) una variedad de colores.
   c) una forma tradicional.

4 Puede que del ordenador de hoy lo único que quede sea un micrófono al oído
   a) con tal de que no dañe la salud.
   b) porque será imprescindible para que funcione el aparato.
   c) siempre que lo acompañe una pantalla.

5 En el futuro los alambres
   a) estarán más escondidos que hoy.
   b) desaparecerán.
   c) estarán conectados con el ordenador principal.

6 La invención de Tao Ma destaca por
   a) la sencillez del diseño.
   b) el timbre de llamada.
   c) la proximidad del teléfono al oído.

C **Comenta con tu compañero/a la evolución del diseño de los aparatos, concentrándote en las preguntas siguientes:**

● ¿La tecnología va a cambiar la casa del futuro? ¿De qué manera?
● ¿Te parece bien que los aparatos cambien su forma, como dice el artículo?

5 Los "hacker" no son todos malos

Desde el viernes y hasta hoy, unos 500 *hacker* se reúnen en Pamplona para compartir secretos. ¿Sobre cómo robar datos bancarios, diseñar un temible virus o planear un ataque ciberterrorista? A tenor de las charlas y conferencias, no lo parece. Estos tres días los dedican más a enseñar cómo construir una red inalámbrica, demostrar la inseguridad de las redes por las que circula la información personal de millones de españoles o a la alfabetización digital de los colectivos desfavorecidos.

El Hackmeeting es un colectivo de centenas de *hacker* de toda España que se coordinan por Internet y que una vez al año salen a la luz. Miran con recelo al que les identifica con delincuentes informáticos. Para ellos, la tecnología tiene una función social clara: cambiar la sociedad. Y empiezan por sí mismos. En su organización no hay jerarquías, todo se decide de forma asamblearia.

 Lee el texto e indica si las siguientes afirmaciones son verdaderas o falsas. Si son falsas, explica por qué.

1 Los *hacker* se reúnen cada año para aprender cómo cometer delitos informáticos más impresionantes.
2 A los *hacker* les interesa estudiar los puntos débiles de los sistemas que intentan penetrar.
3 Tienen miedo de que la gente los tache de criminales.
4 Quieren instruir a los que no entienden de informática.
5 Para ellos, la función de la tecnología es mejorar la infraestructura económica de la sociedad.
6 Un jefe poderoso encabeza el colectivo.

B **Comenta con tu compañero/a los puntos siguientes con referencia a los *hacker*:**

● ¿son todos malos?
● ¿por qué tienen secretos?
● la función docente del colectivo de *hacker*
● el deseo de cambiar la sociedad

Grammar

Para

Para means "for", "in order to", in the sense of destination or purpose.

Para ellos, la tecnología tiene una función social clara: cambiar la sociedad.
For them, technology has a clear social function: to change society.
…unos 500 hacker se reúnen en Pamplona para compartir secretos.
…some 500 hackers are meeting in Pamplona (in order) to share secrets.

Para must not be confused with *por*, which can also mean "for" in English.
Read the section on *por* in this unit and compare the uses of the two prepositions.

For more information on *para,* see the Grammar Summary on page 301.

Los avances médicos

6 ¿Bebés a la carta?

La unión de las técnicas genéticas y de reproducción asistida permiten intervenir en el código vital de nuestros hijos. Decidir el sexo, por ejemplo.

Ana sabía desde pequeña que sus hijos podrían ser hemofílicos, porque su padre lo es. La hemofilia se debe a un gen defectuoso que hace que la sangre coagule muy despacio: cualquier golpe leve desencadena una hemorragia. Hay muchos más hemofílicos hombres; las mujeres pueden portar el gen culpable y transmitirlo a los hijos, aunque ellas no sufran la enfermedad. Es el caso de Ana. Cuando Ana y Luis se conocieron, decidieron tener sólo niñas, que en el peor de los casos serían, como su madre, portadoras, pero no hemofílicas. Ana va por el cuarto mes de la primera. Que sea hija les ha costado dos intentos frustrados, bastante ansiedad y unos 15.060 euros.

Ana y Luis no lo tuvieron fácil, a pesar de que ambos son jóvenes y fértiles. La fecundación *in vitro*, el primer paso en el proceso de selección del bebé, sólo tiene éxito el 35% de las veces. Pero ellos habían descartado la otra opción posible, que es también la única que ofrece la Sanidad pública española para casos como el suyo: empezar el embarazo de la forma tradicional,

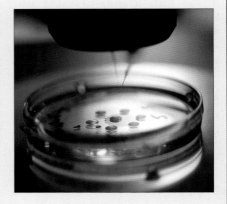

someterse a una prueba de diagnóstico prenatal y abortar si el feto padece la enfermedad.

Así que fueron a la clínica IVI de Madrid y empezaron el tratamiento. Él, que se iba de viaje, dejó su semen congelado – "lo único que hice yo, el resto le toca todo a ella"– ella empezó las inyecciones diarias de hormonas para estimular la producción de óvulos. Siguió trabajando y no dijo nada en su empresa porque "la sociedad de hoy aún ve a quien hace esto como un bicho raro". Al cabo de un mes le extrajeron los óvulos y empezó lo más difícil. La mantuvieron al tanto por teléfono. "No, el momento de la fecundación en sí no se siente como nada especial. Además a medida que avanza el proceso van quedando menos embriones, y es difícil sentir como algo tuyo que desaparece en cuestión de horas".

Días después, cuando los embriones tenían ya seis u ocho células, se extrajeron algunas de ellas con una pipeta de milésimas de milímetro de grosor. El análisis de su material genético permitió identificar los embriones femeninos, que se implantaron en el útero el mismo día. Dos semanas de espera, una llamada, y no, no hubo suerte esta vez. Tampoco la habría la siguiente.

La vez que salió bien, Ana ya estaba mentalizada para otro fracaso. Se enteró mientras conducía, una llamada al móvil que casi la hace frenar en seco. Había pocas probabilidades. En esta ocasión se habían obtenido seis embriones... ¡Pero cinco eran niños! "El médico nos decía: es que lo vuestro es mala pata". Sólo el femenino se implantó en el útero – lo habitual es implementar más, para aumentar las probabilidades de embarazo – y funcionó. La niña nacerá a principios de verano.

Ana y Luis escogieron el sexo de su hija por un problema de salud, pero no les parece bien que se haga por motivos estéticos – los famosos ojos azules, por ejemplo. ¿Y si se hace no por estética, sino para que el bebé sea más inteligente? ¿No daríais esa cualidad a un hijo? "Tampoco".

A Busca en el texto las palabras que correspondan a las definiciones siguientes:

1 la más pequeña unidad funcional de un cromosoma
2 provoca
3 que tiene culpa
4 persona que lleva una enfermedad sin sufrirla pero que la extiende
5 estado de una mujer encinta
6 embrión, hasta el momento del nacimiento
7 persona de carácter extraño
8 enterado
9 espesor
10 mala suerte

1 ¿Cómo puede la tecnología ayudarte a decidir el sexo de un bebé?
2 ¿Qué riesgo correría un hijo varón de Ana? ¿Por qué?
3 ¿Qué decidieron Ana y Luis cuando se conocieron?
4 ¿Qué éxito ha tenido la fertilización *in vitro*?
5 ¿Qué opción podía ofrecer la sanidad pública española a la pareja?
6 ¿Por qué Ana no dijo nada del tratamiento a sus colegas?
7 ¿Qué ocurrió a los embriones durante el tratamiento?
8 ¿Cómo se extrajeron las células?
9 ¿Qué embriones se implantaron en el útero de Ana?
10 ¿Qué hizo Ana al oír la noticia?
11 ¿En qué se diferenció el proceso la vez que tuvo éxito?
12 ¿Qué razones – aparte de las médicas – se mencionan para escoger el sexo de un bebé?

C ✏️ **La Ley de Reproducción Asistida sólo permite escoger el sexo del hijo para evitar enfermedades graves. ¿Debe ser modificada para que puedan darse casos en que una familia:**

a) tenga todos los hijos varones y desee una niña?
b) quiera tener un(a) hijo/a más guapo/a?
c) desee un bebé más inteligente?

Comenta estos tres casos con tu compañero/a. Luego escribe 200 palabras sobre el tema, dando tus opiniones.

Grammar

Por

The preposition *por* is used for cause, origin, and provenance. *Por* is the equivalent of "by", "through", "by means of", "on behalf of", "because of" and "for".

● **by (means of)**
Navegar por *Internet* Navigation on (i.e. by means of) the Internet

● **on account of, because of**
*Ana y Luis escogieron el sexo de su hija **por** un problema de salud, pero no les parece bien que se haga por motivos estéticos.*
Ana and Luis chose the sex of their daughter because of a health problem, but it doesn't seem right to them to do so for aesthetic reasons.

Note: *por* must not be confused with *para,* which can also mean "for" in English.
Read about *para* in this unit, and in the Grammar Summary on page 301.

Ejercicio

1 Rellena los espacios en blanco en las frases siguientes con *por* o *para*. Explica por qué has elegido una preposición u otra.

a) Se inclinó _____ hablarle al oído.
b) Hay alguien en la puerta que pregunta _____ ti.
c) _____ mí, la tecnología siempre ha sido un misterio total.
d) Ha venido a la oficina _____ que le diéramos las cartas.
e) Le han suspendido en Informática _____ haber estudiado poco.
f) Llegamos tarde al aeropuerto _____ culpa mía.
g) Todos trabajamos _____ dinero.
h) Estas flores son _____ vosotros.
i) Cuando viajas al sur de España normalmente pasas _____ Madrid.
j) Me echaron del colegio _____ indisciplina.

El País Vasco

Los habitantes de esta pequeña región norteña poseen un sentido fuerte de su identidad como vascos. El Partido Nacionalista Vasco, que fue fundado a finales del siglo XIX, gobierna la comunidad desde que obtuvo su autonomía en 1980. El País Vasco está compuesto de tres provincias: Álava, Guipúzcoa y Vizcaya. Los vascos hablan su propia lengua, el *euskera*, cuyo origen no es conocido. La cocina vasca, con sus platos típicos, como el "bacalao al pil pil", es famosa por toda España.

Situación: El País Vasco es una región montañosa del norte de España. Tiene una frontera común con el País Vasco francés.

Población: 2.133.684 habitantes.

Idiomas oficiales: el euskera y el castellano.

Industria y comercio: industria alimentaria, tecnología; el sector financiero, el turismo (el museo Guggenheim es uno de los edificios más visitados del mundo). La ciudad de Bilbao tiene una de las cuatro Bolsas de España.

Historia: Tradicionalmente el País Vasco ha sido una de las regiones más ricas e industrializadas de España. Creció mucho en el siglo XIX, después de la Revolución Industrial, y durante el siglo XX. En esta época las industrias más potentes eran la siderúrgica, los astilleros y el sector agropecuario. Con motivo de esta prosperidad, hubo mucha inmigración a la región de otras partes de España. Una consecuencia de esta inmigración es que la mitad de los habitantes del País Vasco no habla euskera.

En 1937 ocurrió un suceso trágico cuando Guernica, la ciudad simbólica de las antiguas libertades vascas, fue bombardeada por los aviones de Hitler durante la guerra civil. Pablo Picasso pintó su famoso cuadro, *Guernica*, después de oír la noticia de los muchos que perdieron allí la vida.

En 1980 el País Vasco recibió su Estatuto de Autonomía, y con esto, una mayor libertad para gobernarse con una asamblea propia. La sede del Gobierno Vasco está en Vitoria (Álava). El presidente del Gobierno se llama el *lehendakari*.

El grupo ETA (Euskadi Ta Askatasuna) que reclama la independencia total para el País Vasco, comenzó sus actividades terroristas en los años 60, durante el régimen de Franco. A comienzos del siglo XXI, la banda terrorista, aunque es más débil que hace 30 años, todavía está cometiendo atrocidades.

7 "El futuro de la cirugía pasa por la robótica"

A Antes de escuchar el audio, empareja las definiciones con las palabras sacadas del texto.

1 cirujano
2 torácica
3 cirugía
4 endoscópica
5 cánula
6 oncología
7 robótica
8 igualar

a relacionado con la exploración del interior del cuerpo mediante un instrumento óptico
b parte de la medicina que estudia los tumores
c tubo pequeño
d médico especialista en cirugía
e parte de la medicina que tiene por objeto curar enfermedades por medio de operaciones
f hacer igual
g de la parte del cuerpo que está entre el cuello y el abdomen
h tecnología relacionada con el diseño y utilización de robots

B **Ahora escucha el audio y empareja las dos columnas para formar frases verdaderas, según lo que dice el texto. ¡Cuidado! Hay más terminaciones que comienzos.**

1 Joaquín Pac Ferrer cree que
2 El uso de una cámara de televisión
3 Las nuevas técnicas no sólo se usan en la cirugía torácica
4 El cirujano torácico moderno debe
5 Se puede confiar en Da Vinci
6 El que controla los movimientos del robot

a es el cirujano.
b es la mano humana.
c tener conocimientos tecnológicos.
d reduce la necesidad de hacer incisiones.
e aumenta el número de incisiones.
f sino también en todo tipo de operaciones.
g porque hace un trabajo muy preciso.
h la cirugía está avanzando despacio.
i actualmente la cirugía hace muchos progresos tecnológicos.

8 El robot Da Vinci ha realizado 143 operaciones en un año

El robot quirúrgico Da Vinci del Hospital Clínico San Carlos de Madrid ha realizado, desde que fue adquirido en julio de 2006, un total de 143 operaciones, aproximadamente el doble de las previsiones consideradas aceptables por la Consejería de Sanidad.

Mediante cuatro brazos articulados, el robot permite realizar intervenciones quirúrgicas de gran precisión. Uno de los brazos sujeta las dos cámaras a través de las cuales el cirujano puede ver, en tres dimensiones y no en dos como anteriormente con la tecnología laparoscópica, la zona de trabajo. Los otros dos brazos simulan las manos del propio médico y, el cuarto, es un instrumento auxiliar.
Entre las ventajas que supone este aparato, que costó 1,3 millones de euros, se cuentan la mayor precisión de las incisiones, ya que los instrumentos se mueven con la yema de los dedos de un modo mucho más controlado que con las tecnologías anteriores. Asimismo, la visión mejora considerablemente. Además, los movimientos no son inversos, como en el caso de la laparoscopia, con lo cual el aprendizaje de uso es más sencillo, y el trabajo se realiza mirando en la dirección del paciente y no a una pantalla situada a un lado, ya que el cirujano se coloca en una consola ergonómica que le da la sensación de estar trabajando directamente en el abdomen del paciente. Por otra parte, Da Vinci permite realizar operaciones en lugares de difícil acceso, como la base de la pelvis, de un modo más eficaz, y mejora la calidad de maniobras más complicadas, como las suturas, lo que repercute directamente en la disminución de las hemorragias y permite una recuperación más rápida y, por ende, estancias más cortas en el hospital.
En un primer momento el robot se utilizaba

en dos intervenciones semanales, habiendo tenido lugar la primera el 12 de julio del pasado año. Sin embargo, el programa fue ampliado y, ahora, se utiliza todos los días de la semana, lo que ha permitido al Clínico realizar en un año 143 intervenciones, 88 de cirugía general y aparato digestivo, 41 de urología y 11 de ginecología.

A **Busca en el artículo los equivalentes a las siguientes palabras inglesas.**

1 surgical
2 by means of
3 operations
4 holds
5 fingertips
6 likewise
7 laparoscope
8 training
9 sits
10 carries out
11 manoeuvres
12 stitches
13 therefore
14 stays
15 widened

Contesta en inglés las preguntas siguientes.

1 Describe how the four arms of the robot work.
2 What aspect helps the robot to work more precisely?
3 How does the use of the robot differ from that of the laparoscope?
4 In what parts of the body does Da Vinci enable the surgeon to operate more effectively?
5 What advantages does Da Vinci offer in the treatment of stitches?
6 What evidence is there of the success of Da Vinci?

La electrónica y el ocio

9 Siete propuestas para tu PDA

Estamos en verano y, para los más afortunados, comenzará la época de vacaciones: piscina, montaña o mar. Te hacemos siete propuestas para que no pierdas de vista tu PDA (Personal Digital Assistant) en este época del año.

1 Internet lejos del ordenador

Dejar de lado el ordenador de sobremesa no significa que no puedas estar al tanto de las últimas noticias y novedades. A través de nuestro portal móvil puedes acceder a todo tipo de información móvil:

- Leer las noticias de actualidad nacional e internacional (Noticias).
- Ver las últimas clasificaciones en deportes (Deportes).
- Acceder a la cartelera del cine o buscar un restaurante (Entretenimiento).
- Consultar los movimientos de tu cuenta bancaria (Banca móvil).
- Estar a la última en Tecnología.
- Leer tu correo Yahoo, Hotmail o Gmail (Web: e-mail).

2 Funda protectora para el agua y arena

Si vas a la piscina o a la playa no puede faltarte una funda, que, una vez cerrada, nada entra ni sale de la funda. No es que te vayas a meter en el agua con tu PDA – que podrías – sino que te servirá para proteger tu PDA de salpicaduras de agua o de la arena de la playa.

3 Una enciclopedia en el bolsillo

También puedes aprovechar esos ratos de ocio para aprender más sobre ese tema que tanto te apasiona o realizar consultas puntuales sobre ese país, ciudad o pueblo que estás visitando. No, no tienes que cargar con el Espasa-Calpe bajo el brazo :) En PDAExpertos.com puedes <u>descargarte toda la Wikipedia en español</u> para que la puedas llevar en tu PDA a todas partes.

4 Y que la música te acompañe

Como decían en Los 40 Principales, ¿qué sería de nuestra vida sin la música? Con el programa <u>PocketTunes</u> podrás reproducir tus ficheros MP3, WMA, PCM WAV, y <u>OGG</u>. Radio por Internet. Si tienes la suerte de tener un PDA Wi-Fi y un punto de acceso cerca, puedes descargarte y sintonizar emisoras de radio por Internet.

5 Vídeos y películas

Podrás reproducir ficheros en formato AVI, Matroska, MP4, Ogg Media y ASF. ¡Hínchate a ver DVDs o películas en tu PDA!

6 Juegos

La oferta de juegos es muy amplia. Si eres poco aficionado a jugar, date una vuelta por la recopilación de <u>los mejores juegos</u>, en la que encontrarás juegos de ajedrez, tetris, solitario o billar, entre otros. Si por el contrario eres un forofo de los juegos para PDA, acércate por nuestro <u>foro Juegos</u> donde encontrarás la última información sobre emuladores, lanzamientos, etc.

7 Para no perderse

Si viajas a un sitio que no conoces bien, no te puede faltar el GPS y la cartografía necesaria. Si te vas a la montaña puedes usar los programas <u>Pathaway</u> o <u>Atlas</u> con tus propios mapas <u>calibrados</u>.

A **Localiza las siguientes palabras en el texto.**

1 the lucky ones
2 swimming pool
3 desk computer
4 publicity board
5 case

6 spattering
7 leisure time
8 download
9 play
10 go crazy about something

B **Ahora trabaja con tu compañero/a. Imaginad que tenéis una PDA y 40 €. Sólo podéis comprar uno de los complementos. ¿Cuál sería? Dad vuestras razones.**

Grammar

Modal verbs

A modal verb is a special kind of auxiliary verb which affects the meaning of the verb which follows. These meanings are mainly related to obligation, possibility and permission.

● Obligation is expressed by a variety of verbs, notably **deber**, **tener que** and **hay que**. These verbs are to some extent interchangeable.

No, no tienes que cargar con el Espasa-Calpe bajo el brazo.
No, you don't have to carry your Espasa-Calpe under your arm.

Hay que is used for obligations expressed impersonally in the third person singular only.
Hay que tener en cuenta que si te vas a la montaña necesitas los programas <u>Pathaway</u> o <u>Atlas</u>.
It's necessary to take into account that if you intend to climb you need the Pathaway or Atlas program.

● Possibility and permission are expressed by **poder**.

También puedes aprovechar esos ratos de ocio para aprender más sobre ese tema.
You can also take advantage of those moments of leisure to find out more about that topic.
Podrás reproducir ficheros en formato AVI, Matroska...
You'll be able to reproduce files in formats AVI, Matroska...

● Note the difference in meaning between *podía, pude* etc. and *podría* etc, all of which may be translated by "could" in English.

*No **podía** leer mi correo porque había dejado mi portátil en casa de mis amigos.*
I couldn't (i.e. wasn't able to) read my emails because I had left my laptop at my friends' house.

*Si me trajeras mi portátil **podría** leer mi correo.*
If you brought me my laptop I could (i.e. would be able to) read my emails.

● "Should" and "ought to", in the sense of a strong obligation, are usually rendered by *debería* etc. (or, less frequently, the imperfect subjunctive *debiera*).

Siempre deberías llevar tu cinturón de seguridad en el coche.
You should always wear your seat belt in the car.

Ejercicio

1 Escribe cinco frases en español indicando cosas que no debes hacer y otras cinco indicando cosas que puedes hacer. Utiliza varios tiempos verbales.

10 Metring: la nueva sensación grabada en tu móvil

A **Escucha el audio y elige la respuesta correcta.**

1 Los jóvenes saltan del tren:
a) cuando ya ha entrado en el túnel.
b) cuando está a punto de salir.
c) justo antes de que se adentre en el túnel.

2 "Se juegan la vida" quiere decir:
a) se dedican al juego.
b) ponen en peligro su vida.
c) apenas trabajan.

3 La obsesión de estos jóvenes es:
a) no perder el tren.
b) ganar a los otros competidores.
c) encontrar sitio para sentarse.

4 "Electrocutarse" es…
a) perder la vida por el paso de corriente eléctrica por el cuerpo humano.
b) que se vaya la luz.
c) curarse por medio de aparatos eléctricos.

5 Una chica llegó a…
a) fallecer por hacer metring.
b) perder a su novio.
c) quedarse sin pierna.

6 Lo que más les interesa es grabar la hazaña y…
a) publicarlo en Internet.
b) verlo muchas veces.
c) enseñárselo a sus amigos.

B **Ahora mantén un debate con el resto de la clase sobre estos puntos:**

- ¿Eres capaz de comprender la actitud de estos jóvenes en Barcelona?
- ¿Crees que todos lo hacen porque quieren? ¿Qué les motiva?
- ¿Por qué a veces las personas se sienten forzadas a hacer algo contra su voluntad?
- ¿Qué tipo de personas se regocijan ante la crueldad de otros? ¿Por qué?
- ¿Qué placer encuentran los que graban escenas de horror en sus móviles?

Presenta otras ideas que se te ocurran y que te parezca interesante comentar con tus compañeros.

11 Campeonato continuo de ajedrez por e-mail

Cómo jugar…
1 **Regístrate**, introduce un e-mail y una clave para registrarte por primera vez. Puedes estar seguro de que este e-mail sólo se usará para jugar al ajedrez. Nunca se le comunicará a ningún otro jugador ni nada parecido. Si lo deseas, puedes dar un nombre propio para que los demás usuarios puedan reconocerte. Selecciona el máximo de partidas simultáneas que deseas jugar. Ahora ya puedes empezar a concentrarte. Por cierto… es gratis.

2 Vas a comenzar el **campeonato continuo**. Una vez registrado, busca tu primer contrincante y recibirás por e-mail las partidas que te toquen jugar, como máximo las que hayas seleccionado.

3 Tus **contrincantes**. En el campeonato continuo, el ordenador es el que adjudica los contrincantes, siendo éstos los que tengan un ranking parecido al tuyo y con los que aún no hayas jugado. De esta forma, todas las partidas (menos posiblemente las primeras) las disputarás con contrincantes de tu nivel.

4 **¿Cómo se juega?** Muy fácil. Una vez que tienes contrincante, el sistema te mandará a ti, si eres el jugador de blancas, un gráfico con la partida por e-mail para que la veas tranquilamente en tu ordenador. Si llevas negras, te mandará un e-mail comunicándote que no empiezas tú, pero que tienes una partida establecida. Cuando sepas qué mover, pinchando en un link en el e-mail, entrarás en una página web donde introducirás tu movimiento. Hecho esto, tu contrincante recibirá un email con la nueva situación de partida y hará lo mismo que tú. Así hasta que se llegue al fin de partida en tablas o victoria de alguno.

Un movimiento tiene un límite de tiempo de ocho días. Pasado este límite, la partida se le dará por perdida al jugador que deje transcurrir este tiempo.

5 El **Ranking**. Ahora tienes una puntuación de 1600 puntos en el ranking. Según los resultados que vayas obteniendo, tu puntuación inicial se irá modificando.

A **Define las siguientes palabras. Ayúdate del diccionario, de Internet o pregunta a tu profesor(a), si es necesario.**

1 registrarse	**4** contrincante	**7** en tablas
2 nombre propio	**5** disputar	**8** dar por perdido
3 partida	**6** pinchar	**9** transcurrir

B **Lee el texto y responde a las siguientes preguntas.**

1 ¿Qué hay que hacer la primera vez que se usa el ajedrez por e-mail?
2 ¿Quién decide quiénes serán tus contrincantes?
3 ¿Qué criterios sigue para hacerlo?
4 ¿Qué pasa si juegas con las blancas? ¿Y si juegas con las negras?
5 ¿Qué tienes que hacer para mover?
6 ¿Puedes pasarte más de una semana pensando qué ficha mover?

C **Comenta con tu compañero/a las posibles ventajas y desventajas de jugar al ajedrez por e-mail.**

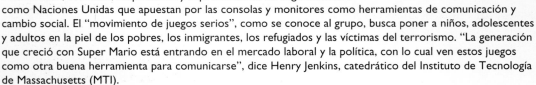

Una nueva generación de videojuegos demuestra que frente a la pantalla de un ordenador no todo es sexo y destrucción, también es posible "jugar" a encontrar soluciones estables para los más apremiantes problemas mundiales.

Conocidos como los "juegos serios", estas variantes rompen con el estereotipo de los mundos de fantasía habitados por tipos violentos, para plantear una experiencia innovadora: la de sumergir momentáneamente al usuario en las acuciantes crisis del mundo real.

Sus diseñadores y partidarios son una amalgama de programadores informáticos, activistas, empresarios y representantes de organizaciones como Naciones Unidas que apuestan por las consolas y monitores como herramientas de comunicación y cambio social. El "movimiento de juegos serios", como se conoce al grupo, busca poner a niños, adolescentes y adultos en la piel de los pobres, los inmigrantes, los refugiados y las víctimas del terrorismo. "La generación que creció con Super Mario está entrando en el mercado laboral y la política, con lo cual ven estos juegos como otra buena herramienta para comunicarse", dice Henry Jenkins, catedrático del Instituto de Tecnología de Massachusetts (MTI).

Los promotores de los "videojuegos con conciencia", muchos de éstos gratuitos y con un número creciente de seguidores, asistieron a fines de junio pasado al tercer congreso *Games for Change* (Juegos por el Cambio), celebrado en Nueva York. Allí se presentó la nueva generación de juegos concienciados, como *Peacemaker*, que desafía a los jugadores a asumir posiciones en uno u otro bando del conflicto israelí-palestino, con el objetivo de llegar a una solución pacífica y estable.

Otro juego de este tipo es *Squeezed* (Exprimido), que convierte a los jugadores en "jornaleros", inmigrantes ilegales que se topan con jefes injustos y malas cosechas en el sur de Estados Unidos. El canal de televisión MTV es uno de los pioneros en el diseño de esta nueva generación de videojuegos. Su juego *Darfur is Dying* (Darfur está muriendo) mete al jugador en la piel de uno de los 2,5 millones de refugiados que luchan por sobrevivir en la conflictiva zona de Darfur, en Sudán, y les alienta a tomar acciones en la vida real. El juego ya cuenta con más de 800.000 jugadores desde su lanzamiento, según su diseñadora, para quien "la meta es llegar a esas personas que no necesariamente leen el *New York Times* ni ven un documental sobre Darfur, ni son activistas".

Una aproximación similar es la del juego *Pax Warrior*, en el que el jugador asume el rol de un enviado de la ONU que busca prevenir el genocidio de Ruanda de los años 90, y que ya cuenta con 250.000 usuarios. Pero el juego realmente creado por la ONU es *Food Force*, en el que los usuarios emprenden una carrera contra reloj para salvar de la hambruna a millones de personas en todo el mundo. Disponible de forma gratuita en food-force.com, el juego ya ha superado las cuatro millones de descargas en apenas 15 meses.

¡Fíjate!

Estos y éstos

The demonstrative adjectives and pronouns are differentiated by the use of the written accent on the pronouns. Thus the adjective *este/esta/estos/estas* means "this/these", and the pronoun *éste/ésta/éstos/éstas* means "this (one)/these (ones)". The same differentiation occurs with *ese* and *ése*, *aquel* and *aquél* etc.

Adjective:
… ven **estos** *juegos como otra buena herramienta para comunicarse*
… they see these games as another good communication tool

Pronoun:
*los "videojuegos con conciencia", muchos de **éstos** gratuitos…*
"videogames with a conscience", many of them free…

🖊 ¿Lo has entendido?

Escribe tres frases que contengan un adjetivo demostrativo y otras tres que contengan un pronombre demostrativo.

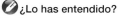
¡PONTE AL DÍA!

A 📖 **Lee el texto y contesta las siguientes preguntas.**

1 ¿Qué se puede hacer con los ordenadores que sea positivo?

2 ¿Dónde aparece el usuario con estos "juegos serios"?

3 ¿Quiénes son los que creen en las consolas y monitores como herramientas de comunicación y cambio social?

4 ¿Cómo se han dado en llamar estos nuevos videojuegos que promueven soluciones pacíficas a conflictos de todos?

5 ¿Con qué se encuentran los jornaleros de Estados Unidos?

6 ¿Qué trata de impedir el enviado de la ONU en Ruanda?

B 💬 **Mantén un debate con el resto de la clase en torno a los siguientes puntos:**

- Consecuencias negativas para aquellos niños y jóvenes que hacen uso de ciertos videojuegos (sexo, destrucción, mundos fantásticos, impunidad…)
- ¿Cuál de los juegos propuestos en el texto consideras que podría ser más efectivo?
- ¿Crees que los "juegos con conciencia" pueden tener un impacto real en la humanidad? ¿Por qué sí/no?

C ✏️ **La ONU ha convocado un concurso de "juegos con conciencia" y tú has decidido participar. Piensa en un problema de la sociedad actual que te preocupe y en una solución que propondrías por medio de un "juego serio". Resume tu idea en 200 palabras. ¡Suerte!**

⑬ Telefonía fija–telefonía móvil

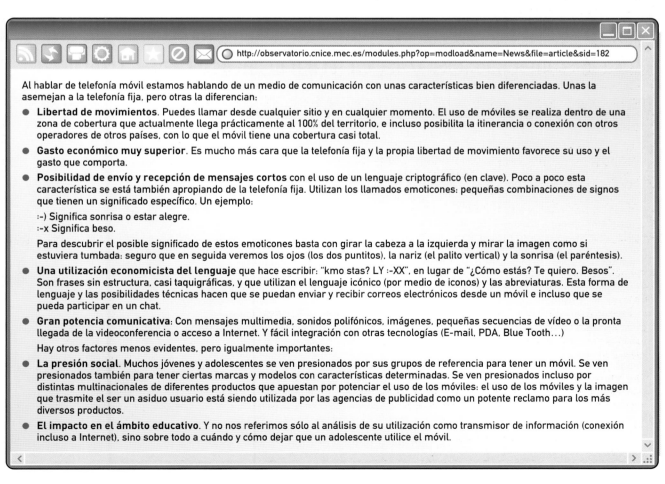

http://observatorio.cnice.mec.es/modules.php?op=modload&name=News&file=article&sid=182

Al hablar de telefonía móvil estamos hablando de un medio de comunicación con unas características bien diferenciadas. Unas la asemejan a la telefonía fija, pero otras la diferencian:

- **Libertad de movimientos.** Puedes llamar desde cualquier sitio y en cualquier momento. El uso de móviles se realiza dentro de una zona de cobertura que actualmente llega prácticamente al 100% del territorio, e incluso posibilita la itinerancia o conexión con otros operadores de otros países, con lo que el móvil tiene una cobertura casi total.

- **Gasto económico muy superior.** Es mucho más cara que la telefonía fija y la propia libertad de movimiento favorece su uso y el gasto que comporta.

- **Posibilidad de envío y recepción de mensajes cortos** con el uso de un lenguaje criptográfico (en clave). Poco a poco esta característica se está también apropiando de la telefonía fija. Utilizan los llamados emoticones: pequeñas combinaciones de signos que tienen un significado específico. Un ejemplo:
  :-) Significa sonrisa o estar alegre.
  :-x Significa beso.

  Para descubrir el posible significado de estos emoticones basta con girar la cabeza a la izquierda y mirar la imagen como si estuviera tumbada: seguro que en seguida veremos los ojos (los dos puntitos), la nariz (el palito vertical) y la sonrisa (el paréntesis).

- **Una utilización economicista del lenguaje** que hace escribir: "kmo stas? LY :-XX", en lugar de "¿Cómo estás? Te quiero. Besos". Son frases sin estructura, casi taquigráficas, y que utilizan el lenguaje icónico (por medio de iconos) y las abreviaturas. Esta forma de lenguaje y las posibilidades técnicas hacen que se puedan enviar y recibir correos electrónicos desde un móvil e incluso que se pueda participar en un chat.

- **Gran potencia comunicativa:** Con mensajes multimedia, sonidos polifónicos, imágenes, pequeñas secuencias de vídeo o la pronta llegada de la videoconferencia o acceso a Internet. Y fácil integración con otras tecnologías (E-mail, PDA, Blue Tooth…)

  Hay otros factores menos evidentes, pero igualmente importantes:

- **La presión social.** Muchos jóvenes y adolescentes se ven presionados por sus grupos de referencia para tener un móvil. Se ven presionados también para tener ciertas marcas y modelos con características determinadas. Se ven presionados incluso por distintas multinacionales de diferentes productos que apuestan por potenciar el uso de los móviles: el uso de los móviles y la imagen que trasmite el ser un asiduo usuario está siendo utilizada por las agencias de publicidad como un potente reclamo para los más diversos productos.

- **El impacto en el ámbito educativo.** Y no nos referimos sólo al análisis de su utilización como transmisor de información (conexión incluso a Internet), sino sobre todo a cuándo y cómo dejar que un adolescente utilice el móvil.

A 🗨 Lee el texto y reflexiona sobre las diferencias entre utilizar un teléfono fijo y un móvil. Comenta con tu compañero/a para qué y cuándo lo usas tú (si tienes) o las razones por las que no tienes uno.

B ✏ Ahora lee este comentario de unos padres desesperados.

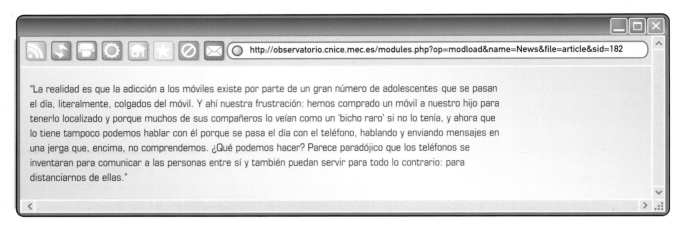

http://observatorio.cnice.mec.es/modules.php?op=modload&name=News&file=article&sid=182

"La realidad es que la adicción a los móviles existe por parte de un gran número de adolescentes que se pasan el día, literalmente, colgados del móvil. Y ahí nuestra frustración: hemos comprado un móvil a nuestro hijo para tenerlo localizado y porque muchos de sus compañeros lo veían como un 'bicho raro' si no lo tenía, y ahora que lo tiene tampoco podemos hablar con él porque se pasa el día con el teléfono, hablando y enviando mensajes en una jerga que, encima, no comprendemos. ¿Qué podemos hacer? Parece paradójico que los teléfonos se inventaran para comunicar a las personas entre sí y también puedan servir para todo lo contrario: para distanciarnos de ellas."

Escribe una carta (250 palabras) tratando de darles recomendaciones para que puedan comprender mejor la actitud de su hijo y para que puedan poner remedio a la situación familiar actual.

El impacto de la tecnología en la economía

⑭ Los negocios y la comunicación electrónica

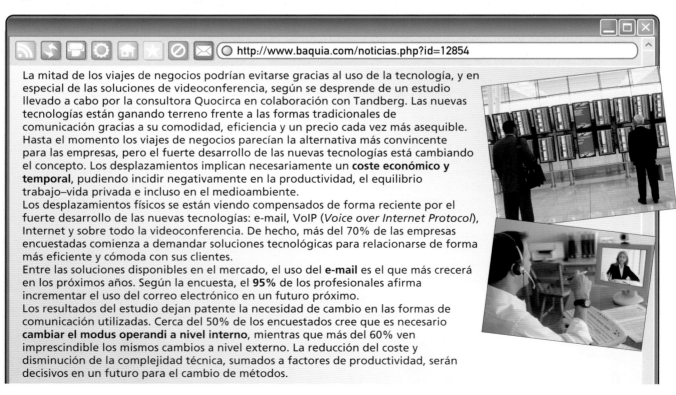

http://www.baquia.com/noticias.php?id=12854

La mitad de los viajes de negocios podrían evitarse gracias al uso de la tecnología, y en especial de las soluciones de videoconferencia, según se desprende de un estudio llevado a cabo por la consultora Quocirca en colaboración con Tandberg. Las nuevas tecnologías están ganando terreno frente a las formas tradicionales de comunicación gracias a su comodidad, eficiencia y un precio cada vez más asequible. Hasta el momento los viajes de negocios parecían la alternativa más convincente para las empresas, pero el fuerte desarrollo de las nuevas tecnologías está cambiando el concepto. Los desplazamientos implican necesariamente un **coste económico y temporal**, pudiendo incidir negativamente en la productividad, el equilibrio trabajo–vida privada e incluso en el medioambiente.

Los desplazamientos físicos se están viendo compensados de forma reciente por el fuerte desarrollo de las nuevas tecnologías: e-mail, VoIP (*Voice over Internet Protocol*), Internet y sobre todo la videoconferencia. De hecho, más del 70% de las empresas encuestadas comienza a demandar soluciones tecnológicas para relacionarse de forma más eficiente y cómoda con sus clientes.

Entre las soluciones disponibles en el mercado, el uso del **e-mail** es el que más crecerá en los próximos años. Según la encuesta, el **95%** de los profesionales afirma incrementar el uso del correo electrónico en un futuro próximo.

Los resultados del estudio dejan patente la necesidad de cambio en las formas de comunicación utilizadas. Cerca del 50% de los encuestados cree que es necesario **cambiar el modus operandi a nivel interno**, mientras que más del 60% ven imprescindible los mismos cambios a nivel externo. La reducción del coste y disminución de la complejidad técnica, sumados a factores de productividad, serán decisivos en un futuro para el cambio de métodos.

A pesar de que cerca de un 40% de los encuestados señala decantarse por las reuniones presenciales, la tecnología es considerada por muchos como una alternativa a los desplazamientos. En el caso de las reuniones externas, los empleados prefieren una **llamada telefónica (60%)** o comunicación **via mail (40%)**.

Entre los encuestados que disponían en su lugar de trabajo de sistemas de videoconferencia, un 80% ha confirmado su eficacia como alternativa a los desplazamientos y ha declarado que es un tipo de comunicación que refuerza las relaciones entre interlocutores y acelera las reuniones.

Entre las organizaciones que se han decantado por las comunicaciones visuales, más de un 40% declaró haber implementado este tipo de soluciones porque contribuyen a **aumentar la productividad y ahorran tiempo**. En segundo lugar, la videoconferencia disminuye el estrés de los empleados al sustituir los desplazamientos físicos: cerca de un 20% señala esta razón como decisiva.

Otra de las razones a favor de la videoconferencia es el ahorro de costes. Las comunicaciones visuales permiten reducir los presupuestos destinados a desplazamientos y dietas. Al mismo tiempo, la reducción de viajes implica una reducción de emisiones de CO_2 derivados de los desplazamientos en coche o avión.

A **Lee el texto y empareja las palabras en español con sus equivalentes en inglés.**

1 *desprenderse*	5 *decantarse*	**a** affect	**e** gain ground
2 *ganar terreno*	6 *ahorro*	**b** saving	**f** opt for
3 *incidir*	7 *destinar*	**c** allocate	**g** allowance
4 *disponible*	8 *dieta*	**d** emerge	**h** available

B **Vuelve a leer el texto. Empareja una parte de cada columna para hacer frases completas.**

1 La videoconferencia ha contribuido enormemente…

2 Los métodos tradicionales están quedándose atrás…

3 La obligación de viajar por motivos laborales…

4 Existe un 30% de empresas…

5 El correo electrónico es una forma de…

6 Dos de los factores que más se tendrán en cuenta…

7 Hay más trabajadores que se inclinan por…

8 Las reuniones progresan con mayor rapidez…

9 Un quinto de los trabajadores entrevistados considera…

10 El uso de la videoconferencia supone…

a un ahorro de gastos y reduce el impacto medioambiental.

b cuando se realizan por videoconferencia.

c que la fatiga del que viaja es un punto a considerar.

d afecta negativamente el ritmo de la vida personal.

e son la inversión de capital y la productividad.

f a que se realicen menos viajes de trabajo.

g que no muestra especial interés en la tecnología.

h una llamada de teléfono antes que por el correo electrónico.

i comunicación que triunfa en los ámbitos de negocios.

j por ser menos prácticos y menos económicos.

C Imagina que la clase es una empresa que ha de decidir si se decanta por conducir sus negocios basándose principalmente en la tecnología o en los desplazamientos. Teniendo en cuenta lo que se expone en el texto, hay que decidir cuál sería la opción más económica y eficiente.

15 Día de Internet

A Escucha a Esteban contando su primera experiencia con un ordenador. Indica si las siguientes declaraciones son verdaderas (V) o falsas (F). Corrige las que son falsas.

1 El Museo de la Ciencia ofrecía la posibilidad de utilizar un ordenador.
2 Al principio el ordenador no contestaba a sus preguntas y le daba mensajes de error.
3 El ordenador sólo responde a sus preguntas por medio de textos.
4 Gracias al ordenador, ya no utiliza ni el equipo de sonido ni la televisión.
5 Nunca enciende el ordenador hasta que ha terminado de desayunar.
6 El sonido de llegada de un nuevo correo se ha incorporado a su día a día.
7 Esteban habla de sus intereses con mucha gente de países lejanos.
8 Esteban aún no se ha adentrado en el mundo de la videoconferencia.
9 Se quedó impresionado cuando la imagen corporativa de Coca-Cola empezó a surgir en la pantalla.
10 Si no hubiera sido por Internet, Esteban probablemente no habría tomado parte en este concurso.

B Haz una lista de todo lo que nos brinda la tecnología y compárala con la de tu compañero/a. Luego mantén un debate con la clase sobre los efectos positivos y perjudiciales de este medio.

C Escribe en 200 palabras cómo fue tu primera experiencia con un ordenador.

16 Un día con mi BB (Blackberry)

Alfredo, hombre de negocios, nos cuenta para qué usa la Blackberry en su vida cotidiana…

6:30 una tenue luz ilumina la habitación; es la activación automática de la BB, pero todavía no es la hora de levantarse.

A las 7:00 suena el despertador. Tengo que revisar la configuración no vaya a ser que mañana sábado vuelva a sonar a la misma hora… No, está bien, sólo lo tengo activo de lunes a viernes.

Antes de levantarme un vistazo rápido al correo: sólo 4 correos (esto del filtro anti-spam es una maravilla), un router caído en una delegación, el proceso de facturación que no ha terminado bien y el informe pdf con las incidencias del día anterior.

Reviso la agenda, hoy tengo un congreso en un hotel de Pamplona a las 9:30. Voy con el tiempo justo; tengo el coche en el taller y tengo que ir en el autobús que sale a las 8:30, desde Logroño son sólo 40 minutos de viaje.

Las 7:40, hora de levantarse, una ducha, afeitado y listo.

A las 8:15 estoy en la cafetería de la estación y con un café bien caliente repaso los titulares de la prensa y de los blog que me interesan.

8:30, el autobús arranca puntual. Acomodado en mi asiento conecto los auriculares a la BB y pongo en marcha el reproductor de música. Con Google Maps localizo el hotel para ver a qué distancia está de la estación.

A las 9:15 estoy bajando del autobús. Me dirijo directamente hacia el hotel y a las 9:25 estoy entrando por la puerta.

El congreso resulta interesante y tomo un par de notas con la BB e incluso hago alguna foto. A las 12:00 un **coffee break** que aprovecho para responder a un par de correos y llamar a la oficina para ver si va todo bien. A las 12:15 vuelta a la sala.

13:45. Una comida rápida, pues el primer autobús de regreso es a las 15:00. Durante el viaje me avisan del taller que puedo pasar a recoger el coche (200   la broma) y mi mujer que me dice que al salir me pase por el supermercado y que le cargue el móvil, que se ha quedado sin saldo.

Parece que el tiempo se está poniendo feo. Echo una ojeada a la previsión meteorológica con el Yahoo! Go y, justo, lluvia para mañana.

15:40 llego a la estación; a las 16:00 recojo el coche, suelto los 200   y a las 16:30 estoy en la oficina. Pongo a cargar la BB aunque está a un 30% de batería, pero se merece el descanso.

A las 20:00 recorro las estanterías del supermercado BB en mano, marcando lo que voy comprando…

Las 23:00, tranquilamente en el sofá aprovecho para escribir esto que estáis leyendo…

 Lee el texto y empareja los elementos de las dos columnas.

1	tenue	**a**	periódicos y revistas
2	lunes a viernes	**b**	cantidad de dinero en una cuenta
3	incidencia	**c**	repisas
4	taller	**d**	pone el motor en marcha
5	afeitado	**e**	ligera
6	prensa	**f**	vistazo
7	arranca	**g**	entre semana
8	saldo	**h**	resultado tras cortarse la barba
9	ojeada	**i**	lugar de reparación de vehículos
10	estantería	**j**	acontecimiento

B **Vuelve a leer el texto y responde a las siguientes preguntas:**

1 ¿Por qué quiere Alfredo revisar la configuración de su BB?
2 ¿Qué hace antes de levantarse?
3 ¿Por qué va en autobús al congreso?
4 ¿Qué hace mientras se toma el café en la estación? ¿Y mientras está en el autobús?
5 ¿Para qué usa su BB en el descanso del congreso?
6 ¿Qué le encarga su esposa?
7 ¿Para qué usa Yahoo! Go?
8 ¿Cuándo, dónde y con qué ha escrito este artículo?

 Ejercicio: Investigación, desarrollo e innovación en España
see Dynamic Learning

 Ejercicio: Intranets o las sedes internas de comunicación dentro de la empresa
see Dynamic Learning

Para terminar…

 Escribe en español 200 palabras sobre uno de los temas siguientes.

1 Los beneficios que ha traído la tecnología a la medicina.
2 Cómo el ordenador ha cambiado el mundo de trabajo.
3 "Antes el profesor tenía el conocimiento y daba clases magistrales; ahora nuestro trabajo es hacer de guías para que los alumnos encuentren el conocimiento en la Red". (José Antonio Blesa, director de colegio).
4 "Parece paradójico que los teléfonos se inventaran para comunicar a las personas entre sí y también puedan servir para todo lo contrario: para distanciarnos de ellas". ¿Estás de acuerdo? ¿Por qué (no)?

10 ¿Somos todos iguales?

Entrando en materia...

Durante la historia de España se ha debatido frecuentemente el tema de los derechos humanos de los ciudadanos, desde el siglo dieciséis, con relación a los indios de los territorios latinoamericanos conquistados por los españoles, hasta nuestro siglo, en el que los derechos de la mujer, de los inmigrantes, de los niños, de los homosexuales, de los pobres, de los que están a punto de morir... siguen provocando sentimientos muy fuertes. En esta unidad vamos a tratar de México, concentrándonos en los derechos de los indios.

Los puntos gramaticales que se van a tratar son:
* ★ **la negación**
* ★ **el gerundio**

Reflexiona:

★ ¿Cuáles son nuestros derechos fundamentales? ¿Por qué tenemos derechos, leyes y libertades? ¿Cuáles son los grupos que están más expuestos a ser discriminados? ¿Cuáles son los derechos de la gente marginada, como los inmigrantes y los gitanos? Los inmigrantes, ¿deberían tener el mismo derecho a trabajar que los ciudadanos nativos de un país? Las mujeres, ¿tienen ahora los mismos derechos que los hombres? ¿Son diferentes los derechos de los ciudadanos en los países más prósperos? ¿Qué papel tienen las instituciones supranacionales, como la Unión Europea, en cuanto a la discriminación?

Los derechos humanos a nivel europeo

1 La Unión Europea

Todo ciudadano debe tener derecho a vivir en libertad y sin discriminación racista. A nivel nacional e internacional las instituciones y gobiernos suelen aprobar leyes que protejan al individuo y que impongan restricciones en la gente que viene de fuera, como la Ley de Extranjería en España. La Unión Europea, institución que toma muy en serio el tema de los derechos humanos, ha establecido una Carta de los Derechos Fundamentales de la Unión Europea, con capítulos sobre la dignidad, las libertades, la igualdad, la solidaridad, la ciudadanía y la justicia de los ciudadanos.
El siguiente fragmento de una declaración de la Unión Europea muestra que los políticos se dan cuenta de la necesidad de hacer frente al problema de la discriminación. La UE afirma que el racismo es un mal que se debe erradicar de esta gran comunidad de 27 países y casi 500 millones de habitantes. España, que ingresó en la Comunidad Europea en 1986 y es uno de los estados más grandes de la UE, desempeña un papel importante en todas sus decisiones.

 A Antes de leer el artículo, empareja las palabras españolas con las inglesas.

1 *la antítesis*	8 *emprender*	a to put a stop to	h opposite
2 *comprometerse*	9 *patente*	b network	i action
3 *mediante*	10 *sito*	c data	j by means of
4 *la actuación*	11 *datos*	d pledge	k located
5 *el empeño*	12 *fidedigno*	e comparable	l obvious
6 *atajar*	13 *homologable*	f to commit oneself	m reliable
7 *plasmado*	14 *la red*	g to undertake	n eflected

Los derechos humanos en la Unión Europea

Entre los valores comunes de la Unión se encuentra [...] el firme convencimiento de que la diversidad es una de las bases que ha cimentado la construcción de la Unión Europea. Racismo, xenofobia e intolerancia son la antítesis del significado esencial de la Unión. Nuestra comprensión de los derechos humanos se centra en la defensa del principio fundamental de la no discriminación. Muy consciente de que racismo, xenofobia e intolerancia existen en sus propios Estados miembros, la UE se ha comprometido a combatir esos fenómenos tanto mediante las políticas nacionales de los 27 Estados miembros como a través de actuaciones de escala comunitaria.
El empeño de la UE en atajar el racismo y las formas conexas de intolerancia quedó plasmado en las numerosas actividades que emprendieron en todos los Estados miembros, Gobiernos y ONG* durante 1997, Año Europeo contra el Racismo. Su resultado más patente fue la creación del Observatorio Europeo contra el Racismo y la Xenofobia sito en Viena, cuyo mandato primordial es facilitar y analizar datos objetivos, fidedignos y homologables y mejores prácticas en materia de racismo, xenofobia y antisemitismo en los Estados miembros de la UE. El Centro ha establecido una red de información sobre racismo (RAXEN) que pueden utilizar las ONG y los especialistas.

*Organizaciones no gubernamentales

¡Fíjate!

-rr-

In Spanish the consonant *-r-* is frequently doubled where in English there is usually a single *-r-* for words of the same meaning, such as *erradicar*, "to eradicate". The feature is most common where a word is preceded by a prefix ending in a vowel, such as "contra", "anti" and "para". Note that there is no hyphen in Spanish.

Examples:

antirracista – anti-racist

contrarrevolucionario – counter-revolutionary

pararrayos (m pl) – lightning-conductor

¿Lo has entendido?

Utiliza un diccionario o Internet y, con tu compañero/a, localiza tres ejemplos similares a los anteriores, en los que la 'r' sea doble en castellano.

 Encuentra en el texto las palabras que correspondan a las definiciones siguientes:

1 actitud de desprecio hacia individuos de otras culturas o sociedades
2 hostilidad u odio hacia los extranjeros
3 conjunto de principios y reglas que aplican a las relaciones entre seres humanos en una sociedad civil
4 relacionada con la comunidad
5 cada uno de los países que pertenecen a la UE
6 rechazo hacia todo lo relacionado con los judíos

C **Corrige los errores en las frases siguientes:**

1 La diversidad no es un valor imprescindible en la UE.
2 La UE es una institución que se basa en la intolerancia.
3 Afortunadamente, la UE se ha librado del racismo.
4 La xenofobia es un ideal que la UE persigue con fervor.
5 El Observatorio Europeo tiene como objetivo practicar racismo.
6 Se cerró el Centro que difunde datos antirracistas.

Los derechos de las mujeres

En España se estableció en 1983 el Instituto de la Mujer (www.mtas.es/mujer/principal.htm), que tiene como fin introducir la igualdad de sexo en todas las esferas de la vida española. Tiene especial interés en la incorporación de la mujer en el mundo laboral; España estaba muy atrasada en este aspecto bajo el régimen del dictador Franco, que murió en 1975.

2 Los supermercados Sánchez Romero y la discriminación

El artículo siguiente muestra que no ha desaparecido la discriminación en el empleo. El caso de una gran cadena de supermercados nos da un buen ejemplo de la discriminación en contra de cualquier persona que presente rasgos no deseables, sea mujer casada, o embarazada, o persona de otra raza.

Gregorio S. no tenía nada en contra de las personas que firmaron las solicitudes que él mismo tuvo que rechazar. Tampoco tenía nada en contra de su estado civil, social, físico, o acerca de su sexo, raza u opinión. Simplemente cumplía órdenes de sus superiores, afirma. Hasta que no pudo más. Hace ahora dos meses y medio, inició un procedimiento para abandonar su puesto de trabajo como auxiliar de selección de personal.

Llegó a presentar un informe en el Servicio de Mediación, Arbitraje y Conciliación de la Comunidad de Madrid (SMAC) pidiendo la exención de su contrato. Los motivos alegados: no aguantaba más en los supermercados Sánchez Romero porque le obligaban a rechazar las solicitudes de empleo de mujeres, embarazadas o con hijos, y personas de procedencia árabe, piel negra u origen sudamericano.

Los únicos que se salvaban a la criba de esta importante cadena de supermercados eran aquellos candidatos extranjeros en los que "no se apreciase visiblemente la raza".

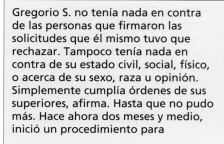

Lee el artículo e indica las cuatro frases que sean correctas.

1 Gregorio tenía que firmar las solicitudes personalmente.
2 Gregorio tenía que obedecer lo que le mandaban sus jefes.
3 Gregorio quiere renunciar a su trabajo.
4 A Gregorio le encantaba trabajar con los supermercados Sánchez Romero.
5 El contrato de Gregorio se había terminado.
6 Los supermercados Sánchez Romero no aceptaban las solicitudes de madres solteras.
7 Los supermercados Sánchez Romero recibían con mucho placer las solicitudes de gente de color.
8 Los extranjeros que no tenían rasgos obvios de su origen racial podían trabajar con la cadena.

Grammar

"Double negatives"

In Spanish a negative idea can be expressed by using either one or two negative words. The statements *Nada sabía de sus derechos* and *No sabía nada de sus derechos* have the same meaning, which can also be expressed in two ways in English:
either: a) He knew nothing about his rights or
b) He did not know anything about his rights.

A "double negative" is formed in Spanish when there are two or more negative words in a sentence, one of which comes before the verb (*No sabía nada de sus derechos*). In an English negative sentence where two words or more are used, the first is negative ("not" in example b) and the second is affirmative ("anything" in example b).

Similarly:
Gregorio S. no tenía nada en contra de las personas que firmaron las solicitudes…
Gregorio S. did not have anything against the people who signed the applications…
Tampoco tenía nada en contra de su estado civil, social, físico…
Nor did he have anything against their civil, social or physical status either…

Note:
After the preposition *sin*, negative words like *nadie, nada, ninguno* also have to be translated by an affirmative word in English. If a verb follows *sin, no* is not used.

Encontraron la casa sin ninguna dificultad.   They found the house without any difficulty.
Estaba en la Ciudad de México sin conocer a nadie.   She was in Mexico City without knowing anyone.

For more information on negation, see the Grammar Summary on page 298.

Ejercicios

1 Traduce al inglés:
   a) La empresa no les ofrece empleo nunca si están casadas.
   b) Los inmigrantes ilegales no tienen derecho a reunirse, ni a asociarse, ni asindicarse.
   c) Ningún ciudadano de la UE debería nunca practicar la discriminación racial.
   d) Cruzaron la frontera sin que nadie se diera cuenta.
   e) Mi padre no creía en nada.

2 Traduce al español:
   a) I never tell her anything.
   b) Nobody does anything to help the gypsies.
   c) Without my saying anything they all began to depart.
   d) Illegal immigrants have no rights to education or health care.
   e) I didn't enjoy the meal either.

3 La mujer y la publicidad

La publicidad muestra a la mujer como un ser bello y no pensante cuya única función en el mundo es la de agradar al macho y embellecerse para él. Valgan como muestra los siguientes ejemplos, denunciados por el Observatorio de la Publicidad del Instituto de la Mujer.

Women's Secret [*una tienda de ropa*]: "Puede que él tenga mil deseos, pero cuando te pongas el conjunto de ropa interior que Women's Secret ha creado, el primer deseo del año serás tú."

Plaza y Janés [*una editorial*]: "Desayune con Einstein, suba al Everest a mediodía y acuéstese con Marilyn. Porque cualquier momento le será propicio para sumergirse en la Crónica del Siglo XX."

La historia se repite cada año. En vísperas de Navidad abundan los anuncios que utilizan la imagen de la mujer como simple objeto de deseo. Nokia: "Concédete un deseo estas navidades." Dicho texto aparece sobre la foto de una guapa joven rubia con gorro de Papá Noël y unos sugerentes labios rojos.

Esta clase de reclamos, insultantes para la inteligencia y los sentimientos de la mujer, podrían calificarse, incluso, como los más suaves. Hay otra publicidad que llega a invitar al hombre a tratar mal a la mujer. En este sentido, el anuncio del IWC [*una empresa que vende relojes*] es burdo e intolerable: "Este IWC de titanio es duro, especialmente con las mujeres. Sólo existe para hombres."

Desgraciadamente, siempre hay una burrada que supera a la anterior. Hace varias semanas, la Confederación Española de Consumidores y Usuarios y el Instituto de la Mujer pidieron la retirada de una página publicitaria insertada en una revista especializada de ganadería, donde la empresa Mil Colinas promocionaba un toro semental que "liga con todas", y mostraba la fotografía del animal junto al cuerpo de una mujer negra desnuda. Machismo y racismo unidos. El colmo de la desfachatez. CAMBIO16 se puso en contacto con la compañía anunciante, que se negó a realizar declaraciones al respecto. Ante la polémica suscitada, el anuncio fue retirado.

¡Fíjate!

macho and **machismo**

The word *macho* refers normally to a male animal, but it is sometimes used to refer to men, especially to highlight "male" qualities such as physical strength. The opposite of *macho* is *hembra* ("female animal").

machismo (adjective *machista*) usually alludes pejoratively to the attitude of men who consider themselves superior to women.

¿Lo has entendido?

Escribe tres frases que contengan cada una de las siguientes palabras: *macho, machismo, machista*. Por ejemplo: *Se cree muy macho sólo porque ha ganado la carrera.*

Ahora, ¡compite con tu compañero/a! A ver quién es el primero en encontrar cinco parejas opuestas, por ejemplo: *rey/reina*.

A ¿Cuáles de las siguientes frases caracterizan la imagen o papel de la mujer que propone alguno de los anuncios?

1 Un animal hecho para seducir
2 Una persona de mente abierta
3 Un ser al que hay que tratar con mano dura
4 Una compañera agradable
5 Un objeto de deseo
6 Una persona poco inteligente
7 Un ser que carece de dignidad
8 Una persona superior

B **Haz un resumen del artículo en español, utilizando 150 palabras.**
Utiliza por lo menos *cinco* frases negativas. Concéntrate en los puntos siguientes.

- la imagen de la mujer según los anuncios
- el machismo y la publicidad
- el papel del Instituto de la Mujer

C **Traduce al español el texto siguiente. En el artículo sobre la mujer y la publicidad encontrarás algunas palabras y expresiones que puedes utilizar.**

Advertisements often show women as unthinking beings, whose only interest in life is to give pleasure to men. The advertising industry insults women's intelligence by portraying them as an object of desire, prepared to be abused physically by men. Indeed, some companies lack subtlety altogether: one which promotes the sale of cattle recently produced an advertisement that placed a naked black woman next to a bull for breeding. The company was forced to withdraw the advertisement when the press began to ask why blatant machismo of this kind was permitted.

4 Un tabú llamado familia

Tres mujeres profesionales hablan de los problemas de la mujer que trabaja, especialmente la actitud del hombre respecto al hogar y cómo hacerse cargo de los niños.

A **Escucha la primera entrevista. ¿Cuáles de las siguientes palabras oyes? Seis palabras son correctas.**

1 renunciar	4 jornada	7 llevarán	10 escala
2 denunciar	5 desecho	8 sean	11 asistencia
3 apetecía	6 siga	9 pediatra	12 tasa

B **Escucha la segunda entrevista. Termina las frases con las palabras del texto.**

1 Los hombres usan a las mujeres…
2 A los de izquierda parece no importarles que tener hijos…
3 Y los de derechas vuelven a plantear el modelo de mujer-consorte,…
4 porque si te quejas te dicen…
5 Bueno, pues las mujeres…

C **Escucha la tercera entrevista y encuentra las palabras que correspondan a las definiciones siguientes:**

1 distribución
2 inhibidas
3 examinar
4 que no se encarga de algo como es debido
5 esencial
6 esposo o esposa

189

Ahora escucha las tres entrevistas. ¿Quién lo dice: Teresa, Carmen o Victoria?

1 La mujer o el marido debe quedarse en casa algunos años para cuidar de los hijos.
2 Ni los sindicalistas ni los dueños asumen responsabilidad por sus familias.
3 Los hombres no suelen quedarse en casa para cuidar de un niño enfermo.
4 La situación de la mujer es aún peor si ella no tiene mucho dinero.
5 Los patrones suelen despedir a mujeres que están encintas.
6 El problema de cómo cuidar de los niños lo tiene que resolver la sociedad, y no la mujer.
7 Da asco que haya mujeres sometidas a la voluntad del marido.
8 Para mí, no hay más remedio que hacer un sacrificio personal por los niños.
9 Los hombres prefieren no hablar del problema de cómo repartir el trabajo doméstico.

E **Lee otra vez las declaraciones 1, 4, 6 y 9 del ejercicio D y coméntalas con tu compañero/a, tomando las notas que consideres necesarias. Luego, entre toda la clase, se escogerá uno de esos temas y habrá un debate.**

5 Clara Campoamor, la republicana que luchó por el voto de la mujer en España

Primera parte

 Rellena los espacios en blanco con las palabras del recuadro.

Todos conocen su nombre, pero ¿qué debemos **1** _____ a Clara Campoamor? Nació en Madrid, en el **2** _____ de Maravillas, hoy conocido como Malasaña; su padre trabajaba como empleado de un **3** _____ y su madre era modista. La **4** _____ era la portera del edificio, y la pareja **5** _____ desde Santander en una situación bastante **6** _____. Era el año 1888. A Clara le esperaba un destino bastante **7** _____ a la mayoría de las niñas de la **8** _____. Cuando su padre **9** _____, ella tenía 13 años y tuvo que **10** _____ los estudios para dedicarse a los trabajos manuales. Modista y dependienta de una tienda **11** _____ sus primeros oficios. Más tarde, **12** _____ auxiliar de telégrafos en Zaragoza y San Sebastián con un **13** _____ mínimo, pero que le **14** _____ vivir en una pensión. Poco tiempo después, **15** _____ a Madrid y fue secretaria del diario *La Tribuna*. Clara había **16** _____ 26 años.

Fue, junto a Victoria Kent, la primera diputada española durante la República. Defensora de la igualdad de las mujeres, consiguió su derecho al sufragio femenino.

barrio	abandonar	murió
llegó	cumplido	común
abuela	regresó	época
fueron	sueldo	periódico
	permitía	sería
	realmente	precaria

Sin embargo, el carácter inconformista de Clara, que ya percibía la situación de la mujer en la sociedad que le había tocado vivir, la llevó a retomar sus estudios y comenzó el bachillerato con 31 años. Empezó a participar en política y su visión de las cosas era tan moderna que ya planteaba un tema que hoy es motivo de debate: la legalización de las prostitutas, hecho con el que estaba en desacuerdo. Había cumplido los 36 años cuando terminó su carrera de Derecho y abrió su despacho en la Plaza de Santa Ana, de Madrid. Poco quedaba de la sencilla muchacha que fue, pero su lucha por los derechos de las mujeres era una constante.

"El matrimonio convierte a la mujer en una menor al despojarla de su personalidad a cambio del amor legal", decía en sus conferencias sin ningún pudor y, además, abogaba por el divorcio.

Junto a Victoria Kent fue elegida diputada por Madrid, donde pidió la igualdad civil en el matrimonio y la investigación de la paternidad en los casos en los que el hombre abandonaba a la mujer. Clara fue la primera mujer que intervino en el Parlamento, y se defendió de manera brillante. Su actividad fundamental fue la lucha por el voto femenino, tema que la llevó a enfrentarse con miembros de su propio partido y diferentes sectores progresistas.

La actitud vanguardista de Clara Campoamor la llevó a decir: "Dentro de mi partido sufrí arañazos y heridas, pero logré ver triunfante mi ideal. Todo lo doy por bien sufrido". La acusación de que la República había girado hacia la derecha gracias al voto femenino fueron algunas de las consecuencias de su lucha.

Francia, Suiza y Argentina, donde pasó 17 años, fueron el periplo de una generación mutilada por la guerra civil. Allí fue traductora, se vinculó con otras intelectuales españolas y redactó ensayos biográficos. Quiso morir en España, pero no lo logró. En 1972 terminó su vida, en el exilio, en Lausanne (Suiza).

 B **Contesta en inglés las preguntas siguientes:**

1 Why did Clara begin to study again at the age of 31?
2 What did Clara think about the legalisation of prostitution?
3 How had Clara changed by the time she finished her studies?
4 What was Clara's view of women and marriage?
5 What steps did she take as an MP in the cause of women?
6 What problem did she have in her fight for the vote for women?
7 In what way was it thought that female voters affected politics in Spain?
8 What did Clara do when she was living in exile?

El derecho a morir: la eutanasia

6 Yo también ayudé a matar a Sampedro

En 2005 el director español de cine, Alejandro Amenábar, fue galardonado con el Oscar a la mejor película extranjera en 2005. La película, *Mar adentro,* reabrió la polémica sobre la lucha de Ramón Sampedro, un español tetrapléjico que había pasado 25 años buscando un medio de terminar su vida.

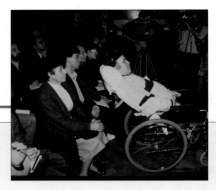

En España un hombre tetrapléjico desde hace 30 años, llevaba más de 25 exigiendo a la justicia su derecho a poner fin a su vida con la eutanasia. El 12 de enero de 1998 murió y a los pocos días se descubrió, ante la conmoción de todo el país, que había fallecido tras un suicidio asistido con cianuro.

Sampedro llegó a la Comisión de Derechos Humanos para pedir que se escuchara su petición. Pero en España, así como en la gran mayoría de países del mundo, la eutanasia no es legal. El caso de Ramón Sampedro abrió nuevamente el debate sobre un tema tan polémico.

El Plan...

Repartió 11 llaves entre sus amigos. Y a cada cual le encomendó una tarea: uno compró el cianuro; otro lo analizó; el siguiente calculó la proporción de la mezcla; una cuarta persona lo trasladó de lugar; el quinto lo recogió; el sexto preparó el brebaje; el séptimo lo introdujo en un vaso; el octavo colocó la pajita para que Ramón, imposibilitado del cuello para abajo, pudiera beberlo; el noveno lo puso a su alcance. Una décima mano amiga recogió la carta de despedida que garabateó con la boca. Y otra, tal vez la más

importante, se encargó del último deseo de aquel hombre que quería morir: grabar en vídeo el acto íntimo de su muerte.

De esta manera abandonó el tetrapléjico Ramón Sampedro el mundo de los vivos el pasado 12 de enero, después de tres décadas de lucha incansable por el reconocimiento legal de la eutanasia.

Lo condenaron a vivir...

Acudió a la justicia. Pidió a los juzgados de Barcelona y La Coruña que los médicos pudieran recetarle fármacos sin incurrir en un delito de ayuda al suicidio, castigado con penas de entre dos y cinco años de cárcel. La negativa de los tribunales lo condenó a vivir.

A partir de ese momento fue consciente de que su muerte sólo podría ser clandestina, y que quienes le ayudaran a morir serían perseguidos por la justicia. Así que trazó un plan minucioso para protegerlos.

¿Con quién podía contar? Era el primer paso. Encontró a 11 amigos.

El segundo acto del plan ¿con qué puedo morir? tardó poco en resolverlo. Eligió el cianuro, un veneno relativamente fácil de adquirir, ya que está presente en plaguicidas, y que proporciona una muerte sin sobresaltos. El

tercer y último paso consistía sólo en fijar la fecha. Ramón Sampedro quería que la Navidad de 1997 fuera la última. En ese momento comenzó la cuenta atrás.

Repartió las llaves y confió a cada amigo una parte del trabajo. Pocos días antes de morir se hizo con una cámara de vídeo para asegurarse de que sus últimos momentos serían filmados. En esta película Sampedro pregona a los cuatro vientos que está cumpliendo su voluntad, que es plenamente consciente de sus actos, que desea la muerte desde hace 29 años y que nadie debe ser culpado por ella.

Él sonríe a la cámara, mira con ojos tranquilos hacia el objetivo en el instante en que acerca sus labios al vaso mortal y anuncia que no quiere compasión ni llantos, puesto que se está cumpliendo su deseo, el deseo de un ser humano lúcido, consciente y adulto.

Ha dejado pocos cabos sueltos. Ninguno de los actos de los 11 amigos que participaron en su muerte puede considerarse un delito en sí mismo. Nadie en este círculo supo qué hizo el otro, ni cuándo, ni cómo.

A Busca en el artículo las frases españolas equivalentes a las siguientes.

1 he gave a task to each one
2 disabled from the neck down
3 within his reach
4 who could he trust?
5 was soon resolved
6 the countdown
7 shouts from the rooftops
8 loose ends

Contesta en español las preguntas siguientes:

1 ¿Por qué no tuvo éxito la petición de Sampedro?
2 ¿Qué papel tuvo la boca de Sampedro en los preparativos para su muerte?
3 ¿Por qué no pudieron los médicos recetar fármacos a Sampedro?
4 ¿Cuándo se dio cuenta Sampedro de que su muerte sólo podría ser clandestina?
5 ¿Por qué necesitaba Sampedro a sus once amigos?
6 ¿Por qué quería Sampedro que se hiciera un vídeo de su muerte?
7 ¿Por qué no podía considerarse culpable a ninguno de sus amigos?

Grammar

The gerund (2)

A number of verbs are commonly followed by the gerund in order to convey the sense of the duration of an action. These verbs are: *estar, seguir, continuar, ir, venir* and *llevar*.

- *estar* is used to form the continuous tense for actions going on at the time of speaking:
  En esta película Sampedro pregona a los cuatro vientos que está cumpliendo su voluntad...
  In this film Sampedro is shouting from the rooftops that he is carrying out his wishes...

- *seguir* and *continuar* must be followed by the gerund in the sense of "to continue to do":
  Las condiciones de vida siguen siendo difíciles para los inmigrantes.
  Living conditions continue to be difficult for immigrants.

- *ir* and *venir* with the gerund stress the gradual nature of the verbal action.
  Que no nos vengan imponiendo sus costumbres.
  They mustn't come over here forcing their customs on us [literally: Let them not come...].

- *llevar* with the gerund emphasises the continuity of the verbal action up to now:
  Sampedro llevaba más de 25 años exigiendo a la justicia su derecho a poner fin a su vida con la eutanasia.
  Sampedro spent more than 25 years demanding of the law his right to end his life by euthanasia.

For more information on the gerund, see the Grammar Summary on page 297.

Ejercicio

1 Rellena los espacios en blanco con la forma apropiada de los verbos del recuadro.

a) Cuando llegó el tren su familia estaba _____ en el andén.
b) La compañía maderera iba _____ la selva poco a poco.
c) Llevamos tres meses _____ por Latinoamérica.
d) Siempre me he quejado de las Leyes de Extranjería y sigo _____.
e) Los estudiantes continúan _____ en la calle.
f) Está _____ y se nos viene la tormenta encima.

| quejarse | esperar | anochecer | destruir | viajar | manifestarse |

7 Lo que piensan los españoles de la eutanasia

Hace algunos años el periódico español *El País* invitó a sus lectores a mandarle por correo electrónico sus opiniones sobre la eutanasia. Aquí hay algunas respuestas.

Fecha: 30/11   18.58

De: Pablo Salas (Colmenar Viejo. Madrid)

No estoy de acuerdo. Si la aprueban y me pongo enfermo, me pueden matar sin mi consentimiento. No me fío.

Fecha: 30/11   21.02

De: María (Burgos)

La eutanasia, como el aborto, no es una cuestión de vida o muerte, sino de calidad de vida o muerte, que no es lo mismo. La legislación holandesa, por lo que he oído, no es una barbarie, sino un conjunto de normas bien pensadas que garantizan la libertad de elección al enfermo, quien tomará su decisión aún lúcido. Lo que no es "natural" es forzar a alguien a malvivir. Yo, al menos, no querría. Holanda, ese diminuto país, nos está dando muchas lecciones de civismo y democracia.

Fecha: 30/11   19.18

De: Mar (La Rioja)

Es fácil dar una opinión cuando no te va la vida en ello, creo que hay que estar en esa situación para opinar, aunque doy mi voto favorable para ciertos casos que deben de estar muy ratificados por la persona implicada, o en situaciones de una enfermedad irreversible y cuando el sufrimiento es insoportable, es decir cuando la muerte está a la vuelta de la esquina y por supuesto siempre viendo el caso personalizado, no generalizado.

Fecha: 30/11   23.27

De: Tomás Párraga (Sanlúcar de Barrameda, Cádiz)

Pienso que ya que nadie me pidió permiso para traerme a la vida, no tengo por qué pedir permiso a nadie para salir de ella.

Fecha: 30/11   20.13

De: Fernando Bernechea Arenas (Algeciras, Cádiz)

Vivimos en una sociedad que intenta encubrir con palabras que suenan bien realidades tremendas. Interrupción del embarazo para matar un feto; eutanasia, activa o pasiva, para renombrar al suicidio y al homicidio; eutanasia procesal para disimular la dureza de la pena de muerte. Estoy en contra de todo lo que se prohíbe, porque es más positivo, y quizás más caro, educar en la libertad que en el temor. Mucha ley, pero poca vida. Llamemos a cada cosa por su nombre y dejémonos de hipocresías.

Fecha: 30/11   21.50

De: Paqui López (Málaga)

Tema complejo éste. No sé. La eutanasia activa, al estilo holandés, me lleva a plantearme un montón de cuestiones. Siempre pensé que debería aprobarse la eutanasia, en casos aparentemente justificados, pero no es tan fácil. En principio parece la solución feliz: un enfermo en estado vegetal durante unos años, parece que la eutanasia es la solución. Pero solución ¿para quién? ¿para el enfermo? ¿para los familiares? ¿para el hospital? Por otro lado ¿debe obligarse a los médicos a practicarla? TERRIBLE DILEMA. Dios nos ampare.

A ¿Quién lo dice?

	Pablo	María	Mar	Tomás	Fernando	Paqui
1 La eutanasia parece una solución pero ¿quién asume la responsabilidad?						
2 Aplicar la eutanasia es igual que matar.						
3 No debo buscar la autorización de nadie para poner fin a mi vida.						
4 Estoy a favor de la eutanasia cuando el paciente sufre mucho y no hay duda de que va a morir.						
5 Si se legaliza la eutanasia otra gente puede matarme sin que dé mi permiso.						
6 Todos deben tener derecho a escoger su propia muerte.						
7 Los holandeses no han encontrado la solución ideal.						
8 Nuestra democracia puede aprender mucho de Holanda.						
9 La sociedad no debe introducir más leyes sino fomentar la libertad.						
10 Antes de dar una opinión es mejor tener experiencia de esta situación.						

B Elige dos o tres de las declaraciones del ejercicio A. Escribe un párrafo de 100 palabras sobre la eutanasia donde incluyas dichas declaraciones.

C Después de leer otra vez los mensajes, comenta los varios puntos de vista con tu compañero/a. Decidid cuál de las opiniones es la más sensata y justificad vuestra opinión delante de la clase.

D Escribe 200 palabras en español en contra o a favor de la opinión de Pablo Salas. *"No estoy de acuerdo. Si la aprueban y me pongo enfermo, me pueden matar sin mi consentimiento. No me fío"*. Utiliza por lo menos cinco frases que contengan gerundios después de *estar, seguir, continuar, ir, venir* o *llevar*.

195

Los inmigrantes

8 Párrafos de la prensa

a A Rafael le gusta analizar la transformación de esta zona de Madrid. "Los cambios más profundos los ha aportado la inmigración. Con decirle que un 80% de los alumnos del colegio público Jaime Vera son extranjeros, se hará una idea".

20 minutos 14.02.06

b Colchones sobre los bancos río Segura como cuarto de baño. Esta imagen tercermundista se puede ver en Murcia en el céntrico parque del Jardín Chino, en el que un centenar de inmigrantes africanos sobrevive desde hace unos meses trabajando de forma irregular en la huerta murciana.

El País 6.07.06

c Agentes del Servicio marítimo escoltaron el pasado martes hasta el muelle principal de San Sebastián de la Gomera una lancha de 30 metros de eslora en cuyo fondo, apiñados, viajaban 104 inmigrantes subsaharianos, cinco de ellos menores.

El País 6.07.06

d Los pescadores que los encontraron sólo pudieron rescatar a 25 de los 127 inmigrantes que naufragaron cerca de la ciudad senegalesa de Saint-Louis y que intentaron llegar de forma clandestina a las islas Canarias. La mayoría, según relataron los supervivientes, murieron ahogados. Los demás, de hambre y sed.

El País 18.12.06

e Xaver Martínez, director general de Tecnol, SA, escuchó una entrevista de radio a un joven de Senegal, llamado Malik Gueye, que había aprendido a chapurrear el castellano. Explicaba que había fracasado en su aventura de emigrar al occidente pero que aseguraba que volvería a intentarlo. Martínez llamó a la emisora y ahí comenzó una odisea legal que concluyó el mes pasado, cuando Malik obtuvo definitivamente todos los permisos. "Coge el primer vuelo y vente", le dijo Martínez.

El País 14.04.07

A 📖 **Lee los cinco párrafos de la prensa española y elige de la siguiente lista de titulares los más apropiados para cada párrafo.**

1 El viaje soñado
2 Empleo para *sin papeles*
3 Vecinos de toda la vida conviven con los nuevos inmigrantes
4 Llega a Canarias una embarcación grande con más de 100 inmigrantes
5 Tragedia marítima

9 "Nadie en Senegal me creería si dijera que España es un país duro"

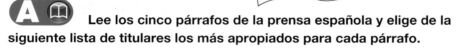

A 🔊 **Antes de escuchar el audio, empareja las definiciones siguientes con las palabras sacadas del texto.**

1 canoa o embarcación pequeña
2 sobrepasar
3 persona que desempeña un cargo directivo
4 poner en peligro
5 movimiento de mucha gente apiñada
6 barco de fondo muy plano
7 sello o certificado que prueba la validez de un documento
8 cubierto con adoquines

a arriesgar
b cayuco
c oleada
d visado
e dirigente
f adoquinado
g patera
h desbordar

B  **Escucha la primera parte del texto y rellénalo con las palabras que faltan.**

Pregunta: ¿Qué opinión le merece la oleada de **1** _____ senegaleses que están llegando a Canarias?

Respuesta: Es terrible. No está bien que la gente **2** _____ su vida de esa manera, **3** _____ en pateras, perdidos **4** _____ durante días para que, al final, muchos que lo intentan acaben **5** _____. Los senegaleses lo que queremos es trabajar, encontrar una mejor vida para nuestras familias y para nosotros mismos, pero ésa no es la manera. Antes que subir a un cayuco, yo **6** _____ encontrar trabajo en mi país, ganar todo el dinero que **7** _____ y, entonces, comprar un billete de avión y entrar en Europa con un visado. Vida sólo hay una, y **8** _____ así es muy triste.

Pregunta: ¿Qué es lo que impulsa a esa gente para que, tan desesperadamente, se **9** _____ al mar?

Respuesta: En mi país, todos pensamos que en España encuentras trabajo enseguida y ganas mucho dinero. Pero, **10** _____, no es así. Sufro mucho cuando veo en la televisión a mis **11** _____ durmiendo en la calle y sin nada que comer. Me da muchísima pena.
Si yo no hubiera tenido tanta suerte como la que tuve cuando **12** _____ estaría como ellos ahora mismo. Ojalá pudiera ayudarlos a todos.

C  **Escucha la segunda parte del texto y contesta en español las preguntas siguientes:**

1 ¿Cuál es el primer consejo que da Alou a los senegaleses que quieren viajar a España?
2 ¿Por qué será la vida en España tan dura?
3 ¿Por qué no lo creen algunos?
4 ¿Por qué Alou cree que vale la pena venir a Europa?
5 Según Alou, ¿cómo deben los inmigrantes venir a España?
6 A los senegaleses, ¿cómo les influye la televisión?

D  **Imagina que eres inmigrante en España y que tienes un trabajo mal pagado. Cuenta tu vida cotidiana, hablando sobre todo de tus sentimientos acerca de la inmigración. Utiliza 200 palabras.**

10 Blog sobre la inmigración: "Esquivando fronteras"

http://www.puedoprometeryprometo.com

Pececillo 1 de marzo

Como cada mañana, me asomo al balcón de mi habitación. Veo a aquella señora ecuatoriana entrar a mi vecindario. También a aquel jardinero magrebí, y a aquella canguro peruana. Comparto asiento en el metro con chilenos, argentinos, polacos, búlgaros.

Parece que a nuestros políticos se les ha olvidado un tema tan fundamental como es la INMIGRACIÓN. No recuerdan que en España hay 2.762.000 extranjeros, de ellos 852.889 en situación ilegal.

Estos "sinpapeles" sudan cada mes para ganar su pan, como cualquier otro trabajador. Pero la condición de ilegales muchas veces les hace vivir su jornada laboral en la más absoluta precariedad y maltrato. Reciben su salario mensual en sobres de papel, haciendo a las empresas y los empresarios ricos, gracias a la economía sumergida. Mientras, gobierno y oposición se cruzan de brazos. O si lo quieren ver de otra manera... reforman la Ley de Extranjería, proponiendo un nuevo modelo que se basa en, por ejemplo: "La policía española tendrá la facultad de exigir a las líneas aéreas, marítimas y terrestres, información sobre sus clientes para evitar que las personas que ingresen como turistas se queden en el país, una vez que establece multas de hasta 6 mil dólares por pasajero".

Cuando hablamos de la vida, dignidad, y justicia de las personas, se debe exigir una posición firme y justa a los partidos políticos. Basta de promesas absurdas. Basta de cerrar los ojos ante aquellos que perecen subidos en una patera, persiguiendo un sueño.

Comentarios al blog "Esquivando fronteras"

1 **Salva** comentó:

Me encantó este post. Estoy totalmente de acuerdo. Los inmigrantes necesitan nuestro apoyo para no ser explotados. Al fin y al cabo también producen beneficios y mano de obra para el país; lo que pasa es que muchos les critican porque están muy a gusto cobrando el paro y tomando cañas en el bar y claro dicen que los inmigrantes les quitan los puestos de trabajo. Un saludo.

1 de marzo a las 10:39 am

2 **David** comentó:

Me temo que hay que ponerse en lo peor: somos racistas y cada vez con cariz más acendrado. Pero nuestro racismo nada tiene que ver con el color de la piel ni con las creencias o culturas diferentes. Tiene que ver, creo yo, con la posición social y el dinero. Tengo mil ejemplos a mi alrededor...

1 de marzo a las 11:49 am

3 **Kuerbo** comentó:

Duro tema el de la inmigración... Inmigración: SÍ, inmigración descontrolada: NO.

Suena duro, lo sé, pero creo que es la única manera de no confundir al inmigrante con el delincuente, o con el pobre. Todos estamos de acuerdo que la inmensa mayoría de inmigrantes que llegan a nuestro país, lo hacen con la sana intención de buscarse la vida, y de intentar escapar de un infierno en sus países de origen, pero ¿a qué precio? Quizás, y sólo quizás, si se controlara desde el origen el problema, éste dejaría de serlo.

Otro tema, que dejo abierto para el debate, sería el de acoplarse a las tradiciones típicas del lugar, no intentando imponer sus ideales y/o culturas de una forma agresiva.

Que conste que estoy de acuerdo con Pececillo, simplemente quiero abrir el debate, poniéndome "en el otro lado", el del currante que no puede hacerlo, porque alguien lo hace más barato, y encima, le dan casa gratis... a mí que me lo expliquen.

1 de marzo a las 11:55 am

4 **Daniel** comentó:

El problema de la inmigración es uno y gordo: el Estado del Bienestar. La sanidad gratis, el pago por no trabajar, etc. Eso es lo que provoca que haya inmigrantes que vengan a no trabajar, no vuelvan si no lo hacen, se produzca un efecto llamada, etc.

1 de marzo a las 12:08 pm

A **Lee el blog de Pececillo y pon una cruz (✗) en las cuatro frases correctas.**

1 Todos los inmigrantes de los que habla Pececillo son latinoamericanos.
2 Hay menos de tres millones de extranjeros en España.
3 Los inmigrantes llevan una vida segura.
4 Los ilegales dan gracias a los empresarios porque les pagan según las normas de la economía sumergida.
5 Como solución al problema el gobierno suele proponer unos cambios en la ley.
6 Las autoridades creen que algunos inmigrantes intentan entrar en el país como turistas.
7 Según Pececillo, los políticos siempre prometen lo que pueden cumplir.
8 Los partidos políticos hacen la vista gorda a los verdaderos problemas de los ilegales.

B ¿Quién lo dice? Lee las declaraciones siguientes y rellena el cuadro.

	Salva	David	Kuerbo	Daniel
1 Según mucha gente, los inmigrantes pillan nuestros empleos.				
2 Los inmigrantes reciben beneficios del Estado cuando no trabajan.				
3 No estoy en contra de la inmigración pero hay que controlarla.				
4 Los inmigrantes deben adaptarse a las costumbres de donde viven.				
5 El racismo está relacionado principalmente con la pobreza y el estatus.				
6 Hay que tomar en cuenta los beneficios que traen los inmigrantes a la economía.				
7 Algunos españoles no consiguen trabajo porque cuesta menos emplear a un extranjero.				
8 El racismo en España está empeorando.				

C Escribe un blog de 100–150 palabras en el que das una opinión opuesta a uno de los blogs de arriba.

⑪ España y Marruecos: vecinos distantes

Un dignatario marroquí explica a algunos periodistas españoles las dificultades de controlar la emigración de Marruecos a España.

A Escucha el audio y busca las palabras que correspondan a las siguientes definiciones.

1 atraviesa
2 envíos de dinero
3 vestidos con ropa sucia y rota
4 entrar
5 de Argel
6 cogeremos
7 embarcación
8 cometiendo delitos
9 lo antes posible

B Haz un resumen del audio en inglés de aproximadamente 100 palabras. Concéntrate en los puntos siguientes:

- the reasons why Moroccans want to go to Spain
- what happens on the frontier between Morocco and Algeria
- what the Moroccan police do
- what the blacks who get into Morocco do

 Ejercicio: La xenofobia en El Ejido   see Dynamic Learning

199

12 El Ejido: el conflicto de la inmigración

A principios de febrero de 2000 el pueblo de El Ejido, en Almería, fue escenario de violentos ataques xenófobos. En la comarca de El Ejido trabajaban 20.000 inmigrantes. La mayoría de éstos eran del Magreb, en el norte de África.

Las condiciones de vida de los inmigrantes eran indignas: dormían en chabolas junto a los campos, a menudo sin agua y electricidad.

A **En el audio, cuatro jóvenes dan su opinión sobre los conflictos en El Ejido. ¿Quién lo dice: Gonzalo, Armando, Luis o Daniel?**

1 Lo más importante es mejorar las condiciones sociales de los inmigrantes.

2 Es necesaria la inmigración porque la población se está reduciendo.

3 La legislación del Gobierno muestra que no entiende verdaderamente lo que pasa.

4 La situación actual es caótica.

5 La sociedad española es racista.

6 Falta concienciarse de la gravedad del problema.

7 Sólo una minoría es racista.

8 Los españoles son más racistas de lo que piensan.

9 La gente que vive en esta región no parece española.

Los derechos de los indios

Ejercicio: Endesa choca con los indios en Chile see Dynamic Learning

13 Los indios piden sitio en el futuro de México

Los indios en México

En marzo de 2001, en México, ocurrió un suceso de enorme envergadura: los indios de Chiapas en el sureste del país emprendieron una marcha hacia la capital, la Ciudad de México. Durante varios años, los indígenas habían hecho la guerra al Gobierno mexicano a favor de sus derechos y libertades. En esta época el líder de los indios, el subcomandante Marcos, "el encapuchado de Chiapas", comenzó negociaciones de paz con Vicente Fox, el Presidente de México. El artículo que sigue se refiere a esta marcha y a Marcos, pero se ocupa mayoritariamente de la suerte de los indios pobres de México.

Tras siglos de marginación, la marcha de Marcos saca a luz la causa indígena. Un congreso ha debatido la situación

Los revolucionarios Emiliano Zapata y Miguel Hidalgo[1] levantaron en armas a parientes de los miles de indígenas reunidos este fin de semana en Nurio (Michoalcán) reclamando respeto y consideración constitucional. El subcomandante Marcos, el insurrecto contemporáneo, convocó de nuevo por la libre determinación de los diez millones de indígenas mexicanos, cuyos ancestros causaron un intenso debate durante la colonización española: ¿debían ser considerados bestias, recursos naturales o hijos de Dios?

Las dudas sobre la verdadera condición de los habitantes originarios de América Latina prosiguieron a mediados de los setenta, no sólo en México, sino en Bolivia, Ecuador o el altiplano andino. Una pareja de misioneros navarros cabalgaba por la cordillera sobre mulas, y a su paso los campesinos indígenas les observaban, masticando bolos de coca que abultaban los ➤

carrillos como flemones. "José María", preguntó a su compañero uno de los sacerdotes, "¿estos seres tendrán alma?"

Las desigualdades actuales
La desigualdad y el racismo continúan en el siglo XXI, y la burguesía déspota y paleta de los barrios residenciales de Ciudad de México, Cuernavaca y Monterrey, aún apalea a las domésticas indígenas con conclusiones de encomendero[2]: "Es que con estos indios no se puede, son como animales." Hacia las seis de la mañana, en las lomas de la capital, indias de 15 a 50 años lavan a diario los coches de los señores, corren a servirles el desayuno, hacen la comida y la cena, pasean el perro y aguantan las impertinencias de niños con tarjeta de crédito y móvil. Miles de empleados abandonan sin previo aviso, y entonces las señoras se enfadan. "Son unas maleducadas. No se puede confiar en esta gente."

La nueva ley
Tres millones y medio de indígenas casi o totalmente analfabetos sobreviven en la capital federal y zona metropolitana lavando platos o escaleras, atendiendo fritangas o burdeles, vendiendo artesanías en el Zócalo[3], haciendo el pino en los semáforos, o alimentando las calderas de la ciudad más poblada del mundo. Los 5.000 delegados asistentes al III Congreso Nacional de Nurio debatieron sobre este triste destino, sobre la prosperidad de la tierra, sobre urgencias y prioridades, ajenas muchas a la revolución social pretendida por Marcos. El asunto central fue el proyecto de ley que establece derechos y culturas de su universo. La caravana zapatista rumbo al Congreso de Ciudad de México exigió en el foro de Michoacán el cumplimiento de un proyecto cuyo trascendental contenido divide a diputados y senadores. "¡Nunca más un México sin nosotros!" reiteró allí el Ejército Zapatista de Liberación Nacional (EZLN).

El atraso de los indios
México afronta la rebelión de los más pobres, de las 57 etnias, amigas o adversarias del encapuchado de Chiapas, pero solidarias todas con la causa de la autonomía, y la dignidad enarbolada por los rebeldes de Chiapas. Las estadísticas sobre el número de etnias varían: desde las 57 aceptadas, hasta la suma de 62 con 92 lenguas diferentes. Su atraso es tan terrible como obligatoria la concentración de esfuerzos gubernamentales y sociales para reducirlo. Mientras la media nacional del analfabetismo, según datos oficiales, es del 10,46%, en las comunidades indígenas trepa hasta el 45%. El 75% de los indios mexicanos no acabó la primaria, el 83,6% de los niños muere por dolencias intestinales, el 60% está desnutrido y el 88,3% de las viviendas no tiene drenaje. México, con 100 millones de habitantes, registra un índice de pobreza del 43%.

[1] Dos héroes de la historia mexicana. Hidalgo se identifica con la lucha por la independencia del pueblo mexicano a comienzos del siglo XIX. Un siglo después, Zapata, como líder militar durante la Revolución mexicana, defendió los derechos de los campesinos; murió asesinado en 1919.
[2] En la época colonial, hombre que tenía indios a cambio de protegerlos.
[3] Plaza central de la Ciudad de México.

 A Encuentra en el texto las palabras que tienen el mismo sentido que las siguientes:

1 indios	6 mejillas	11 que no sabe leer ni escribir
2 rebelde	7 sin educación	12 en dirección a
3 antepasados	8 soportan	13 de gran importancia
4 continuaron	9 dichos molestos	14 independencia
5 iba a caballo	10 se enojan	15 sube

 B Une la primera parte de cada frase con la segunda parte que mejor corresponda.

1 Los indios se reunieron en Nurio
2 El cura preguntó a su compañero
3 En los barrios de las grandes ciudades
4 Cuando los indios abandonan su empleo
5 Los indios que viven en la Ciudad de México
6 Todos los delegados sin excepción

a las señoras se quejan de su falta de educación.
b con el fin de pedir más trabajo para los indios.
c si era posible que esta gente tuviera alma.
d la gente de clase media trata a sus criadas indias con desprecio.
e apoyaban la rebelión de Chiapas con entusiasmo.
f hacen trabajo de baja categoría.
g para pedir del Gobierno que concediera más respeto.
h apoyaban el principio de la independencia de los indios.

C 🗩 Busca más información en Internet sobre la situación actual de los indios en México, concentrándote en el tema de los derechos humanos. Coméntala con tu compañero/a. ¿Cómo se puede mejorar la suerte de los indios? En vuestra opinión, ¿hace falta una revolución social?

D ✎ Traduce al español el texto siguiente. En el texto sobre los derechos de los indios encontrarás algunas palabras y expresiones que puedes utilizar.

The Indian women who live in and around Mexico City are forced to do the jobs that nobody else wants to do: they have to wash the cars of the well-off, cook for them, serve breakfast to their spoilt children and walk their dogs. It's not surprising that many walk out without giving notice and get a reputation for being untrustworthy. Now all this is going to improve: Marcos and his men, who have fought for the rights of the Indians in the jungle for seven years, are giving the Indians their dignity back. They hope that the new bill will give them greater freedom and that, in future, their culture will be better respected by the majority in Mexico.

México

Situación: México forma parte de América del Norte. Limita con Estados Unidos al norte y Guatemala y Belice al sur. Tiene mar al este, el Atlántico, y al oeste, el Pacífico.

Superficie: 1.972.547 km^2

Población: 103 millones de habitantes; de éstos, 19 millones viven en la Ciudad de México.

Lengua: predomina el español pero hay 50 dialectos de indígenas, hablados por unos 7 millones de personas.

Moneda: el peso

Industrias principales: agricultura (algodón, tomates, azúcar, café); ganadería; minería; textiles; petróleo; turismo.

Atracciones turísticas: La Ciudad de México, la mayor ciudad del mundo, tiene muchos atractivos, tanto antiguos como modernos; fue construida en el mismo sitio que Tenoctitlán, capital de la civilización azteca. En el centro de la ciudad está situada la Plaza de la Constitución, o el Zócalo, y a un lado el Palacio Nacional, que contiene los murales de la historia de México, pintada por Diego Rivera. Cerca de la Ciudad de México está situada Teotihuacán, una de las ciudades arqueológicas más importantes de Latinoamérica, y el volcán Popocatépetl (5.442 metros). Entre otras atracciones destacan la segunda ciudad de México, Guadalajara, menos contaminada que la capital, Yucatán, centro de la civilización antigua de los Mayas, y la región india de Chiapas, al sureste del país. Otras ciudades de interés son Puebla, bien conocida por su gastronomía, y Acapulco, centro de ocio, situada en la costa del sur.

Administración: México está dividida en 31 estados, más la capital, La Ciudad de México, que es un Distrito Federal.

Historia: En la época prehispánica México estaba ocupado por varias tribus indígenas, la mejor conocida de las cuales son los mayas, que se encontraba en la península del Yucatán. Al llegar en 1519 Hernán Cortés, el español que conquistó el país, una tribu guerrera, los aztecas, dominaba México por fuerza militar desde su capital, Tenoctitlán. Después de la caída de Tenoctitlán, este lugar llegó a ser la capital de México y el país se llamaba Nueva España. Siguió el período colonial hasta 1821, cuando los mexicanos ganaron su independencia y México se estableció como una República Federal.

En 1864 Maximiliano de Habsburgo fue nombrado emperador de México y firmó el Tratado de Miramar con Napoleón III de Francia, en el cual se dictaba la política que debía seguir su gobierno. En 1867 Maximiliano se veía desprotegido por Francia y quería renunciar al trono, pero los conservadores le convencían para que continuara en el poder. Fue atacado por los republicanos y finalmente fue tomado preso y fusilado en el cerro de las Campanas. Se restauró la República con Benito Juárez como presidente. En 1910, después del derrocamiento del Presidente Porfirio Díaz, comenzó la Revolución mexicana, una lucha sangrienta entre varias facciones que duró unos diez años. En 1929 se formó el primer partido político oficial, llamado Partido Nacional Revolucionario (actualmente Partido Revolucionario Institucional, PRI). El presidente Lázaro Cárdenas (1934–40) decretó la expropiación de las empresas petroleras y constituyó la Compañía Exportadora del Petróleo Nacional; también comenzó a tomar medidas para reducir el analfabetismo e inició una distribución más igualitaria de la tierra. Los años 90 fueron dominados por la lucha entre las autoridades mexicanas y los indios de Chiapas, que reclamaban un tratamiento mejor. El PRI había ganado todas las elecciones desde su comienzo hasta el año 2000, cuando fue derrotado por la Alianza por el Cambio, el partido del nuevo presidente, Vicente Fox. En 2006 se celebraron nuevas elecciones y el conservador, Felipe Calderón Hinojosa, del Partido Acción Nacional (PAN), fue elegido presidente por un período de seis años.

⑭ Marcos habla

Este texto ha sido sacado de una entrevista dada por el subcomandante Marcos, una figura carismática que dirige la lucha por los derechos de rebelión de los zapatistas, los indios de Chiapas, en la selva del suroeste de México. Marcos siempre lleva un pañuelo amarrado al cuello y una gorra; tiene costumbre de fumar en pipa. Fue entrevistado por dos colombianos, el novelista Gabriel García Márquez y un periodista, Roberto Pombo.

Primera parte

En esta entrevista Marcos se refiere al *Cardenismo*, la época en que Lázaro Cárdenas fue presidente de México (1934–40).

A 🔊 **Escucha el audio y contesta en español las preguntas siguientes.**

1 Marcos da dos razones para llevar la radio. Explícalas. ¿Cuál es la verdadera?
2 ¿Por qué lleva Marcos el pañuelo rojo?
3 ¿Cuánto tiempo lleva la gorra?
4 Explica con tus propias palabras el significado de los dos relojes.
5 ¿Por qué necesita Marcos tiempo para leer?

Segunda parte

B 🔊 **Haz un resumen de la segunda parte del audio utilizando aproximadamente 150 palabras. Concéntrate en los puntos siguientes:**

● el valor de la palabra para Marcos, y su manera de aprenderla
● su experiencia con la lengua de los indios
● los padres de Marcos
● la importancia de los libros en la infancia de Marcos
● el contraste entre la vida de provincias y la de la capital

A 💬 Comenta con tu compañero/a el tema siguiente: ¿Es posible organizar legalmente la entrada de inmigrantes que necesita la sociedad española? Quizás será necesario investigar más este tema en Internet, o referirte a artículos de la prensa española. No os olvidéis de incluir en vuestra discusión:

- por qué la sociedad española necesita inmigrantes
- el impacto de la Ley de Extranjería
- la situación y los derechos de los ilegales

Después habrá un debate en clase sobre el tema.

B 💬 Comenta con tu compañero/a los varios grupos sociales que, en vuestra opinión, sufren discriminación por parte de la sociedad. Elige uno de estos grupos y contesta las preguntas siguientes:

- ¿Por qué se discrimina a este grupo?
- ¿Cuáles son los mayores obstáculos que se tiene que vencer para mejorar la suerte del grupo?
- ¿Qué puede hacer el Gobierno para mejorar su situación?

C ✏️ Te llamas Malouk y eres senegalés. Has viajado de Senegal a España pasando por Argelia y Marruecos hasta llegar finalmente a Andalucía. Viajaste con otros inmigrantes en una patera por el Estrecho de Gibraltar. Cuenta tu historia en primera persona, utilizando aproximadamente 250 palabras. Menciona:

- el viaje por el Sahara
- cómo conseguiste un sitio en la patera
- la acogida que recibiste en España
- lo que estás haciendo en España actualmente

D ✏️ "La publicidad muestra a la mujer como un ser bello y no pensante cuya única función en el mundo es agradar al macho y embellecerse para él." ¿Estás de acuerdo? Comenta esta opinión con tu compañero/a y toma notas; luego escribe unas 250 palabras en español sobre el tema.

En las tareas C y D no te olvides de utilizar la gramática que has estudiado en esta unidad: las construcciones negativas y los gerundios.

Argentina, España y un mundo que se globaliza

Entrando en materia...

En esta unidad abordamos tres temas: el desarrollo político y económico de Argentina desde 1946, la España de la democracia y, finalmente, las relaciones entre los dos países en el contexto de la globalización.

Vamos a tratar el siguiente punto gramatical:

★ *ser* y *estar*

Reflexiona:

★ ¿Qué relación debe haber entre los políticos y los militares en una sociedad demócrata? Las guerras, ¿resuelven los problemas o crean problemas nuevos? ¿Cuáles son las causas/los efectos de las crisis económicas? ¿Cómo debe reaccionar la sociedad ante el terrorismo?

★ ¿Cuál es el papel del rey en una sociedad democrática? El rey, ¿puede contribuir a las relaciones diplomáticas entre su país y otros países? La globalización, ¿es beneficiosa o perjudicial para los países pobres o en vías de desarrollo? ¿Cuáles son, para España, los beneficios de formar parte de la Unión Europea?

Argentina desde 1946

En 1946, después de un período de gobierno militar en los años 30 y la primera mitad de la década de los 40, los argentinos eligieron a Juan Domingo Perón como presidente. Perón inició un movimiento populista, el peronismo, que hizo hincapié en la justicia social; este movimiento continúa siendo popular con el pueblo hasta hoy día. Perón estaba casado con Eva, una mujer muy bella y poderosa, cuya vida se convirtió en leyenda después de su muerte a los 33 años.

1 Dos figuras argentinas míticas

1a Evita

Eva Perón conoció a Perón en 1944, se casaron en 1945, y ella se murió sólo siete años después. Su leyenda se extendió por el mundo entero como consecuencia del musical *Evita* y la película (1996) del mismo título, en la que Madonna desempeñó el papel de Eva.

Eva María Duarte Ibarguren nació el 7 de mayo de 1919 en Los Toldos, Provincia de Buenos Aires, República Argentina. Hija ilegítima de un pequeño terrateniente de la zona que falleció cuando era pequeña, Evita fue criada por su madre, Juana, y sus hermanos mayores.

Desde su infancia, Evita siempre quiso ser actriz. Las oscuras leyendas tejidasen torno a su vida cuentan que a los 15 años sedujo a un cantante de tango para que se la llevara a Buenos Aires. Cierto o no, de lo que no cabe duda es que quería ser estrella y conquistar la gran ciudad.

Sus primeros años en la capital argentina fueron difíciles. Vivió en pensiones, actuó en pequeñas compañías de teatro y en la radio, e inclusive filmó algunas películas, como *Una novia en apuros* (1941). Esta etapa de la vida de Eva, así como su imagen, sufrieron un cambio radical cuando se casó con Juan Domingo Perón. Sería la heroína del peronismo.

Como esposa del presidente de Argentina, y a pesar de no tener participación oficial en el gobierno del país, ayudó a organizar el movimiento de los trabajadores o sus "descamisados", como el partido peronista los llamaba, y consagró el derecho al voto de la mujer.

Al igual que ganó incondicionales seguidores entre las clases populares, también ganó grandes enemigos, en su mayoría pertenecientes a la clase alta argentina.

Eva Perón: una niña alegre y traviesa a la que le gustaba actuar, bailar y cantar; una Cenicienta que pasó de la pobreza extrema al poder y la gloria, actriz de radio y cine, inspiración de multitudes. Una mujer apasionada e implacable, cuya belleza era superada solamente por su energía; una esposa enamorada, una víctima del cáncer; amada y odiada.

Una mujer hecha leyenda a los 33 años, cuando encontró la muerte el 26 de julio de 1952.

Empareja las palabras siguientes con sus equivalentes en inglés.

1 *terrateniente*	8 *descamisado*	a cheap hotel	h there is no doubt
2 *falleció*	9 *consagró*	b established	i Cinderella
3 *tejidas*	10 *seguidores*	c belonging to	j woven
4 *sedujo*	11 *pertenecientes a*	d followers	k legend
5 *no cabe duda*	12 *traviesa*	e died	l stage
6 *pensión*	13 *Cenicienta*	f mischievous	m seduced
7 *etapa*	14 *leyenda*	g landowner	n shirtless

B **Lee el texto otra vez e indica cuáles de las declaraciones siguientes son correctas.**

1 Evita era de familia
    a) aristocrática.
    b) artística.
    c) humilde.

2 Dicen que fue a la capital cuando
    a) era una niña pequeña.
    b) conoció a un cantante.
    c) murió su padre.

3 Alcanzó su gran ambición como
    a) actriz.
    b) mujer de Perón.
    c) diputada.

4 En calidad de esposa del presidente
    a) apoyó a los obreros.
    b) tuvo buenas relaciones con la aristocracia.
    c) tomó parte en el gobierno de su marido.

5 Era una niña
    a) revoltosa.
    b) triste.
    c) enferma.

6 Mucha gente
    a) no creía que se había muerto.
    b) le envidiaba el éxito político.
    c) la aborrecía.

C **Investiga la vida de Eva Perón, aprovechando, si es posible, el musical *Evita* o la película *Eva Perón*. Luego habla con tu compañero/a de tus impresiones de su vida. Finalmente, escribe 200 palabras sobre su impacto en Argentina.**

1b Entrevista con el Che

Ernesto Che Guevara (o el Che) fue una de las figuras políticas más destacadas, y más rebeldes, del siglo XX. Después de pasar su juventud en Argentina, comenzó a viajar por Latinoamérica en los años cincuenta. Se asocia sobre todo con Fidel Castro y la revolución cubana. Se convirtió en un mito mundial después de su muerte en Bolivia en 1967. En esta entrevista habla de su vida en Cuba.

 Escucha el audio y completa las frases, según lo que oyes.

1 como miembros del Gobierno cortamos caña _____
2 Y es cierto lo que digo, no me mire _____
3 Dejaría de ser hombre _____
4 … tengo que sacrificar mi seguridad personal _____
5 yo nací en Argentina, _____

B Contesta las preguntas siguientes en español.

1 ¿Por qué el interrogador parece dudar de lo que dice el Che?
2 ¿Cómo se sabe que el Che es trabajador?
3 ¿De qué no puede desligarse?
4 Explica por qué el Che se siente cubano y argentino a la vez.

C Investiga la vida de Che Guevara (puedes ayudarte con el libro o la película *Diarios de motocicleta*), concentrándote en:

● su vida de joven en Argentina
● sus viajes por Latinoamérica
● su papel en la revolución cubana
● su muerte en Bolivia

Escribe 200 palabras en español sobre uno de estos temas.

Argentina

Situación: Argentina está en el extremo sur de Sudamérica. Limita al norte con Bolivia, Brasil y Paraguay, al oeste con Chile y al este con Uruguay. Argentina es el segundo país de Sudamérica en extensión.

Superficie: 2.780.400 km².

Población: 39.356.383

Lengua: castellano

Moneda: peso argentino

Industrias: En el siglo XX la economía argentina se basó en la exportación de productos agropecuarios, y todavía Argentina vende mucha carne de vaca y pesca al resto del mundo. Exporta materias primas, pieles, cueros, lana, aceites, etcétera, pero hay pocos productos manufacturados. Desde 1995 Argentina es miembro de Mercosur, un bloque comercial que tiene como meta el libre intercambio y movimiento de bienes, personas y capital entre los países que lo integran; los demás países son Brasil, Paraguay, Uruguay y Venezuela.

Administración: En Argentina hay 23 provincias. En el sistema federal cada provincia es autónoma, y puede aprobar leyes que estén relacionadas con su provincia. En cada provincia el gobernador tiene el poder ejecutivo.

Historia: Argentina ganó su independencia de España en 1810. Durante la primera mitad de siglo XIX hubo una lucha sangrienta entre los protagonistas de dos tipos de estado: federal y unitario. La segunda mitad del siglo fue más estable y próspera, con importantes reformas sociales. En el siglo XX dominaron los gobiernos militares hasta que llegó al poder el populista Juan Perón en 1946, quien hacía hincapié en la justicia social.

En 1956 Perón cayó a raíz de un golpe militar, y la inestabilidad política siguió durante los años 60 y 70. En 1973 Perón volvió al poder, pero murió al año siguiente. Aunque su tercera esposa, María Estela Martínez de Perón (llamada "Isabelita" por los argentinos), al asumir el mando del país, intentó asegurar la continuidad de las ideas de Perón, la situación política se agravó, y en 1976 tuvo lugar otro golpe militar. Los nuevos dirigentes del país practicaron el terrorismo de estado, haciendo desaparecer a miles de personas que se opusieron a su régimen: fue la época de la "guerra sucia".

En 1982, después de perder la Guerra de las Malvinas contra el Reino Unido, cayeron los generales y siguieron una serie de regímenes democráticos. Los nuevos políticos introdujeron medidas que provocaron la crisis económica de 1998–2002. En 2003, Néstor Kirchner fue elegido presidente y poco a poco Argentina comenzó a recuperarse económicamente. En 2007 los argentinos eligieron a la esposa de Kirchner, Cristina Fernández, como su sucesora.

Atracciones turísticas: Entre las atracciones más importantes se encuentra Buenos Aires, la capital, con su famoso tango; sus muchos parques nacionales, como el de Tierra del Fuego; el Tren a las Nubes, que pasa por las montañas de la Cordillera de los Andes; el Parque de Iguazú, que contiene las famosas cascadas.

En 1956 Perón cayó a raíz de un golpe militar, y la inestabilidad política siguió durante los años 60 y 70. En 1973 Perón volvió al poder, pero murió al año siguiente. Aunque su tercera esposa, María Estela Martínez de Perón (llamada "Isabelita" por los argentinos), al asumir el mando del país, intentó asegurar la continuidad de las ideas de Perón, la situación política se agravó, y en 1976 tuvo lugar otro golpe militar. Los nuevos dirigentes del país practicaron el terrorismo de estado, haciendo desaparecer a miles de personas que se opusieron a su régimen: fue la época de la guerra sucia.

2 Testimonios de la "guerra sucia"

Primera parte

A 25 años del golpe militar que derrocó el gobierno de María Estela Martínez de Perón, muchos argentinos aún mantienen vivo el recuerdo de aquellos años marcados por el "Proceso Nacional de Reorganización", como lo demuestran estos testimonios.

Ricardo Gil Lavedra, ex ministro de Justicia y uno de los magistrados que juzgó a los miembros de la junta militar en 1985:
"Argentina venía padeciendo desde hacía medio siglo una alternancia recurrente entre gobiernos civiles y militares, lo cual iba creando un desinterés sobre la vigencia de la ley y un caldo de cultivo muy fuerte para pensamientos de índole autoritario.
El golpe de 1976 fue la exacerbación de todo esto... El gobierno se caía a pedazos y todo el mundo esperaba que se produjera la revolución militar... Yo jamás me aventuré a pensar que lo que vendría sería algo tan horroroso como lo que sucedió."

 Contesta en inglés las preguntas siguientes:

1 What was Ricardo Gil Lavedra's role in relation to the "dirty war"?
2 What were the historical causes of the *coup d'etat* in 1976, according to Ricardo?
3 What was everyone expecting when the government fell?
4 What was Ricardo *not* expecting?

Segunda parte

Otras opiniones ... encontradas de argentinos de a pie

Isabel: "Todo era incierto para los familiares... Era iniciar un peregrinaje en busca de información. Los familiares de las víctimas, en muchos casos, saben quién se llevó a su hijo, a su hermano, a sus padres. Están identificados los represores. Y, sin embargo, nadie ha hecho justicia por mano propia. La gente no quiere venganza, sino justicia. Ni venganza ni impunidad".

Sebastián: "Para muchos fue malo, para otros fue bueno, porque acá hay gente que apoya a los militares y otra que les tiene fobia. A mí jamás me paró la policía ni los milicos; nunca me pasó nada, así que yo no puedo abrir juicio de algo que no me tocó vivir".

Julia: "Fue una pesadilla. Yo estaba en la facultad de ciencias sociales y detenían a todos, hasta los empleados. Desaparecieron compañeros míos, estudiantes, profesores. Desde el golpe, por siete años, estuvimos todos exiliados en nuestro propio país".

Salvador: "Los argentinos tenemos una larga tradición de dictaduras y golpes militares. En esa época nos pareció una solución, porque el despelote era tal que algo tenía que suceder. Y sucedió. No era lo que esperábamos, pero bueno, sucedió".

B Busca en el texto las palabras españolas que correspondan a las siguientes:

1 recorrido de distintos lugares para resolver algo
2 los que reprimen
3 falta de castigo
4 temor obsesivo
5 juzgar
6 arrestaban
7 toma ilegal del gobierno de un país
8 lío (en Hispanoamérica)

C Lee la segunda parte del texto otra vez. ¿Quién lo dijo?
Pon una cruz (✗) en las casillas adecuadas.

	Isabel	Sebastián	Julia	Salvador
1 Ocurrió porque el país estaba metido en un lío.				
2 Arrestaron a muchos de mis amigos universitarios.				
3 Queremos que todos los criminales sean castigados.				
4 Yo no quiero juzgar a nadie.				
5 Aquí los generales siempre han participado en la política.				
6 Mucha gente no puede aguantar a los militares.				
7 Muchos sabían quiénes eran los secuestradores.				
8 Primero buscaron información sobre las víctimas.				
9 Era como si fuéramos expulsados de nuestro país.				

D Habla con tu compañero/a de lo que harías si entrara en tu aula la policía para arrestar a tu profesor(a) o a otro/a compañero/a. ¿Ayudarías al profesor(a) o compañero/a a resistir a la policía? ¿Intentarías salir del aula? ¿Llamarías a tu familia?

E Investiga la "guerra sucia" en Argentina, concentrándote en:

● las causas
● lo qué pasó
● cómo fueron castigados los dirigentes militares

Escribe 250 palabras en español sobre este tema, empleando los verbos *ser* o *estar* al menos 10 veces, utilizando tiempos pasados.

Grammar

Ser and estar
In the statements about the "guerra sucia" made in the *Segunda parte*, ser and estar are used frequently.

Ser refers to characteristics thought to be intrinsic to a thing, situation or person:

| *Para muchos fue malo, para otros fue bueno.* | For many it was bad, for others it was good. |
| *Fue una pesadilla.* | It was a nightmare. |

Estar is used to refer to:
● a "resultant state": *Están identificados los represores.*   The repressors are (now) identified.

● a situation that is subject to change:
… estuvimos todos exiliados en nuestro propio país. …   we were all exiled in our own country.

● a location
Yo estaba en la facultad de ciencias sociales y detenían a todos…
I was in the faculty of Social Sciences and they arrested everyone…

Remember also that **ser** is used to express the passive voice.
The active sentence:
Un golpe militar derrocó el gobierno de María Estela Martínez de Perón.
A military coup overthrew the government of María Estela Martínez de Perón.

when turned into the passive becomes:
*El gobierno de María Estela Martínez de Perón **fue** derrocado por un golpe militar.*
The government of María Estela Martínez de Perón was overthrown by a military coup.

For more information on *ser* and *estar*, see the Grammar Summary on page 293.

Ejercicio

1 Rellena los espacios en blanco con *ser* o *estar*, utilizando tiempos del pasado.

1 _____ (nosotros) en una clase de ciencias políticas cuando llegaron las fuerzas del orden. Nuestro profesor 2 _____ detenido. No 3 _____ nada contento y se quejaba a menudo hasta que ese día 4 _____ forzado por un agente a marcharse del aula. Cuando se fueron los policías nos dimos cuenta de que 5 _____ imprescindible informar a nuestros padres de que 6 _____ en peligro. Cuando mis padres supieron la noticia 7 _____ dispuestos a ir a la comisaría para pedir la libertad del profesor. Finalmente, decidieron no hacer nada porque 8 _____ posible que la situación empeorara. Aquella noche 9 _____ detenidos algunos amigos nuestros y desde aquel momento sabíamos que 10 _____ importante pensar sobre todo en evitar la detención.

3 "La lucha es de todos los tiempos, de todos los minutos, de todos los segundos…"

La guerra sucia dio origen a un fenómeno social de gran envergadura:
unas madres cuyos hijos iban desapareciendo decidieron reunirse en la
Plaza de Mayo en Buenos Aires, para presentar sus quejas.

 Escucha la primera parte del audio e indica las cuatro frases verdaderas.

1 Hebe de Bonafini habla de la lucha de las madres para buscar a sus hijos.
2 Las autoridades rechazaron sus quejas después de reunirse con ellas.
3 Las madres escribieron la primera carta juntas, todas contribuyendo con frases.
4 El grupo de catorce madres decidió ir a llevar la carta a Videla.
5 En mayo el número de madres creció mucho.
6 La madres compartieron información sobre los desaparecidos.
7 La mayoría de las madres pertenecía a la burguesía.
8 Les costaba mucho escribir las cartas.

B  **Escucha la segunda parte del audio y rellena los espacios en blanco.**

C ✎ Haz un resumen en español de los puntos principales de lo que dice Hebe, utilizando unas 200 palabras.

Pregunta: ¿Qué significa la plaza para ustedes?

Respuesta: Significa muchas cosas: significa que hay cosas que se deben tomar, que no hay que 1 _____, que no tenemos que pedir permiso para luchar, porque nosotras no estamos luchando solamente para 2 _____ a nuestros hijos pero las marchas 3 _____, otras cosas, como que se puede luchar, que la plaza es de todos, nos 4 _____ a todos, que en la plaza la gente va porque se siente bien, porque en todo este tiempo pasaron cosas y si todos nosotros, los trabajadores, las madres, los estudiantes no 5 _____ luchado, estaríamos peor. Yo creo que los compañeros que salen a la calle y luchan, 6 _____ por todos; no reclaman solamente por ellos, y nosotras no reclamamos solamente por nosotras. La plaza es de la gente, 7 _____, no marchamos solas, cada jueves cientos de compañeros de distintas partes del mundo marchan con nosotras, porque nosotras no luchamos por 8 _____, luchamos por todos.

4 Las Malvinas son argentinas y la Argentina también

Después de perder la Guerra de las Malvinas, contra el Reino Unido, en 1982, los líderes del gobierno fueron derrocados. En 1983 volvió la democracia. El nuevo presidente, Raúl Alfonsín, inició una investigación de los militares: como consecuencia, los generales culpables fueron condenados y Alfonsín tomó medidas para establecer control del ejército por medio de las autoridades civiles.

Océano Atlántico

FALKLAND ISLANDS (Malvinas)

EAST FALKLAN

Port Howard

Stanley

Goose Gre

WEST FALKLAND

El tiempo pasa, las heridas y los problemas no quedan resueltos. El 2 de abril se recordarán los 25 años de la toma por las fuerzas armadas argentinas de las Islas Malvinas; ese salto en el vacío tuvo como base la reivindicación histórica del pueblo de recuperar las Islas de la Gran Bretaña y el deseo de los dictadores de manipular para consolidarse en el poder.

Muchos sectores sociales y políticos reaccionaron al principio con euforia y posteriormente llegó la angustia, el dolor y la muerte de jóvenes soldados, víctimas de la incapacidad e irresponsabilidad de quienes llevaron al país a una aventura bélica que terminó en trágica derrota.

Es necesario hacer memoria y rendir homenaje a aquellos que cayeron luchando por el sueño de recuperar lo que el imperio británico arrebató por la fuerza hace más de cien años.

Durante estos años en las Marchas de la Resistencia uno de los cantos-consignas fue denunciar el pasado reciente y el presente: "¿Qué han hecho con los desaparecidos…, la deuda externa, la represión…? ¿Qué han hecho en las Malvinas… que los chicos ya no están…? Vivimos una etapa marcada por la sangre y el dolor del pueblo y la resistencia, por la memoria de miles de desaparecidos, torturados, asesinados, prisioneros, muchos luchadores sociales que querían otro país libre y soberano.

En estos años los gobiernos constitucionales profundizaron el modelo neoliberal impuesto por la dictadura. Llevaron al país a la destrucción de su capacidad productiva, provocando el aumento de la pobreza, el analfabetismo y las enfermedades endémicas. El gobierno de Carlos Menem[1] profundizó el modelo económico y el saqueo continuó con total impunidad. El gobierno de De la Rúa[2] siguió la misma política hasta el trágico diciembre del 2001. "Nada cambió, todo es igual, lo mismo un burro que un gran profesor…"[3]

Es necesario continuar reclamando el derecho sobre las Islas del Atlántico Sur y a la vez denunciar y reclamar al gobierno nacional y los gobiernos provinciales que no continúen vendiendo la Patria a empresas extranjeras, privilegiando los grandes intereses de los monopolios económicos internacionales que cuentan en el país con mayor cantidad de extensión de tierras que todo el territorio de las Islas Malvinas.

No hay que olvidar que las Islas Malvinas son argentinas y la Argentina también.

Adolfo Pérez Esquivel (Premio Nobel de la Paz)

[1] *Carlos Menem, Presidente de Argentina de 1995 a 1999.*
[2] *Fernando de la Rúa, Presidente de Argentina de 1999 a 2001.*
[3] *Del tango "Cambalache", de Enrique Santos Discépolo.*

¡Fíjate!

The use of the definite article with countries

The use of the definite article before *Gran Bretaña* in the first paragraph of Texto 4 is not usual. The definite article is compulsory before a few countries only, such as *El Reino Unido* and *El Salvador*; it is optional before a large number, such as (*la*) *Argentina*, (*el*) *Brasil*, (*el*) *Perú*, (*el*) *Uruguay* and (*el*) *Japón*.

 ¿Lo has entendido?

¿Cuántos países conoces que pueden ir acompañados del artículo definido? Haz una lista y compárala con la de tu compañero/a.

A **Empareja las palabras siguientes con sus equivalentes en inglés.**

1 *toma*	9 *consignas*	**a** donkey	**i** illiteracy
2 *vacío*	10 *profundizaron*	**b** deepened	**j** taking, capture
3 *reivindicación*	11 *impuesto*	**c** anguish	**k** warlike
4 *angustia*	12 *analfabetismo*	**d** slogans	**l** took
5 *bélica*	13 *saqueo*	**e** mother country	**m** homage
6 *derrota*	14 *burro*	**f** plundering	**n** claim
7 *homenaje*	15 *Patria*	**g** defeat	
8 *arrebató*		**h** imposed	

B **Contesta en inglés las preguntas siguientes.**

1 What historical event does 2 April commemorate?
2 What did Argentinians claim as their own?
3 Why did the dictators act as they did, according to the writer?
4 What were the soldiers victims of?
5 What happened over 100 years ago?
6 What kind of country did the marchers want?
7 How has the situation worsened in Argentina under the democratic governments?
8 What two courses of action does the writer urge his readers to take?
9 What comparison is made between the Falklands and Argentina, in terms of territory?

C **Busca en Internet información sobre la Guerra de las Malvinas y toma notas. En este conflicto, ¿quién tenía razón, Argentina o Gran Bretaña? Escribe 200 palabras, justificando tu opinión.**

La democracia puso fin a la amenaza política de los militares pero vino un nuevo peligro, la inestabilidad económica, que provocó varias crisis financieras durante los años 90 y los primeros años del nuevo siglo. También el público acusó de corrupción a sus dirigentes democráticos.

La recesión de fines del siglo duró hasta 2002 y llevó a la Argentina al borde de desastre. En esta época muchos argentinos, sin trabajo ni esperanza en el futuro, emigraron a España. A finales de 2002 la economía empezó a mejorarse, y con la elección del peronista Néstor Kirchner (2003–2007) este proceso continuó: el paro disminuyó, algunas empresas fueron nacionalizadas y se recuperaron los sectores de la agricultura y la industria.

 Ejercicio: Argentina y la globalización see Dynamic Learning

España desde 1981

En 1975 murió el general Franco, quien había tenido el poder político en España durante 39 años. En 1969 Franco nombró a Juan Carlos como su sucesor y Rey de España. Después de la muerte del caudillo, Juan Carlos, tuvo que ganarse la confianza del pueblo y a la vez restablecer la democracia. El intento de golpe de estado por el coronel Tejero – el llamado "tejerazo"– le dio la oportunidad de mostrarse como un rey democrático y ganarse el respeto de los españoles.

5 Juan Carlos I, el rey que reinventó la monarquía

Todo el mundo parece coincidir en que Juan Carlos de Borbón es uno de los monarcas más apreciados de Europa y en que en más de 30 años de reinado ha logrado atraerse la simpatía del pueblo español y también la confianza de muchos republicanos, pero no siempre fue así.

Cuando el 22 de noviembre de 1975, apenas dos días después de la muerte de Franco, el joven Juan Carlos se convirtió en jefe del Estado español, su imagen era la de un personaje débil, forjado a la sombra del Caudillo.

Todo el mundo dudaba de él. Los adeptos al régimen no pensaban que el nuevo rey duraría mucho y los oponentes lo veían como una marioneta del dictador.

Las grandes dudas

Juan Carlos juró fidelidad al Movimiento Nacional de Franco en 1969, luego de ser nombrado sucesor en la jefatura del Estado.

La aceptación del trono significaba también alienar a su propio padre, Don Juan, quien, en varias ocasiones, había exigido a Franco que le ratificara como sucesor por ser el heredero natural de la Corona. Pero no había de ser así.

Se ha escrito mucho del distanciamiento entre padre e hijo como consecuencia de la decisión franquista. Lo cierto es que el príncipe Juan Carlos pasó mucho tiempo en España, siendo instruido por tutores adeptos a Franco y aprendiendo la disciplina castrense, que tanto amaba el general.

La transición

La transición siguió su curso y la imagen del rey fue mejorando, si bien muy despacio. Y entonces, España se vio sacudida por la intentona golpista de febrero de 1981.

En la era de la televisión, el mundo entero pudo ver al Coronel Antonio Tejero amenazar a los parlamentarios e incluso atacar físicamente al ministro de Defensa, el General Gutiérrez Mellado. Lo que también se vio unas horas después fue la imagen del rey Juan Carlos, vestido con uniforme de Capitán General y asegurando a la sociedad que la democracia prevalecería.

Un monarca a la moderna

Muchos opinan que el monarca salvó la democracia ese día en que los representantes del pueblo estaban, literalmente, secuestrados dentro del Parlamento. Lo que ocurrió en esas horas de tremenda tensión nacional sigue sin estar del todo claro y la verdad yace, probablemente, en algún lugar intermedio, pero ciertamente la Corona salió fortalecida.

Las dos últimas décadas han visto al rey envejecer y convertirse en abuelo. Su anterior imagen seductora ha dado paso a una estampa de árbol de familia.

Comparados con sus primos británicos, la familia real española se proyecta como accesible, espontánea y moderna. El rey Juan Carlos se pasea en moto por las calles de Madrid y sus hijas se casan con jugadores de balonmano vascos, entre otras cosas.

La prensa del corazón los adora y la prensa seria los respeta. Los republicanos de toda la vida bromean con el monarca en las fiestas de palacio y lo cierto es que 25 años después, muy pocos cuestionan ya a la Corona española.

A 📖 **Busca en el texto las palabras que correspondan a las definiciones siguientes.**

1 tiempo de mando de un rey
2 creado
3 partidarios
4 designado
5 enajenar

6 alejamiento
7 relacionado con el ejército
8 intento frustrado
9 tendría superioridad
10 retenidos a la fuerza

11 hecha más fuerte
12 hacerse más viejo
13 imagen impresa
14 hacen bromas

B 📖 **Rellena los espacios en blanco en el resumen del artículo con palabras del recuadro.**

Sin duda alguna, el rey Juan Carlos, hoy en día, es uno de los
1 _____ más apreciados del mundo. Sin 2 _____, cuando subió
al trono en 1975 el joven rey no tenía el 3 _____ de sus súbditos.
Parecía 4 _____ y todavía estaba bajo la sombra del dictador recién
muerto, quien le había 5 _____ como su sucesor. También Juan
Carlos 6 _____ a su propio padre, don Juan, quien era el
7 _____ natural del trono.
El destino del Rey, y de España, cambió 8 _____ del frustrado golpe
de estado en 1981. Todos los españoles de aquella generación recuerdan la
9 _____ del Rey, vestido de militar, en la televisión, y la
10 _____ de su apoyo por la democracia. Esta acción 11 _____
la monarquía e hizo que el pueblo comenzara a conocer el verdadero
12 _____ del Rey.
No ha 13 _____ su imagen de rey accesible y moderno y ahora que es
más 14 _____, se muestra muy contento con su familia numerosa. Se
15 _____ bien con los republicanos y las páginas de la prensa, seria o
frívola, no cesan de informar al público sobre su vida y actividades.

imagen	apoyo
débil	perdido
carácter	enajenó
después	declaración
escogido	fortaleció
reyes	viejo
heredero	lleva
embargo	

C 🗩 **Comenta el papel del rey Juan Carlos con tu compañero/a, concentrándote en los puntos siguientes:**

● la influencia del General Franco
● la relación entre Juan Carlos y su padre
● su papel durante la transición
● un rey democrático
● su imagen actual

⑥ Yo viví aquel 23-F

Una periodista, Julia Navarro, habla de sus experiencias en el Congreso aquella noche del 23-F.

Primera parte

A **Empareja las palabras y frases españolas con las inglesas.**

1	*revuelo*	5	*conminó*	a	warned	e	still
2	*medio vestido*	6	*hemiciclo*	b	courage	f	half-dressed
3	*apuntándonos*	7	*quieto*	c	commotion	g	(type of) rifle
4	*cetme*	8	*valentía*	d	pointing at us	h	chamber

Notas:

Adolfo Suárez: Presidente del gobierno en esta época

El teniente general Gutiérrez Mellado: Vicepresidente para Asuntos de la Seguridad y Defensa Nacional

Santiago Carrillo: diputado comunista

B **Termina las siguientes frases sacadas del texto, según lo que oyes.**

1 Estábamos hablando bajito y _____ .
2 Susana Olmo y yo salimos _____ .
3 … momento en el que _____ .
4 … escuchamos la orden de "al suelo", _____ .
5 Nos impresionó _____ .

Segunda parte

C **Escucha la segunda parte e indica cuáles de las declaraciones siguientes son correctas.**

1 La periodista se sentía
  a) aliviada.
  b) angustiada.
  c) extática.

2 Tranquilizar a su madre fue
  a) bastante difícil.
  b) muy difícil.
  c) demasiado difícil.

3 Cuando tuvo la oportunidad la periodista decidió
  a) irse en seguida.
  b) quedarse hasta medianoche.
  c) quedarse en el hemiciclo.

4 Cuando estuvo fuera no sabía si los guardias en la calle eran
  a) partidarios de la democracia o no.
  b) policías.
  c) republicanos.

5 El Rey condenó a
  a) los monarquistas.
  b) los golpistas.
  c) los demócratas.

6 Hoy no puede ver el vídeo del 23-F sin
  a) temblar.
  b) pensar en cuánto costaba.
  c) temer que todo se repita.

D **Imagina que eres un(a) periodista español(a) y que estabas, como Julia, en el Congreso cuando ocurrió el *tejerazo*. Describe lo que viste y lo que te pasó, utilizando 250 palabras.**

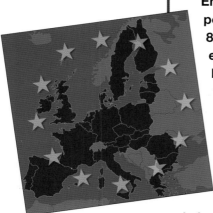

En 1982 los españoles eligieron un gobierno socialista, encabezado por un joven abogado sevillano, Felipe González. Durante los años 80, España vivió un período de gran optimismo y de éxito económico, que incluyó el ingreso de España en la Comunidad Económica Europea. Sin embargo, no todo salió bien; el grupo terrorista ETA, que reclamaba la independencia total para el País Vasco, siguió con su campaña de atrocidades. Además, se produjeron una serie de escándalos de corrupción dentro del gobierno que hicieron que González perdiera las elecciones de 1996. Así fue que el conservador José María Aznar (Partido Popular) asumió el poder. El triunfo de Aznar fue entrar en el euro y mantener el crecimiento económico. El artículo siguiente habla de la adopción del euro como la moneda de 10 países de la UE a finales del siglo pasado.

7 "España ha cumplido" certifica la UE

BRUSELAS.- España adoptará en 1999 el euro junto a otros diez Estados, formando el club comercial más poderoso del mundo.

"España cumple las condiciones necesarias para la adopción de una moneda única", proclamó ayer formalmente la Comisión Europea.

La Comisión Europea ha explotado los márgenes de flexibilidad de la letra pequeña del tratado en el caso de los siguientes países.

España.- Tiene el honor de haber terminado con mejor déficit que Alemania y no figura en los capítulos más delicados del informe, como el dedicado a los Estados que han tomado medidas puntuales desesperadas para llegar a tiempo.

Alemania.- Cumple todo salvo el nivel de deuda pública, que lejos de descender, como exige el tratado, no ha dejado de crecer desde 1994. Se salva de la criba, "porque los costes excepcionales vinculados a la unificación alemana todavía se dejan sentir", según justifica la Comisión Europea.

Francia.- El país que más ansía el euro para no tener que depender tanto de las decisiones del Bundesbank, el banco central alemán. Su déficit público es ligeramente superior al exigido y el franco francés no ha dado pruebas de fortaleza.

Italia.- La Comisión Europea ha decidido dar por buenas todas sus cifras e ignora el llamamiento de, por ejemplo, el banco central holandés, que considera muy vulnerable la economía italiana por su alto nivel de endeudamiento.

Luxemburgo.- El país más pequeño es el único que cumple todo, aunque presenta "imperfecciones menores" en su legislación sobre bancos centrales.

Reino Unido y **Dinamarca** son los únicos Estados que tienen derecho legal a quedar fuera del euro. **Suecia** no lo tiene, pero, de todos modos, según la Comisión Europea, no cumpliría al no pertenecer al SME[1]. **Grecia** es el peor alumno y recibe un suspenso general en todos los requisitos.

[1] *Sistema Monetario Europeo*

 Traduce al inglés las frases siguientes sacadas del texto.

1 España cumple las condiciones necesarias para la adopción de una moneda única.
2 … la contención salarial de los trabajadores.
3 La Comisión Europea ha explotado los márgenes de flexibilidad de la letra pequeña del tratado…
4 … porque los costes excepcionales vinculados a la unificación alemana todavía se dejan sentir.
5 … el franco francés no ha dado pruebas de fortaleza.
6 Grecia es el peor alumno y recibe un suspenso general en todos los requisitos.

¿A qué país/países se refieren las siguientes afirmaciones?

1 Ha podido llegar a tiempo sin gran dificultad.
2 Se queda fuera del euro.
3 No cumple con las condiciones.
4 La deuda pública ha aumentado.
5 Los holandeses los critican.
6 Ha satisfecho todas las condiciones.

C **¿Cuáles son las ventajas de ser miembro del grupo del euro? Comenta este tema con tu compañero/a. ¿Te parece bien que 10 países tengan la misma moneda? ¿Cuáles son las ventajas e inconvenientes para España de formar parte del euro?**

D **Elige un país europeo del grupo del euro y busca información sobre la experiencia personal de sus ciudadanos con dicha moneda. Haz un resumen de 200 palabras sobre lo que has averiguado.**

El mayor error de Aznar, para muchos, fue dar el apoyo de su gobierno a la guerra de Iraq. En Madrid, el 11 de marzo de 2004, unas bombas plantadas en trenes por Al Qaeda mataron a 191 personas. La reacción inmediata del gobierno de Aznar fue echar la culpa a ETA, pero pasado poco tiempo se dio cuenta de que el grupo terrorista vasco no era responsable. Unos días después, Aznar perdió las elecciones y el socialista José Luis Rodríguez Zapatero (PSOE) fue elegido presidente. En marzo de 2008 Zapatero ganó las elecciones generales otra vez.

8 El mayor atentado de la historia de España

Madrid, 11 de marzo de 2004, 7.37 horas. Una bomba explota en un tren de cercanías en la estación de Atocha. Apenas un minuto después se producen otras dos explosiones en el mismo tren. El caos y el desconcierto invaden los andenes y escaleras mecánicas de la terminal. Son las 7.38 cuando explotan otras dos bombas en un convoy en la estación de El Pozo y otra en Santa Eugenia. A las 7.39, cuatro explosiones más destrozan otro tren a 500 metros de Atocha. En apenas tres minutos, 10 bombas reescriben la historia: Madrid acaba de sufrir el mayor atentado terrorista perpetrado jamás en España. 191 muertos y más de 1.500 heridos hacen imposible olvidarlo.

La capital y sus habitantes despiertan entre el caos, los gritos y sirenas que retransmiten las emisoras de radio y el horror de las primeras imágenes que dan las páginas de Internet y las cadenas de televisión. Quienes no estaban allí compartían el dolor y la tragedia de los cientos de estudiantes y trabajadores que ese día, en hora punta, como hacían casi a diario, habían tomado uno de esos cuatro trenes de enlace entre el Corredor del Henares y la capital.

➤

Una ciudad en alerta

Madrid moviliza sus equipos de emergencia; se improvisan hospitales de campaña para atender a víctimas y heridos en plena calle; RENFE suspende el tráfico en todas las líneas con origen o destino a Madrid; también se cortan algunas líneas de metro; se activa la operación "jaula"… El centro y los accesos y salidas de la capital están durante horas colapsados. Los hospitales ponen en marcha el Plan de Emergencia ante catástrofes, mientras la impotencia, la tristeza y la solidaridad emanan de las colas de ciudadanos que acuden masivamente a donar su sangre.

Faltan sólo tres días para las elecciones generales, y todos los partidos cancelan sus agendas y dan por finalizada la campaña. Por primera vez desde el 23-F, el Rey se dirige a la nación. Lo hace para mostrar su solidaridad con las víctimas y pedir "unidad, firmeza y serenidad" en la lucha contra el terrorismo. Manifestaciones multitudinarias contra el terrorismo se suceden por todos los rincones del país.

Polémica jornada de reflexión

Buscando culpables, todas las miradas se dirigen hacia ETA, mientras la banda lo desmiente. Y el Gobierno sigue defendiendo esa teoría cuando las primeras pistas obligan a girar el dedo acusador hacia el terrorismo islamista. La tarde del sábado 13 de marzo, jornada de reflexión electoral, tres ciudadanos marroquíes y dos indios saltan a las portadas de los medios de comunicación. Son los primeros detenidos en relación con la masacre.

Esa misma noche, 2.300.000 personas se manifiestan en Madrid. "En ese tren íbamos todos" y "No estamos todos, faltan 200" fueron algunos de los gritos de rabia que resonaron bajo la lluvia.

Acusan al Gobierno de manipulación y exigen transparencia. Apenas 12 horas después, los colegios electorales abren sus puertas. El 14 de marzo España vota marcada por la tragedia.

Sonia Aparicio

A **Busca en el texto los equivalentes de las siguientes palabras inglesas.**

1 suburban train	7 connection	13 denies
2 attack	8 field hospitals	14 clues
3 radio stations	9 cage	15 front pages
4 shared	10 at a standstill	16 demonstrate
5 at rush hour	11 queues	17 rage
6 daily	12 take place	18 polling stations

B **Empareja las dos columnas para formar frases verdaderas, según lo que dice el artículo.**

1 Un desorden total	a de haber puesto las bombas.
2 El atentado terrorista	b a cinco personas con relación a la masacre.
3 Los medios de comunicación	c muchos estudiantes haciendo su viaje cotidiano.
4 Entre las víctimas había	d participaron en la manifestación.
5 Todos los trenes	e fue el mayor en la historia del país.
6 Cientos de madrileños hicieron la cola	f transmitieron la tragedia a los ciudadanos de Madrid.
7 Las campañas de los partidos políticos	g siguió a las explosiones.
8 El gobierno acusó a ETA	h fueron suspendidos.
9 Dos días después la policía detuvo	i se dieron por terminadas.
10 Aquella noche más de dos millones de personas	j para donar su sangre.

C ✎ **Investiga los aspectos políticos de esta tragedia. Concéntrate en las razones por las cuales:**

- el PP acusó a ETA de poner las bombas
- el PSOE de Zapatero ganó las elecciones

Escribe 250 palabras en español sobre este tema.

9 El 11-M

A 🔊 **Escucha la experiencia de un madrileño, Dani Valdemoro, el día de la masacre. Termina las frases siguientes según lo que oyes.**

1 Aquella mañana salí de casa sobre las 8:15 de la mañana, _____.
2 ... un atasco de impresión, y _____.
3 Nos marchamos a ver la televisión y ver las imágenes, y _____.
4 Pienso en personas que puedan _____.
5 Me preguntaba si estaba bien, _____.
6 Mi madre se fue con mis tías y _____.
7 Y llovía intensamente, _____.
8 ... y con un frío _____.
9 ... o de cualquier otra índole, _____.

B 🔊 **Contesta en español las preguntas siguientes:**

1 ¿Por qué Dani encontró difícil llegar al trabajo?
2 ¿A qué atribuyeron la tragedia en el primer momento?
3 ¿Qué hizo Dani al saber que mucha gente había muerto?
4 ¿Por qué no pudo ponerse en contacto con Cristina?
5 Su madre debería haber sabido que la tragedia no había afectado a su hijo. ¿Por qué?
6 ¿Qué hizo su jefe?
7 ¿Qué ocurrió aquella tarde?
8 ¿Por qué no pudo ir al centro, salvo a pie?
9 ¿Qué tiempo hacía?
10 ¿Qué piensa Dani de la religión?

C 💬 **Habla con tu compañero/a de lo que pasa durante las primeras horas de una emergencia tal como la del 11-M. ¿Qué papel tiene(n):**

- los servicios de emergencia?
- el Gobierno?
- el ciudadano de a pie?

D ✎ **Traduce al español.**

On 11 March 2004, Al-Qaeda planted several bombs on suburban trains in Madrid, three days before the general election took place. The Prime Minister, José María Aznar, whose Popular Party was ahead in the polls at that moment, accused ETA of the outrage. He was mistaken and, as a result, the public turned against him. He therefore lost the election, handing power to the socialist, José Luis Rodríguez Zapatero. Aznar had sided with the Americans in Iraq, a deeply unpopular policy in Spain. Zapatero, who had pledged to pull Spanish troops out of Iraq, soon fulfilled his promise.

⑩ España: reacciones a la tregua de ETA

Desde la época de Franco, el grupo terrorista vasco **ETA** sigue una campaña de subversión del sistema, asesinando a mucha gente inocente. En el siglo **XXI**, el grupo parece más débil: ha declarado treguas, pero el gobierno ha encontrado difícil mantener el diálogo con los terroristas a causa de nuevas atrocidades.

1 El grupo separatista armado vasco ETA irrumpió en la precampaña electoral de España y anunció una tregua para Cataluña, confirmando que ha interrumpido todas sus acciones armadas en esa región desde el 1 de enero de 2004. ETA declaró su última tregua en septiembre de 1998 y la mantuvo durante 14 meses.

2 La tregua se anunció después de las conversaciones entre ETA y el Partido Izquierda Republicana (ERC), que integra el gobierno regional catalán, liderado por el Partido Socialista.

3 Desde el gobierno se critica ahora, severamente, que el socialista Pasquall Maragall esté gobernando en Cataluña con el apoyo de un partido que negocia con ETA. El presidente José María Aznar no cree en la posibilidad de un diálogo con ETA, calificada por

el gobierno como una "banda terrorista".

4 En los últimos 30 años, esta organización armada separatista vasca asesinó a más de 800 personas, más de medio centenar

en Cataluña. Incluida la tregua anunciada este miércoles, ETA ha declarado 11 veces el alto el fuego desde 1969, aunque es la primera vez que lo hacen limitado a una autonomía o región española.

5 ETA justifica la tregua actual afirmando que "Catalunya y Euskal Herria (…) son dos naciones oprimidas por los Estados español y francés, divididas territorialmente en base a fronteras artificiales impuestas por la fuerza de las armas".

6 Según ETA, vascos y catalanes comparten una "situación de opresión (que) ha hecho que hayan desarrollado estrechas y profundas relaciones de amistad y hermandad", lo que los convierte en "los pilares" para "sustentar las relaciones entre los diferentes pueblos oprimidos" de España.

18 de febrero de 2004

A 📖 **Busca en el texto las palabras que correspondan a las definiciones siguientes:**

1 período antes del comienzo de la campaña
2 suspensión de hostilidades
3 dirigido
4 que desea alcanzar la independencia
5 cincuenta
6 relación de solidaridad

B 📖 **Lee el texto otra vez y numera las frases siguientes según el orden en que leas información con el mismo sentido (párrafos 1–6 del texto).**

a Lo raro de esta tregua es que se limita a una autonomía.
b ETA pone de relieve las relaciones amistosas que tienen las dos autonomías.
c No se puede dialogar con ETA, según el Presidente.
d ETA cree que Cataluña y el País Vasco tienen unos lazos especiales.
e El partido socialista fue el que mantuvo el diálogo con ETA.
f ETA se puso de acuerdo con los catalanes para un alto el fuego en Cataluña.

 Ejercicio: González, Aznar, Zapatero… see Dynamic Learning

El mundo se globaliza

Con motivo de la recesión de finales del siglo pasado y de la crisis de 2002, muchos argentinos se vieron obligados a emigrar de Argentina. España ha sido uno de los destinos preferidos: allí hay trabajo, unos fuertes lazos culturales y un clima que les gusta. En general, se sienten tranquilos.

⑪ ¿Cómo viven y de qué trabajan los argentinos?

Pero, ¿con qué se encuentran los argentinos que llegan ahora a Europa? ¿Qué hacen, cómo viven, de qué trabajan? Este es un reportaje sobre la última ola inmigratoria argentina a España.

Barcelona
(por Alejandro Rost)

La mayoría llegó escapando de la crisis, aunque también están los que vinieron para perfeccionarse. Unos tienen estudios universitarios, otros no terminaron el secundario. Aquí se ganan la vida como pueden: de mozos, vendiendo empanadas, cargando cajas, en un circo, pintando paredes, o consiguiendo alguna beca de estudios. Unos lograron obtener un permiso de trabajo, otros todavía sufren por no tener los papeles en regla. Unos piensan en volver, otros ya imaginan su futuro aquí. Es la última oleada de argentinos que busca en España un lugar para vivir.

Julieta, de Tandil. Trabaja en una pizzería frente a una de las plazas más bonitas de Barcelona: la Rius i Taulet. En marzo va a hacer dos años que está acá. Llegó a Madrid un poco de casualidad porque le regalaron un pasaje y luego terminó en Barcelona porque tenía un teléfono de una amiga de su mamá.

Durante tres meses vendió "cositas de alpaca y tejidos" en las Ramblas, esa especie de boulevard, pasarela de todos los turistas. Ahora, desde hace un año y medio, trabaja en la pizzería. Con 24 años, yo no podía tener independencia económica en la Argentina. Acá me costó conseguir trabajo, pero ya lo tengo y puedo mantenerme sola", dice y va de un lado para otro, preparando cafés, sirviendo cervezas, limpiando aquí y allá.

Martín, de Córdoba. Está sentado del otro lado del mostrador de Julieta, tomando una cerveza. También hace dos años que vive acá y también tiene 24 años. Se vino sin conocer a nadie, pero desde el principio trajo bajo el brazo la doble nacionalidad, lo que abre muchas más puertas. Trabajó de ayudante de cocina, con artes gráficas y ahora en una fábrica de artículos del hogar como mozo de almacén. Los 750 dólares que le pagan le alcanzan muy bien y está contento aunque le hacen falta algunas cosas: los amigos, la familia y, sobre todo, los más viejos. Piensa volver a la Argentina en poco tiempo pero sólo por dos o tres meses porque "allá no está como para tener una vida normal".

Marilina, de Buenos Aires. Tiene 21 años y trabaja en un circo: hace la publicidad, acomoda a la gente, cuida la puerta, un poco de todo... Allí tiene a su novio polaco, que conoció cuando el circo estuvo de gira por la Argentina. Luego él le mandó el pasaje para que se viniera. De esto hace nueve meses. "En Argentina no conseguía nada, estaba ➤

estudiando educación física y prácticamente no podía pagar las cuotas. Me daba vergüenza pedirle plata a mis padres", explica. Pero su idea es volver a la Argentina, "aunque va a ser un poco complicado, porque mi novio me va a querer llevar a Polonia". Por lo pronto, su mamá le insiste: "¡a ver cuándo venís,[1] nena!"

Juan Pablo, un poco de Tucumán y otro poco de Mar del Plata. Llegó hace diez meses. Está estudiando educación física en la Universidad de Barcelona y trabajando los fines de semana como pintor en un colegio. No tiene el visado y eso le trae problemas: "si no tenés [2] los papeles, todo se hace mucho más difícil". Tenía el pasaje de vuelta para pasar las fiestas en la Argentina pero se quedó porque tenía miedo de que luego no lo dejaran entrar. Vive en una residencia universitaria con otros cinco amigos argentinos. Por ahora, se quiere quedar para seguir estudiando. Pero dice que extraña sobre todo los amigos, la familia, el asado, las achuras y las mollejas.

[1] *(vos) venís = (tú) vienes (uso del "voseo" en Argentina)*
[2] *(vos) tenés = (tú) tienes*

21 de enero de 2002

 Traduce al inglés las frases siguientes sacadas del texto.

1 Llegó a Madrid un poco de casualidad porque le regalaron un pasaje.
2 desde el principio trajo bajo el brazo la doble nacionalidad
3 allá no está como para tener una vida normal
4 Por lo pronto, su mamá le insiste: "¡a ver cuándo venís, nena!"
5 No tiene el visado y eso le trae problemas.
6 tenía miedo de que luego no lo dejaran entrar

 ¿De quién se habla? Pon una cruz (×) en la casilla adecuada.

	Julieta	Martín	Marilina	Juan Pablo
1 Alguien le pagó el pasaje a España.				
2 Echa de menos a su familia.				
3 Le faltan papeles.				
4 Lleva dos años viviendo en España.				
5 Tiene nacionalidad española y argentina.				
6 Le costaba demasiado vivir en Argentina.				
7 Ha sido difícil encontrar un empleo en España.				
8 Es estudiante en España.				
9 Vive en España desde hace menos de un año.				
10 Tenía el mismo empleo en Argentina.				

C **El reportaje utiliza varias expresiones que se refieren al período de tiempo que los jóvenes argentinos han pasado en España, como "En marzo va a hacer dos años que está acá"; "durante tres meses"; "desde hace un año y medio"; "hace diez meses". Ahora háblale a tu compañero/a de cualquier vivencia tuya (un viaje, una experiencia laboral, una mudanza…) y emplea tres expresiones temporales de este tipo.**

12 Consiguen empleo pero de menor cualificación

 A Escucha el audio y busca las palabras y frases que corresponden a las palabras y frases siguientes.

1 qualification	**4** link	**7** profile
2 draughtsman	**5** cohabitation	**8** secondary education
3 rate	**6** salary	**9** group

B Contesta las preguntas siguientes en inglés.

1 Which type of immigrant finds it most difficult to get work?
2 Which type of immigrant is more successful in Spain than Argentines?
3 What kind of work do Argentines obtain initially? Give an example.
4 Why are Argentines well integrated in Spain? What evidence is there of integration?
5 Why do Argentines leave their country, according to the consul?
6 What qualifications do Argentinian immigrants usually have?
7 What does the phrase "inmigración de retorno" refer to?

13 El rey Juan Carlos elogió la recuperación económica de Argentina, tras su encuentro con Cristina Fernández

El artículo que sigue muestra uno de los lazos que existen entre los dos países. El rey Juan Carlos, que actúa frecuentemente como vínculo entre los países de habla española, ayuda a Argentina y Uruguay a resolver un conflicto. En el artículo, la mujer del ex-presidente Kirchner, Cristina Fernández de Kirchner, que ganó la presidencia del país unos meses después de ese encuentro, visita al rey de España.

1 En un clima agradable tanto adentro como afuera, la candidata presidencial mantuvo una audiencia privada en la residencia de verano de los reyes en Palma de Mallorca con el rey Juan Carlos de Borbón, quien destacó el "avance de la recuperación económica argentina".

2 El encuentro entre Cristina Fernández de Kirchner y los reyes de España, en Palma de Mallorca, fue calificado de *muy cordial* por fuentes de la comitiva argentina. La reunión, que duró casi dos horas y media, se llevó a cabo en el Palacio Marivent, donde los reyes pasan sus vacaciones, pese a lo cual recibieron a la senadora Fernández.

3 Asimismo el rey le dijo a la senadora Fernández que está *satisfecho por el restablecimiento del diálogo* entre Argentina y Uruguay, en relación con el conflicto por la pastera de Fray Bentos. El conflicto diplomático que divide a los dos vecinos desde hace más de cuatro años comenzó con la construcción de una planta de celulosa en la ciudad uruguaya de Fray Bentos, situada en los márgenes del río Uruguay, frontera natural entre ambos países. Los presidentes argentino y uruguayo Néstor Kirchner y Tabaré Vázquez, respectivamente, pidieron al rey que ejerciera una tarea de buenos oficios en el conflicto, durante la Cumbre Iberoamericana que se celebró en Montevideo en noviembre pasado. ➤

4 La candidata a presidenta por el kirchnerismo había llegado a las 13.30 (hora española) a la residencia veraniega del rey Juan Carlos y la reina Sofía donde permaneció por más de dos horas.

5 El martes, será el turno del presidente del gobierno, José Luis Rodríguez Zapatero, quien la recibirá en La Moncloa, sede del gobierno.

6 La equilibrada agenda de Cristina Fernández incluye un homenaje al escritor e intelectual español Francisco Ayala, de 101 años, quien estuvo exiliado en Argentina, y una ofrenda floral y recuerdo a las víctimas del trágico atentado del 11 de marzo de 2004 a los servicios ferroviarios de Madrid, que causaron 191 muertos.

7 Cristina Fernández visita España en un momento en el que las relaciones bilaterales son "muy amplias y fluidas", y "existe una afinidad importante" entre los gobiernos de ambos países, según fuentes diplomáticas españolas. España es el segundo país que más invierte en Argentina, después de Estados Unidos, mientras que la balanza comercial entre ambos países registra en 2006 un superávit a favor de Argentina de más de 1.000 millones de euros.

23 de agosto de 2007

¡Fíjate!

Plurals of words ending in -*en*

Note that words ending in -*en,* like *margen* (margin) and *imagen* (image) bear an accent when written in the plural: *los márgenes, las imágenes.*

¿Lo has entendido?

¿Conoces otras palabras que terminan en -*en*? Escribe sus plurales. Haz una lista y compárala con la de tu compañero/a.

A **Explica en inglés el sentido de las frases siguientes sacadas del texto.**

1 mantuvo una audiencia privada
2 (el encuentro) fue calificado de *muy cordial* por fuentes de la comitiva argentina
3 se llevó a cabo
4 satisfecho por el restablecimiento del diálogo
5 pidieron al rey que ejerciera una tarea de buenos oficios en el conflicto
6 La equilibrada agenda
7 en un momento en el que las relaciones bilaterales son "muy amplias y fluidas"

B **Lee el texto otra vez y numera las frases siguientes según el orden en que leas información con el mismo sentido (párrafos 1–7 del texto).**

a También Cristina habla con el máximo dirigente de España.
b Cristina recuerda una atrocidad.
c La reunión salió bien.
d Se reunieron la esposa del presidente de Argentina y el rey de España.
e Cristina señala los vínculos económicos entre los dos países.
f Cristina estuvo en el palacio por la tarde.
g El rey se hace intermediario entre dos países sudamericanos.

C **Comenta con tu compañero/a el papel del rey como mediador en los conflictos diplomáticos. ¿Por qué recurren estos países latinoamericanos al rey de un país europeo para resolver el conflicto? ¿Te parece bien que un rey actúe de mediador?**

D **Investiga en Internet el desarrollo de las relaciones políticas o económicas entre Argentina y España desde 2007. Escribe 200 palabras en español sobre este tema.**

http://www.argentina.informacion.la-moncloa.es/es-ES/default.htm
http://www.portalargentino.net/
http://www.diariocritico.com/argentina/

El impacto de la globalización en Argentina

A finales del siglo pasado las grandes empresas españolas con ambiciones globales empezaron a comprar empresas latinoamericanas. En 1998, Repsol, la compañía petrolera española, que está entre las 10 compañías más grandes de energía en el mundo, compró la empresa argentina YPF[1], para convertirse en Repsol-YPF. Asimismo Telefónica, la empresa de telecomunicaciones más poderosa de España, invirtió en este sector en los años 90 y ahora es una de las más potentes de Argentina. Parecía que esta inversión iba a beneficiar a los ciudadanos de Argentina. Hoy en día, sin embargo, mucha gente se opone a las actividades de las multinacionales. Apoyan sus opiniones los sucesos en Bolivia y Venezuela, donde el Estado nacionalizó algunas empresas multinacionales.

[1] *Yacimientos Petrolíferos Fiscales*

⑭ Telefónica de Argentina: esclavitud moderna y rebelión

Sobre cómo trabajan y cómo se rebelan los modernos esclavos de una empresa multinacional.

Son esclavos modernos. Se conectan a una máquina en la que tienen asignado un número y que durante todo el día controlará todos sus movimientos: si están hablando por teléfono, terminando un trámite, tomando un café o si se fueron al baño. Un audífono de dudosa calidad, la imposibilidad de controlar el ritmo de la entrada de llamadas y un supervisor garantizarán que durante cuatro, cinco o seis horas, hombre y máquina se fundan en uno solo para producir ganancias al servicio de Telefónica de Argentina S.A.

Máquinas; así consideraban en el Imperio Romano a los esclavos, privados de todo derecho que no sea el de comer y trabajar para acrecentar las ganancias de su amo. "Nos conectamos ¿entendés?" me explica una trabajadora pasante[1] para hacerme notar que ellos también son considerados así. En el imperio moderno, el de la multinacional Telefónica, no hay nada que envidiar al viejo esclavismo prefeudal.

Un beep que termina aturdiendo es la única pausa posible entre llamada y llamada, donde en cuatro minutos un joven trabajador debe "actuar como receptor de la bronca del cliente, solucionar el problema y de paso venderle algún producto".

Para las empresas como Telefónica, o cualquiera de las corporaciones que se benefician con el régimen de pasantías, la interpretación de la ley es simple: se trata de contratar estudiantes a un precio y en condiciones favorables sólo para sus ganancias y, con la excusa de que están "aprendiendo", mantener una planta de trabajadores precarizados sin ningún tipo de problema legal.

En aras de la modernidad, los nuevos colonizadores venidos de España han decidido dejar de utilizar el poco elegante sustantivo que define este antiguo tipo de práctica laboral; cambiando el nombre de esclavos por el de pasantes, quisieron hacernos creer que la colonización había terminado.

[1] *pasante – aprendiz, que a veces es estudiante; por lo general no recibe sueldo (Argentina).*

Lee el texto y explica en español lo que significan las frases siguientes:

1 terminando el trámite
2 hombre y máquina se funden en uno solo
3 privados de todo derecho que no sea el de comer y trabajar
4 no hay nada que envidiar al viejo esclavismo prefeudal
5 cualquiera de las corporaciones que se benefician con el régimen de pasantías
6 una planta de trabajadores precarizados
7 En aras de la modernidad

 Lee el texto de nuevo y contesta las preguntas siguientes en inglés.

1 Explain why the writer regards Telefónica's workers as "modern-day slaves".
2 What kind of worker does the article focus on?
3 What must a worker do in four minutes?
4 How does Telefónica interpret the law with regard to these workers?
5 What does the writer mean when he says that the colonising of Argentina has not yet finished?

 Comenta con tu compañero/a el artículo. ¿Te parecen exageradas las opiniones del autor, o puede justificarse su comparación entre el obrero y la esclava? Después de comentar este tema, escribe 200 palabras en español, razonando tus opiniones.

Para terminar...

 Escribe 250 palabras sobre uno de los temas siguientes:
- "El diálogo con los terroristas no sirve para nada". ¿Estás de acuerdo?
- ¿Ha sido positivo o negativo el ingreso de España en la Unión Europea?
- Las multinacionales, ¿contribuyen positivamente a la economía de Argentina?
- "Los argentinos tenemos una larga tradición de dictaduras y golpes militares. En esa época nos pareció una solución, porque el 'despelote' era tal que algo tenía que suceder. Y sucedió". En tu opinión, ¿era inevitable la *guerra sucia* en Argentina?

12 Iguales ante la ley

Entrando en materia...

El tema de esta unidad trata de la ley y el orden, esto es, las reglas que se crean con el propósito de mantener el bienestar social. Se hará referencia a la Constitución Española, a los diferentes tipos de delitos, a la relación entre inmigración y criminalidad, así como al tipo de medidas tomadas por los gobiernos para mantener el orden social (controles de alcoholemia, detección de tráfico de estupefacientes, limpieza urgente en casos de concentraciones, manifestaciones y atentados terroristas, etc.). Estudiaremos términos relacionados con la violencia, los delitos, la ley y la actuación policial. Nos centraremos en una región geográfica en particular: la Comunidad de Madrid. Los puntos gramaticales que se van a tratar son:

★ **usos del subjuntivo**
★ **adjetivos derivados de países, regiones y ciudades**

Reflexiona:

★ ¿Cómo pueden los gobiernos establecer el orden social? ¿Qué tipos de delitos existen? ¿Has presenciado o sufrido alguna vez una agresión o atentado? ¿Crees que existe alguna forma de conexión entre la inmigración y la criminalidad? ¿Por qué? ¿Crees que los controles de alcoholemia son efectivos o sirven sólo de amenaza? ¿Para qué sirven las multas? ¿Crees que cumplen su función? ¿Cómo se puede frenar el tráfico de estupefacientes? ¿Qué medios se pueden tomar para evitar los ataques terroristas?

La Constitución Española

① Algunos artículos

La Constitución Española (que consta de 169 artículos) fue aprobada el 27 de diciembre de 1978 por la Nación Española con el objetivo de establecer la justicia, la libertad y la seguridad y promover el bien de cuantos la integran. Aquí mencionamos tan sólo tres artículos, en relación con la ley y el orden:

Título I. Artículo 10.1
La dignidad de la persona, los derechos inviolables que le son inherentes, el libre desarrollo de la personalidad, el respeto a la ley y a los derechos de los demás, son fundamento del orden político y de la paz social.

Título I. Artículo 21
1. Se reconoce el derecho de reunión pacífica y sin armas. El ejercicio de este derecho no necesitará autorización previa.
2. En los casos de reuniones en lugares de tránsito público y manifestaciones se dará comunicación previa a la autoridad, que sólo podrá prohibirlas cuando existan razones fundadas de alteración del orden público, con peligro para personas o bienes.

Título IV. Artículo 104
1. Las Fuerzas y Cuerpos de seguridad, bajo la dependencia del Gobierno, tendrán como misión proteger el libre ejercicio de los derechos y libertades y garantizar la libertad ciudadana.
2. Una ley orgánica determinará las funciones, principios básicos de actuación y estatutos de las Fuerzas y Cuerpos de Seguridad.

A 📖 **Tras leer el texto, observa las siguientes definiciones e indica a qué palabras del recuadro corresponden:**

1 cada una de las partes numeradas de una ley
2 ley fundamental que fija la organización política de un estado y establece los derechos y obligaciones básicos de los ciudadanos y los gobernantes
3 que son parte de algo o alguien
4 conjunto de normas que regula el funcionamiento de una entidad
5 conjunto de los guardias que vigilan el orden público
6 conjunto de todo lo que posee una persona en fincas, dinero, etc.
7 comportamiento que se somete a una valoración o calificación
8 la puesta en práctica
9 que no se pueden quebrantar
10 estar formado por

fuerzas	ejercicio	constar de	inviolables	bienes
estatutos	actuación	Constitución	inherentes	artículos

B Lee el texto e indica cuál de las siguientes frases encaja mejor con cada artículo.

1	Título I. Artículo 10.1	
2	Título I. Artículo 21	
3	Título IV. Artículo 104	

a) La policía y la guardia civil, cuyas funciones vienen establecidas por la ley, tienen la misión de asegurarse de que todos los ciudadanos españoles sean libres y puedan ejercer sus derechos.

b) Para que haya estabilidad, respecto a la política y a la sociedad, los ciudadanos han de obedecer la ley y ser libres, considerados con su prójimo y capaces de desarrollarse como personas.

c) Una persona puede reunirse con quien quiera siempre que no sea con fines violentos. Si la reunión es en una zona de uso común, se ha de informar previamente a la autoridad que concederá el permiso siempre que no considere que haya riesgo de causar víctimas o daños materiales.

Delitos varios

2 Cárceles, terrorismo y reyertas

a) Un funcionario de la prisión de Zuera (Zaragoza) ha resultado herido hoy por dos internos, que lo retuvieron y amenazaron con sendos objetos punzantes con la intención de fugarse, objetivo que no llegaron a cumplir al ser reducidos por otros funcionarios. Fuentes de Instituciones Penitenciarias han explicado que el funcionario, que presenta una herida incisa en el costado y arañazos en el cuello y se encuentra en observación en la clínica Quirón de Zaragoza, fue abordado por los dos reclusos a la hora del desayuno en el módulo de presos reincidentes y multirreincidentes de la prisión, en el que hay un centenar de presos.

b) Una **llamada en nombre de ETA al diario *Gara*** advirtió de que una bomba iba a estallar a las 23.00 horas cerca del citado edificio de la capital riojana, situado en la calle **Antonio Sagastuy** de Logroño. La bomba produjo un **estallido de baja potencia** en el párking que hay delante del edificio sobre las 23.30 horas sin causar víctimas, sólo daños materiales leves. Al parecer, se corresponde con el detonador de la carga, que no activó los 100 kilos que había en el interior del coche. La policía acordonó la zona y permaneció alerta por la posibilidad de una segunda explosión, ya que sospechaba desde el primer momento que el detonador podría haber fallado, informaron fuentes cercanas a la investigación.

c) Un joven de 25 años de edad, de origen sudamericano, resultó herido grave en una reyerta que se produjo esta madrugada en la avenida de Monforte de Lemos, en el distrito de Fuencarral, según fuentes del Samur-Protección Civil.

¡Fíjate!

Sendos/as

Sendos/as is a plural adjective meaning, literally, "one for each one" as in *con sendos objetos punzantes*, "each one with his sharp object". *Sendos* can refer to two or more people and is always placed before the noun.

¿Lo has entendido?

Escribe dos frases que contengan *sendos/as* y compruébalas con tu profesor(a).

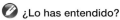

A 📖 **Lee los textos y busca en ellos las palabras que tengan el mismo sentido que las siguientes (recuerda que el contexto te puede ayudar mucho).**

1 empleado al servicio de la administración pública
2 presos
3 uno cada uno
4 sujetados
5 explotar
6 de poca importancia
7 rodear para aislar
8 pelea
9 a horas muy tempranas
10 barrio

B 📖 **Lee los textos otra vez y luego indica cuál de estos títulos correspondería a cada artículo.**

1 Herido grave en un enfrentamiento en localidad madrileña.
2 Artefacto explosivo colocado por banda terrorista en la zona de La Rioja.
3 Dos convictos atacan a un empleado de prisión.

3 ¡No se lo digáis a mis padres!

Sólo tenía 14 años y no pudo reprimir las lágrimas al verse sorprendida fumando un porro a la entrada de un garaje a menos de cien metros de la puerta de su céntrico colegio. "Por favor, no se lo digáis a mis padres", suplicaba a los agentes de la Policía Municipal que le tomaron los datos y se incautaron de los restos de hachís. Eran cuatro, dos chicas y dos chicos, todos nacidos en el 91. Uno de ellos es asmático y en su mano llevaba el aerosol broncodilatador. "¿Pero, en qué cabeza cabe?", le espetó un agente. "Asmático y fumador". "Es que queríamos probar", le respondió el chico. "Es la primera vez", decía otra de las menores, completamente avergonzada. "No lo volveremos a hacer", repetía. Los policías, vestidos de paisano, les recordaron que fumar drogas en la vía pública

es ilícito y que inmediatamente se abre un expediente administrativo que puede suponer unos 300 euros de sanción, además de enviar el parte a sus progenitores, que posiblemente ignoran algunas costumbres de sus hijos. Pero es eficaz. A los chicos no les importa la multa, sino la reacción de sus padres. "Es que en casa me matan", balbuceaba una de las adolescentes.

Esta escena no es ficción. No hay nombres porque son menores de edad. Ocurrió el pasado jueves, casualmente día de San Canuto, en las cercanías de un centro escolar de la capital alavesa. El consumo y la venta de drogas, especialmente hachís, en las puertas y los patios de los colegios vitorianos es una triste realidad. Sólo en 2005, la Policía Municipal abrió 189 expedientes sancionadores individuales a

jóvenes de entre 13 y 24 años; multó a seis establecimientos públicos por tráfico y tolerancia y los cerró entre dos y tres meses; detuvo a 25 personas; y se incautó de 30 kilos de hachís y de 26.000 euros. El aumento de expedientes fue de un 67% sobre el año anterior (112), un dato que avala la dimensión del problema y la decisión municipal de intervenir en este campo.

A 📖 **¿Puedes deducir por el contexto lo que significan las siguientes palabras: *porro, suplicar, incautar, asmático, espetar, paisano, ilícito, expediente administrativo, sanción, balbucear, avalar*? Coméntalas con tu compañero/a y consulta con tu profesor(a), si lo necesitas.**

B 📖 **Lee el texto e indica si las siguientes oraciones son verdaderas (V) o falsas (F). Si son falsas, corrígelas eligiendo la frase del texto que la justifique.**

1 Cuando la policía sorprendió a la joven consumiendo drogas, ella no se inmutó.
2 En el momento en que la vieron, se encontraba muy cerca del centro donde estudiaba.
3 Ella no estaba sola. Los jóvenes con los que estaba tenían la misma edad.
4 La policía reprochó a uno de ellos lo poco que velaba por su salud.
5 Los agentes llevaban puestos sus uniformes de policía.
6 Las sanciones pueden ser elevadas, pero los padres no se tienen por qué enterar de lo que hacen sus hijos.
7 A los jóvenes no les importa demasiado lo que piensen en su familia.
8 Por desgracia, es frecuente presenciar la venta de drogas junto a los centros escolares.

C 💬 **Comenta a tu compañero/a alguna ocasión en la que te hayan sorprendido "in fraganti" haciendo algo que no debías y explica cuál fue tu reacción.**

4 El Peñón de Gibraltar, paraíso fiscal

A pocos kilómetros de Sevilla, Gibraltar, uno de los últimos paraísos fiscales de Europa, teme por su futuro. En la Roca hay inscritas actualmente unas 81.000 sociedades, en relación a una población compuesta por 30.000 habitantes, mientras que las entidades financieras instaladas en el Peñón manejan 8.100 millones de euros, según un informe de la Asociación de Usuarios de Servicios Financieros (Ausbanc). Estas empresas dan trabajo a 30.000 personas de la zona, y de ellas, 3.000 españoles que diariamente cruzan la verja para prestar sus servicios en el sector servicios.

Este estudio contempla que las razones por las que Gibraltar se opone a las negociaciones entre Gran Bretaña y España para una soberanía compartida es su temor a dejar de ser un paraíso fiscal y perder así su principal fuente de recursos económicos.

Según explica el informe, en los últimos años Gibraltar ha perdido importancia para Gran Bretaña como enclave militar estratégico, y por ello se decidió potenciar como alternativa a esta actividad el turismo y el aprovechamiento financiero del estatus de puerto franco del Peñón. Para Ausbanc, Gibraltar se ha convertido en un centro de tráfico de dinero al margen de la ley, así como de tráfico de armas, y cita a este respecto un informe de los servicios secretos norteamericanos.

Según Ausbanc, cuando el Gobierno británico descubrió la base de Rota en los años ochenta y dejó de dar importancia a la base de Gibraltar, las autoridades del Peñón decidieron por la alternativa del turismo y el aprovechamiento financiero del status de puerto franco de la Roca para comercializar con otra serie de

productos de dudosa legalidad. El informe señala que prácticamente los 30.000 habitantes de Gibraltar viven de las operaciones efectuadas al margen de la ley, ya que además del boom turístico que está experimentando la zona, existe también "una importante bolsa de tráfico de divisas y blanqueo de dinero".

La presión del Gobierno de Londres sobre Peter Caruana* para que aporte una información completa sobre las cuentas de la colonia y la evolución de la economía coincide con una seria preocupación ante el hecho de que Gibraltar pueda estar convirtiéndose en un centro de lavado de dinero. Gibraltar ofrece importantes ventajas fiscales y se calcula que hay unos 200 multimillonarios viviendo en la Roca. Además, en la Roca tampoco se aplica el IVA y existen leyes que protegen el secreto bancario de las compañías que trabajan con residentes en la Roca.

* Primer Ministro de Gibraltar

A **Lee el texto y enlaza los términos de la columna de la izquierda con los elementos que tengan el mismo sentido en la de la derecha.**

1 paraíso fiscal
2 temer por el futuro
3 cruzar la verja
4 prestar sus servicios
5 status de puerto franco
6 al margen de la ley
7 blanqueo o lavado de dinero
8 tráfico de armas

a pasar de Andalucía a Gibraltar
b trabajar
c ignorando lo que establecen las normas
d categoría de una zona que se ha habilitado para recibir en depósito mercancías sin pagar aduanas por ellas
e negocio irregular de utensilios que sirven para atacar, herir, matar o defenderse
f lugar donde se puede evitar el pago de impuestos
g inversión de "dinero negro" para ocultar su ilegalidad
h preocuparse por lo que pueda pasar

B **Lee el texto e indica lo que representan las siguientes cifras:**

1 81.000
2 30.000 (1)
3 30.000 (2)
4 8.100.000.000
5 3.000
6 200

C **Imagina que vives en Gibraltar. Describe a tu compañero/a cómo es la vida allí. Comenta cuáles son las ventajas y desventajas de vivir allí.**

5 Atraco en el mercado

A **Escucha el audio y busca las expresiones que tienen el mismo sentido que las siguientes.**

1 os habrá ocurrido
2 a dos pasos
3 grandísima
4 trabajo
5 echando un vistazo
6 le atizó
7 se derrumbó
8 inmediatamente
9 se abalanzó sobre
10 shock
11 raja
12 portamonedas
13 calderilla
14 aterrorizar

Asesinatos, secuestros y narcotráfico

6 Matar al Rey

A **Lee el texto y trata de completar el texto con las palabras que consideres adecuadas.**

Es una crónica de terror 1 _____ , un final feliz que anula la que pudo ser una de las páginas más negras de la España contemporánea. El miércoles 9 de agosto, el Rey 2 _____ su copa de cava y brindó por el arte en un ex convento transformado en galería, en la Palma antigua. Dos horas antes que los geos★, 3 _____ en Mallorca a tres etarras que querían asesinarlo, don Juan Carlos se mostraba 4 _____ y estaba sonriente. Nunca había estado ETA tan cerca de intentar 5 _____ parte de la historia y lanzar su golpe más grande y brutal. Ese domingo, 13 de agosto, los terroristas pretendían disparar con un rifle preciso contra el jefe del Estado a bordo de su 6 _____ . El viernes 4 y el domingo 6 de agosto lo intentaron, pero el plan de fuga era complicado por el 7 _____ policial. Los terroristas José Rego, de 53 años, su hijo Iñaki, de 25, y Jorge García Sertucha, de 27, 8 _____ como hienas dispuestas a matar. La espectacular acción policial de desarticulación fue urgente e instantánea. Existía el temor de un 9 _____ inminente. El jefe Rego fue derribado e inmovilizado, tras cenar, en una calle en Alcudia, donde ETA tenía 10 _____ el velero con el que pensaba retornar el comando a la costa del sur de Francia.

Iñaki y Sertucha, en pantalón corto y 11 _____ , fueron sorprendidos a oscuras en el piso de Palma desde donde pensaban atentar. 12 _____ , ocho policías les esposaron con la cara contra el suelo, medio minuto después de reventar los cerrojos de la puerta a tiros. Tenían el piso ordenado, comían 13 _____ y se documentaban con revistas rosas. No en vano un fotógrafo de *Lecturas* tenía su mirador sobre el yate real en el mismo edificio.

Media docena de personas estaban en el ajo y sabían que el hacha etarra 14 _____ en Mallorca. Los escoltas del Rey se movían con tensión y estaban en máxima alerta el día 6, fecha de una de las tentativas terroristas. Durante la entrega de trofeos de la Copa del Rey de Vela, la familia real 15 _____ ante muchos regatistas y más de medio centenar de periodistas en el club náutico. Se observó cómo algún policía tenía la pistola en la mano dentro de la bolsa riñonera. Nunca se había notado nada igual. Don Juan Carlos, que el miércoles sabía que se preparaba la captura, no recibió ninguna comunicación en los cien minutos que permaneció en el centro de arte. Cerca de veinte policías cercaron la zona mientras él reflexionaba sobre pintura y escultura o la sensación de calma que observa al pasear. Contó algún chiste y, observador, detectó una 16 _____ en una escultura. Luego firmó autógrafos en la calle y partió manejando su Volvo.

★*geos*: Grupo Especial de Operaciones (pertenece al Cuerpo de la Policía de España y se especializa en operaciones de alto riesgo)

B 📖 **Vuelve a leer el texto y rellena los espacios en blanco con las palabras del recuadro.**

telaraña	regicidio	despliegue	sin consumar	sereno	yate
alzó	demoler	atraparan	husmeaban	descalzos	magdalenas
	anclado	lívidos	compareció	se afilaba	

C 📖 **Ahora numera las siguientes frases según el orden en que se desarrollaron los acontecimientos.**

a Había por lo menos seis personas involucradas en este regicidio.

b Don Juan Carlos se encontraba tranquilo y alegre.

c Tras el atentado, la banda terrorista planeaba regresar a la costa francesa.

d El rey mostró buen sentido del humor y capacidad de observación.

e El pueblo español estuvo a punto de sufrir un duro golpe.

f La actuación de las fuerzas de seguridad fue rápida y eficiente.

g Mientras estaba en el centro de arte, Don Juan Carlos era consciente de que era el blanco de los terroristas.

h Durante esas fechas, hubo varios intentos de regicidios por parte de ETA.

i Los terroristas fueron sorprendidos en ropa cómoda y sin calzado.

j El apartamento de los terroristas no estaba desordenado.

7 Noticia de un secuestro

Antes de entrar en el automóvil miró por encima del hombro para estar segura de que nadie la acechaba. Eran las siete y cinco de la noche en Bogotá. Había oscurecido una hora antes, el Parque Nacional estaba mal iluminado y los árboles sin hojas tenían un perfil fantasmal contra el cielo turbio y triste, pero no había a la vista nada que temer. Maruja se sentó detrás del chofer, a pesar de su rango, porque siempre le pareció el puesto más cómodo. Beatriz subió por la otra puerta y se sentó a su derecha. Tenían casi una hora de retraso en la rutina diaria, y ambas se veían cansadas después de una tarde soporífera con tres reuniones ejecutivas. Sobre todo Maruja, que la noche anterior había tenido fiesta en su casa y no pudo dormir más de tres horas. Estiró las piernas entumecidas, cerró los ojos con la cabeza apoyada en el espaldar, y dio la orden de rutina: "A la casa, por favor".

Regresaban, como todos los días, a veces por una ruta, a veces por otra, tanto por razones de seguridad como por los nudos del tránsito. El Renault 21 era nuevo y confortable, y el chofer lo conducía con un rigor cauteloso. La mejor alternativa de aquella noche fue la avenida Circunvalar hacia el norte. Encontraron los tres semáforos en verde y el tráfico del anochecer estaba menos embrollado que de costumbre. Aun en los días peores hacían media hora desde las oficinas hasta la casa de Maruja, en la transversal Tercera n. 84A-42 y el chofer llevaba después a Beatriz a la suya, distante unas siete cuadras.

Maruja pertenecía a una familia de intelectuales notables con varias generaciones de periodistas. Ella misma lo era, y varias veces premiada. Desde hacía dos meses era directora de Focine, la compañía estatal de fomento cinematográfico. Beatriz, cuñada suya y su asistente personal, era una fisioterapeuta de larga experiencia que había hecho una pausa para cambiar de tema por un tiempo. Su responsabilidad mayor en Focine era ocuparse de todo lo que tenía que ver con la prensa. Ninguna de las dos tenía nada que temer, pero Maruja había adquirido la costumbre casi inconsciente de mirar hacia atrás por encima del hombro, desde el agosto anterior, cuando el narcotráfico empezó a secuestrar periodistas en una racha imprevisible.

Fue un temor certero. Aunque el Parque Nacional le había parecido

desierto cuando miró por encima del hombro antes de entrar en el automóvil, ocho hombres la acechaban. Uno estaba al volante de un Mercedes 190 azul oscuro, con placas falsas de Bogotá, estacionado en la acera de enfrente. Otro estaba al volante de un taxi amarillo, robado. Cuatro, con pantalones vaqueros, zapatos de tenis y chamarras de cuero, se paseaban por las sombras del parque. El séptimo era alto y apuesto, con un vestido primaveral y un maletín de negocios que completaba su aspecto de ejecutivo joven. Desde un cafetín de la esquina, a media cuadra de allí, el responsable de la operación vigiló aquel primer episodio real, cuyos ensayos, meticulosos e intensos, habían empezado veintiún días antes.

Gabriel García Márquez

A 📖 **Lee el texto y empareja los números con las letras que tengan el mismo sentido.**

1	acechar	a	denso
2	soporífera	b	matrículas
3	entumecidas	c	época
4	cauteloso	d	chaquetas
5	embrollado	e	aburrida, poco interesante
6	racha	f	espiar
7	placas	g	detenido
8	estacionado	h	con buena presencia
9	chamarras	i	sigiloso
10	apuesto	j	agarrotadas

B 📖 Lee el texto y señala con una cruz (✗) las técnicas de las que crees que se ha valido el autor para crear suspense. Proporciona un ejemplo del texto en cada caso.

1 Uso de la descripción.
2 Empieza a crear suspense a partir de la primera frase.
3 Empleo de muchos verbos en tiempo futuro.
4 Utiliza numerosos tiempos del pasado para describir la situación con todo detalle.
5 Se vale del vocabulario para crear cierto clima de tensión.
6 Relata los hechos con mucha rapidez y a grandes rasgos.
7 Empieza contando la parte clave: el secuestro.
8 No habla hasta el final de los hombres que la acechaban.

C ✏️ Escribe en 200 palabras la continuación de la historia "Noticia de un secuestro". Acuérdate de recurrir a las técnicas que ha utilizado el autor del texto anterior.

8 Y tú ¿cuándo fumas?

http://www.amigosdemaria.com/?p=1350

"Siempre hay un motivo para fumar un porro", dice Javier, veinteañero, que trabaja en la construcción. "Si estás de mal rollo, para olvidar; si estás con tus colegas, para reírte; y cuando acabas el curro, para relajarte", especifica. Rafael, otro obrero de más edad, fuma porros simplemente, dice, porque le gustan. Los consume como antes fumaba tabaco – unos 10 al día, el primero al desayunar. Para llevar ese ritmo tuvo que acostumbrar el cuerpo cotidianamente a los efectos del hachís – desinhibición, relax, hambre, somnolencia, mareo, risa tonta. Ahora, son parte asimilada de su día a día. Sin embargo, otro hombre, en la cuarta década de vida, con un trabajo intenso y de corbata, los fuma para dormir, "como si tomara una tila".

La lista continuaría una línea tras otra. Una chica, universitaria, fuma hachís "al hacer botellón". Una compañera suya, lo toma sobre todo "en la playa, después de comer paella". Un muchacho, electricista, de más años, fuma porros "en verano, en las fiestas del pueblo y también en el aparcamiento de las discotecas".

El ocio de las vacaciones acrecienta las posibilidades de consumo del cannabis, droga que una vez tuvo connotaciones hippies y contestatarias y que hoy se ha convertido en una sustancia transversal que, más que ninguna otra, llega a todo grupo social en toda circunstancia. "Lo diferente de España y de Valencia es lo aceptada que está", confirma un ejecutivo de empresa, recién llegado de Londres, que suele salir de noche. "Su consumo en Inglaterra o Italia se da de madrugada y más restringido, como sucede aquí con otras drogas", explica.

"Fue lo primero que me sorprendió en Valencia", dice una antigua estudiante italiana de la beca Erasmus, "la gente joven llega a fumar porros al lado de la facultad, en un banco, en cualquier parte". Muchos turistas jóvenes de países europeos quizá no saben que consumir hachís en espacios públicos, o la tenencia de droga para el autoconsumo, puede suponer sanciones de entre 300 y 30.000 euros.

Según la Encuesta Escolar sobre Drogas, el consumo de esta sustancia ha caído en los dos últimos años entre los adolescentes españoles de entre 14 y 18 años. No obstante, uno de cada tres adolescentes la toma, lo que la convierte en la droga más consumida en el país. Además, la tendencia a mezclar sustancias ha hecho que, por precio y por efectos, el hachís forme parte de casi todos los menús tóxicos. Esta droga, un preparado específico de la resina de la planta del cannabis, está mucho más instalada en nuestro entorno que la marihuana, y se le refiere habitualmente como costo (o goma, o chocolate, o, al resultado más cotizado, polen). A diferencia de otras épocas, el hachís del Magreb que se trafica hoy es de calidad y, camellos locales aparte, abundan ahora chicos marroquíes sin ocupación que la venden al por menor en las esquinas.

Según el Plan Nacional sobre Drogas, el 10% de las solicitudes de tratamiento de deshabituación están relacionadas con el cannabis. También lo están parte de los accidentes de tráfico en los que el conductor ha consumido drogas. La Fundación de Ayuda contra la Drogadicción ha insistido en que uno de los mayores problemas para con el hachís es su "trivialización". Es decir, pensar que es totalmente inocuo para todo el mundo.

¡Fíjate!

Hachís

The pronunciation of *hachís* is unusual in that the letter *h* at the beginning of the word does not conform to the rule that *h* is silent. Due to its Arabic origin, the first letter of *hachís* is normally pronounced as a soft *jota*: "*jachís*".

💬 **¿Lo has entendido?**

Investiga con tu compañero/a el significado de "achís". ¿Cuál sería su equivalente en inglés?

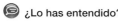

¡PONTE AL DÍA!

A Lee el texto y extrae al menos seis términos relacionados con el mundo de la droga. Luego escribe una frase con cada una de ellas.

B Lee el texto de nuevo y luego comenta con tu compañero/a los siguientes aspectos:

● Razones por las que la gente fuma porros.
● Situación legal de los fumadores de porros.
● Diferencias entre el uso de marihuana y hachís.
● Importancia de la trivialización del consumo de drogas.
● Tu opinión personal sobre el consumo de drogas.

C Consulta en folletos, libros, Internet... la actitud de los jóvenes de tres países europeos en lo referente al cannabis. Escribe 200 palabras mencionando qué ventajas y desventajas crees que puede ofrecer el consumo de cannabis.

Inmigración y criminalidad

 Ejercicio: Antiguos delitos en nuevas manos see Dynamic Learning

9 España y los colombianos

A Escucha el audio y completa las siguientes frases:

1 El visado obligatorio para colombianos no ha ayudado a reducir _____.
2 A veces los españoles asocian a los ciudadanos colombianos con _____.
3 El _____ se encarga de adquirir los visados para llegar sin problemas a España.
4 Es posible que unos _____ hayan huido de la justicia de su país.
5 Los _____ se han cobrado varias muertes en los últimos meses.
6 Es posible que haya _____ grupos de sicarios en Madrid.
7 Los grupos de sicarios son jóvenes y actúan _____.
8 Es injusto, porque los propios colombianos han venido a España en busca _____.

Torre Pacheco, en el Campo de Cartagena, a 15 kilómetros de la ciudad púnica y a 33 de Murcia, vive el fenómeno de la inmigración con la misma perplejidad que el resto de la sociedad española, y también con la misma creciente dosis de inquietud. Aunque si dependiera de Pilar esos sentimientos están de más. "Aquí no hemos tenido manifestaciones graves de xenofobia o racismo, por la sencilla razón de que el pueblo sabe que le convienen los inmigrantes, que son ellos los que lo están sacando a flote", dice mientras sigue intentando ayudar a un marroquí a regularizar su situación. En esta tarde de junio, la cola en el local de Murcia Acoge es larga y espesa. Magrebíes y ecuatorianos pugnan por conseguir o poner al día permisos de residencia y trabajo, documentos de reagrupación familiar, extensiones de visado y autorizaciones de regreso. Pilar les ayuda, inspirada por esa leyenda que hay en la entrada del local: "Si tu dios es judío, tu coche es japonés, tu pizza es italiana, tu gas es argelino, tu café es brasileño, tus vacaciones son marroquíes, tus cifras son árabes, tus letras son latinas … ¿cómo te atreves a decir que tu vecino es extranjero?"

Como Pilar, hay cientos de millares, millones de personas en España. Son los que intentan facilitarles las cosas a los inmigrantes desde las ONG*. Pero también hay otros millones que no ocultan su desazón ante el hecho de que España viva hoy, aunque sea con una década o más de retraso, el mismo fenómeno de llegada masiva de trabajadores extranjeros y la conversión en una sociedad plurirracial y plurirreligiosa del Reino Unido, Francia, Holanda o Alemania.

Si ningún país europeo estaba en verdad preparado para ello, España aún menos. Éste es el país que a partir de 1492 expulsó a judíos y moriscos, y desde entonces y hasta la muerte de Franco vivió la mayor parte del tiempo bajo el impulso autoritario de la unidad racial, cultural y religiosa. Éste es un país que durante siglos fue exportador de mano de obra. Y ahora es el país desde donde el Gobierno tilda a la inmigración de "problema", la identifica con el crecimiento de la delincuencia y sólo propone medidas autoritarias, como endurecer aún más la Ley de Extranjería y blindar las fronteras europeas. Actualmente, la cifra de irregulares varía entre los 800.000 que calcula el presidente del ejecutivo y los más de un millón que estima el ministro de Trabajo y Asuntos Sociales.

En un síntoma de que España está culminando su incorporación al conjunto de los países avanzados occidentales, la inmigración lleva camino de convertirse en la gran cuestión política, social y cultural. Es por tanto importante analizar las causas de la posible relación entre inmigración y delitos. Para Mariano Fernández Bermejo, fiscal jefe de Madrid, la asociación gubernamental es incorrecta. "No es la condición de extranjero, sino la marginación, lo que conduce al ámbito de la criminalidad", dice. "La solución es integrar al inmigrante".

*ONG: Organización No Gubernamental

A Lee el texto y elige las cinco afirmaciones que son correctas.

1 La localidad de Torre Pacheco no está sorprendida o preocupada ante el fenómeno de la inmigración.
2 Pilar opina que los inmigrantes ejercen una influencia positiva en este pueblo.
3 No hay mucha gente esperando en el local de Murcia Acoge.
4 Los magrebíes y ecuatorianos intentan poner sus papeles en regla.
5 Hay un cartel antirracista a la entrada del local.
6 No hay muchas personas u organizaciones que quieran ofrecer apoyo a los inmigrantes.
7 España sigue, aunque rezagada, los pasos del Reino Unido, Francia, Holanda o Alemania.
8 Desde el punto de vista histórico, resulta irónico que España no sea más receptiva a la inmigración.
9 Para los españoles, la inmigración es una cuestión de mayor importancia que el desempleo.
10 Mariano Fernández Bermejo opina que la solución es deshacerse de los inmigrantes.

B **Mariano Fernández Bermejo, fiscal jefe de Madrid,** afirma: "No es la condición de extranjero, sino la marginación, lo que conduce al ámbito de la criminalidad. La solución es integrar al inmigrante". Comenta esta declaración con tu compañero/a.

C Escribe 250 palabras haciendo una reflexión sobre la declaración anterior e intentando ilustrarla con ejemplos, que tú hayas vivido de cerca o que veas presentes en la sociedad de tu país.

⑪ Redadas policiales en los locutorios

A **Escucha el audio y explica las siguientes afirmaciones.**

1 Sentimiento de los inmigrantes que no tienen permiso de residencia y trabajo
2 Razón por la que se esconden los inmigrantes
3 Lo que piensan los inmigrantes que ha hecho la policía
4 Razón por la que los inmigrantes van a los locutorios
5 Barrios en los que la policía pide la documentación
6 Qué le dijo a este inmigrante la empleada del locutorio

B **Traduce al español el siguiente texto:**

Madrid is a very complete city. It is full of museums, monuments, cinemas, theatres, bars, restaurants and has a famous night life. The weather is generally very pleasant, but you probably won't like the scorching summer days or the cold winter periods. People here are very friendly, sociable and open. The huge wave of immigrants who have recently entered the country will put these qualities to the test. We are lucky to have the mountains only thirty or forty miles away; the people of Madrid are in the habit of escaping there, away from the pressures of the week (work, traffic, stress, lack of time…). But we would love to have the sea, too!

La Comunidad de Madrid

Situación: La capital de España está situada prácticamente en el corazón de la península, en pleno centro de la meseta castellana, a 646 metros de altitud sobre el nivel del mar. Limita al noroeste con Ávila y Segovia, al este con Guadalajara y al sur con Toledo y Cuenca.

Superficie: 607 km²

Población: 6.008.398 habitantes

Lengua: castellano

Industrias principales: Empresas textiles, alimentarias y metalúrgicas, entre otras. Madrid se caracteriza por una intensa actividad cultural y artística y una vida nocturna muy activa.

Atracciones turísticas: Museos de fama internacional (El Prado, Thyssen, Reina Sofía), Monasterio de El Escorial, Valle de los Caídos, Palacio de El Pardo, Palacio de Aranjuez, Alcalá de Henares, Chinchón…

Administración: Se trata de una ciudad cosmopolita, centro de negocios, sede de la Administración pública central, del Gobierno del Estado y del Parlamento Español y residencia habitual de los monarcas. Ocupa un primer orden en el sector bancario e industrial.

Historia: Tuvo su origen en los tiempos del Emir musulmán Mohamed I (852–886), que mandó construir una fortaleza en la orilla izquierda del río Manzanares. Fue objeto de disputa entre los reinos cristianos y musulmanes, hasta que fue conquistada por Alfonso VI en el siglo XI. A finales del siglo XVII se construyó una muralla para dar cobijo a los nuevos arrabales, cuyo trazado coincidía con las actuales Rondas de Segovia, Toledo y Valencia. En el XVIII, bajo el reinado de Carlos III, se trazaron las grandes arterias de la ciudad como el Paseo de la Castellana, el Paseo de Recoletos, el de El Prado y el de Las Acacias. José Bonaparte, a comienzos del XIX, acometió la reforma de la Puerta del Sol y sus alrededores. La Gran Vía se abrió y urbanizó a comienzos del presente siglo. En la década de los 50 se llevó a cabo la prolongación del Paseo de la Castellana; se levantaron modernos edificios donde radican las más importantes empresas del mundo financiero. Lo que hoy queda en pie del pasado más lejano son fundamentalmente construcciones barrocas y neoclásicas de los siglos XVII y XVIII, como la Plaza Mayor o el Palacio Real.

Madrid del siglo XXI: Tras ser designada sede cultural europea en 1992 con motivo del Quinto Centenario del Descubrimiento de América, se llevaron a cabo diversas obras de equipamiento e infraestructura. Entre las realizaciones de los últimos años destacan: el Recinto Ferial Juan Carlos I y el Campo de las Naciones; la remodelación de la estación de Atocha como puerta de salida del AVE y la finalización de las obras del Museo del Prado y Los Jerónimos. Por otro lado, el Madrid Arena es un pabellón multiusos situado en el recinto ferial de la Casa de Campo, a pocos minutos del centro de la ciudad; el pabellón fue diseñado para albergar eventos deportivos, comerciales, culturales y de ocio.

Hoy los "Nuevos Ministerios" constituyen el centro del Madrid futurista, una zona convertida en pocos años en el corazón de los negocios y que está rodeada de inmuebles cuya arquitectura vanguardista demuestra cierto afán de investigación. No obstante, el Cuatro Torres Business Area en el último tramo del Paseo de la Castellana nos anuncia el verdadero futuro epicentro empresarial de la capital.

La Comunidad ha experimentado un proceso de crecimiento y diversificación que la sitúa como una de las más prósperas y dinámicas de Europa, convirtiéndose en un polo industrial de primera magnitud con muchos municipios que se han transformado en verdaderas ciudades en muy poco tiempo.

Seguridad ciudadana

12 En el frente del delito

Rojo, como todos los comisarios consultados, ha registrado un incremento de los delitos en su comisaría pese a sus esfuerzos por controlar la situación optimizando los escasos recursos humanos que le quedan.

Argumenta: "El delincuente deja de delinquir si no está en la calle. Y para que un juez lo meta en prisión hay que demostrar, por supuesto, que ha cometido un delito, y para demostrarlo hay que investigar y conseguir las pruebas incriminatorias: pillarlo in fraganti; o que alguien lo identifique; o recoger sus huellas y encontrarlo, porque los chorizos no suelen vivir en la dirección que aparece junto a su nombre.

Los policías se muestran convencidos de que la idea que dirige dicho plan (que hay que acercar la policía al ciudadano y que la presencia policial en las calles disuade a los delincuentes) es una utopía hoy: "Es terrible la sensación de impunidad que percibimos con respecto a los delincuentes. Y lo peor es que ellos lo saben y nosotros nos desmotivamos", comenta un agente de paisano mientras patrulla las calles de Madrid.

"Esas mujeres de ahí", dice señalando a un grupo que cruza en un semáforo de Banco de España, "van a intentar robarle la cartera a la chica que va delante". Y así es: las mujeres paran a la chica y le muestran un mapa, como para preguntarle una dirección. "Son familias enteras, se pasan el día entero así: llevan un mapa de Madrid en la mano, paran a alguien, y mientras una le tapa el bolso con el plano la otra mete la mano y se lleva la cartera. Las detenemos cuando podemos, pero entran por una puerta de la comisaría y salen por la otra. Si la cantidad robada no llega a 300 euros sólo tienen que pagar 75 euros de multa. A eso me refiero cuando hablo de impunidad", comenta mientras les pide la documentación al grupo de mujeres. En sus papeles plastificados pone que proceden de Bosnia. Pero mientras el agente los hojea, le hablan y le saludan como si le conocieran de toda la vida. "Nos hemos encontrado demasiadas veces, ¿tú crees que nos tienen algún miedo?", pregunta el agente. Estas situaciones son las que han llevado a los responsables policiales a demandar una reforma del Código Penal que permita la celebración de juicios rápidos y conseguir la tolerancia cero para los reincidentes.

Lee el texto y combina los elementos de abajo con los del recuadro.

1 meter …	**3** controlar …	**5** disuadir …	**7** pedir …
2 pillar …	**4** cometer …	**6** robar …	**8** conseguir …

> en prisión   la cartera   un delito   la situación   in fraganti
> a los delincuentes   la documentación   la tolerancia cero

 Lee el texto y une los elementos de cada columna para formar frases completas.

1 Rojo ha hecho todo lo posible
2 Para erradicar la delincuencia, hay que
3 Es muy difícil demostrar que una persona
4 Los policías no creen que
5 Hay mujeres que se dedican a robar carteras
6 A menudo los delincuentes salen impunes,
7 Los delincuentes han perdido el respeto a la autoridad
8 Los agentes policiales opinan

a la presencia policial en las calles disuada a los delincuentes.
b ha cometido un delito.
c lo que molesta a los agentes policiales.
d para mejorar la situación.
e que no se deberían dar segundas oportunidades a los reincidentes.
f utilizando un mapa "de tapadera".
g invertir más en investigación.
h porque el Código Penal en cierta manera les protege.

⑬ Atados de pies y manos

 Escucha el audio e indica sólo aquellas palabras que sí has oído.

1 techo	**4** poco	**7** boca	**10** lecho	**13** loco	**16** roca
2 fortísima	**5** veía	**8** bebían	**11** fuertísima	**14** leía	**17** vivían
3 mejores	**6** matados	**9** humanos	**12** peores	**15** atados	**18** romanos

Toma nota de todas aquellas palabras que hacen referencia a la falta de confort y la violencia. Luego tradúcelas al inglés.

Indica si las siguientes frases son verdaderas (V) o falsas (F).

1 El preso pasó dos años en una celda de dos por dos metros.
2 Pasó mucho frío porque el techo era de hierro.
3 Utilizaban toallas en la cabeza para no oír la música.
4 Les dejaban salir a una zona de recreo durante media hora.
5 Apenas tenían posibilidad de ver la luz a través de las alambradas.
6 Lo bueno es que no les hacían madrugar mucho.
7 Les dejaban tomar una ducha dos veces por semana.
8 Muchas veces, además de atarles, les ponían un pañuelo en la boca.
9 Los militares jamás le maltrataron.
10 Apenas tuvo contacto con su familia y siempre fue primeramente confiscado.

D Escribe con tu compañero/a tres preguntas que te gustaría hacer a un preso. ¿Creéis que les compensa haber cometido un delito? Imagina posibles respuestas del preso.

E Con tu compañero/a representa una entrevista con un preso.

14 Agentes antidisturbios

La celebración de los aficionados del Real Madrid duró apenas 15 minutos. Lo que tardaron los ultras en reventar el festejo y sembrar el caos en la Cibeles. Los incidentes dibujaron un panorama dantesco: lluvia de botellas, adoquines que volaban de un lado a otro, paradas de autobús completamente destrozadas, disparos contra una furgoneta policial…

Cuando la fiesta no había hecho más que comenzar al filo de las 00.00 horas, un nutrido grupo de radicales comenzó a lanzar botellas contra los agentes que protegían la fuente para evitar que alguien se subiese a ella. Los radicales, varias decenas perfectamente organizadas, obligaron a la policía a cargar contra ellos. Los violentos fueron dispersados de la fuente hacia la plaza de Cánovas del Castillo y hacia la Puerta de Alcalá. Los agentes antidisturbios intervinieron para establecer el orden e incluso hubieron de actuar las unidades a caballo.

En su huida los radicales repelieron la carga con fuego. Un furgón de la Policía Nacional recibió dos disparos que no causaron daños personales. Los dos impactos de bala alcanzaron al furgón en la parte de atrás cuando se encontraba a la altura del Paseo del Prado, junto a la fuente de la diosa Cibeles. En la concentración, a la que asistieron unas 300.000 personas, según la policía, hubo 35 contusionados y dos agentes resultaron heridos, uno de un botellazo en la clavícula y otro en la cabeza. También hubo seis detenidos acusados de atentados contra la autoridad, lanzamiento de objetos y desórdenes públicos.

Los impactos ("del calibre nuevo corto o 38 milímetros", según explicó un portavoz policial) recibidos por el furgón motivaron, al parecer, alguna intervención de los agentes en la Plaza de Cibeles, que desalojaron a algunos radicales que lanzaban botellas y amedrentaban a los periodistas. Los seis individuos

que resultaron detenidos en la concentración de Cibeles están acusados de diversos delitos cometidos al enfrentarse con la policía y cometer diversos actos vandálicos.

Según la policía, los 35 contusionados en la concentración de Cibeles resultaron heridos a causa de la lluvia de objetos durante las carreras. La Delegación del Gobierno afirmó que no se produjeron cargas policiales y que las fuerzas de seguridad se limitaron a proteger la fuente de La Cibeles y a los informadores que cubrían los festejos.

A Lee el texto y responde con tus propias palabras a las siguientes preguntas:
1 ¿Cuándo finalizó la celebración de los aficionados del Real Madrid?
2 ¿Por qué protegían los agentes la fuente?
3 ¿Qué parte del furgón recibió los dos disparos?
4 ¿Qué les pasó a los dos agentes que resultaron heridos?
5 ¿A qué se dedicaban los radicales?
6 ¿Por qué hubo 35 contusionados?

B Cuenta a tu compañero/a una experiencia en la que hayas presenciado algún conflicto relacionado con un deporte de masas, una manifestación, un concierto…

Escribe en 200 palabras tu opinión sobre:

- la actitud de los radicales
- la actuación de la policía
- las causas que conducen del placer del deporte al caos
- la necesidad de agentes antidisturbios en este tipo de concentraciones

Grammar

Uses of the subjunctive (6)

1 The "indefinite antecedent"

The subjunctive is used in subordinate clauses when the identity of the "antecedent", i.e. the person or thing referred to by the relative pronoun (e.g. *que* or *quien*), is uncertain or not known.

*No conozco a nadie **que pueda** ayudarme a terminar el trabajo.*
I don't know anyone who can help me to finish the job.

*La policía demanda una reforma **que permita** la celebración de juicios rápidos.*
The police are demanding a reform which will allow speedy sentencing. (We do not know the precise nature of the reform.)

*Si un vecino le da una paliza a uno de éstos para defenderse será el vecino **quien acabe** en la cárcel.*
If a person who lives in the district beats up one of these men in self-defence he will be the one who ends up in gaol. (We don't know the identity of the person.)

*Llévanos a un sitio **donde estemos** a gusto.*
Take us somewhere where we can be comfortable. (We don't know the precise place.)

When the identity of the "antecedent" is certain or known, the indicative is used.

Un furgón de la Policía Nacional recibió dos disparos que no causaron daños personales.
A van belonging to the national police force was hit by two bullets/shots which did not cause any personal injuries. (We know which bullets/shots.)

Los seis individuos que resultaron detenidos en la concentración de Cibeles…
The six individuals who were arrested in the demonstration/gathering at Cibeles… (We know the identity of the six people.)

2 Verbs of "influence"

The subjunctive is used in subordinate clauses when preceded by verbs such as *hacer*, *conseguir*, *evitar*, *impedir*, *decir* (to tell someone to do something) and *insistir*, used in the sense of influencing the outcome of the action that follows.

*Los agentes protegían la fuente para evitar que alguien se **subiese** a ella.*
The police protected the fountain to prevent anyone climbing up it.

*Los policías a caballo hicieron que los radicales se **dispersaran** rápidamente.*
The mounted police caused the radicals to disperse quickly.

Read texts 12 and 16 for other instances of the subjunctive and attempt to explain why the subjunctive is used in each case.

When in doubt, ask your teacher or refer to the subjunctive section in the Grammar Summary on page 286.

Ejercicio

1 Rellena los espacios del verbo entre paréntesis con la forma adecuada del subjuntivo.

a) La acción inmediata de la policía hizo que los ladrones _____ (irse).

b) Aquí no hay nadie que _____ (saber) traducir esta frase.

c) No quiero impedir que _____ (celebrarse) la fiesta.

d) No sé cómo Milagros consiguió que le _____ (dar) trabajo.

e) El criminal buscó un coche que sus colegas _____ (poder) utilizar para el robo.

f) Te pido que si vuelves después de medianoche ¡no _____ (salir) mañana!

g) Siempre voy al trabajo a una hora que me _____ (permitir) organizarme.

h) ¿Cómo podemos evitar que nuestros rivales _____ (descubrir) nuestros planes?

15 Consejos al ciudadano

 Escucha el audio y marca aquellas declaraciones que no dice el policía.

1 La Guardia Civil se llama Ertzaintza en Cataluña.
2 Una de nuestras principales funciones es ocuparnos de la vigilancia.
3 De la disciplina del tráfico nunca nos tenemos que hacer responsables.
4 Intenta siempre defender tu postura cuando te detengan las fuerzas de seguridad.
5 No es obligatorio firmar el boletín de denuncia.
6 Si te niegas a hacer el control de alcoholemia, te pueden meter en la cárcel.
7 La Guardia Civil te puede hacer un control y luego retirarte el carné de conducir.
8 Si te pusieran una multa por ir demasiado rápido, puedes exigir la medición del radar.
9 Los conductores no tendrán nunca derecho a solicitar una fotografía del radar.
10 Si alguna vez te multan por haber aparcado mal, tienes derecho a pedir una fotografía que muestre la infracción cometida.

El ruido

16 Protesta vecinal en el barrio de la Barceloneta

Protesta vecinal contra el ruido y la inseguridad

Alrededor de 300 vecinos del barcelonés barrio de la Barceloneta se concentraron ayer en el Pla de Palau contra la inseguridad, el ruido y la escasa presencia policial en sus calles. "Este era un barrio muy bonito donde dormíamos con las puertas abiertas – aseguró una señora –, pero ahora estamos como en la mina y todas las ventanas se llenan de verjas. El otro día entraron en casa de la Montse por la cocina y salieron como señores por la puerta tras llevarse hasta los 'airgamboys'. Y en la comisaría le dijeron que ellos sólo se ocupan de los yates, que fuera a la de Nou de la Rambla."

Allí se deriva la veintena de denuncias diarias. Robos en viviendas, tirones, violentos atracos… Todo ello alimenta una creciente sensación de inseguridad – "da miedo hasta ir al cajero"– que alcanza la crispación vecinal por la falta de agentes de policía. "Aquí por las noches sólo hay un coche patrulla. Y, si pasa algo fuerte, tienen que venir desde Nou de la Rambla. Por eso queremos que haya una comisaría en el barrio y para el barrio, como antes", pidieron ayer los representantes vecinales al Ayuntamiento, la Generalitat y el Estado. "Que les suban los impuestos a los ricos si hace falta – apostilló un líder vecinal –, que a nosotros nos cuesta llegar a fin de mes."

Luego están los ruidos: "Estamos hartos de gamberros que discuten borrachos a la salida de los bares, de las motos trucadas y de los gritos", espetó con potencia un megáfono. Lo cierto es que el hacinamiento y la alta densidad de población han mermado en los últimos años la calidad de vida de la Barceloneta. "También es un problema de educación. Aquí mucha gente no sabe apreciar el valor del silencio y basta con que uno ponga la música fuerte para que otro la ponga aún más fuerte, a cualquier hora del día – sentenció una vecina –, es la anarquía." Delincuencia, suciedad, ruidos.

Muchos vecinos de la Barceloneta están pasando del hastío a la ira, una peligrosa transición que puede degenerar en violencia si las administraciones no toman nota: "Hay que cambiar las leyes que protegen a los ladrones que roban mucho pero poco a poco – suena por el megáfono –, porque si un día un vecino le da una paliza a uno de éstos para defenderse será el vecino quien acabe en la cárcel". Entre los aplausos, los de un joven tatuado y rapado de cuyo bolsillo cuelga un pequeño llavero con la forma de la esvástica. No le faltan colegas en el barrio – una docena más o menos – en una Barceloneta cada día más caliente.

Lee el texto y trata de deducir qué significan las siguientes expresiones:

1 estar como en la mina
2 salir como señores
3 da miedo ir al cajero

4 nos cuesta llegar a fin de mes
5 motos trucadas

B **Lee el texto e imagina que eres uno de los vecinos de la Barceloneta, indignados por el ruido. Escribe una carta de queja (unas 200 palabras) explicando los trastornos que sufre la vecindad y exigiendo que se mejore la seguridad ciudadana con una comisaría en la zona. Utiliza el subjuntivo al menos cinco veces, haciendo uso de antecedentes indefinidos y verbos de influencia.**

C **Comenta con tu compañero/a las causas del problema y/o las posibles soluciones. Después mantén un debate con el resto de la clase.**

Grammar

Adjectives denoting geographical origin

Adjectives formed from countries, regions, towns and cities and which denote geographical origin have to be learned, since there are no general rules for their formation. These words are called *gentilicios*. Note that the adjective is always written in lower case.

Countries and regions

The following adjectives referring to Hispanic countries and regions should be noted:

Andalucía	*andaluz*	Guatemala	*guatemalteco*
Canarias	*canario*	Honduras	*hondureño*
Cataluña	*catalán*	la Mancha	*manchego*
Chile	*chileno*	Nicaragua	*nicaragüense*
Costa Rica	*costarriqueño*	Panamá	*panameño*
Ecuador	*ecuatoriano*	(el) Perú	*peruano*
Extremadura	*extremeño*	Puerto Rico	*puertorriqueño*
Galicia	*gallego*	(el) Uruguay	*uruguayo*

Gentilicios are widely used in written Spanish. In the case of towns and cities, the adjective is usually derived from the name of the place, or part of it:

Barcelona	*barcelonés*	Santiago de Compostela	*compostelano*	Valencia	*valenciano*

In other cases, spelling of the entire word may be affected, to the extent that the adjective may not be recognisable as belonging to the place:

Tenerife	*tinerfeño*	Alcalá	*complutense*	Buenos Aires	*porteño*

For more information on adjectives, see the Grammar Summary on page 269.

Ejercicios

1 Escribe el adjetivo que corresponde a los países, regiones o ciudades siguientes.

Barcelona	Bilbao	(la) China	Córdoba	La/A Coruña
Dinamarca	Gibraltar	Lima	Londres	Madrid
Málaga	Marruecos	Nueva York	Polonia	Sevilla

2 ¿A qué ciudad corresponden los adjetivos siguientes?

caraqueño	carioca	donostiarra	gaditano	onubense
quiteño	salmantino	santanderino	tarraconense	vallisoletano

Gritos en el parque

 Escucha el fragmento y responde a las siguientes preguntas:

1 ¿Hace cuánto tiempo que vive cerca del aeropuerto de Madrid?
2 ¿Cómo era el lugar cuando empezó a vivir allí?
3 ¿Qué ha ocurrido en los últimos años?
4 ¿Qué ha pasado con los árboles, las verjas y los edificios?
5 ¿Para qué usan el parque los jóvenes?
6 ¿Cuál es el comportamiento de estos jóvenes?
7 ¿Por qué nadie se queja de la situación?
8 ¿Cómo se encuentran el barrio por las mañanas?

B Imagina que la clase está integrada por todos los vecinos/as del barrio. Cada uno/a de vosotros/as debe pensar en su experiencia en el barrio y comentarla con los demás.

Ejercicio: Atracos a la carta   see Dynamic Learning

Para terminar…

A Comenta con tus compañeros y tu profesor(a) lo que significa este párrafo y luego debatid los puntos que siguen.

El caso de España y su renuncia a abrirse al foráneo es cuando menos paradójica, dado su pasado plurirracial y multicultural, como bien lo resume la leyenda: "Si tu dios es judío, tu coche es japonés, tu pizza es italiana, tu gas es argelino, tu café es brasileño, tus vacaciones son marroquíes, tus cifras son árabes, tus letras son latinas… ¿cómo te atreves a decir que tu vecino es extranjero?"

● la renuncia al foráneo en España
● el pasado plurirracial y multicultural de España
● las razones de la xenofobia
● el racismo, ¿es un crimen?

B Escribe 250 palabras sobre uno de los siguientes temas:

● La seguridad ciudadana en algún país hispano que hayas visitado (comparándolo con tu país)
● Anécdota sobre el ruido y las molestias al vecindario
● Inmigración y criminalidad: ¿es justo unirlas?
● Los desastres urbanos tras un partido de fútbol
● Viajas a Madrid y presencias una intervención policial. Describe los hechos.

13 *Por amor al arte*

Entrando en materia...

El tema de esta unidad trata de la vida cultural. Estudiaremos aspectos como los hábitos culturales en España y Latinoamérica, aludiremos a figuras eminentes en el campo de la pintura, la música o la literatura en el mundo hispano y nos ocuparemos del creciente interés en la vida rural española y las actividades que se organizan para darle impulso. Profundizaremos en una cultura en particular, la peruana. Los puntos gramaticales que se van a tratar son:

★ **el (hecho de) que**
★ **más de**
★ **verbos seguidos de preposición**

Reflexiona:

★ ¿Qué entiendes por el término cultura? ¿Eres aficionado a la lectura? ¿Te gusta ir a museos? ¿Eres capaz de interpretar un cuadro? ¿Te interesa el mundo del cine? ¿Por qué? ¿Con qué frecuencia vas al teatro? ¿Has ido alguna vez a un concierto de música? ¿Crees que viajar ensancha la mente de las personas? ¿Cómo se refleja la historia de un lugar en las artes? ¿Crees que los gobiernos han de fomentar el consumo de cultura? Las artes viajan por el globo y son sin duda un medio idóneo de descubrir más sobre otras culturas …

Consumo cultural de la sociedad

1 Me quedo con el teatro

A Empareja los términos del recuadro con las definiciones o
expresiones que tengan el mismo sentido.

1 me gusta mucho
2 odio
3 incorrección al escribir una palabra
4 inclinación de la parte superior del cuerpo hacia delante como expresión de respeto
5 persona que acompaña a los turistas y les muestra lugares de interés
6 si me llevas hasta el extremo
7 complicada
8 mi punto flaco
9 intervalo de tiempo entre los quehaceres regulares
10 disparates
11 que cansa mucho
12 poco común

| falta de ortografía | barbaridades | un rato muerto | me chifla | enrevesada | una reverencia |
| mi debilidad | un guía | no puedo tragar | agotadora | si me apuras | inusitada |

B Lee los siguientes textos y haz los ejercicios a continuación.

Soy muy aficionada a la lectura. Cuando tenía unos nueve años cometía muchas faltas de ortografía y mis profesores insistían en que leer era el mejor método para dejar de escribir barbaridades que hacían daño a los ojos. Sin duda, tenían razón, y ahora soy yo la que hago esta recomendación a mis alumnos. La lectura es una actividad que se puede realizar en cualquier rato muerto, que no molesta a nadie y que siempre enriquece a aquél que tiene la suerte de haberla elegido como afición.
Lucía, 27 años

Mi debilidad es el cine, una forma perfecta de escapar durante un par de horas y viajar a las vidas de otras personas y otras tierras. Me molesta mucho el que me interrumpan cuando estoy enfrascado en una película, cosa que ocurre demasiado a menudo en el salón de tu casa. Admiro la grandeza de los colores, las expresiones y los sonidos que son casi mágicos en una sala de cine y casi mediocres en un televisor. El cine es uno de esos pequeños placeres de adulto, equivalente al de un caramelo para un niño…
Francisco, 18 años

A mí me chifla el teatro. Siempre he sido un poco payaso, en el sentido de que me gustaba imitar a mis amigos y a los políticos o ser el que siempre contaba los chistes al final de una cena. Estudié unos años en la Escuela de Arte Dramático, de los cuales sólo me quedan las enrevesadas reverencias que a veces hago ante las mujeres para sacarles una sonrisa. Eso sí, voy al teatro una vez a la semana. Por suerte, a mi novia también le gusta y, aunque es un poco caro, es una forma de aprender y de compartir una afición.
Juan Carlos, 22 años

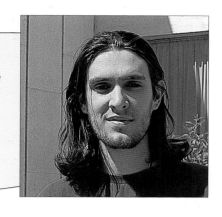

Si hay algo que no puedo tragar son los museos. Entiendo su finalidad y su sentido estético, histórico y cultural, pero no conozco una actividad más tedia y agotadora. Puedo ver siete cuadros, diez, quince, si me apuras, pero ¿en qué cabeza cabe ver ciento cincuenta lienzos o cuarenta armas o doscientas monedas? Prefiero mirar un libro si de verdad me interesa un pintor o comprarme un póster de monedas curiosas. A lo mejor, tengo el cerebro muy pequeño y los pies muy delicados, pero te aseguro que los museos no hacen negocio conmigo…
Manuel, 24 años

Esta noche voy a un concierto de Granados al auditorio. Fue un amigo quien me hizo descubrir el placer de la música en vivo. Antes no era consciente de que, a pesar de los avances tecnológicos, la música no suena igual en el equipo de alta fidelidad de una casa. Se oye mucho más de lo que uno se cree: el reloj de pared, el frigorífico, la aspiradora de tu vecino… En una sala de conciertos esa inusitada paz, la calidad de la acústica, el sabor de la melodía se crece cuando todos tus sentidos se unen a los de una silenciosa audiencia que escucha notas que parecen tocar los mismos ángeles…
Teresa, 26 años

Si me preguntaran para qué sirve vivir, contestaría que para crecer y mejorarse como persona, y contribuir a que los demás crezcan también. Una manera fructífera de crecer es viajar, sin lugar a dudas, mi pasión. Conocer lugares perdidos, gentes diferentes, culturas inverosímiles… amplía las miras de las personas y enseña muchas lecciones que casi siempre el estrecho y consumista mundo en que vivimos nos impide ver. Los viajes, especialmente los de verdad – sin guías, sin mucho dinero y con muchas ganas de vivir – enseñan lecciones de tolerancia, de humildad, de generosidad… eso para mí sí que es cultura…
Pedro, 23 años

C ✎ **Estos son algunos verbos extraídos del texto. Indica cuál es la preposición que les debe seguir y luego escribe la traducción completa en inglés.**

1 Ser aficionado _____ algo.
2 Insistir _____ algo.
3 Dejar _____ + infinitivo + algo.
4 Molestar _____ alguien.
5 Estar enfrascado _____ algo.
6 Ser consciente _____ algo.
7 Unirse _____ alguien.
8 Impedir algo _____ alguien.
9 Hacer negocio _____ algo/alguien.

D 📖 **Vuelve a leer los textos y completa siete de las frases de la izquierda con los elementos de la columna de la derecha.**

1 Lucía disfruta mucho
2 Juan Carlos ha decidido
3 Francisco desconecta
4 Lucía solía cometer
5 Pedro viaja constantemente para
6 Teresa prefiere escuchar
7 Pedro piensa que ir a otros lugares
8 Francisco pasa muchísimo tiempo
9 Manuel no tiene ningún interés
10 Parece que a Juan Carlos

a ayuda a que las personas maduren.
b en visitar galerías de arte.
c leyendo.
d muchos errores al escribir.
e música en directo.
f de su vida cotidiana yendo al cine.
g le gusta la juerga.

E 💬 **Comenta con tu compañero/a:**

- ¿Qué te gusta más, el cine o el teatro? ¿Por qué? ¿Vas a menudo?
- ¿Qué tipo de películas prefieres? ¿Y qué obras de teatro?
- ¿Qué estilo de música te gusta? ¿Vas mucho a conciertos en vivo?
- ¿Te gusta leer? ¿Qué tipo de literatura?
- ¿Eres aficionado a viajar? ¿Qué países has visitado? ¿Y qué países te gustaría conocer? ¿Por qué?
- ¿Te gusta ir a museos? ¿Por qué sí o no? ¿Qué tipo de museos prefieres? ¿Sueles ir con frecuencia?

Ahora compara tus opiniones con lo que piensan los personajes de los textos.
¿Hay alguno con el que te sientas identificado? Justifica tu respuesta.

Grammar

El (hecho de) que + subjunctive
El (hecho de) que ("the fact that") is normally followed by the subjunctive in statements of emotion or judgement.

*Me molesta mucho el **que me interrumpan** cuando estoy enfrascado en una película.*
It really annoys me to be interrupted (literally: the fact that they interrupt me) when I'm engrossed in a film.

For more information on the subjunctive, see the Grammar Summary on page 286.

2 Informe sobre los hábitos de consumo cultural en España

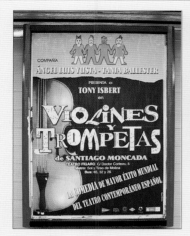

Este informe aporta datos actualizados sobre las pautas de consumo cultural de la sociedad española. Recoge información fundamental para conocer el estado de la demanda de actividades culturales relativas a la música, las artes escénicas, el cine, el vídeo y la televisión, además de prestar especial atención a los hábitos de lectura y otras actividades como asistencia a museos, centros de reunión social y otras aficiones. El informe consta de más de 24.000 entrevistas personales, elaboradas a partir de un cuestionario con más de 100 preguntas. Entre los principales aspectos cabe destacar la información sobre el interés, la satisfacción y frecuencia de asistencia y compra de actividades y productos culturales, así como datos concretos acerca de cómo se configura el público para cada uno de los géneros de las distintas disciplinas artísticas, cuáles son los principales canales de compra, la presencia de equipamiento audiovisual en los hogares, etc. Toda esta información se presenta caracterizada según las variables de clasificación clásicas: sexo, edad, clase social, nivel de estudios y tipo de hábitat. Así, en lo que se refiere a la música, cabe destacar los siguientes datos:

Música: Un 31,1% de los entrevistados declara escuchar música a diario. Hay dos grandes fronteras generacionales en el interés por la música: antes de los 25 años, el interés se centra en el pop-rock y en la música disco; entre los 25 y los 55 años, el interés se diversifica hacia la música de baladas, canción latinoamericana y, en menor dimensión, el jazz, la música étnica y la new age; a partir de los 55 años, los géneros que acaparan el interés de la población son el flamenco, la canción española, y, en menor proporción, la música clásica. La asistencia a conciertos de música clásica es aún muy reducida: el 92,3% de los españoles no va nunca a conciertos de música clásica. Sólo el 2% acuden alguna vez a un espectáculo de danza y sólo el 1,8% lo hacen a una representación de ópera. Los principales compradores de discos son los menores de 35 años, de clases sociales medias y altas.

Teatro: El 75,4% de la población española nunca va al teatro, si bien el porcentaje de asistentes ha crecido en los últimos doce años. El núcleo de asistentes habituales al teatro está configurado por personas con estudios universitarios, de entre 25 y 44 años, clase social alta y con predominio de mujeres. Es de destacar la falta de interés que manifiestan jóvenes menores de 20 años respecto al teatro. Los géneros que mayor interés despiertan son la comedia, el musical y el drama contemporáneo.

Cine: La frecuencia de asistencia al cine en España es de 2,85 veces al año, muy por encima de la media europea (2,18) y de países como el Reino Unido (2,29) e Italia (1,96). La mayor asistencia al cine se concentra entre los jóvenes menores de 35 años, de clases medias y altas y con estudios universitarios. La valoración del cine español es muy similar a la que se hace del norteamericano: sobre una escala de 0 a 6, el cine español recibe una nota media de 3,90, mientras que el norteamericano obtiene un 3,92. A pesar de ello, el consumo de películas de nacionalidad norteamericana es muy superior al de películas españolas.

Televisión: El 98,9% de los españoles posee en su hogar al menos un aparato de televisión. Las personas que más tiempo pasan frente al televisor son jóvenes menores de 19 años y los mayores de 65, pertenecientes a clases sociales bajas y con pocos estudios. Hay una clara insatisfacción respecto a la escasez de programas dedicados a la música, teatro y cine en las distintas cadenas de televisión.

Vídeo: Un 73,4% de los hogares españoles posee al menos un reproductor de vídeo. Los principales compradores de películas de vídeo son los padres de niños menores de 14 años y aquellas personas que declaran ir al cine más de dos veces al mes. El alquiler de películas de vídeo se consolida como una alternativa de ocio entre las personas menores de 35 años.

Lectura: El 49,1% de la población española no lee nunca o casi nunca. El núcleo de lectores asiduos está compuesto por personas de estudios superiores, entre 25 y 35 años, de clases medias y altas, y con predominio de la población femenina. El 38,7% compró al menos un libro en el último año. Casi el 30% lee diarios de información general todos o casi todos los días. Este grupo está formado por personas de entre 25 y 55 años, con estudios medios o superiores, y principalmente hombres. Un 24,6% leen diariamente prensa deportiva y un 45% se considera consumidor habitual de revistas.

Writing about surveys

In text 2 the writer uses a variety of expressions to present a summary of statistical information. These expressions will be useful when you are writing about reports and statistics. For example:

El informe está compuesto de/consta de...   The report consists of...

Cabe destacar/Es de destacar la información sobre...
The information concerning (...) should be stressed/emphasised/underlined.

En lo que se refiere a/Respecto a la música   As far as music is concerned.../Concerning music...

✐ ¿Lo has entendido?

Escribe un párrafo de 100 palabras sobre una encuesta o un informe, utilizando las tres frases de arriba y cualquier otro ejemplo de este lenguaje que esté en el informe sobre la cultura española. La encuesta puede tratar de cualquier tema.

A 📖   Lee el texto y busca abajo las palabras que tengan el mismo sentido que las del recuadro.

pautas	artes escénicas	cabe destacar	balada	acaparan	acuden
asistentes	con predominio de	por encima de	nota media	escasez	asiduos

1 personas que acuden a un lugar
2 insuficiencia
3 teatro
4 calificación promedio
5 composición musical romántica
6 tendencias
7 regulares
8 van
9 con mayor número
10 se ha de mencionar
11 superior a
12 atraen

B 📖   Lee el texto y explica con tus palabras qué representan las siguientes cifras:

1 24.000
2 31,1%
3 92,3%
4 75,4%
5 entre 25 y 44 años
6 2,85 veces al año
7 98,9%
8 menores de 14 años
9 38,7%
10 24,6%

C 💬   Comenta con tu compañero/a las cifras del texto y contrástalas con las que crees que obtendrías en tu propio país.

D ✎   Escribe 250 palabras comentando cuáles han sido las actividades culturales que has realizado en los dos últimos meses, cuáles has disfrutado más y por qué. Menciona también si estás satisfecho con la oferta cultural que existe en tu localidad.

Grammar

Más de/menos de with quantities

● When *más* or *menos* is followed by a number, the preposition *de* is used.
*un cuestionario con **más de** cien preguntas*
a questionnaire with more than a hundred questions

● When comparing quantities, if *más* or *menos* is followed by a clause containing a verb, *más/menos del que/de la que/de lo que* etc. must be used.
*Se oye mucho **más de lo que** uno se cree.*   One hears much more than one thinks.
*Tiene menos dinero **del que** pensábamos.*   He has less money than we thought.

For more information on comparison, see the Grammar Summary on page 270.

Tendencias musicales en España

3 Juanes y sus raíces colombianas

http://www.terra.com/musica/especiales/juanes/biografia.html

9 de agosto de 1972. En Medellín, Colombia, en tierra de montañas, flores, fríjoles y mujeres bellas, nace un hombre que creyó en sí mismo. Creyó en su talento, le apostó a sus sueños. Y trazó un camino que le ha llevado lejos... muy cerca de "La luna"... Así comenzó su sueño.

Lleva en el alma a su Medellín y a su familia. Su madre es fuente constante de inspiración y su padre, su cómplice y amigo.

A los siete años, la música la lleva en la sangre. Las fiestas en familia van siempre acompañadas de su voz y todo lo que ocurra, y a quien le ocurra, será material para una nueva canción. Juanes tiene el corazón abierto. Crece como cualquier niño en medio de una familia numerosa que le enseña a tener sueños, a luchar por ellos, y a tener claro que, pase lo que pase, lo más valioso en la vida serán siempre los suyos, la fe en Dios, la tierra y su gente.

Un largo camino...

Con la banda, inevitablemente, Juanes se convierte en el centro de atracción. Por esos años empieza a ser admirado por quienes ven en él una fuente de talento y, desde el comienzo, sin mayores esfuerzos, se gana el corazón de sus fans. Once años pasaron con Ekymosis. Once años de conciertos, siete álbumes y muchos sueños que quedaron sin cumplir. En 1999 deciden cerrar el grupo y cada miembro toma su propio camino. Con la guitarra bajo el brazo y un demo con su música, Juanes decide viajar a Los Ángeles en busca de una oportunidad como solista. La música de Juanes llega a las manos del productor argentino Gustavo Santaolalla, quien rápidamente reconoce su talento. Con él, Juanes firma su primer contrato con el sello Surco. El 17 de octubre del año 2000, Juanes hace su debut como solista con el álbum "Fíjate bien" bajo el sello Surco/Universal Latin. Ése sería el comienzo de la fusión entre el rock de otros años y los ritmos de su tierra.

"Mi historia comenzó con todo lo folclórico, la trova cubana, los ritmos de mi país. Luego pasé por el metal estridente y después regresé a esa parte que extrañaba mucho, a esa melancolía, ese sentimiento, ese folclore..." "Me crié escuchando tangos, música colombiana, vallenatos. Ése es mi rock, mi folclore, mi blues, mi jazz, ésa es mi esencia", afirma Juanes.

Con el álbum "Fíjate bien" Juanes logra lo inesperado al ser nominado a siete Grammys latinos 2001 y llevarse tres: Mejor artista nuevo, Mejor solista vocal para álbum de rock, y Mejor canción de rock.

Los frutos del esfuerzo...

Con "Un día normal", Juanes logra un disco de oro por ventas en Colombia y disco de platino en numerosos países de Latinoamérica, además de México y España. Juanes es ganador de cinco premios Grammy Latinos 2002 y supera el record de mantenerse durante nueve semanas en la lista de los diez álbumes más vendidos de la revista *Billboard*. Ese mismo año, Juanes obtiene dos galardones en la entrega de los premios MTV Latinos 2003 al Artista del año y Mejor artista pop. Juanes genera seis éxitos radiales y vende más de 1,8 millones de copias de su álbum "Un día normal".

Un futuro aún por escribir...

Durante año y medio trabaja en las letras y melodías de "Mi sangre". Este álbum contiene 12 canciones que fueron escritas en hoteles, aviones, y camerinos durante su última gira de 114 conciertos en 24 países.

El 12 de agosto de 2004 Juanes lanza "Nada valgo sin tu amor", su primer sencillo. En la primera semana debuta en el primer lugar en el Latin Contemporary Chart de la revista *Billboard*. Con este álbum Juanes lo deja claro, su sangre es lo que más ama: su familia, su música, su pueblo... La sangre de Juanes es pasión, recuerdos y anhelos...

A Lee el texto y explica con tus propias palabras lo que representan las siguientes cifras:

a 1972 **c** 1999 **e** 2001 **g** 1,8

b siete **d** 17 **f** nueve **h** 114

B Lee el texto de nuevo y responde en inglés a las siguientes preguntas:

1 What is Juanes' relationship with his parents?
2 When was Juanes' gift for music apparent to everyone?
3 Where does Juanes draw inspiration from to write his songs?
4 What is most valuable in life, according to Juanes?
5 What occurred in 1999?
6 What did Juanes take with him when he went to Los Angeles?
7 What does his first album "Fíjate bien" represent?
8 Where were the melodies of "Mi sangre" written?

C Juanes deja claro con su álbum "Mi Sangre" que su sangre es lo que más ama, es decir, su familia, su música, su pueblo… Ahora imagina que has llegado a ser un(a) artista famoso/a y que hablas de lo que más amas y lo que ha marcado tu trayectoria musical. Expón en 250 palabras qué aspectos te han llevado a la fama y cuenta alguna anécdota que te haya dejado huella.

4 La Oreja de Van Gogh

Un grupo juvenil con futuro

Estos jóvenes españoles nacieron con suerte. Sin haber sido estrellas en su país y sin conexiones en el mundo de la música, el sello Sony les abrió las puertas para su primer lanzamiento. "Yo creo que fueron las oraciones de la abuela de Xabi, que rezaba muchas novenas", dice Pablo Benegas, el guitarrista de este grupo de cinco jóvenes "sin reglas en el que sus integrantes están condenados a crecer y a divertirse tocando". Nacidos y criados en San Sebastián, estos muchachos vascos han empezado a recorrer el mundo con su música, alegre y fresca, que va del reggae al pop descarado, abrazando al mundo con su ritmo juvenil.

Y aunque su música es grande y bien hecha, no se dan aires de importancia. Más bien, se muestran agradecidos con el público y la prensa. Al contrario de los "divos" en que se convierten los que van escalando los niveles más altos del éxito, traen ilusiones frescas y están decididos a derribar murallas con tal de llegar al corazón de la gente. "Gracias por su interés en nosotros y por ayudar a que unos jóvenes alcancen su sueño", saluda a la periodista el bajista Alvaro Fuentes. No tiene novia, y también están solos Pablo, Xabi San Martín (teclados), Haritz Garde (baterista), quienes han optado por darle la oportunidad a Édurne García (que fue una ex concursante del programa español Operación Triunfo) de suceder a Amaia Montero (cantante del grupo desde 1996), esa chica de ojos grandes y cabellos castaños que tuvo la fortuna de caer dentro de este grupo de solteros enamorados de la vida. Amaia había sido la última en anexarse a ese grupo alegre y con un gran sentido del humor que había empezado a soñar en el garaje de una casa.

A pesar de la buena acogida que han tenido, todos esperan terminar una carrera formal. Uno quiere ser dentista, otro médico, otro maestro… "Estudiamos como podemos, y nos presentamos a los exámenes. Una profesión es muy importante, no solamente como una segunda opción en la vida, sino por la satisfacción personal que implica tener una carrera universitaria", dice Xabi.

Rebeldes en el género musical que practican, en su vida personal son estudiosos, trabajadores y con un gran sentimiento familiar. Todos habitan en el hogar de sus padres. Y están agradecidos de que les guarden su lugar. De hecho, dejan testimonio en su álbum, donde expresan sin timidez que agradecen a sus padres y hermanos "por no alquilar el cuarto que dejamos libre cuando nos vamos". Ninguno se atribuye glorias especiales. Incluso, cuando se les pregunta la autoría de algunas de las canciones de su álbum "El viaje de Copperpot", aseguran que componen en grupo. "Nos reunimos todos en un garaje a componer y cada cual aporta algo", afirma Haritz.

Recuerdan todavía divertidos que empezaron a tocar como hobby. Pronto tocaban en fiestas y un día decidieron grabar una "demo" para llevarlo a una disquera. Para costearlo, pasaron muchos días sin merendar. "El dinero que nos daban nuestros padres lo metíamos en un fondo común", explica Xabi. Ninguno es cabeza del grupo. Ninguno se atribuye las glorias. Nadie es líder de nadie. En el grupo impera la democracia de la convivencia. La armonía en las relaciones de estos chicos del País Vasco se refleja en su música, límpida y alegre. Más de seis millones de discos vendidos confirman el éxito de este grupo que algunos habían predicho sería como tantos otros juveniles, que no alcanzan a su segundo álbum. Como van las cosas, hay "Oreja de Van Gogh" para buen tiempo.

Beatriz Parga

A Tras leer el texto con atención, trata de explicar con tus propias palabras lo que significan las siguientes expresiones (recuerda que el contexto te puede servir de gran ayuda).

1 Nacer con suerte
2 Abrir las puertas a alguien
3 Abrazar al mundo
4 Darse aires de importancia
5 Traer ilusiones frescas

6 Estar decididos a derribar murallas
7 Alcanzar un sueño
8 Estar enamorado de la vida
9 Tocar un instrumento como hobby
10 Meter algo en un fondo común

B Lee el texto otra vez e indica si las siguientes oraciones son verdaderas (V) o falsas (F). Si son falsas, corrígelas.

1 La suerte ha sonreído a este grupo al haber sido contratado por Sony.
2 Su música dinámica y desenfadada ha contribuido al éxito rotundo de este grupo andaluz.
3 Es una pena que tanto la prensa como el público hayan detectado la arrogancia de este grupo.
4 Edurne tiene suerte, pues los cuatro muchachos del grupo han decidido que suceda a Amaia.
5 Todos los miembros del grupo son partidarios de tener una educación universitaria.
6 Aunque todos viven por su cuenta, les gusta estar en continuo contacto con su familia.
7 A algunos les ha sentado mal que nada más marcharse, sus padres hayan alquilado su habitación.
8 Para conseguir un fondo común no solían gastar el dinero que les daban en casa.

C ¿Conocías a La Oreja de Van Gogh? ¿Crees que su música te gustaría? Comenta con tu compañero/a qué tipo de música y grupos musicales te gustan.

Pueblos y cultura

Ejercicio: Pedraza y el concierto de las velas   see Dynamic Learning

5 Diego pasa un sábado en Pedraza

A Marca aquella información que no se menciona en el audio.

1 Diego ya había estado en Pedraza hacía tres años.
2 El concierto con velas que se celebra en la Plaza Mayor se ha hecho famoso.
3 Como es verano, al comprar la entrada te obsequian con una bebida fría.
4 Arturo fue precavido y adquirió su entrada anticipadamente.
5 El año pasado hubo un concierto del Maestro Rodrigo.
6 Este año Carmina Burana tuvo un éxito arrollador.
7 Se utilizan nada menos que 30.000 velas para iluminar el pueblo.
8 El castillo y las calles empedradas añaden encanto a este singular conjunto monumental.
9 Es una noche especialmente dedicada a las parejas, ya que es un lugar muy romántico.
10 A lo mejor el año que viene Diego vuelve a ir a Pedraza.

B 💬 **¿Te gustaría ir al Concierto de las Velas en Pedraza? Comenta con tu compañero/a por qué sí/no.**

Perú

Situación: Perú está ubicado al oeste de la mitad norte inferior de Latinoamérica. Limita al oeste con el Océano Pacífico, al norte con Ecuador y Colombia, al este con Brasil y Bolivia y al sur con Chile.

Superficie: 1.285.215 km^2

Población: 27.219.264 habitantes

Capital: Lima

Lengua: castellano, quechua, aymará

Moneda: nuevo sol

Industrias principales: (industria agrícola) algodón, caña de azúcar, arroz, uvas, aceitunas, pescado; (industria minera) cobre, hierro, plomo, cinc, oro, plata; (industria pesquera) anchoa

Atracciones turísticas: Cuzco, Machu Picchu, Lago Titicaca, las líneas de Nazca, zona amazónica…

Historia: Los primeros pobladores fueron cazadores – recolectores nómadas que habitaron las cuevas del litoral. A partir del siglo XII se desarrolló el imperio incaico, que en el siglo XV se había hecho ya con el control de gran parte del país. Entre 1526 y 1528 Francisco Pizarro exploró el litoral peruano y, atraído por las riquezas incaicas, regresó a España con la intención de reunir dinero y así poder formar una hueste para otra expedición a Perú, que permaneció fiel a España hasta 1824, año en que el país fue liberado por Simón Bolívar y José de San Martín. Durante la década de 1980, una serie de huelgas a escala nacional, junto con la violenta insurrección del movimiento maoísta Sendero Luminoso, provocaron una fuerte inestabilidad política. Sin embargo, la victoria de Alberto Fujimori frente al novelista Mario Vargas Llosa en las elecciones presidenciales de 1990 alentaron las esperanzas de un período sostenible de paz. Pese al rápido crecimiento económico que registra Perú, las mayores amenazas para la estabilidad del país siguen siendo el desempleo y la pobreza.

En abril de 1995 y luego en 2000, Fujimori fue elegido presidente. En noviembre acabó dimitiendo de su tercer período presidencial y escapó a Japón, tras una serie de acusaciones a su asesor de inteligencia. Luego de que cayera el régimen fujimorista, Alan García, abogado, sociólogo y político peruano, se presentó a las elecciones en 2001, pero fue derrotado por Alejandro Toledo, siendo durante el toledismo (2001-2006), el líder de la oposición. No obstante, triunfó en las elecciones de 2006, volviendo a gobernar por segunda vez, ya que ya había sido presidente entre 1985 y 1990. Su nueva gestión se ha caracterizado a la fecha por las grandes medidas de austeridad, el inicio de grandes proyectos económicos y la reestructuración de las relaciones diplomáticas del país.

6 Con los incas

Los incas, que en su origen eran una tribu pequeña, conquistaron, poco a poco, la larga franja de tierra montañosa de América del Sur que bordea el Océano Pacífico. Lentamente se hicieron con un gran imperio, donde no todos los habitantes eran incas. Cuando los conquistadores españoles llegaron al Perú en 1532, no les fue difícil apoderarse del vasto imperio incaico, debilitado por la guerra civil. Este imperio no terminó de formarse hasta el siglo XV – ahora vamos a viajar a él para descubrir su original forma de vida…

En el pueblo, un día de mercado

Aquí, a 4.000 metros de altura, incluso a nivel del ecuador, la temperatura es baja por la mañana. Estas montañas son los Andes, una inmensa cordillera que bordea América del Sur a lo largo de la costa del Pacífico. Son muy escarpadas y cortan el paso a las fuertes lluvias tropicales que vienen del este, y hacen árida la planicie litoral, a la que aíslan a lo largo del Océano Pacífico. A pesar de todo, en estas escarpadas pendientes viven hombres y mujeres. Son achaparrados, tienen tez cobriza, pómulos salientes y pelo negro y liso. Son campesinos y cultivan los campos en terrazas escalonadas, sostenidas por muros de piedra. En la montaña, la tierra escasea; por eso, los "indios" tienen que comenzar por acarrearla pacientemente con cestas. Separan y apilan piedras y, a base de esfuerzos, logran convertir las empinadas cuestas en una infinita sucesión de terrazas llanas. Las riegan cuidadosamente con el agua de los torrentes. Desvían el agua y la llevan por cañerías de tierra cocida o por canales excavados en zigzag para disminuir la fuerza de la corriente. Realizan este enorme trabajo con unos simples palos de madera dura, con herramientas de piedra y, a veces,

sólo con sus manos.
Más arriba de los campos de cultivo aparece un pueblo. Es bastante grande; está construido con adobes, es decir ladrillos de barro secado al sol. Las casas son bajas y tienen los tejados cubiertos de rastrojo. Esta mañana hay mucha animación porque es día de mercado, cosa que ocurre cada diez días. Sin embargo, en la cuadrada plaza central, inundada de sol, solamente se ven algunos hombres. La mayoría trabaja en el campo. Otros están en el ejército o se hallan temporalmente al servicio de las personas importantes del imperio. En cambio, hay indias en cuclillas, bajo su amplio traje de lana gris o marrón. Algunas han venido de las aldeas de la montaña para intercambiar sus escasos recursos:

unos puñados de pimientos o de alubias rojas, tomates, patatas, cacahuetes y, a veces, cestas finamente trenzadas. Algunas campesinas ofrecen productos más valiosos, como vasijas de cerámica o plumas de pájaros multicolores. Casi siempre, los intercambios se hacen en silencio. En este imperio montañoso, donde no existe la moneda, se utiliza el trueque. Se da un determinado peso de un producto por el mismo peso de otro producto, ya se trate de maíz o tomates. Solamente las mujeres que ofrecen mercancías más raras ponen más cuidado; por ejemplo, las que ofrecen las maravillosas plumas con que se bordan los espléndidos mantos de gala. ¡En realidad, lo más bello del mercado es estar allí, observar lo que hacen los demás!

Nouns differentiated by gender

Some common nouns in Spanish are differentiated only by their gender. For example, *el pendiente* means "earring" and *la pendiente* "slope".

💬 **¿Lo has entendido?**

¿Conoces otras palabras que se diferencian sólo por su género? Haz una lista de estas palabras y compara tu lista con la de tu compañero/a. Luego compruébala con tu profesor(a).

A 📖 **Lee el texto y luego indica a cuál de las palabras subrayadas corresponden estas expresiones.**

1 cutis
2 mecanismo por el cual se da una cosa a cambio de otra
3 de poca altura y rechonchos
4 maní
5 hueso de cada una de las mejillas
6 partes bajas de los tallos que quedan tras segar los campos
7 habichuela
8 en postura similar a la de estar sentado pero apoyándose en los talones
9 decoran por medio de la labor
10 pueblos muy pequeños
11 cargarla
12 abruptas
13 lo que cubre el cuerpo de las aves
14 en pendiente muy pronunciada

B 📖 **Lee el texto otra vez y completa las siguientes frases.**

1 En los Andes hace frío por la mañana a pesar…
2 Los hombres y mujeres bajos y gorditos, con el cutis color de cobre y el cabello oscuro son…
3 Su principal ocupación es…
4 Los indios transportan la tierra en…
5 Utilizan las aguas de los torrentes…
6 Para reducir la fuerza de la corriente…
7 Sus utensilios son muy rudimentarios; emplean…
8 El mercado tiene lugar cada…
9 Los hombres se dedican a…
10 Las mujeres se ocupan de…

---

⑦ Vuelo sobre las líneas de Nazca

A 🔊 **Escucha el audio y contesta las siguientes preguntas:**

1 ¿En qué se tiende a pensar cuando se habla de Perú?
2 ¿Hace cuánto tiempo existió la cultura Nazca?
3 ¿Qué representan estas extrañas líneas kilométricas?
4 ¿Dónde están situadas estas líneas?
5 ¿De qué color es esta zona desértica parecida a la luna?
6 ¿Cuánto tiempo suelen durar los vuelos?
7 ¿Cuál es el precio aproximado de un vuelo?
8 ¿Cuál se sospecha que fue la utilidad de estos trazos?

B ✏️ **Ahora escribe el término genérico (aves, mamíferos, reptiles o invertebrados) que corresponda a los animales representados en las líneas de Nazca.**

1 Una ballena, un mono, un perro y dos llamas
2 Una garza, una grulla, un pelícano, una gaviota, un patillo, un colibrí y un loro
3 Un lagarto, una lagartija, una iguana y lo que parece ser una serpiente
4 Una araña y un caracol

Arquitectura

8 Vida en el pueblo de Elciego

La Ciudad del Vino de Frank Gehry es un icono internacional y ha colocado a Elciego en el mapa.

Cuentan que uno de los días en los que estuvo Frank Gehry, legendario autor del Guggenheim Bilbao, en Elciego, llamó a sus amigos hospedados en el hotel, los situó frente a la iglesia de San Andrés, a la que el canadiense llama con mucho respeto "la catedral" y pidió que la iluminaran. Desde la Ciudad del Vino se oyó un sonoro "¡Ooohhh!", de asombro. Al párroco Tomás Ruiz de Eguílaz, orgulloso de su templo renacentista, no le sorprende. El sacerdote, que ha visto multiplicar las bodas – incluso de Madrid vienen a casarse por el "efecto Ghery" – asegura que el nuevo icono internacional se hizo mirando a su parroquia, un compendio de la mejor arquitectura con sello del inmortal Olaguíbel en su luminosa sacristía. Elciego inspiró a Ghery y ahora el canadiense devuelve el favor a la villa. Un día entre semana y en pleno invierno, Elciego no bulle. Sus calles tortuosas se pueden recorrer sin prisas, sin apremios. De vez en cuando asoma un vecino mayor con el que hablar. "Muchas personas sólo ansían ver la nueva atracción, aunque se van sorprendidos de la belleza del pueblo, sobre todo de la iglesia" comenta Ana María Villarreal, encargada de las visitas guiadas.

Gente de Hollywood

"Esto es el principio. Elciego sube. Viene mucha gente importante de Hollywood que pasa inadvertida, muchos VIPs". Una de las cosas que llaman la atención sobre el rápido crecimiento de este lugar es que algunos de los nuevos emprendedores no son de Elciego. Mikel Andrés, por ejemplo es de Romo (Vizcaya), aunque lleva años

trabajando en la comarca. "Vi el sitio, un calado antiguo en una bodega del siglo XVI, en la misma explanada de las bodegas del Riscal. Me gustó", cuenta después de un día más de trabajo en su restaurante. "Lo que ocurrió aquí en puentes como el de El Pilar o en diciembre es para verlo. Mandábamos clientes a todas partes", explica Mikel.

"Sin Gehry yo no hubiera abierto", reconoce Susana, asturiana y economista, que inauguraba a la vez que el edificio singular de Riscal su local "Catas con encanto", nacido con la vocación de enseñar los secretos del vino en ese mundo subterráneo de los calados. También hay una boutique de productos del vino y de bisutería. "Es un turismo en auge. Creceremos", advierte. Jaime Riofrancos, de 28 años, sí es de Elciego. Abrió junto a su pareja Cristina la vinoteca "La ermita" en la misma Plaza Mayor el pasado verano. Los fines de semana se pone de bote en bote.

"¿Para eso he venido?"

Pero también hay una manera más distante de acoger lo que Vicente Calabuig, dueño del bar Aída, llama con

displicencia "la chatarrería", en referencia al titanio tricolor del hotel de Ghery. "Yo no sabía nada de ese señor y llevo muchos años tratando de abrir un negocio. Los que vienen aquí se van cabreados porque se marchan engañados. No pueden entrar a ver el hotel. Uno me dijo '¿Y para eso he venido desde Valladolid?'".

En la Plaza Mayor, la tertulia de jubilados compuesta por Carlos Rivera, Félix Santos y Dionisio Benito, aprueba la llegada del hotel. Alguno tiene a la hija trabajando. "Le ha dado vida al pueblo", sentencia Dionisio. "No hay una casa libre", anota Félix. "Es demasiado, alguno que se vaya porque no cabemos en los bares los fines de semana", se queja Carlos.

En una finca contigua a la bodega de Riscal, Félix Guzmán, vecino de Laguardia, poda cepas de 40 años con esmero a pesar del intenso frío. Le gusta el edificio porque tiene los colores del vino y le encanta que venga la gente. "¿No va la gente a Benidorm?", se pregunta, "pues que vengan aquí", suelta mientras cuida lo más importante: la vid.

Lee el texto e indica si las siguientes frases son verdaderas (V) o falsas (F). Corrige las que son falsas.

1 Frank Ghery es de un pueblo que se llama Elciego.
2 El cura de Elciego se enorgullece de celebrar bodas en el templo.
3 Los días hibernales y no festivos son muy tranquilos en este pueblo.
4 Numerosos famosos se desplazan hasta aquí, pero a menudo pasan desapercibidos.
5 Los que han participado en el complejo han venido de varios lugares.
6 A los viejitos de la Plaza Mayor también les gusta dar su opinión.

B ✏️ **Busca información sobre Frank Ghery y su obra y explica en 250 palabras si te seduce la idea de visitar lugares donde se puede admirar su obra. Da tus razones sobre por qué te gustaría o no.**

9 Hotel Marqués de Riscal

A 🔊 **Escucha el audio y localiza las expresiones que signifiquen lo mismo que las siguientes:**

1 justo en el centro
2 abierto por primera vez
3 lo único que uno puede hacer
4 no se queda corto
5 sin querer ser más de lo que es
6 aspecto que criticaría
7 cata
8 ingredientes

B 🔊 **Vuelve a escuchar el texto y responde a las siguientes preguntas:**

1 ¿Por qué decidieron ir a La Rioja Alavesa?
2 ¿Qué representan las ondas en tres colores que se ven en el exterior?
3 ¿Qué opinan del interior del edificio?
4 ¿Cuál es su habitación favorita? ¿Por qué?
5 ¿Qué lamenta no poder hacer ahí?
6 ¿Cuánto te cobran por probar el vino?
7 ¿Qué dice de los empleados?

C 💬 **Imagina que te han encargado mejorar aún más los servicios del Hotel Marqués de Riscal. Haz una lista con tu compañero/a de las posibles mejoras y del perfil del público al que está dirigido.**

 Ejercicio: La artesanía alpujarreña ~~see Dynamic Learning~~

Las artes: *literatura, cine, pintura y flamenco*

10 La Malinche

La autora de *Como agua para chocolate* indicó que a través de su último libro es posible revisar hechos históricos que en la actualidad están más vigentes que nunca.

http://www.cooperativa.cl/p4_noticias/site/artic/20060418/pags/20060418123734.html

De visita en Chile para presentar su último libro Malinche, la autora mexicana Laura Esquivel señaló que la idea de escribir la historia de la indígena que trabajó como intérprete del conquistador español Hernán Cortés surgió como una forma de revisar la historia para aprender de ella.

"En ese momento de la llegada de los españoles hubo un enfrentamiento entre dos visiones del mundo totalmente opuestas y que tienen que ver con una visión circular del mundo del pueblo indígena (...) y, por el otro lado, llegan los conquistadores con la visión del imperio, que se maneja a base del miedo, control y posesión".

La autora de Como agua para chocolate (1989) señaló que este enfrentamiento entre la parte material y la parte espiritual está más vigente que nunca en la actualidad, por lo que es necesario revisar la historia para aprender del pasado. En la actualidad, indicó, "nuestra conciencia planetaria se enfrenta a un orden económico que la niega, y que niega al mismo ser humano, lo que se traduce en guerra y destrucción ecológica, en el afán de la búsqueda del dinero".

Laura Esquivel indicó que a través de su libro también quiere reivindicar al personaje de "Malinche", como se hizo conocida la esclava indígena Malinalli, que luego fue llamada Marina por los españoles."Malinche" era hija de un gran gobernante indígena mexicano, que siendo muy niña fue regalada por su madre y luego convertida en esclava. Así llegó a manos de Cortés, quien al descubrir que habla varias lenguas indígenas, le propone convertirse en su intérprete a cambio de su libertad.

"Creo que (Malinche) ha sido tratada de manera muy injusta. Porque realmente, aunque ella supongamos no hubiera tenido una actitud colaboracionista con el invasor, no habría podido hacer absolutamente nada contra el poderío del imperio", indicó la escritora. "Ella no se entrega, yo siento que es una mujer que sufrió gran maltrato desde niña, sufrió todo tipo de abusos, incluso Cortés tuvo un hijo con ella, pero luego la casó con uno de sus capitanes", agregó.

La autora indicó que una de las cosas que más le llamó la atención durante su investigación fue que a Malinche se le achaca la responsabilidad de un acto donde hubo participación de todos. "Los españoles no hubieran podido hacer nada ante cientos de miles de indígenas, si éstos no se les alían y nadie los trata a ellos de traidores", indicó.

"Malinche", que le tomó dos años de investigación a la novelista, ha sido todo un éxito de ventas en México, donde se afirma que bien podrá en el corto tiempo alcanzar la misma repercusión que tuvo su primera novela.

 Lee el texto y empareja la información de las dos columnas.

1 lugar que la autora ha visitado
2 su último libro
3 conquistador español
4 pueblo indígena
5 conquistadores
6 actualidad
7 Marina
8 dos años de investigación
9 esclava conocedora de lenguas indígenas
10 abusos

a esclava indígena Malinalli
b intérprete de Cortés
c Chile
d maltratos
e conflicto entre lo material y lo espiritual
f Malinche
g visión circular
h Hernán Cortés
i éxito arrollador
j visión de imperio

B ✎   Imagina que eres un(a) escritor(a) famoso/a y regresas a tu país para presentar un libro que has escrito. Escribe tus impresiones en 250 palabras. Trata de utilizar palabras del ejercicio 10A.

⑪ La aventura de los molinos de viento

Miguel de Cervantes, autor de la famosa obra *El ingenioso hidalgo Don Quijote de la Mancha*, es el escritor más importante en lengua española. Nació en 1547 en Alcalá de Henares (Madrid). Tras un viaje a Roma, luchó en la batalla de Lepanto, donde se hirió el pecho y perdió la mano izquierda. Después estuvo prisionero en Argel durante cinco años donde escribió sonetos y epístolas en verso. Al salir, y tras morir su padre, su situación económica se hizo cada vez más insostenible y finalmente tuvo que volver a prisión por motivos de deudas. Un año después de la terminación de su más exitosa obra, se murió en 1616 en Madrid.

En esto, descubrieron treinta o cuarenta molinos de viento que hay en aquel campo, y así como Don Quijote los vio, dijo a su escudero:

– La ventura va guiando nuestras cosas mejor de lo que acertáramos a desear; porque ves allí, amigo Sancho Panza, donde se descubren treinta, o poco más, desaforados gigantes, con quien pienso hacer batalla y quitarles a todos las vidas, con cuyos despojos comenzaremos a enriquecer, que ésta es buena guerra, y es gran servicio de Dios quitar tan mala simiente de sobre la faz de la tierra.

– ¿Qué gigantes? – dijo Sancho Panza.

– Aquellos que allí ves – respondió su amo – de los brazos largos, que los suelen tener algunos de casi dos leguas.

Mire vuestra merced – respondió Sancho – que aquellos que allí se parecen no son gigantes, sino molinos de viento, y lo que en ellos parecen brazos, son las aspas, que, volteadas del viento hacen andar la piedra del molino.

– Bien parece – respondió Don Quijote – que no estás cursado en esto de las aventuras: ellos son gigantes; y si tienes miedo, quítate de ahí, y ponte en oración en el espacio que yo voy a entrar con ellos en fiera y desigual batalla.

Y diciendo esto, dio de espuelas a su caballo Rocinante, sin atender a las voces que su escudero Sancho le daba, advirtiéndole que, sin duda alguna, eran molinos de viento, y no gigantes, aquellos que iba a acometer. Pero él iba tan puesto en que eran gigantes, que ni oía las voces de su escudero Sancho, ni echaba de ver, aunque estaba ya bien cerca, lo que eran…

A 📖   Lee el texto y busca en el diccionario o pregunta a tu profesor(a) las palabras que no conozcas. Luego resume en inglés (150 palabras) qué es lo que ocurre en la escena que se describe.

B 🖊 **Traduce el siguiente texto al español.**

Don Quixote has become so entranced by reading romances of chivalry that he determines to become a knight errant and pursue bold adventures, accompanied by his squire, the cunning Sancho Panza. As they roam the world together, the ageing Quixote's fancy leads them wildly astray. At the same time the relationship between the two men grows in fascinating subtlety. Often considered to be the first modern novel, *Don Quijote de la Mancha* is a wonderful burlesque of the popular literature its disordered protagonist is obsessed with.

12 El laberinto del fauno

A 📖 **Escucha el audio que describe una película del director mexicano Guillermo del Toro y completa las palabras que faltan.**

"El laberinto del fauno" nos sitúa en el año 1 _____, quinto año de paz, y cuenta el 2 _____ viaje de Ofelia (Ivana Baquero), una niña de 13 años que junto a su madre Carmen (Ariadna Gil), 3 _____ a causa de un avanzado estado de gestación, se traslada hasta un pequeño pueblo en el que se encuentra 4 _____ Vidal (Sergi López), un cruel capitán del 5 _____ franquista, nuevo marido de Carmen y por el que Ofelia no siente ningún 6 _____. La misión de Vidal es acabar con los últimos 7 _____ de la resistencia republicana, escondida en los montes de la zona. También ahí se haya el 8 _____ donde Vidal tiene su centro de operaciones; en él les 9 _____ Mercedes (Maribel Verdú), una joven que se encuentra a cargo de los demás miembros del servicio, y el doctor (Álex Angulo), que se hará cargo del delicado estado de salud de Carmen. Una noche Ofelia descubre las ruinas de un 10 _____ donde se encuentra con un fauno (Doug Jones), una extraña criatura que le hace una increíble revelación.

B 🖊 **Ahora escribe un sinónimo (o definición) en español (distintas a las del texto arriba) de las siguientes palabras en inglés. Ayúdate del diccionario o pregunta a tu profesor(a) si lo necesitas.**

1 affection	4 convalescent	7 remains
2 army	5 fascinating	8 to wait
3 based	6 maze	9 windmill

Grammar

Verbs followed by prepositions

Some verbs are followed directly by the infinitive in Spanish; others conform to the pattern verb + preposition + infinitive. In some cases there is a choice between the two types of construction, depending on which verb is used. Thus "I tried to help him" could be either: *Intenté ayudarle* or *Traté de ayudarle*.

The following common verb + preposition constructions should be learnt:

verb + *a*		**verb + *en***		**verb + *por***	
ayudar a	to help to	*dudar en*	to hesitate to	*acabar por*	to finish by (doing)
negarse a	to refuse to	*pensar en*	to think about (doing)	*empezar por*	to begin by (doing)
volver a	to (do) again	*interesarse en* (doing)	to be interested in	*luchar por*	to fight for
verb + *de*		*tardar en*	to take time in (doing)		
acabar de	to have just (done)				
olvidarse de	to forget to	**verb + *con***			
acordarse de	to remember	*amenazar con*	to threaten to		
dejar de	to stop (doing)	*soñar con*	to dream about		
tratar de	to try to				
terminar de	to stop (doing)				

13 Diego Rivera

Cuando hablo de Diego Rivera como creador de la identidad mexicana, hablo de la creación de mi propia identidad. Los murales de Rivera han creado en mí una memoria visual del pasado histórico de México y me han ayudado a entender y a respetar mi nacionalidad. A dos cuadras de mi casa se encuentra el "Teatro de los insurgentes" con el gran mural de Diego Rivera hecho de mosaico. Todos los días, caminando por Insurgentes para tomar el autobús, admiraba el mural con las imágenes de Cantinflas, Zapata y la vida teatral de México. Lo mismo pasó con las imágenes que grabé en mi memoria cuando mis padres me llevaban a Bellas Artes, al Palacio Nacional y al Palacio de Cortés: las batallas contra los españoles, la vida indígena y la lucha de clases en México, no son hechos lejanos que recuerdo con palabras sacadas de un libro de texto. Para mí, la historia de México está llena de imágenes vivas, llenas del colorido de Diego Rivera. Además de imágenes, mis recuerdos también están acompañados de sentimientos de dolor, honor, orgullo y magia, que vienen directamente de las emociones representadas en los murales. Gracias al muralismo de Diego Rivera puedo revivir con naturalidad la historia de México.

Rivera se encargó de recrear el pasado mexicano para recordarnos nuestras raíces. Su vida, sin embargo, no ha sido recordada de la misma manera. De él existen biografías escritas y alguno que otro retrato. Pero la vida de Diego Rivera no estaba hecha de palabras, sino de imágenes. Mientras hacía la investigación para este proyecto me encontré con que la mitad de lo que decía Diego al narrar su vida, era producto de su imaginación. Por eso muchos lo llamaban mitómano. Para mí, el hecho que Diego inventara mitos, es congruente con su manera de ver al mundo, es decir, el pintor engrandecía su vida como la hubiera pintado en un mural.

 Lee el texto y completa las siguientes frases:

1 Diego Rivera ha influido…
2 "Teatro de los insurgentes" se encuentra…
3 Siempre tuve admiración por…
4 No he aprendido sobre México y su historia…
5 Dolor, honor, orgullo y magia…
6 Las raíces del pasado mexicano…
7 Diego Rivera tenía…

 Háblale a tu compañero/a de un artista que te guste mucho y cuéntale por qué.

14 Entrevista con Paco de Lucía

 Subraya las palabras que oyes.

1 conciertos/inciertos
2 partes/artes
3 maltratada/maleducada
4 principio/triciclo
5 surge/muge
6 tensar/pensar
7 caverna/taberna
8 básicas/clásicas
9 venta/lenta
10 granos/gramos

Escucha de nuevo e identifica las cinco declaraciones correctas.

1 Paco de Lucía ha dado ocho conciertos desde febrero.
2 Hoy recibe un premio que ningún otro artista flamenco ha recibido antes.
3 El artista piensa que por fin ha habido un cambio de actitud en las instituciones españolas.
4 Con el dinero del premio se va a comprar toda la comida que le gusta.
5 El flamenco sólo se aprende en las buenas academias y hay pocas.
6 Es cada vez menos frecuente dar vida al flamenco en ambientes nocturnos.
7 Hoy en día la droga y el deseo de ser el mejor han perjudicado las noches de flamenco.
8 Su padre se ganaba la vida tocando la guitarra, pero no fue fácil.
9 Los gitanos han sido siempre un pueblo integrado en la sociedad.
10 El flamenco procede de Andalucía, una tierra muy rica.

Para terminar…

 Lee las opciones 1–4 y elige una para hacer la tarea escrita.

1 Elige un país hispano y escribe 250 palabras sobre un aspecto cultural que tú elijas. Has de documentarte en la prensa, radio, TV, Internet… para dotar al escrito de fundamento e ilustrarlo con hechos.

2 En 1928 el escritor español Federico García Lorca se aloja en la Residencia de Estudiantes, en Madrid, y conocerá al gran poeta Juan Ramón Jiménez, al cineasta Luis Buñuel, al poeta Rafael Alberti y a Salvador Dalí, pintor surrealista. También el pintor Pablo Picasso establece amistad con algunos de estos personajes. Estos lazos se verán reflejados en el arte surrealista del momento. Reúne información sobre las vidas de estas figuras y luego resume en 250 palabras los puntos comunes que hayas encontrado entre ellos.

3 Frida Khalo fue la esposa de Diego Rivera. Su vida siempre ha interesado a mucha gente no sólo mexicana sino del mundo entero. Busca información sobre Frida Khalo en libros, prensa e Internet y escribe en 250 palabras las razones por las que su vida hizo despertar en el público tanto interés y expectación.

4 Elige una película española o latinoamericana y escribe unas 250 palabras sobre uno de los siguientes aspectos:
   ● los personajes
   ● técnicas empleadas
   ● contexto social

Reúne datos sobre el consumo cultural en tu país y los de un país hispánico.
Después compara la información y comenta las conclusiones con tus compañeros.
Éstos son algunos de los aspectos que puedes tener en cuenta:

● tendencias culturales
● diferencias según sexo, edad, clase social…
● posibles razones por las que se dan este tipo de tendencias y no otras
● pautas de consumo cultural de generación a generación

Grammar Summary

The following summary complements the grammar sections which appear throughout the book. It is not a complete grammar. Students should also have access to an up-to-date grammar, such as:

J. Butt and C. Benjamin, *A New Reference Grammar of Modern Spanish* (Hodder Education, 4th edition, 2004)
Pilar Muñoz and Mike Thacker, *A Spanish Learning Grammar* (Hodder Education, 2nd edition, 2006)
Phil Turk and Mike Zollo, *¡Acción Gramática!* (Hodder Education, 3rd edition, 2006)

Articles

The definite article

	Singular	**Plural**
Masculine	*el*	*los*
Feminine	*la*	*las*

When *el* is preceded by the preposition *a* or *de*, a single word is formed:
a + *el* = ***al***
de + *el* = ***del***

*Las ondas **del** mar.*   The waves of the sea.
*Vamos **al** cine.*   Let's go to the cinema.

Uses

The definite article is used:

- before nouns used in a general sense, abstract nouns and nouns indicating a unique person or thing:
  *No me gustan **las** tortillas.* I don't like omelettes.
  ***La** democracia es una forma de gobernar **la** sociedad.*
  Democracy is a way of governing society.

- with the names of languages, except when they follow *hablar*, *saber* and *aprender* directly:
  ***El** inglés es una lengua mundial.*   English is a world language.
  María habla japonés y ahora está aprendiendo chino.
  Maria speaks Japanese, and now she's learning Chinese.

- before titles except when you are addressing the person directly:
  *Conocí **al** doctor López en Oviedo.*   I met Dr Lopez in Oviedo.
  Buenos días, señora Sánchez.   Good morning, Mrs Sanchez.

- to translate "on" with days of the week:
  *La galería cierra **los** domingos pero está abierta **los** lunes.*
  The gallery closes on Sundays but is open on Mondays.

- before the names of a few countries, cities and regions:
  ***La** India, **El** Reino Unido, **El** Salvador, **La** Coruña, **La** Mancha, **La** Pampa.*
  The names of most countries, *España*, *Inglaterra*, etc. are not preceded by the definite article.

- with parts of the body:
  *Tiene **los** ojos azules.*   She has blue eyes./Her eyes are blue.
  *Me duele **la** cabeza.*   I have a headache.

The definite article is not used:

- with roman numbers after the names of monarchs and popes, when spoken:
  Felipe IV (cuarto) de España.   Philip IV (the fourth) of Spain.

- when in apposition (i.e. giving more information about a person or thing):
  Felipe González, antiguo presidente de España…
  Felipe Gonzalez, the former Prime Minister of Spain…

The indefinite article

	Singular	Plural
Masculine	*un*	*unos*
Feminine	*una*	*unas*

Uses

The indefinite article is used:

- in the plural form: *unos/unas*, meaning "a few," "approximately" with numbers:
  *El pueblo está a **unos** kilómetros de distancia.*
  The village is a few kilometres away.

The indefinite article is not used:

- with professions or occupations after *ser*, unless the noun is qualified (see page 60).

- with *otro, tal, medio, qué* and *mil*:
  No tiene otro remedio.   There isn't another solution.
  No habría hecho tal cosa.   He wouldn't have done such a thing.
  ¡Qué chica tan rara!   What an odd girl!

Nouns

Nouns are words used for naming people, animals, things or ideas. All nouns in Spanish, without exception, are of either masculine or feminine gender, and almost all nouns have a singular and a plural form.

Gender of nouns

- The gender of some nouns is "biological", e.g. *el hijo* – son, *la hija* – daughter, *el gallo* – cockerel, *la gallina* – hen

- Be careful about the "rule" that nouns ending in *–o* are masculine and nouns ending in *–a* are feminine. Many common nouns contradict this, as these examples show:
  el día – day, *la moto* – motorbike, *el problema* – problem, *la modelo* – fashion model, *el planeta* – planet, *la mano* – hand

- The following groups of nouns are normally masculine (see page 47):

  (a) nouns ending in *–aje*, *–or* and a stressed vowel:
  el garaje – garage, *el calor* – heat

  (b) rivers, seas, lakes, mountains, fruit trees:
  el Manzanares, el Mediterráneo, el Titicaca, el Teide, el naranjo

  (c) cars, colours, days of the week and points of the compass:
un Renault nuevo	a new Renault
el lunes, el martes, etc.	on Monday, on Tuesday, etc.
El rojo me gusta más que el azul.	I like red better than blue.
el norte, el sur, etc.	north, south, etc.

- The following groups of nouns are normally feminine:

  (a) nouns with the following endings: **–ión**, **–dad**, **–tad**, **–triz**, **–tud**, **–umbre**, **–nza**, **–cia**, **–ie** (see page 47)

  (b) letters of the alphabet, islands and roads:
  la ene – the letter "n", *las Islas Baleares* – the Balearic Islands, *la M45* – the M45

- Many common nouns ending in *–ma* are masculine:
  el clima – climate, *el problema* – problem, *el programa* – programme, *el sistema* – system, *el pijama* – pyjama, *el tema* – theme, topic

  but there are a number of important exceptions, for example:
  la cama – bed, *la forma* – form

- New feminine words for professions (see page 113).

Number

Most nouns in Spanish form their plurals by adding:

- *–s* if they end in a vowel or stressed *e*:
la manzana	→	*las manzanas* – apple/s
el estudiante	→	*los estudiantes* – student/s
el té	→	*los tés* – tea/s

- **–es** if they end in a consonant:
  la flor   →   *las flores* – flowers

Notes:

- Nouns ending in an unstressed vowel and **s** do not change in the plural. These words include the days of the week which end in **s**:
  la crisis   →   *las crisis* – crisis/es
  el lunes   →   *los lunes* – Monday/s

- Nouns ending in **z** change the ending to **–ces** in the plural:
  la voz   →   *las voces* – voice/s

- Nouns with an accent on the last syllable lose the accent in the plural:
  el francés   →   *los franceses* – French person/people
  la opinión   →   *las opiniones* – opinion/s

- Nouns ending in **–en** which are stressed on the penultimate syllable add an accent in the plural in order to keep the stress:
  el examen   →   *los exámenes* – examination/s
  la imagen   →   *las imágenes* – image/s

- A number of words are used in the masculine plural but refer to both genders:
  los hermanos – brother(s) and sister(s)
  los hijos – son(s) and daughter(s)
  los reyes – king and queen
  los padres – parents

- Proper names do not have a separate plural form:
  los Gómez – the Gomez family, *las ONG* – NGOs

Adjectives

Adjectives are words used to describe nouns.

Formation of adjectives

- Many adjectives in Spanish end in **–o** (masculine) or **–a** (feminine); the plural forms end in **–os** and **–as**. Thus:
  barato → *baratos* (m), *barata* → *baratas* (f)

- Most adjectives which do not end in **–o** or **–a** have the same form for masculine and feminine in the singular and plural:
  dulce → *dulces* (m/f), *real* → *reales* (m/f)

- Adjectives ending in **–z** change the **z** to a **c** in the plural:
  capaz (m/f) → *capaces* (m/f)

- Adjectives ending in **–án**, **–ón**, **–ín** and **–or** add **–a** and **–as** to make the feminine (sometimes losing the accent):
  bonachón (m)   →   *bonachona* (f)
  bonachones (m)   →   *bonachonas* (f)
  trabajador (m)   →   *trabajadora* (f)
  trabajadores (m)   →   *trabajadoras* (f)

Note: Comparative adjectives do not have a separate feminine form:
mayor (m/f sing.)   →   *mayores* (m/f pl)

- Adjectives denoting region or country add *–a* in the feminine, and lose the accent on the last syllable of the singular form:

escocés (m)   →   *escocesa* (f)
escoceses (m)   →   *escocesas* (f)

Note: Adjectives of this sort always begin with a small letter (see also page 245).

Agreement of adjectives

Adjectives agree in gender and number with the nouns they describe:
un nuevo problema, una mano dura
unos días hermosos, unas mujeres felices

Position of adjectives

- Adjectives are normally placed after nouns:

unas estrellas lejanas y centelleantes   distant, twinkling stars

- Adjectives are sometimes placed before nouns to indicate a special emphasis on the adjective, such as an emotional reaction:

Al evocar aquel fugaz verano…
When remembering that fleeting summer…

- The following adjectives are usually placed before the noun (see page 10):

(a) *bueno, malo, pequeño, gran(de)*:
una buena experiencia   a good experience
una gran dificultad   a great difficulty

(b) cardinal and ordinal numbers, and *último* ("last", "latest"):
mi primer viaje a Sudamérica   my first journey to South America
los últimos días   the last few days

(c) a few other common adjectives, such as *ambos* – both, *llamado* – so-called, *otro* – (an)other, *mucho(s)* – much/many, *poco(s)* – little/few, *tanto(s)*   – so much/many:
Vinieron ambos padres.   Both parents came.
mucho ruido y pocas nueces   much ado about nothing

Shortening of adjectives

A number of common adjectives are shortened when placed before a singular noun (see page 10).

Comparative adjectives

Adjectives are often employed in comparisons of one person or thing with another:

- *más* + adjective + *que* – more … than, and *menos* + adjective + *que* – less… than, are used for comparisons of superiority and inferiority:

Javier es más/menos trabajador que Jaime.
Javier is more/less hard-working than Jaime.

- *tan(to) ... como* – as (much) ... as, is used when comparing people or things of equal or similar value:
En las Palmas la temperatura es tan alta en invierno como en verano.
In Las Palmas the temperature is as high in winter as in summer.

- *cuanto más/menos ... (tanto) más/menos* is used to convey the idea of "the more/less ... the more/less".
Cuanto más trabaja, (tanto) más gana.
The more he works, the more he earns.

- Some very common adjectives have irregular forms:

Adjective	Comparative
bueno – good	*mejor* – better
malo – bad	*peor* – worse
mucho – much	*más* – more
poco – little	*menos* – less
grande – big	*mayor* – bigger
pequeño – small	*menor* – smaller, less

Ana ha sacado mejores notas que Nacho.
Ana has got better marks than Nacho.
Sí, pero los míos son aún peores que los de Nacho.
Yes, but mine are even worse than Nacho's.

- *más/menos de*
When a number follows *más* or *menos*, it is followed by *de* and not *que* (see page 252).

The superlative

The superlative adjective conveys the idea of "most". There are two ways of expressing the superlative:

(a) by placing the definite article before the comparative form of the adjective (see page 81).

(b) by adding *-ísimo/-ísima* to the adjective. When *-ísimo* is added, the final vowel is normally removed:
   contento – happy, *contentísimo* – extremely happy
   interesante – interesting, *interesantísimo* – very interesting

Note: With certain endings spelling changes occur.
Adjectives ending in:
-co/-ca become *-quísimo/a*
-go/-ga become *-guísimo/a*
-z become *-císimo*

271

rico – rich, tasty, *riquísimo* – very rich, tasty
largo – long, *larguísimo* – very long
feliz – happy, *felicísimo* – very happy

Personal pronouns

There are four groups of personal pronouns: subject, object (direct and indirect), disjunctive (or "strong") and reflexive.

Subject pronouns

yo	I	*nosotros/as*	we
tú	you (fam. sing.)	*vosotros/as*	you (fam. pl.)
usted	you (form. sing.)	*ustedes*	you (form. pl.)
él	he/it	*ellos*	they (masc.)
ella	she/it	*ellas*	they (fem.)

● It is not normal to use subject pronouns in Spanish other than for clarity, emphasis or contrast:
Soy yo.   It's me (on the telephone).
Cuando comemos fuera ella escoge siempre helado y yo fruta.
When we eat out she always chooses ice-cream and I have fruit.

● The two different forms of address used to express "you", familiar and formal, require different subject pronouns:

tú and **vosotros** for the familiar, which uses the second person form of the verb.
usted and **ustedes** for the formal, which uses the third person form of the verb.
familiar singular: *¿Vienes conmigo al cine esta noche?*
familiar plural: *¿Venís con nosotros al cine esta noche?*
formal singular: *¿Sabe usted dónde está la Oficina de Turismo?*
formal plural: *¿Saben ustedes dónde está la Oficina de Turismo?*

Note: In Spanish America *vosotros* is replaced by *ustedes* for the familiar second person plural. Thus the second example above (*vosotros*), in a Spanish-American context, would be: *¿Vienen con nosotros al cine esta noche?*

Object pronouns

Direct object pronouns

me	me	*nos*	us
te	you (fam. sing.)	*os*	you (fam. pl.)
le/lo	him / it; you (form. sing. masc.)	*les/los*	them (m); you (form. pl. masc.)
la	her / it; you (form. sing. fem.)	*las*	them (f); you (form. pl. fem.)

Indirect object pronouns

me	(to) me	*nos*	(to) us
te	(to) you (fam. sing.)	*os*	(to) you (fam. pl.)
le	(to) him / her; (to) you (form. sing.)	*les*	(to) them (m/f); (to) you (form. pl.)

Position

● Object pronouns are normally placed before the verb:
La vi ayer pero no me dio la noticia.
I saw her yesterday but she didn't give me the news.

● Object pronouns are normally added to the end of:

(a) an infinitive or a gerund:
Sólo quiero decirte una cosa… I only want to tell you one thing…
Estamos esperándole desde las cinco.
We've been waiting for him since five o'clock.

As an alternative, in the above sentences the pronoun may be placed before the auxiliary verb:
Sólo te quiero decir una cosa…
Le estamos esperando desde las cinco.

(b) the affirmative imperative:
Déjame. Estoy bien.   Leave me alone. I'm all right.

● The order of object pronouns:
Where a direct and an indirect object pronoun depend on the same verb, the indirect one is always placed first:
Me los entregó ayer.   He handed them over to me yesterday.
(*Me* is the indirect object and *los* the direct object.)

● Third person direct object pronouns:

(a) *lo/los, la/las* and *le/les* (him, her, it, them) are also used for second-person formal address (you).

(b) *lo/los* and *le/les* are interchangeable in the masculine for people.

(c) *la/las* must be used for the feminine direct object.

¿Lo/Le conoció en Vigo?	Did she meet him/you in Vigo?
La vi en la calle.	I saw her/you in the street.
Los/Les/Las dejamos en el pueblo.	We left them/you in the village.

● Indirect object pronoun replaced by *se*:

Where a direct and indirect object depend on the same verb and are both in the third person, the indirect object pronoun becomes *se*. This is done in order to avoid two 'l' sounds coming together (e.g. *le lo, les lo,* etc.):
¿Se lo preguntaste?   Did you ask her/him/them (it)?
No voy a dárselas.   I'm not going to give them to her/him/them/you.

Disjunctive pronouns

mí	me	*nosotros/as*	us
ti	you (fam. sing.)	*vosotros/as*	you (fam. pl.)
usted	you (form. sing.)	*ustedes*	you (form. pl.)
él	him	*ellos*	them (m)
ella	her	*ellas*	them (f)
sí	him/herself; themselves		

- Disjunctive, or strong, pronouns are those used after prepositions:
  Entré después de ella. I went in after her.

- The disjunctive pronouns are, with the exception of *mí*, *ti* and *sí* (reflexive), the same as the subject pronouns.

- *Mí*, *ti* and the reflexive pronoun *sí* combine with *con* to make **conmigo** (with me), **contigo** (with you) and **consigo** (with him(self)/her(self), etc.):
  ¿Va tu amiga contigo a Benidorm?
  Is your friend going to Benidorm with you?

Reflexive pronouns

Reflexive pronouns are part of reflexive (or pronominal) verbs and refer back to the subject of the sentence (the equivalent of "myself", "yourself" etc. in English).

- The reflexive pronouns are the same as the object pronouns, with the exception of the third person, where the pronoun used is *se* (himself, herself, itself, yourself, yourselves, themselves), or *sí* after a preposition (see Verbs, section I):
  Se levanta todos los días a la misma hora.
  He/She gets up at the same time every day.

- The disjunctive pronoun *sí* combines with *con* to make *consigo* (with him/her/it/yourself [singular] and with themselves/yourselves [plural]):
  A menudo habla consigo mismo. He often talks to himself.

- Like other object pronouns, the reflexive pronoun is added to the end of gerunds, infinitives and imperatives:

¿Por qué están riéndose de mi hermano?	Why are they laughing at my brother?
No puedo despertarme antes de las ocho.	I can't wake up before eight o'clock.
¡Márchate enseguida!	Go away at once!

Demonstrative adjectives and pronouns

Demonstratives are the equivalent of "this" and "that". They can be adjectives or pronouns and so they agree in gender and number with the noun they describe or stand for.

Demonstrative adjectives

Singular		Plural	
este/esta	this	*estos/estas*	these
ese/esa	that	*esos/esas*	those
aquel/aquella	that	*aquellos/aquellas*	those

- *Este* is normally the equivalent of "this" in English.

- Both *ese* and *aquel* etc. mean "that":
  ese refers to something which is near to the listener; *aquel* refers to something which is distant from both the speaker and the listener:
  Este bolígrafo está roto; pásame ese lápiz.
  This biro doesn't work; pass me that pencil (i.e. the one nearer the person being addressed).
  Mira aquellas nubes. Va a llover dentro de poco.
  Look at those clouds. It's going to rain soon.

Demonstrative pronouns

Singular		Plural	
éste/ésta	this (one)	*éstos/éstas*	these (ones)
ése/ésa	that (one)	*ésos/ésas*	those (ones)
aquél/aquélla	that (one)	*aquéllos/aquéllas*	those (ones)

- The demonstrative pronouns differ in form from the demonstrative adjectives by the addition of a written accent: *este* – this; *éste* – this one.

- Both *ése* and *aquél* etc. mean "that (one)".
  ése refers to something which is near to the listener; *aquél* refers to something which is distant from both the speaker and the listener:

Por favor, quisiera probarme un vestido.	I'd like to try on a dress, please.
¿Te gusta éste?	Do you like this one?
No, prefiero ése.	No, I prefer that one.
¿Por qué no te pruebas aquél al mismo tiempo?	Why don't you try that one (i.e. over there) at the same time?

Neuter form

The neuter form of the demonstrative pronoun is as follows:
esto (this); *eso* (that); *aquello* (that)

- This form is not masculine. It does not refer to a specific noun but to an idea.

- The neuter form carries no accent:
  Esto *me gusta mucho.* I like this a lot.

- When followed by the preposition *de*, the neuter demonstrative is translated by "that matter/question/business of":
  Esto de tu empresa me preocupa.
  This matter concerning your company worries me.

Possessive adjectives and pronouns

Possessive adjectives and pronouns are used to indicate "belonging" and relationships between people and things.

Possessive adjectives

Singular	Plural
mi my	*mis* my
tu your	*tus* your
su his, her, its, your (form.), their	*sus* his, her, its, your (form.), their
nuestro/a our	*nuestros/as* our
vuestro/a your	*vuestros/as* your

- Possessive adjectives agree in number and gender with the person or thing possessed:
  A los alumnos no les gustaba **su** *profesor.*
  The pupils did not like their teacher.

  Los fines de semana voy con **mis** *dos hermanas a ver a* **nuestros** *abuelos.*
  At weekends I go with my two sisters to see our grandparents.

- *tu(s), vuestro/a/os/as* and *su(s)*:
  "Your" can be conveyed by *tu(s), vuestro/a/os/as* or *su(s)* depending on whether you are referring to the other person(s) using the familiar or the formal mode of address. Thus the question, "Have you got your ticket(s)?" could be any of the following:

  Familiar: *¿Tienes* **tu** *entrada?* (to a single friend)
    ¿Tenéis **vuestras** *entradas?* (to two or more friends)

  Formal: *¿Tiene* **su** *entrada?* (to a stranger)
    ¿Tienen **sus** *entradas?* (addressing two or more strangers)

- There is a second form of the possessive adjective, which is the same as that of the possessive pronoun in the table below: *mío, tuyo,* etc. This form translates "of mine", "of yours", etc.
  ese perro **mío**   that dog of mine
  un amigo **nuestro**   a friend of ours

Possessive pronouns

Singular	Plural
mío/a mine	*míos/as* mine
tuyo/a yours	*tuyos/as* yours
suyo/a his, hers, yours (form.), theirs	*suyos/as* his, hers, yours (form.), theirs
nuestro/a ours	*nuestros/as* ours
vuestro/a yours	*vuestros/as* yours

- Possessive pronouns agree in number and gender with the person or thing possessed. They are preceded by the relevant definite article, except after the verb *ser*:
  Sus *abuelos viven en Guadalajara;* **los míos** *viven en Alcalá de Henares.*
  Her grandparents live in Guadalajara; mine live in Alcalá de Henares.
  Este vídeo es **mío**.   This video is mine.

Relative pronouns and adjectives

Relatives are words used to connect two clauses in a sentence. They correspond to English "which", "who", "that", etc. Note that:

(a) The relative pronoun is regularly omitted in English but not in Spanish:
La fiesta **que** *celebramos ayer terminó tarde.*
The party (that) we held yesterday finished late.

(b) A preposition used with a relative pronoun cannot be separated from it, as happens in English:
Las montañas **por encima de las cuales** *volamos son los Pirineos.*
The mountains (that) we are flying over are the Pyrenees.

The meanings of the relatives are as follows:

que	who, whom, which, that
el/la/los/las que	whom, which, that
quien(es)	who, whom
el/la cual; los/las cuales	whom, which, that
cuyo/a/os/as	whose, of which
lo que; lo cual	what, which

- **Que**
  Que is the most common of the relatives. It is used:

  (a) as subject pronoun:
  Ese señor **que** *dejó su cartera en el mostrador…*
  That man who left his wallet on the counter…

  (b) as an object pronoun for things (not people):
  El avión **que** *cogiste ayer…*   The plane (that) you caught yesterday…

- **El que, la que, los que, las que**
  This pronoun is used most frequently after prepositions:
  La chica de **la que** *se enamoró…*   The girl he fell in love with…
  El día en **el que** *ocurrió el terremoto…*   The day (on which) the earthquake happened…

- **Quien(es)**
  Quien has a plural form, *quienes*. It is used for human antecedents only, usually after prepositions:
  El chico a **quien** *viste en el mercado es mi hermano.*
  The boy you saw in the market is my brother.

- **El cual, la cual, los cuales, las cuales**
  This is used mostly after prepositions. It is more formal than *el que*, etc.:
  La iglesia delante de **la cual** *hay una plaza…*
  The church in front of which there is a square…

- **Cuyo**

  Cuyo is an adjective, agreeing in number and gender with the noun that follows:

  Su abuelo, **cuya** *vida había sido una gran aventura, murió a los 98 años.*
  Her grandfather, whose life had been a great adventure, died when he was 98.

- **Lo que**, **lo cual**

  Lo que and *lo cual*, meaning "what" or "which", is a neuter relative pronoun which refers back to a whole idea rather than to a specific noun:

  Según la ley indígena, el traslado es voluntario, lo que/lo cual ha hecho que Endesa acuda a los tribunales para buscar una solución.
  According to Indian law, the move is voluntary, which has forced Endesa to go to court to seek a solution.

Interrogatives

Interrogatives are words used to introduce questions.

¿qué?	what?
¿cuál(es)?	which? what?
¿(de) quién(es))	who(m)? (whose)?
¿cómo?	how? what? why?
¿(a)dónde?	where (to)?
¿por qué?	why?
¿cuándo?	when?
¿cuánto/a/os/as?	how much?

Direct questions

- **¿Qué?**

  ¿Qué? can be both a pronoun and an adjective:
  *¿**Qué** dijeron?* What did they say?
  *¿**Qué** hora es?* What time is it?

- **¿Cuál(es)?**

  ¿Cuál? is the usual way of translating "What...?" with the verb "to be":
  *¿**Cuál** es tu opinión sobre la eutanasia?* What is your view on euthanasia?
  ¿Cuál? also means "Which...?", in the sense of a choice between alternatives.
  *¿**Cuál** prefieres, la de carne o la de pescado?*
  Which do you prefer, the meat or the fish one (e.g. referring to a pizza)?

- **¿Quién(es)?** and **¿de quién(es)?**

  (a) *¿Quién(es)?*
  *¿**Quién** sabe?*   Who knows?

  (b) *¿De quién(es)?*
  *¿**De quién** es este paraguas?*   Whose umbrella is this?

- **¿Cómo?**
  *¿**Cómo** sabías que venía yo?*   How did you know I was coming?
  *¿**Cómo** fue la fiesta?*   What was the party like?

- **¿Dónde? and ¿adónde?**
¿Dónde están mis gafas?	Where are my glasses?
¿Adónde iremos en verano?	Where are we going in the summer?

- **¿Por qué?**
¿Por qué existe el racismo?	Why does racism exist?

- **¿Cuánto?**

  ¿Cuánto? can be both a pronoun and an adjective:

  ¿Cuánto cuesta ese abrigo? How much is that coat?

  ¿Cuántas películas de James Bond has visto?
  How many James Bond films have you seen?

Indirect questions

Indirect questions also bear an accent:
*No sé a **qué** hora comienza la corrida.*
I don't know what time the bullfight starts.

Exclamations

The following words are used to introduce exclamations:

¡Qué!	What a…! How!
¡Cómo!	How! What!
¡Cuánto(a/os/as)!	How much/many!

Note: exclamatory pronouns and adjectives always bear an accent.

Direct exclamations

- **¡Qué!**
  ¡Qué pena!   What a shame!

  Note: an adjective which follows *qué* + noun is preceded by *tan* or *más*.

*¡Qué chica **más** guapa!*	What a pretty girl!
*¡Qué fiesta **tan** aburrida!*	What a boring party!

- **¡Cómo!**
  ¡Cómo! ¡Y no te devolvió el dinero!
  What! And he didn't give you back the money!

- **¡Cuánto!**
  ¡Cuánto! can be an adverb or an adjective:
¡Cuánto me gustó el espectáculo!	I really loved the show!
¡Cuántas veces me has dicho eso!	How many times have you told me that!

Indirect exclamations

Indirect exclamations always bear an accent:
*¡No sé **cómo** te atreves a decirme eso!*
I don't know how you dare say that to me!

Verbs

Note: A thorough knowledge of irregular verbs is essential at A level. Tables of irregular verbs may be found in grammars and good dictionaries.

A The indicative

Present tense
Regular verbs

The present tense of regular verbs in the indicative is formed by adding the endings highlighted below to the stem of the verb:

hablar (to speak)	*comer* (to eat)	*vivir* (to live)
habl**o**	com**o**	viv**o**
habl**as**	com**es**	viv**es**
habl**a**	com**e**	viv**e**
habl**amos**	com**emos**	viv**imos**
habl**áis**	com**éis**	viv**ís**
habl**an**	com**en**	viv**en**

Irregular verbs

- For radical-changing verbs and orthographic-changing verbs, see Verbs, section E.

- There are many other irregular verbs which, in the present tense, are irregular only in the first person singular e.g.
  estar (to be): *esto**y**, estás, está, estamos, estáis, están*
  poner (to put): *pon**g**o, pones, pone, ponemos, ponéis, ponen*

Uses of the present tense
The present tense is used:

- to state what is happening at the time of speaking:
  Estamos listos.   We are ready.

- to describe a habitual action or state of affairs:
  Hace mucho frío en Soria en invierno.   In winter it's very cold in Soria.

- to refer to inherent characteristics:
  Mario es listo.   Mario is clever.

- to make statements generally held to be true:
  El tabaco daña la salud.   Tobacco damages your health.

- for future intention:
  El tren de Barcelona llega a las 3.30 de la tarde.
  The train from Barcelona will get in/gets in at 3.30 pm.

Perfect tense

The perfect tense is a compound tense which is formed from the auxiliary verb *haber*:

yo	*he*	*nosotros/as*	*hemos*
tú	*has*	*vosotros/as*	*habéis*
él/ella/usted	*ha*	*ellos/ellas/ustedes*	*han*

and the past participle of the verb, ending in **–ado** for –ar verbs, or **–ido** for –er and –ir verbs: *he hablado*; *he comido*; *he vivido*.

Note: the following verbs have irregular past participles:

abrir	to open	*abierto*	opened
cubrir	to cover	*cubierto*	covered
decir	to say	*dicho*	said
escribir	to write	*escrito*	written
freír	to fry	*frito*	fried
hacer	to do/make	*hecho*	done/made
imprimir	to print	*impreso*	printed
morir	to die	*muerto*	dead
poner	to put	*puesto*	put
prender	to catch	*preso*	caught
resolver	to resolve	*resuelto*	resolved
romper	to break	*roto*	broken
satisfacer	to satisfy	*satisfecho*	satisfied
ver	to see	*visto*	seen
volver	to return	*vuelto*	returned

Uses of the perfect tense

In general, the perfect tense in Spanish is used in a similar way to its counterpart in English (see also page 66). It describes past actions from the point of view of the present:

Juan no ha venido todavía.   Juan hasn't come yet (i.e. he is not here now).
He tenido una buena idea.   I've had a good idea.

Preterite tense

Regular verbs

The preterite tense of regular verbs is formed by adding the endings highlighted to the stem of the verb:

–ar verbs	–er verbs	–ir verbs
habl**é**	com**í**	viv**í**
habl**aste**	com**iste**	viv**iste**
habl**ó**	com**ió**	viv**ió**
habl**amos**	com**imos**	viv**imos**
habl**asteis**	com**isteis**	viv**isteis**
habl**aron**	com**ieron**	viv**ieron**

Irregular verbs

Irregular preterite forms should be learnt. Twelve of the most common irregular preterites are given below.

dar	estar	decir
di	estuve	dije
diste	estuviste	dijiste
dio	estuvo	dijo
dimos	estuvimos	dijimos
disteis	estuvisteis	dijisteis
dieron	estuvieron	dijeron

hacer	ir	poder
hice	fui	pude
hiciste	fuiste	pudiste
hizo	fue	pudo
hicimos	fuimos	pudimos
hicisteis	fuisteis	pudisteis
hicieron	fueron	pudieron

poner	querer	saber
puse	quise	supe
pusiste	quisiste	supiste
puso	quiso	supo
pusimos	quisimos	supimos
pusisteis	quisisteis	supisteis
pusieron	quisieron	supieron

ser	venir	ver
fui	vine	vi
fuiste	viniste	viste
fue	vino	vio
fuimos	vinimos	vimos
fuisteis	vinisteis	visteis
fueron	vinieron	vieron

Notes:
(a) *Ir* and *ser* have the same form in the preterite.
(b) The first and third person singular forms do not carry an accent.

Uses of the preterite tense

The preterite is used:

● to relate an action in the past which is completely finished (for examples, see page 50):
El año pasado fui de vacaciones a Cuba.
Last year I went to Cuba on holiday.

● to narrate a sequence of events which happened in the past (for example, see page 50).

● for actions which happened over a long period of time in the past, provided that the period is clearly defined:
Felipe González fue presidente de España durante 14 años, de 1982 a 1996.
Felipe González was Prime Minister of Spain for 14 years, from 1982 to 1996.

Imperfect tense

Regular verbs

The imperfect tense of regular verbs is formed by adding the endings highlighted to the stem of the verb:

–*ar* verbs	–*er* verbs	–*ir* verbs
habl**aba**	com**ía**	viv**ía**
habl**abas**	com**ías**	viv**ías**
habl**aba**	com**ía**	viv**ía**
habl**ábamos**	com**íamos**	viv**íamos**
habl**abais**	com**íais**	viv**íais**
habl**aban**	com**ían**	viv**ían**

Irregular verbs

Only three verbs have irregular forms: *ir* – to go, *ser* – to be, *ver* – to see, as follows:

ir	*ser*	*ver*
iba	era	veía
ibas	eras	veías
iba	era	veía
íbamos	éramos	veíamos
ibais	erais	veíais
iban	eran	veían

Uses of the imperfect tense

(see also page 24 for examples)

The imperfect tense is used:

- for habitual or repeated actions in the past.

- to describe what was happening when a particular event occurred.

- for setting the scene and descriptions in the past:
  Era un día muy lluvioso, y desafortunadamente llevaba mis nuevos zapatos.
  It was a very rainy day and unfortunately I was wearing my new shoes.

- for past actions which refer to a period which is not clearly specified:
  Estaban en el bar, charlando con el vecino de enfrente.
  They were in the bar, talking to their neighbour who lived opposite.

- for polite requests, especially with *querer*:
  Por favor, quería una mesa para dos. I'd like a table for two, please.

- in time expressions, when the pluperfect tense would be used in English:
  Esperaba la carta desde hacía una semana.
  He'd been waiting for the letter for a week.

Future tense

The future tense of regular verbs is formed by adding the endings highlighted below to the infinitive:

Regular verbs

–*ar* verbs	–*er* verbs	–*ir* verbs
hablar**é**	comer**é**	vivir**é**
hablar**ás**	comer**ás**	vivir**ás**
hablar**á**	comer**á**	vivir**á**
hablar**emos**	comer**emos**	vivir**emos**
hablar**éis**	comer**éis**	vivir**éis**
hablar**án**	comer**án**	vivir**án**

Irregular verbs

Twelve verbs have an irregular future stem; they have the same endings as the regular verbs.

caber	→ **cabré**, etc.	poder	→ **podré**
decir	→ **diré**	poner	→ **pondré**
haber	→ **habré**	querer	→ **querré**
hacer	→ **haré**	saber	→ **sabré**
salir	→ **saldré**	tener	→ **tendré**
valer	→ **valdré**	venir	→ **vendré**

Verbs that derive from the above verbs also have an irregular stem, for example:

deshacer – to undo	→ *desharé,* etc.
intervenir – to intervene	→ *intervendré,* etc.
maldecir – to curse	→ *maldiré,* etc.
mantener – to maintain	→ *mantendré,* etc.

Uses of the future tense

The future tense is used:

● to talk about future events:
El concierto tendrá lugar el 5 de noviembre.
The concert will take place on 5th November.

● to express a supposition:
Serán las siete. It must be/I guess it's around seven o'clock.

Note: Future intention is often expressed by using *ir* + *a* followed by the infinitive, especially in speech:
En verano vamos a ver a nuestros amigos en Lorca.
In the summer we'll go to see our friends in Lorca.

Conditional tense

Regular verbs

The conditional tense of regular verbs is formed by adding the endings highlighted to the infinitive:

−*ar* verbs	−*er* verbs	−*ir* verbs
*hablar**ía***	*comer**ía***	*vivir**ía***
*hablar**ías***	*comer**ías***	*vivir**ías***
*hablar**ía***	*comer**ía***	*vivir**ía***
*hablar**íamos***	*comer**íamos***	*vivir**íamos***
*hablar**íais***	*comer**íais***	*vivir**íais***
*hablar**ían***	*comer**ían***	*vivir**ían***

Irregular verbs

The same twelve verbs have an irregular stem as in the future tense; they have the same endings as the regular verbs, e.g. *decir: diría* etc; *hacer: haría* etc; *poder: podría* etc.

Uses of the conditional

(for examples see also page 143)

The conditional tense is used:

● in "if" clauses to describe events which could happen.

● for polite expression.

● to express supposition in the past:
   Sería mediodía cuando vinieron.   It must have been midday when they came.

COMPOUND TENSES

Compound tenses consist of two parts: an **auxiliary verb** and a **past participle**. Remember that many common verbs have irregular past participles (see **Perfect tense** on page 281 for a list of them).

This section deals with three compound tenses in the indicative (apart from the perfect tense): the pluperfect, the future perfect and the conditional perfect. The perfect and pluperfect tenses also exist in the subjunctive (see page 287 of this Summary).

Pluperfect tense

The pluperfect tense is formed from the imperfect tense of *haber* and the past participle of the verb:
***había** hablado/comido/vivido,* ***habías** hablado/comido/vivido,* etc.

The pluperfect is used, as in English, for an action which occurred before another action in the past:
Cuando llegamos al cine los otros ya habían entrado.
When we got to the cinema the others had already gone in.

Future perfect tense

The future perfect tense is formed from the future tense of *haber* and the past participle of the verb:
habré *hablado/comido/vivido*; **habrás** *hablado/comido/vivido,* etc.

As in English, the future perfect indicates a future action which will have happened:
Cuando llegues al aeropuerto el avión ya habrá despegado.
When you get to the airport the plane will have taken off already.

Conditional perfect tense

The conditional perfect tense is formed from the conditional tense of *haber* and the past participle of the verb: **habría** *hablado/comido/vivido*; **habrías** *hablado/comido/vivido,* etc.

As in English, the conditional perfect indicates a past action which would have happened:
Si no me hubieras dado las entradas no habría ido al concierto.
If you hadn't given me the tickets I wouldn't have gone to the concert.

B The subjunctive

The subjunctive mood is used in four tenses: present, perfect, imperfect and pluperfect.

Present subjunctive

The present tense of regular verbs in the subjunctive is formed by adding the endings highlighted to the stem of the verb:

–*ar* verbs	–*er* verbs	–*ir* verbs
habl*e*	com*a*	viv*a*
habl*es*	com*as*	viv*as*
habl*e*	com*a*	viv*a*
habl*emos*	com*amos*	viv*amos*
habl*éis*	com*áis*	viv*áis*
habl*en*	com*an*	viv*an*

Note:
- A number of otherwise regular verbs change their spelling in the present subjunctive, e.g. *llegar: llegue, llegues* etc; *coger: coja, cojas,* etc. (See Verbs, section E.)

- For most irregular verbs the present subjunctive is formed by removing **o** from the end of the first person singular of the present indicative and adding the endings for regular verbs, e.g. *hacer: haga, hagas, haga, hagamos, hagáis, hagan.* The following verbs are exceptions to this rule: *dar (dé, des,* etc.); *estar (esté, estés,* etc.); *haber (haya, hayas,* etc.); *saber (sepa, sepas,* etc.) and *ser (sea, seas,* etc.).

Perfect subjunctive

The perfect subjunctive is formed from the present subjunctive of *haber* plus the past participle:

–ar verbs	*–er* verbs	*–ir* verbs
haya hablado	*haya comido*	*haya vivido*
hayas hablado	*hayas comido*	*hayas vivido*
haya hablado	*haya comido*	*haya vivido*
hayamos hablado	*hayamos comido*	*hayamos vivido*
hayáis hablado	*hayáis comido*	*hayáis vivido*
hayan hablado	*hayan comido*	*hayan vivido*

Imperfect subjunctive

The imperfect subjunctive is formed by adding the endings below after removing the ending of the third person plural of the preterite tense:

–ar verbs	*–er* verbs	*–ir* verbs
hablara / ase	*comiera / ese*	*viviera / ese*
hablaras / ses	*comieras / eses*	*vivieras / eses*
hablara / ase	*comiera / ese*	*viviera / ese*
habláramos / ásemos	*comiéramos / ésemos*	*viviéramos / ésemos*
hablarais / aseis	*comierais / eseis*	*vivierais / eseis*
hablaran / asen	*comieran / esen*	*vivieran / esen*

Note:

- There are alternative endings for the imperfect subjunctive: *–ara / –ase* and *–era / –ese*, which are interchangeable.

- Irregular verbs also follow the above rule:
  tener*: tuviera/ese, tuvieras/eses, tuviera/ese, tuviéramos/ésemos, tuvierais/eseis, tuvieran/esen.*
  hacer*: hiciera/ese etc; **poner****: pusiera/ese etc.*
  decir*: dijera/ese etc.*

Pluperfect subjunctive

The pluperfect subjunctive is formed from the imperfect subjunctive of *haber* plus the past participle:

-ar verbs	-er verbs	-ir verbs
hubiera hablado	hubiera comido	hubiera vivido
hubieras hablado	hubiera comido	hubieras vivido
hubiera hablado	hubiera comido	hubiera vivido
hubiéramos hablado	hubiéramos comido	hubiéramos vivido
hubierais hablado	hubierais comido	hubierais vivido
hubieran hablado	hubieran comido	hubieran vivido

Uses of the subjunctive

The subjunctive is used in three main ways: in subordinate clauses, in main clauses and in conditional sentences.

● The subjunctive in subordinate clauses

The principal uses of the subjunctive in subordinate clauses are illustrated in Units 2, 5, 7, 8, 12 and 13 (page 36, page 93, page 125, page 129, page 136, page 152, page 243, page 250).

The subjunctive must be used after verbs and expressions indicating:

(a) possibility, probability and doubt: *es posible/probable que, puede que, dudar,* etc.
Puede (ser) que no lleguen hasta la noche.
They may not get here until tonight.

(b) "emotion": *querer, esperar, gustar, alegrarse de, temer,* etc.
Espero que te recuperes pronto.   I hope that you get better soon.

(c) "influence": *hacer, conseguir, impedir,* etc.
Consiguió que le dejaran entrar.   He got them to let him in.

(d) judgement: *es importante que, sería mejor que,* etc.
Sería mejor que vinieras conmigo.
It would be better for you to come with me.

(e) necessity: *es necesario que, hace falta que,* etc.
Hace falta que devuelvan los vídeos en seguida.
They have to return the videos straight away.

(f) permission and prohibition: *dejar, permitir, prohibir,* etc.
Le prohibieron que saliera después de las 10 de la noche.
They forbade him to go out after 10 pm.

(g) concession: *sin que, a menos que, a no ser que, aunque, a pesar de que,* etc.
No podremos abrir la puerta a menos que encontremos la llave.
We won't be able to open the door unless we find the key.

(h) condition: *con tal que, a condición de que,* etc.
Puedes coger el diccionario con tal que me lo devuelvas mañana.
You can take the dictionary provided you give it back to me tomorrow.

(i) requesting: *pedir, rogar,* etc.
Le pedí que me diera la dirección de su amiga.
I asked her to give me her friend's address.

The subjunctive must also be used in the following circumstances:

(j) after verbs of thinking used in the negative (see page 93).

(k) after *el (hecho de) que* (see page 250).

(l) after *no es que, no (es) porque*:
Le di dinero, pero no porque me lo pidiera.
I gave him money, but not because he asked for it.

(m) after conjunctions of time, e.g. *cuando, en cuanto, mientras, hasta que, antes de que* used with a future meaning:
No podré descansar hasta que sepa adónde se ha ido.
I won't be able to rest until I know where she has gone.

(n) after conjunctions of purpose, e.g. *para que, a fin de que, de modo/manera que*:
Te escribo a fin de que/para que te des cuenta de mi dilema.
I am writing to you so that you are aware of my dilemma.

(o) after *como si:*
Me miró como si estuviera loco.   He looked at me as if I were mad.

(p) after an indefinite antecedent:
Buscamos un colegio que tenga buenas instalaciones deportivas.
We're looking for a school that has good sports facilities.
No conozco a nadie que vaya a la fiesta.
I don't know anyone who is going to the party.

● **The subjunctive in main clauses**

The subjunctive is also found in main clauses after words and expressions which express uncertainty or strong wishes:

(a) *Que...* used for a command or strong wish:
¡Que lo pases bien!   Have a good time!

(b) Words meaning "perhaps", e.g. *quizá(s), tal vez*:
Quizás eche de menos a sus padres.   Perhaps he's missing his parents.

(c) *Ojalá* meaning, "if only", "I wish":
¡Ojalá hubiera aprobado el examen!   I wish I'd passed the exam!

● **The subjunctive in conditional sentences**

The subjunctive is used in two types of conditional sentence: conditions which are either unlikely to be fulfilled or impossible, and conditions which are contrary to fact (see page 152).

Note: In "if" clauses that express an "open" condition, i.e. one which may or may not happen, the present **indicative** must be used:
Si vamos a Segovia, volveremos tarde.
If we go to Segovia we'll get back late.

C The imperative

Don't forget that there are different forms of the imperative for familiar and formal commands, in both the affirmative and in the negative. The basic rules for the formation of the second person imperative are described on page 56.

The position of object pronouns

- Object pronouns are added to the end of affirmative commands:

¡Cómetelo!	Eat it(up)!
Dígame lo que quiera.	Tell me what you want.

- In negative commands, pronouns precede the verb:

¡No me digas!	You don't say!
¡No os acostéis!	Don't go to bed!

First person plural commands

- First person plural commands ("Let's go" etc.) are formed from the first person plural (*nosotros*) of the present subjunctive, for both the affirmative and the negative.

  Salgamos ahora mismo.   Let's go out straight away.

- The final *−s* of the *nosotros* form is omitted in reflexive verbs.

Vámonos.	Let's go.
Acostémonos.	Let's go to bed.

The use of *que* to express commands

Que plus the subjunctive form may be used with any person of the verb to express a wish or command:

¡Que aproveche!   Enjoy your meal!

The second person plural in Latin-American Spanish

In Latin-American Spanish the familiar plural imperative (*hablad, comed,* etc.) is replaced by the *ustedes* form (which is also used for the formal imperative).

D Continuous forms of the verb

- Continuous tenses are formed from the verb *estar* followed by the gerund:

  estoy (etc.) *hablando*
  estoy (etc.) *comiendo*
  estoy (etc.) *escribiendo*

- The continuous forms of the verb are used to indicate actions that are in progress at the time of speaking. They may be used with all tenses but are most commonly found in the present and imperfect:

  En este momento está hablando con su vecino.
  At the moment he's talking to his neighbour.
  Las muchachas estaban jugando en la calle.
  The girls were playing in the street.

- *Ir, venir, seguir, continuar, andar* and *llevar* may also be followed by the gerund to indicate the idea of duration (see page 193).

Ⓔ Spelling changes in verbs

In Spanish, verbs often undergo changes in their spelling in the different tenses and persons. These changes are of two types:
(a) in the stem, called "radical" changes
(b) in other parts of the verb, called "orthographic" changes.

Radical-changing verbs
(see page 7)

–ar and –er verbs

- In the present indicative the stem vowel _o_ becomes _ue_, and _e_ becomes _ie_, in the first, second and third persons singular and the third person plural:
  contar (to count, tell): _cuento, cuentas, cuenta, contamos, contáis, cuentan_
  entender (to understand): _entiendo, entiendes, entiende, entendemos, entendéis, entienden_

- In the present subjunctive of these verbs, changes occur in the same persons:
  cuente, cuentes, cuente, contemos, contéis, cuenten
  entienda, entiendas, entienda, entendamos, entendáis, entiendan

- The stem also changes in the _tú_ (familiar) form of the imperative:
  cuenta; entiende

–ir verbs

There are three types of radical changing –ir verbs, each of which follows a different pattern in the present tense: those which change the stem vowel from _e_ to _i_, e.g. _pedir_, from _e_ to _ie_, e.g. _mentir_, and from _o_ to _ue_, e.g. _dormir_.

- In the present indicative the changes occur in the first, second and third persons singular and the third person plural:
  _e > i:_ _pedir_ – to ask for: _pido, pides, pide, pedimos, pedís, piden_
  _e > ie:_ _mentir_ – to lie: _miento, mientes, miente, mentimos, mentís, mienten_
  _o > ue:_ _dormir_ – to sleep: _duermo, duermes, duerme, dormimos, dormís, duermen_

- In the **present subjunctive** the change occurs in all persons of the verb:
  pida, pidas, pida, pidamos, pidáis, pidan
  mienta, mientas, mienta, mintamos, mintáis, mientan
  duerma, duermas, duerma, durmamos, durmáis, duerman

- Changes also occur in the stem of the **preterite** of these verbs: _e_ changes to _i_ and _o_ changes to _u_ in the third persons singular and plural:
  pedí, pediste, pidió, pedimos, pedisteis, pidieron
  mentí, mentiste, mintió, mentimos, mentisteis, mintieron
  dormí, dormiste, durmió, dormimos, dormisteis, durmieron

- In the **imperfect subjunctive** the *i* or *u* of the stem is present in every person of the verb:
  pidiera/pidiese, pidieras/pidieses etc.
  mintiera/mintiese, mintieras/mintieses etc.
  durmiera/durmiese, durmieras/ieses etc.

- The stem change also occurs in the familiar form of:
  the **imperative**:   *pide   miente   duerme*
  the **gerund**:   *pidiendo   mintiendo   durmiendo*

Note: It is not possible to predict whether a verb is radical-changing or not; if you are unsure, consult your dictionary or grammar book.

Orthographic changes

Spelling changes in certain verbs are necessary in order to maintain the correct sound of the verb.

- The following verbs make changes before the vowel *e* in the whole of the present subjunctive and the first person singular of the preterite:

  (a) verbs with stems ending in **–car** change *c* to *qu*:
  sacar – to take out: Present subjunctive: *saque, saques, saque,* etc.
  Preterite: *saqué, sacaste,* etc.

  (b) verbs with stems ending in **–gar** change *g* to *gu*:
  llegar – to arrive: Present subjunctive: *llegue, llegues, llegue,* etc.
  Preterite: *llegué, llegaste,* etc.

  (c) verbs with stems ending in **–zar** change *z* to *c*:
  empezar – to begin: Present subjunctive: *empiece, empieces, empiece,* etc.
  Preterite: *empecé, empezaste,* etc.

  (d) verbs with stems ending in **–guar** change *u* to *ü*:
  averiguar – to find out: Present subjunctive: *averigüe, averigües, averigüe,*
  etc. Preterite: *averigüé, averiguaste,* etc.

- The following verbs make changes before the vowel *o*, in the first person singular of the present indicative, and before *a* in the present subjunctive:

  (a) verbs with stems ending in *c* change *c* to *z*:
  vencer – to conquer: Present indicative: *venzo, vences,* etc.
  Present subjunctive: *venza, venzas,* etc.

  (b) verbs with stems ending in *g* change *g* to *j*:
  coger – to catch: Present indicative: *cojo, coges,* etc.
  Present subjunctive: *coja, cojas,* etc.

  (c) verbs with stems ending in *gu* change *gu* to *g*:
  seguir – to follow: Present indicative: *sigo, sigues,* etc.
  Present subjunctive: *siga, sigas, siga,* etc.

- Some verbs ending in **–uar** and **–iar** add an accent in the three persons singular and the third person plural of the present indicative and the present subjunctive, and in the *tú* form of the imperative: e.g. *continuar* – to continue; *enviar* – to send.

Present indicative:
continúo, continúas, continúa, continuamos, continuáis, continúan
envío, envías, envía, enviamos, enviáis, envían

Present subjunctive:
continúe, continúes, etc; envíe, envíes, etc.

Imperative (second person singular):
continúa; envía

F Gustar and similar verbs

Many common verbs in Spanish have the same construction as *gustar* (see page 64). In the statement *Me encantan las tapas* – I love tapas, the subject in Spanish is *las tapas*; we know this because the verb is in the plural. The indirect object of the verb is "me". This is a kind of "back-to-front" construction when compared with the English version of the same statement. Here is how the Spanish construction works literally:

Indirect object	Verb	Subject pronoun
Me	*encantan*	*las tapas.*
To me	are delightful	tapas.

The same pattern is followed with other persons:
Le interesa mucho la película.
He's very interested in the film. [Lit. The film is very interesting to him].
Nos faltan dos sillas más.
We need two more chairs. [Lit. Two more chairs are lacking to us.]

Note: In this construction the object is frequently given emphasis by adding an extra pronoun:
A mí *me encantan las tapas.*
A él *le interesa mucho la película.*

G Ser and estar

Ser

Ser is used:

- for characteristics that are considered to be part of the identity of a person or thing, such as religion, nationality and permanent features:
  Soy británica.   I'm British.
  Las montañas son altas.   Mountains are high.

- for occupations:
  Joan Miró era pintor.   Joan Miró was a painter.

- to indicate the ownership or origin of something:
  Esta propiedad es de mi madre.   This property belongs to my mother.
  La estatua es de madera.   The statue is made of wood.

- for time expressions:
  Son las nueve y cuarto.   It's nine fifteen.

- before infinitives, nouns or pronouns:
  Lo esencial es vivir una vida sana.
  The essential thing is to live a healthy life.
  Su tío era ingeniero.   His uncle was an engineer.

- as the auxiliary verb for the passive (see Verbs, section H):
  La casa fue destruida por el terremoto.
  The house was destroyed by the earthquake.

- for information about where or when an event is happening:
  ¿Sabes dónde es la fiesta?   Do you know where the party is?

Estar

Estar is used:

- for location (temporary or permanent):
  Estábamos en México cuando empezó el huracán.
  We were in Mexico when the hurricane started.
  El Museo del Prado está en Madrid.
  The Prado Museum is in Madrid.

- for a state considered to be temporary:
  Está contenta.   She's happy (but this is momentary).
  Las playas están limpias.   The beaches are clean.

- to express a change noted in someone's appearance:
  ¡Qué joven estás, Marisa!   How young you look, Marisa!

- to form the continuous tenses (see Verbs, section D).

- with the past participle to express a resultant state:
  La puerta estaba cerrada.
  The door was shut. [i.e. in the state that resulted from someone having shut it.]

Ser and *estar* with adjectives

Some adjectives differ in meaning according to whether they are used with *ser* or *estar*:

	ser	*estar*
aburrido	boring	bored
bueno	good (character)	delicious/tasty (food)
cansado	tiring	tired
listo	clever	ready
malo	bad, evil	ill
triste	sad (disposition)	sad (temporarily)

H The passive construction

The same sentence may be expressed actively or passively (for explanation see page 118).

- The passive can be used in all tenses:
  Sus novelas son publicadas por Plaza & Janés.
  Her novels are published by Plaza & Janés.
  El concierto será celebrado el sábado.
  The concert will be held on Saturday.
  Esa pintura ha sido dada al Museo de Arte Contemporáneo.
  That painting has been given to the Museum of Contemporary Art.

- The passive in Spanish tends to be used in written rather than spoken language and is found less than in English. A number of alternative constructions exist:

  (a) the third person plural with an active verb:
  Le entregaron las llaves de la casa.   He was given the keys of the house.

  (b) duplication of the direct object:
  The direct object can be placed first in the sentence and repeated as a pronoun before the verb:
  Aquel castillo lo destruyó el rey Carlos V.
  That castle was destroyed by King Charles V.

  (c) the use of the reflexive pronoun *se*:
  se can be used to express the passive without an agent.
  Se alquilan pisos aquí.   Flats (are) rented here.

I Reflexive (or pronominal) verbs

A reflexive verb has two components: the verb plus a reflexive pronoun. The pronoun changes according to the person, as in the verb *levantarse* – to get up:

yo	**me** *levanto*	I get up
tú	**te** *levantas*	you get up
él/ella/usted	**se** *levanta*	he/she/it/you get(s) up
nosotros/as	**nos** *levantamos*	we get up
vosotros/as	**os** *levantáis*	you get up
ellos/ellas/ustedes	**se** *levantan*	they/you get up

Position of the reflexive pronoun

(see also Personal Pronouns, page 272)

- In the first person plural of the affirmative imperative the final *s* is dropped:
  Levantémonos.   Let's get up.

- In the second person plural of the affirmative imperative the final *d* is dropped:

  Sentaos.   Sit down.

Uses of the reflexive verb

- The addition of a reflexive pronoun turns a transitive verb into a reflexive one. Reflexive verbs translate the idea of "self":

  Cortó el pan.   He cut the bread. (transitive)
  Se cortó.   He cut himself. (reflexive)

- The addition of the reflexive pronoun can change the meaning of a verb:

  aburrir – to bore   *aburrirse* – to get bored
  dormir – to sleep   *dormirse* – to go to sleep
  ir – to go   *irse* – to go away
  poner – to put   *ponerse* – to become, get, turn
  volver – to return   *volverse* – to become, turn round

J The infinitive

The infinitive is the form of the verb which is not inflected. The infinitives of the conjugations of the verb end in either *−ar*, *−er* or *−ir*, e.g. *hablar, comer, vivir.*

The perfect infinitive is formed from the infinitive of *haber* and the past participle:

haber hablado, haber comido etc. − to have spoken, eaten etc.

Uses

- The infinitive can stand on its own, having the value of a noun. In this case it may be preceded by the masculine definite article:

  El vivir en Cantabria es muy agradable.
  Living in Cantabria is very pleasant.

- The infinitive frequently follows:

  (a) modal verbs, denoting obligation, permission and possibility, e.g. *tener que, hay que, deber, poder:*
  Tienes que mandarle un mensaje. You have to send him/her a message.
  ¿Puedo ayudarle?   Can I help you?

  (b) *acabar de* − to have just and *volver a* − to do something again:
  Acaba de llegar.   He/She has just arrived.
  He vuelto a copiar el vídeo. I've copied the video again.

  (c) verbs of "perception", e.g. *ver, oír* and *mirar:*
  La vi entrar en la discoteca. I saw her go(ing) into the disco.
  Les oyó cantar en la calle.   He/She heard them singing in the street.

- The infinitive is sometimes used for the imperative, e.g. in notices:
  No pisar el césped.   Don't walk on the grass.
  No fumar.   No smoking.

- *Al* followed by the infinitive means "when..." referring to an action that

happens at the same time as that of the main verb:
Al entrar en la habitación saludó a su hermano.
When he went into the room he greeted his brother.

K The past participle

The past participle is formed by substituting:

● the ending of *–ar* infinitives by *–ado*: *hablar > hablado*

● the ending of *–er* and *–ir* infinitives by *–ido*: *comer > comido*; *vivir > vivido*

For a full list of irregular past participles, e.g. *ver > visto*, see Verbs, section A on the perfect tense (page 281).

Uses

The past participle is used:

● after the verb *haber* as part of compound tenses, e.g. the perfect tense, the pluperfect tense. In this case the past participle is invariable:
Todavía no hemos visto El Escorial.   We haven't yet seen the Escorial.

● as an adjective, and after the verbs *ser* and *estar*. In these cases the past participle agrees in number and gender with the noun, or the subject of the verb:
unos pantalones rotos   a torn pair of trousers
Esa chica está mal educada.   That girl is badly behaved.

● Preceded by *lo*, meaning "the thing which" or "what":
Lo divertido es jugar a la Gamecube.
Playing at Gamecube is the enjoyable thing.

L The gerund

The gerund is formed by adding **–ando** to the stem of *–ar* verbs and **–iendo** to the stem of *–er* and *–ir* verbs. The gerund is invariable in form.

hablar > hablando
comer > comiendo
vivir > viviendo

Uses

● The gerund is used for actions which occur at the same time as the main verb:
Estaba sentada en la plaza, mirando los pájaros.
She was sitting in the square, looking at the birds.

● The gerund preceded by *estar* is used to form the continuous tenses (see Verbs, section D).

● A number of common verbs, especially *ir*, *venir*, *continuar*, *seguir* and *andar* are followed by the gerund to emphasise duration (see page 193).

Note: It is important to know the differences between the Spanish gerund and the English "–ing" form:

(a) After a preposition, Spanish uses the infinitive, English the –ing form:
Antes de subir al coche se despidió de su familia.
Before getting into the car he said goodbye to his family.

(b) The –ing form in English is often adjectival and cannot be translated by a gerund in Spanish:
a hard-working boy   *un chico trabajador*
running water   *agua corriente*

Negatives

Negative words

The most common negative words in Spanish are:

no	not, no
nunca	never, not ever
jamás	never, not ever (more emphatic than *nunca*)
nada	nothing, not anything
nadie	nobody, not anybody
ninguno	no, not any, none, no-one
ni (siquiera)	nor, not even
ni…ni	neither…nor
tampoco	neither, nor, not either
apenas	scarcely

● In order to make a negative statement, a negative word must be placed before the verb. The simplest negative word is *no*, as in *No sabe* – He doesn't know.

● Negative words other than *no* may be added after the verb, making a kind of "double negative" (see page 187).

● Two or more negatives may be used together in the same sentence:
No entiende nunca nada.   He never understands anything.

Adverbs

An adverb is a word or phrase used to modify a verb. For example, an adverb can give more information about when, how, where or to what degree the action of the verb takes place. An adverb can also modify the meaning of another adverb or an adjective.

● **Adverbs of time (When?)**
This group includes many of the most common adverbs, such as *ahora, antes, a veces, ayer, después, entonces, hoy, luego, mañana, siempre, tarde, temprano, todavía, ya.*

Volvió tarde.   He came back late.
Hablaremos después.   We'll speak afterwards.

- **Adverbs of manner (How?)**

(a) Many adverbs in this group are formed from the feminine of the adjective plus *–mente*.

(b) The following common adverbs are adverbs of manner: *así, bien, de repente, despacio, mal.*

Hablaba rápidamente.	He spoke quickly.
Volvió de repente.	He came back suddenly.
Lo has escrito bien/mal.	You've written it well/badly.

- **Adverbs of place (Where?)**

This group includes *abajo, adelante, allí, aquí, arriba, atrás, cerca, debajo, delante, dentro, detrás, encima, fuera, lejos.*

Volvió aquí.	He came back here.
La iglesia está muy cerca.	The church is very near.

- **Adverbs of degree (How much?)**

This group includes: *bastante, casi, demasiado, más, menos, mucho, muy, tanto, (un) poco.*

La iglesia está bastante cerca del banco.
The church is quite near the bank.
Habla mucho y no hay manera de pararle.
He talks a lot and there's no way of stopping him.

- **Some adjectives also function as adverbs:**

Por favor, ¡habla más alto!	Speak up (i.e. more loudly), please!
Lo pasamos fatal.	We had a terrible time.

- **Adverbs of comparison**

(a) Adverbs of comparison are made by placing *más* or *menos* before the adverb: *más eficazmente* – more effectively; *menos despacio* – less slowly.

(b) Some very common adverbs have special comparative forms:

adverb	comparative
bien	*mejor*
mal	*peor*
mucho	*más*
poco	*menos*

Mi hermano conduce peor desde el accidente.
My brother drives worse since the accident.
No sé quién cocina mejor, mi madre o mi padre.
I don't know who cooks better, my mother or my father.

- **Position of adverbs**

In general, adverbs are placed just after the verb that they modify:
Salió mal.   It turned out badly.

Prepositions

Prepositions are words that link a noun, noun phrase or pronoun to the rest of the sentence. Although prepositions work in a similar way in Spanish and English, it is important to note that in Spanish:

- Prepositions can consist of a single word, e.g. *de, con, durante, según,* or of two or more words, e.g. *a pesar de, al lado de, con relación a, después de.*

- When a preposition is followed by a verb in Spanish, the verb must be in the infinitive:
  Antes de salir me voy a despedir de la abuela.
  Before going out I'm going to say goodbye to grandma.

- When combined with particular prepositions, verbs have a specific meaning e.g. *comenzar a* – to begin to, *tratarse de* – to be a question of, *pensar en* – to think about something, *soñar con* – to dream of (see page 000).

Specific prepositions

- Personal *a* precedes the direct object of the verb when the object is human, or an animal referred to affectionately:
  Conocí a tu padre en Sevilla.   I met your father in Seville.
  Voy a dar de comer al perro.   I'm going to feed the dog.

  If a human object is not personalised, *a* is unlikely to be used:
  Se busca dependiente.   We require a shop–assistant.

- *a* expresses movement towards:
  Va al centro a buscar unas gafas del sol.
  She's going to the centre to look for some sunglasses.

  Note: *a* does not normally translate the idea of "at", of location, which is usually *en*, e.g. *en casa* (at home).

- *a* is used to express a precise time and to convey the idea of rate.
  A la una y cuarto.   At a quarter past one.
  El tren sale dos veces al día para Aranjuez.
  The train departs for Aranjuez twice a day.

- *antes de / ante / delante de*
  All three prepositions mean "before". *Antes de* refers to time, whereas *delante de* and *ante* both refer to place:

  Ven antes de la seis.   Come before six o'clock.
  Tuvo que comparecer ante el juez.   He had to appear before the judge.
  Nunca habla de eso delante de los niños.
  She never speaks about that in front of the children.

- *con*
  con is used before céntimos:
  Son dos euros con cincuenta (céntimos). That's two euros and fifty cents.

de

de means "of" (of possession), and "from" (of origin):
Este coche es de Rafael.   This car is Rafael's.
Soy de Alicante.   I'm from Alicante.

desde

desde means "from", usually indicating a strong sense of origin, and "since":
Desde aquí se ve el castillo. The castle can be seen from here.
Desde 1977 los españoles tienen un gobierno democrático.
Since 1977 the Spaniards have had a democratic government.

en

As well as meaning "in" and "on", *en* has the sense of "at", of location:
Estaban sentados a la mesa. They were sitting at the table.
Antes estudiaba en la Universidad de Salamanca.
Previously I studied at Salamanca University.

dentro de

dentro de – inside, is frequently used in time expressions such as *dentro de poco* – in a short while, *dentro de media hora* – in half an hour.

para

para – for/(in order) to, has the sense of destination and purpose. It must be distinguished from *por*, which may also be translated by "for". *Para* can also translate "by", in the sense of the time by which something must be done (see page 169):

El CD es un regalo para mi hermano. The CD is a present for my brother.
¿Para qué sirven las vacaciones? Para relajarse.
What are holidays for? To relax.

Por favor, haz el trabajo para el lunes.
Please get the work done by Monday.

por

por – by/through/because of/on behalf of is used for cause and origin. It must be distinguished from *para*, which may also be translated by "for" (see page 171):
Entra por la puerta principal.   Go in by/through the main door.
Por mí no te preocupes.   Don't worry about (i.e. on account of) me.

Por este camino se va a la estación.
You go to the station along this road.
Este castillo fue construido por los moros. This castle was built by the Moors.

sobre

sobre – on/on top of/above/about, also means "around" with reference to time:
Las revistas estaban sobre la mesa.   The newspapers were on the table.
Quisiera saber más sobre el Museo del Prado.
I'd like to know more about the Prado Museum.
Llegaré sobre las diez.   I'll arrive around 10 o'clock.

Conjunctions

Conjunctions are words used to connect words, phrases and clauses. There are two types of conjunction: co-ordinating and subordinating.

Co-ordinating conjunctions

Co-ordinating conjunctions, such as *y, o, ni, pero* and *sino*, link words or sentences of equal weight:
El niño se cayó y se echó a llorar.   The little boy fell over and began to cry.
No sé quién es ni de dónde viene.
I don't know who you are or where you've come from.

- *y* becomes *e* when the word that follows begins with *i* or *hi*.
  o becomes *u* when the word that follows begins with *o* or *ho*.

España e Inglaterra	Spain and England
limpieza e higiene	cleanliness and hygiene
setenta u ochenta	seventy or eighty
¿Prefieres limón u horchata?	Do you prefer lemon or horchata?

- *pero* and *sino*
  Pero is the word for "but" in the sense of a limitation of meaning. *Sino* must, however, be used when "but" contradicts a previous statement in the negative. If the clause introduced by *sino* has a verb in it, *que* must follow *sino*:
  Mi novia no es alta y morena sino baja y rubia.
  My girlfriend is not tall and dark but small and blonde.
  El dueño no sólo no le pidió perdón sino que además le insultó.
  Not only did the boss not apologise but he also insulted him.

Subordinating conjunctions

Subordinating conjunctions, such as *aunque, cuando, mientras, porque* and *ya que*, introduce a clause that is dependent on the main clause:
Aunque la selección española parece más fuerte, no creo que gane la copa.
Although the Spanish team seems stronger, I don't think it will win the cup.

Numbers

The main types of number are cardinal, for counting, and ordinal, for ordering.

Cardinal numbers

1	uno/una	18	dieciocho	102	ciento dos
2	dos	19	diecinueve	120	ciento veinte
3	tres	20	veinte	200	doscientos/as
4	cuatro	21	veintiuno/una	300	trescientos/as
5	cinco	22	veintidós	400	cuatrocientos/as
6	seis	23	veintitrés	500	quinientos/as
7	siete	24	veinticuatro	600	seiscientos/as
8	ocho	30	treinta	700	setecientos/as
9	nueve	31	treinta y uno	800	ochocientos/as
10	diez	40	cuarenta	900	novecientos/as
11	once	50	cincuenta	1000	mil
12	doce	60	sesenta	1001	mil uno/una
13	trece	70	setenta	100,000	cien mil
14	catorce	80	ochenta	1,000,000	un millón
15	quince	90	noventa	3,000,000	tres millones
16	dieciséis	100	cien(to)		
17	diecisiete	101	ciento uno/una		

Notes:

(a) Be careful with the spelling of 5, 15, 50 and 500; 6 and 60; 7 and 70; 9 and 90.

(b) Numbers up to 30 are written as one word.

(c) *Y* is placed between tens and units: 41 = *cuarenta y uno*, but not between hundreds or thousands and units or tens: 104 = *ciento cuatro*; 110 = *ciento diez*; 1006 = *mil seis*; 1152 = *mil cincuenta y dos*.

● *Uno/una*
   Uno and all numbers ending in *uno* become *un* before a masculine singular noun. *Una* does not change before a feminine singular noun:
   una clase de treinta y un chicos – a class of thirty-one boys
   una clase de veintiuna chicas – a class of twenty-one girls

● *Ciento, mil, un millón*
   Ciento has two forms:

   It is shortened to *cien* before a noun or an adjective but not before another number, with the exception of *mil*:
   cien kilómetros   a hundred kilometres
   las cien mayores empresas del mundo
   the hundred biggest companies in the world
   ciento veinte   a hundred and twenty
   cien mil habitantes   a hundred thousand inhabitants

Cien and *mil* are not preceded by the indefinite article.

Notes:

mil pesos	a thousand pesos
miles de argentinos	thousands of Argentinians

Un millón (plural *millones*) must be followed by *de*. In the singular it is preceded by the indefinite article:

cinco millones de participantes	five million participants
un millón de dólares	a million dollars

• Time

In travel timetables the twenty-four hour clock is used, but when speaking it is normal to use the twelve-hour clock and refer to the part of the day:

El tren sale a las 22.45.	The train departs at 22.45.
El tren salió a las 10.45 de la noche.	The train departed at 10.45 pm.

• Dates

Cardinal numbers are used for dates except for the first of the month, where the ordinal number is normally used:

el 9 de junio	9th June
el primero de diciembre	1st December

Note: When writing the date *de* must be inserted between the day and the month and the month and the year:

El 24 de diciembre de 2008 24th December 2008

Ordinal numbers

1st	1°/ᵃ	*primero/a*	8th	8°/ᵃ	*octavo/a*
2nd	2°/ᵃ	*segundo/a*	9th	9°/ᵃ	*noveno/a*
3rd	3°/ᵃ	*tercero/a*	10th	10°/ᵃ	*décimo/a*
4th	4°/ᵃ	*cuarto/a*	20th	20°/ᵃ	*vigésimo/a*
5th	5°/ᵃ	*quinto/a*	100th	100°/ᵃ	*centésimo/a*
6th	6°/ᵃ	*sexto/a*	1000th	1000°/ᵃ	*milésimo/a*
7th	7°/ᵃ	*séptimo/a*			

Ordinal numbers are adjectives, so they agree with the noun in number and gender. Note that *primero* and *tercero* drop the final *o* before a masculine singular noun:

las primeras experiencias de la infancia	the first experiences of childhood
el primer paso	the first step
el tercer día	the third day

Use of ordinals

Ordinal numbers are used up to 10; subsequently cardinal numbers normally replace them:

el sexto siglo	the sixth century
el siglo diecinueve	the nineteenth century

Note: For the use of ordinal numbers in fractions, see page 153.

Acknowledgements

The Publishers would like to thank the following for permission to reproduce copyright material:

Photo credits: © Ana Delgado, p.1 (all), p.3 (top), p.11, p.14, p.29 (centre left, centre right, bottom right), p.62 (centre), p.72 (centre), p.120 (top left), p.122 (left), p.127, p.150 (all), p.165; © Corbis, p.2; © Mónica Morcillo Laiz, p.3 (bottom), p.5 (top), p.22, p.29 (top, bottom left), p.62 (bottom left), p.116, p.232; © Sebastián Bianchi, p.5 (bottom), p.6; © Manuel H. de León/EFE/Corbis, p.8; © Siphiwe Sibeko/Reuters/Corbis, p.9; Digital Vision/Getty Images, p.13, p.112; Altrendo/Getty Images, p.16; © Estelle Klawitter/zefa/Corbis, p.21 (left); © Lyndsay Russell/Alamy, p.21 (centre); © Wesley Hitt/Alamy, p.21 (right); © Tim Weiss, p.23, p.74; © David Young-Wolff/Alamy, p.26; © Barbara Walton/epa/Corbis, p.37; © Matthew Driver, p.41 (top left and bottom left), p.42, p.43, p.55, p.92 (all), p.94–5 (all), p.120 (bottom left), p.186, p.228 (centre and right), p.248 (both), p.249 (all), p.251 (left and right); © Michelle Chaplow/Alamy, p.41 (centre); THOMAS COEX/AFP/ Getty Images, p.41 (top right); © Chris McLennan/Alamy, p.41 (bottom right); Ingram, p.45; © Photo Agency EYE/Alamy, p.48; © Steven Vidler/Eurasia Press/Corbis, p.53; © Chris Robinson, p.62 (top left), p.71 (top); © graficart.net/Alamy, p.62 (top right); © Jon Arnold Images Ltd/Alamy, p.62 (bottom right); © Rainer Walter Schmied/iStockphoto.com, p.71 (bottom); © Mike Thacker, p.72 (left), p.140, p.152, p.153, p.208 (both), p.209 (bottom); © VIEW Pictures Ltd/Alamy, p.72 (right); © Stephen Saks Photography/Alamy, p.77 (left); © 1Apix/Alamy, p.77 (right); Hulton Archive/Getty Images, p.78; © Frank Naylor/Alamy, p.80; Altrendo/Getty Images, p.82 (top left); The Image Works/Topfoto, p.82 (top centre); © Martin Ruetschi/Keystone/Corbis, p.82 (top right); © Walter Geiersperger/Corbis, p.82 (bottom left), p.217; © Jose Luis Pelaez, Inc./CORBIS, p.82 (bottom right); © Elke Stolzenberg/Corbis p.84; © Alan Copson/JAI/Corbis, p.85; Soeren Stache/ DPA/PA Photos, p.87; Photolibrary Group, p.97; © Peter Titmuss/Alamy, p.101 (left); © Mika/ zefa/Corbis, p.101 (centre left), p.108; Jake Wyman/Photonica/Getty Images, p.101 (centre right), p.111; RAFA RIVAS/AFP/Getty Images, p.101 (bottom right); © Royalty-Free/Corbis, p.103 (top); © Jim West/Alamy, p.103 (top centre); © Elena Elisseeva/iStockphoto.com, p.103 (bottom centre); Gregory Kramer/The Image Bank/Getty Images, p.103 (bottom); © Bob Sacha/Corbis, p.106; © Ian Nellist/Alamy, p.109 (top); © Jan Csernoch/Alamy, p.109 (bottom); © Juan Carlos Lino/Alamy, p.110; © IstockPhoto.com/Tomaz Levstek, p.118; © Norma Allen, p.120 (top centre), p.163 (centre); © Riser/Getty Images, p.120 (right); © Bernd Kohlhas/zefa/Corbis, p.122 (centre); © Karl Kinne/zefa/Corbis, p.122 (right); © Juan Medina/Reuters/Corbis, p.123 (top); © Stan Kujawa/ Alamy, p.123 (bottom); PEDRO ARMESTRE/AFP/Getty Images, p.124; © ¡Hola!, p.125; © pronto, p.126; Central Press/Getty Images, p.128, p.205 (bottom right), p.215; Europa Press, p.130, p.134 (both), p.214 (top), p.242; © DESPOTOVIC DUSKO/CORBIS SYGMA, p.132, p.184 (centre right), p.192, p.233; © Ellen McKnight/Alamy, p.140 (top left); © Gary Unwin-Fotolia.com, p.140 (bottom left); Jan Tove Johansson/The Image Bank/Getty Images, p.140 (centre), p.155; © blickwinkel/Alamy, p.140 (top right), p.148 (bottom); © Jóvenes Verdes, p.142; © James Hines-Fotolia.com, p.144; Photodisc, p.145, p.156; © Paul Thompson; Eye Ubiquitous/CORBIS, p.146; © Corel, p.147; © Naturfoto Honal/CORBIS, p.148 (top); © Stella Allen, p.162 (top left), p.163 (left and right); © FRANCETELECOM/IRCAD/CORBIS SYGMA, p.162 (bottom left), p.172 (bottom); © PHOVOIR/FCM Graphic/Alamy, p.162 (centre); PAUL J. RICHARDS/ AFP/Getty Images, p.162 (top right), p.182; © Jim Craigmyle/CORBIS, p.162 (bottom right), p.180; © Najlah Feanny/Corbis, p.166 (top); © Ian Shaw/Alamy, p.166 (bottom); © Barry Lewis/ Corbis, p.170; © Rob Howard/Corbis, p.172 (top); akg-images/© Succession Picasso/DACS, London 2007, p.172 (centre); © TOUHIG SION/CORBIS SYGMA, p.173; © United Nations World Food Programme, p.178; © Jon Feingersh/zefa/Corbis, p.180 (top); ROBERT COLOMA/ AFP/Getty Images, p.184 (left); © Philippe Giraud/Goodlook/Corbis, p.184 (centre left), p.200; DESIREE MARTIN/AFP/Getty Images, p.184 (right), p.196; © vario images GmbH & Co.KG/ Alamy, p.185; 20TH CENTURY FOX/THE KOBAL COLLECTION/SHAW, SAM, p.188; © EFE/Corbis, p.190; © Geoff A Howard/Alamy, p.198, © Free Agents Limited/CORBIS, p.202 (top); © Imelda Medina/epa/Corbis, p.202 (bottom); © Daniel Aguilar/Reuters/CORBIS, p.203; © Bettmann/CORBIS, p.205 (top left), p.207, p.213; AP/PA Photo, p.205 (bottom left); © EFE/FILES/ epa/Corbis, p.205 (centre); Kos Picture Source via Getty Images, p.205 (top right), p.214 (bottom); AP/PA Photos, p.206; © Diego Goldberg/Sygma/Corbis, p.209 (top); © ANDRES STAPFF/ Reuters/Corbis, p.211; © Ballesteros/epa/Corbis (centre); © Kai Pfaffenbach/Reuters/Corbis, p.218; © Javier Echezarreta/epa/Corbis, p.221; © Andres Moraga /Reuters/CORBIS, p.222; © Handout-Presidency/Reuters/Corbis, p.224; DPA/PA Photos, p.228 (left); © Natalie Skinner - Fotolia.com, p.230; © Jean-Pierre Lescourret/Corbis, p.240; © Ken Welsh/Alamy, p.244; EL DESEO S.A./THE KOBAL COLLECTION, p.247 (left), p.251 (centre); © Colin Braley/Reuters/CORBIS, p.247 (centre left), p.253; Photo © Christie's Images/CORBIS/© Banco De Mexico, Diego Rivera and Frida Kahlo Museums Trust, Av. Cinco de Mayo No. 2, Col. Centro, Del. Cuauhtemoc, 06059, Mexico, D.F. Courtesy del Instituto Nacional de Bellas Artes y Literatura, Mexico, p.247 (centre right), p.264; © graficart.net/Alamy, p.247 (right), p.262; Carlos Alvarez/Getty Images, p.254; © Crispin Rodwell/ Alamy, p.256 (top); © Gail Mooney/Kelly-Mooney Photography/Corbis, p.256 (bottom); © Horizon International Images Limited/Alamy, p.257; © Oso Media/Alamy, p.259; © James Leynse/Corbis, p.260.

Acknowledgements: Sebastián Bianchi, p.5; © Crónica El Mundo, p.8; © El País, p.8, p.11; © El País 13/08/95 Andreu Mauresa, p.234; © Gabriel García Márquez 1996, El País 12/05/96, p.235; © El País 08/12/96, pp.128–129; © El País 04/03/01, p.130, pp.200–201; © El País 11/03/01, p.111; © El País 06/07/06, 18/12/06, 14/04/07, p.196; © El País 15/03/07, p.42; © El País 14/04/07, p.138; © El País 02/05/07, p.135; © El País 07/05/08, p.77; © El País Semanal, p.13, p.35; © El País Semanal 29/04/01, p.170; © El País Semanal Luis Gómez 10/03/02, pp.94–95; © El País Semanal 25/09/05, p.166, p.167; © www.elpais.es, p.79, p.194, p.238, p.240; © www.elpais.com 09/02/07, p.108; © www.elpais.com 24/04/07, p.159; © www.elpais.com 08/09/07, p.230; © El País Suplemento Educación 04/03/02, p.96; © El País Suplemento Educación 15/04/02, p.90; Las Ataduras © Carmen Martín Gaite, Destino 1988, p.85; "La vida sobre ruedas" © Miguel Delibes, Destino 1989, p.78; © www.desdecuba.com, p.14; © www.redr.es, p.15; www.clarin.com/diario, p.16, 127; Mía 13/03/05, p.18; © InterAulas, p.25; © www.revistafusion.com, p.27; © Miguel Román Cardona, p.29; © Mujer Hoy 09/03/02, p.54; Mujer Hoy 16/03/02, p.30, p.55; © Mujer Hoy 12/04/02, pp.190–191; © www.eldiariomontanes.es, p.32; © www.lacerca.com, p.34; © www.rafael-nadal.net/2005/11/16/entrevista-en-marca, p.37; © www.rafaelnadal.com/es/articulos, p.38; © Quo magazine 03/96, p.48; © Quo magazine 08/97, p.43; © Quo magazine 08/97, p.45; © www.alamesa.com, p.44; © El Periódico 28/03/02, p.49; © El Periódico 28/03/02, p.51; © El Periódico 08/04/02, p.59, p.146; © El Periódico 06/05/02, p.91; © www.bemarnet.es/fallas96/reportajes/paella, p.53; © www.20minutos.es, p.57; © 20 Minutos 14/02/06, p.196; © Cambio16 24/04/00, p.132, p.133; © Cambio16 28/08/00, p.58, p.145; © Cambio16 18/12/00, p.188; © www.consumer.es 11/05/07, p.65; © www.acercandoelmundo.com, p.68; © El Mundo 11/04/02, p.69; © www.elmundo.es, pp.218–219; © www.elmundo.es 26/03/98, p.217; © www.elmundo.es 16/05/02, p.242; © www.elmundo.es/encuentros/invitados/2004/10/1247, p.125; © www.elmundo.es 08/05/06, p.148; © www.elmundo.es 04/12/06, p.148; © www.elmundo.es 10/09/07, p.230; © www.trasmediterranea.es, p.70; © www.forumlibertas.com, p.71; © www.elcomerciodigital.com 02/07/06, p.72; © www.lukor.com, p.73; © www.comunidad.muchoviaje.com, pp.75–76; © El Tiempo Amarillo, F. Fernán-Gómez, Debate 1999, p.84; © www.clubcultura.com, p.88; © Expansión y Empleo, p.104, p.105, p.106; © www.hacesfalta.org, p.109; © Casa-Alianza, p.110; © Cinco Días, p.117; © El Deber, p.119; © www.locutortv.es, www.turismodecanarias.com, p.122; © www.canarias7.es, p.124; © www.publiboda.com, p.126; © www.spansigapuntes.org, p.137; © Clara 01/01, p.144; © Eulalia Furriol 20/05/97, p.147; © La Voz de Galicia, p.151; © www.actualidad.terra.es, p.154, p.158; www.cambio-climatico.com, www.actualidad.terra.es, www.greenpeace.org/espana, p.155; © www.cambioclimaticoglobal.blogspot.com, p.157; © www.alertatierra.com, p.156; © El Mundo Ariadna 26/10/03, p.169; © El Mundo Ariadna 09/09/07, p.163; © www.madridiario.es julio 2007, p.173; © www.pdaexpertos.com, p.174; © www.ajedrezmail.org, pp.176–177; © www.listserv.rediris.es, p.178; © www.observatorio.cnice.mec.es, p.179, 180; © www.baquia.com, pp.180–181; © www.miblackberry.com 07/12/07, pp.182–183; © www.mtas.es/mujer/principal.htm, p.186; © www.members.tripod.com, p.192; © www.puedoprometeryprometo.com 01/03/04, pp.197–198; © www.bbc.co.uk, p.206, p.214; © www.news.bbc.co.uk, p.209, p.221; © www.geocities.com, p.212; © www.taringa.net, p.212; © www.distritos.telepolis.com, pp.222–223; © www.diariocritico.com/argentina/2007/julio, pp.224–225; © www.argentina.indymedia.org, p.226; © www.argijokin.blogcindario.com 02/01/06, p.231; © www.servicios.laverdad.es, p.232; © www.amigosdemaria.com, p.236; © www.madrid.org, pp.239–240; © El Correo, © La Vanguardia 12/08/02, p.244; © Innovatic-Innovarium Inteligencia del Entorno, p.251; © www.terra.com, p.253; © La Revista del Diario, p.254; © Lonely Planet, p.257; © www.elciego.blogia.com, p.259; © www.trivago.es, © www.cooperativa.cl 18/04/06, p.261; © www.kenyon.edu, p.264.

Every effort has been made to trace all copyright holders, but if any have been inadvertently overlooked the Publishers will be pleased to make the necessary arrangements at the first opportunity.